U0567622

安顺法院司法体制改革创新研究

THE INNOVATIVE EXPLORATION OF
JUDICIAL SYSTEM REFORM IN THE COURTS
IN ANSHUN,GUIZHOU

主　编 / 吴大华　张金辉
执行主编 / 贾梦嫣

社会科学文献出版社
SOCIAL SCIENCES ACADEMIC PRESS (CHINA)

《安顺法院司法体制改革创新研究》编委会

肖　黎　张　平　邹宗明　杨永卢　茍薇薇
朱艳楠　阮素芬　李江波　蒋　炜　吴　杰
吕元媛　张兴骏　吴　珊　苏　杭　曹华康
黄云庆　杨正栋　殷　姣　韦　江　刘　熹
陈甜甜　黄雪梅　王文玉　张　旋　罗承艳
陈青青　潘泽文　刘　涛　程基洪　史　润
娄雅淅　谭建军　黄光美　王大波　方　远
赵　雷　王　爽　陈雯贞　陈燕燕　周愿垚
刘瑜蕊　刘　运　杨　虹

英文翻译　贾梦嫣

摘　要

党的十八大以来，以习近平同志为核心的党中央高度重视司法体制改革工作，围绕新时代司法体制改革和司法体制综合配套改革，形成了一系列原创性的新理念、新思想、新战略，推动我国司法体制实现全局性变革、系统性重构、整体性再造。作为我国司法体制改革宏大命题中的一个微观图景和司法体制改革“贵州探索”的一个缩影，安顺两级法院司法体制改革实践既面临与其他地方相似的全局性、普遍性问题，也面临因当地经济社会具体实践产生的特殊性问题。面对人财物保障相对有限、司法力量相对薄弱等具体情况，安顺两级法院以“系统集成、协同高效”为导向，按照“政治引领、固本强基、担当作为、争先创优”的思路，开展了一系列深具地方特色的创新性探索，在坚持党的绝对领导、坚持服务发展大局、坚持保障民生权益、坚持全面从严治党等方面取得成效，推动人民法院各项工作在落实中深化，在深化中创新，在创新中发展。

本书总报告系统展现了近年来安顺两级法院坚持以习近平新时代中国特色社会主义思想为指导，深入学习贯彻习近平法治思想，全面贯彻党的十九大、十九届历次全会精神和党的二十大精神，持续探索司法体制改革和司法体制综合配套改革的举措、成效、经验，深入分析探讨了各项改革措施存在的不足和持续推进改革措施所面临的困难和挑战，并在此基础上提出相应的对策。专题报告分别聚焦审判权力优化、未成年人司法保护、执行管理体制改革、司法护航法治化营商环境等司法体制改革的重点方面和任务。调研报告分别聚焦人民法院队伍政治能力建设、基层法院参与社会治理创新、人民法院人才分类分级培训、民族自治县基层法院开展诉源治理等司法体制改革推进中的具体问题。

安顺法院司法体制改革创新研究

审判研究是安顺两级法院干警在审判执行及相关工作中的所思、所想，从一个侧面体现了近年来安顺两级法院大兴调查研究、持续推进司法体系和司法能力现代化的努力和成效。

关键词： 两级法院　司法体制改革　安顺

Abstract

As a microcosm of the grand proposition of China's judicial system reform and amicrocosm of the "Guizhou Exploration" of judicial system reform, the judicial system reform practice of the two levels of courts in Anshun faces not only global and universal issues similar to those in other places, but also special issues arising from the specific practice of local economic and social development. Faced with specific situations such as relatively limited human and property protection and relatively weak judicial power, the two levels of courts in Anshun have carried out a series of innovative explorations with deep local characteristics, guided by "system integration, coordination and efficiency", and in accordance with the idea of "political guidance, strengthening the foundation, taking responsibility, and striving for excellence". In adhering to the absolute leadership of the Party, upholding the overall situation of service and development, and upholding the protection of people's rights and interests Achievements have been made in adhering to comprehensive and strict governance of the Party, and efforts have been made to deepen, innovate, and develop the work of the People's Court in the process of implementation.

The general report deeply analyzes and explores the shortcomings of various reform measures and the difficulties and challenges faced by continuing to promote reform measures, and propose corresponding countermeasures on this basis. The special report focuses on the key aspects and tasks of judicial system reform, such as optimizing judicial power, judicial protection of minors, reform of the executive management system, judicial escort, legalization of the business environment, and so on. The research report focuses on specific issues in the promotion of judicial system reform, such as the construction of the political capacity of the people's court team, the participation of grassroots courts in social governance innovation, the classified and graded training of grassroots talents, and the implementation of litigation source governance by grassroots courts in ethnic autonomous counties. Trial research is the thinking and thinking of the police officers of the two levels of courts in Anshun in the process of trial execution and related work. It reflects from one side the efforts and achievements of the two levels of courts in Anshun in recent years in vigorously promoting investigation and research, and continuously promoting the modernization of the judicial system and judicial capacity.

Keywords: Two Levels of Courts; Judicial System Reform; Anshun

目　录

Ⅰ　总报告

安顺法院司法体制改革创新：举措、成效与启示 / 3

Ⅱ　专题报告

司法体制改革下优化审判权力机制运行研究 / 33
新时期未成年人司法保护的“贵州安顺方案” / 49
“三统一”的安顺样式：安顺两级法院执行管理体制改革研究 / 61
以司法高质量发展护航法治化营商环境建设报告 / 75
司法保障乡村振兴战略实施研究 / 86
新形势下行政审判助推法治政府建设研究 / 103
安顺两级法院诉源治理创新研究 / 112

Ⅲ　调研报告

以习近平法治思想为指引 提升人民法院队伍政治能力调研 / 127
基层法院参与社会治理创新调研 / 144
安顺两级法院开展以审判为中心的刑事诉讼制度改革工作调研报告 / 152
安顺市“无讼村（居）”创建调查 / 168

新形势下中基层法院人才分类分级培训工作调研 / 177
民族自治县基层法院诉源治理：现状检视、问题反思与系统构建 / 191
金融借款合同纠纷案件审判报告 / 201
多元解纷背景下在线纠纷解决机制应用报告 / 210
人民法庭服务基层社会治理的“顶云新经验” / 223
小额诉讼程序运用：关键问题及路径优化 / 231
新时期人民法庭直接执行工作的探索与创新 / 240
安顺两级法院推动审判质效高质量发展调研报告 / 256

Ⅳ 审判研究

新型网络犯罪综合治理研究 / 267
司法会计鉴定制度在贪污案件中的构建与规范 / 285
司法责任制改革背景下强化统一法律适用机制供给研究 / 298
民商事纠纷调解力研究 / 311
“三权分置”背景下涉“三农”案件裁判规则研究 / 323
民间借贷案件中“职业放贷人”的司法认定规则研究 / 336
生态环境损害赔偿诉讼与环境民事公益诉讼对比研究 / 348
刑事审判思维与民事审判思维的交锋与互鉴 / 369
“公正与效率”主题下企业破产审判衍生诉讼研究 / 376

Ⅴ 附 录

安顺法院司法体制改革大事记（2017~2022） / 387

CONTENTS

Ⅰ General Report

Innovation in the Judicial System Reform of Anshun Courts:
Measures, Achievements, and Enlightenment / 3

Ⅱ Special Report

A Research on Optimizing the Operation of Judicial Power
Mechanism under the background of Judicial System Reform / 33

The " Plan of Anshun Guizhou" for Judicial Protection of
Minors in the New Era / 49

The Anshun Mode of the "Three Unifications": a Research on the
Executive Management System Reform / 61

A Report on the Construction of a Law-based Business Environment with
High-quality Development of Judicial Capacity / 75

A Report on the Implementation of the Rural Revitalization Strategy with
Judicial Protection / 86

A Research on Administrative Trial Assisting the Construction of a
Law-based Government in the New Situation / 103

Innovation of the Governance of Litigation Sources in the Courts in Anshun / 112

Ⅲ Research Report

A Survey on Improving the Political Ability of Officials in the Courts with the Guidance of Xi Jinping Thought on the Rule of Law / 127

A Research on Courts' Participation in Social Governance Innovation at the Primary Level / 144

A Report on the Criminal Litigation System Reform Centered on Trial in the Courts in Anshun / 152

An Investigation on the Construction of "the Villages without Litigations" in Anshun / 168

A Research on the Classification and Grading Training of Talents under the New Situation / 177

Governance of Litigation Sources of Courts at the Primary Level in Ethnic Autonomous Areas: Situation, Difficulty and Improvement / 191

A Report on the Trial of Financial Loan Contract Dispute Cases / 201

A Report on the Application of Online Dispute Resolution Mechanism in the Context of Diversified Dispute Resolution / 210

Participation of Courts in Social Governance at the Primary Level: "The New Experience in Dingyun Anshun" / 223

The Application of Small Claims Procedure: Key Issues and Path Optimization / 231

An Exploration and Innovation of Execution by the Detached Tribunals in the New Era / 240

A Report on the High-quality Development of the Trials in Anshun / 256

Ⅳ Trial Studies

A Research on the Comprehensive Governance of New Cybercrime / 267

CONTENTS

The Construction and Standardization of Judicial Accounting Appraisal System in Corruption Cases / 285

A Research on Strengthening the Supply of Unified Legal Application Mechanism under the Background of Judicial Responsibility System Reform / 298

Mediation in Civil and Commercial Disputes / 311

The Judgment Rules of Cases regarding Agriculture under the Background Separating the Ownership, Contractual, and Management Rights for Contracted Rural Land / 323

The Judicial Recognition Rules of "Professional Lenders" in Private Loan Cases / 336

A Comparative Study on Ecological Environment Damage Compensation Litigation and Environmental Civil Public Interest Litigation / 348

The Conflict and Integration of Criminal Trial Thinking and Civil Trial Thinking / 369

A Study on the Derivative Litigation in Enterprise Bankruptcy Trials under the Theme of "Justice and Efficiency" / 376

V Appendix

Major Events of the Judicial System Reform in Anshun (2017–2022) / 387

总报告

安顺法院司法体制改革创新：举措、成效与启示

贵州省社会科学院、安顺市中级人民法院联合课题组*

摘　要： 党的十八大以来，以习近平同志为核心的党中央高度重视司法体制改革工作，围绕新时代司法体制改革和司法体制综合配套改革，形成了一系列原创性的新理念、新思想、新战略，推动我国司法体制实现全局性变革、系统性重构、整体性再造。作为我国司法体制改革宏大命题中的一个微观图景和司法体制改革"贵州探索"的一个缩影，安顺两级法院司法体制改革实践既面临与其他地方相似的全局性、普遍性问题，也面临因当地经济社会具体实践产生的特殊性问题。面对人财物保障相对有限、司法力量相对薄弱等具体情

* 课题组组长：吴大华，贵州省社会科学院党委书记、博士生导师、二级研究员；张金辉，安顺市中级人民法院党组书记、院长、二级高级法官。课题组成员：韦大志，安顺市中级人民法院党组副书记、常务副院长；陈慧英，安顺市中级人民法院副院长；杨帆，安顺市中级人民法院党组成员、副院长；钱辉，安顺市中级人民法院党组成员、执行局局长；谢晖，安顺市中级人民法院党组成员、副院长；吴月冠，贵州省社会科学院法律研究所副所长、研究员；王飞，贵州省社会科学院法律研究所研究员、法学博士；潘善斌，贵州民族大学法学院教授；贾梦嫣，贵州省社会科学院法律研究所副研究员，安顺市中级人民法院副院长（挂职）；申剑，安顺市中级人民法院党组成员、审判管理办公室主任；张可，贵州省社会科学院法律研究所副研究员、法学博士；孟庆艳，贵州省社会科学院法律研究所副研究员；傅智文，贵州民族大学法学院副教授、法学博士；张化冰，安顺市中级人民法院审判监督庭庭长、四级高级法官；陈优海，安顺市中级人民法院立案一庭庭长、四级高级法官；王向南，贵州省社会科学院法律研究所助理研究员；何艇，国家法官学院安顺培训学院负责人；尹训洋，北京师范大学法学院博士后；庄金玲，安顺市中级人民法院审判管理办公室副主任；赵海，国家法官学院安顺培训学院工作人员；陈鹏宇，国家法官学院安顺培训学院工作人员。主要执笔人：贾梦嫣、王飞、吴月冠。

如无特殊说明，本报告资料均来源于贵州省高级人民法院和安顺市中级人民法院。

况，安顺两级法院开展了一系列深具地方特色的创新性探索，持续推动改革更加系统集成、协同高效，形成具有地方特色的“安顺样态”。其主要启示在于，坚持先进理论引领，为深化司法体制改革凝聚磅礴力量；坚持改革战略定力，牢牢把握深化司法体制改革的政治方向；坚持守正创新，展现“改革与法治”全力共振效能；坚持站稳人民主场，回应好“公正与效率”这一司法工作的永恒主题。

关键词： 安顺法院　司法体制改革　系统集成　协同高效

一　司法体制改革：时代背景与重大意义

（一）宏观层面——司法体制改革的时代命题

“司法体制改革是政治体制改革的重要组成部分，对推进国家治理体系和治理能力现代化具有十分重要的意义。”① 党的十八大以来，以习近平同志为核心的党中央高度重视司法体制改革工作，围绕建设什么样的新时代社会主义司法体制、为什么建设新时代社会主义司法体制以及如何建设新时代社会主义司法体制等重大课题，形成了一系列原创性的新理念、新思想、新战略，推动我国司法体制实现全局性变革、系统性重构、整体性再造。②

2012 年，党的十八大报告指出，要“进一步深化司法体制改革，坚持和完善中国特色社会主义司法制度，确保审判机关、检察机关依法独立公正行使审判权、检察权”。2013 年党的十八届三中全会通过的《关于全面深化改革若干重大问题的决定》和 2014 年党的十八届四中全会通过的《关于全面推进依法治国若干重大问题的决定》将司法改革作为全面深化改革的重点之一，正式启动了新时代的司法体制改革。党的十八届三中、四中全会部署了 190 项改革任务，随着改革的持续推进，围绕司法员额制、司法责任制、司法保障、人

① 习近平：《加快建设公正高效权威的社会主义司法制度》，载习近平《论坚持全面依法治国》，中央文献出版社，2020，第 33 页。

② 吴卫军：《习近平法治思想中的司法体制改革理论研究》，《比较法研究》2022 年第 5 期，第 16~30 页。

财物统管四个基础性改革的司法体制改革制度设计已经基本完成。①

随着改革进入深水区，改革牵涉面愈加广泛，工作难度逐步加大，所面临的问题基本属于体制性、深层次的问题，与政治体制、经济制度、社会文化有极为密切的联系，需要谨慎施策、综合发力。2017 年，党的十九大报告首次提出“司法体制综合配套改革”的命题，要求“深化司法体制综合配套改革，全面落实司法责任制，努力让人民群众在每一个司法案件中感受到公平正义”。司法体制是改革的对象，综合配套是改革的方法。司法体制改革要持续深入推进，需要着眼于破解责任落实难、制约监督难和案多人少等问题，建立责权一致的司法权运行机制，完善科学有力的监督制约机制。② 2019 年，最高人民法院印发《关于深化人民法院司法体制综合配套改革的意见——人民法院第五个五年改革纲要（2019—2023）》，提出了十个方面涉及 65 项具体改革措施的改革纲要，为新时期深化人民法院司法体制综合配套改革画出了具体路线图。年底，党的十九届四中全会通过的《关于坚持和完善中国特色社会主义制度、推进国家治理体系和治理能力现代化若干重大问题的决定》将“深化司法体制综合配套改革，完善审判制度、检察制度，全面落实司法责任制，完善律师制度，加强对司法活动的监督，确保司法公正高效权威”作为健全社会公平正义法治保障制度的主要举措和坚持完善中国特色社会主义法治体系的重要方面。

2022 年，党的二十大报告重申“严格公正司法，深化司法体制综合配套改革，全面准确落实司法责任制，加快建设公正高效权威的社会主义司法制度，努力让人民群众在每一个司法案件中感受到公平正义”的立场，为法治护航中国式现代化提供了总遵循。2022 年 7 月 8 日，最高人民法院召开人民法院司法改革工作会议，全面总结了近十年改革的成效和经验，指出经过十年的不懈努力，“以司法责任制为重点的中国特色社会主义审判权力运行体系基本建成，公正高效权威的中国特色社会主义司法制度更加成熟、更加定型”。

---

① 张翔：《司法体制改革持续性推进难点与解决路径》，《贵州社会科学》2020 年第 9 期，第 88~96 页。

② 郭声琨：《推动政法领域全面深化改革再上新台阶》，新华网，2019 年 7 月 19 日，http://www.xinhuanet.com/politics/2019-07/19/c_1124775773.htm，最后访问时间：2023 年 2 月 10 日。

从司法体制改革到司法体制综合配套改革，需要在“深入”“综合”“配套”上持续提高定位。这意味着，新时代的司法体制改革在广度上，要由完善司法权运行机制、规范司法行为、加强对司法活动监督的体制改革，向适应全面构建开放型政法工作新格局迫切要求的“政法职业管理体制改革”推进；在深度上，要由“完善确保依法独立公正行使审判权检察权的制度”向全面构建中国特色社会主义法治实施体系、释放中国特色社会主义司法制度的优势效能方面拓展；在切度上，要由以司法人员分类管理、员额制、司法责任制、省以下人财物省级统管“四项重点改革”的保障性制度创新，向全面落实司法责任制、释放制度创新的综合效能着力；在效度上，要由优化司法职权配置、推进严格执法、充分发挥“权利救济、定分止争、制约公权”的功能作用，向担纲起社会公平正义法治保障的守卫者、践行者、建设者的职责转变；在测度上，要由以“保证公正司法、提高司法公信力”为主题，向“让人民群众从每一个司法案件中感受到公平正义”的根本检验标准跨越。①

（二）中观层面——“主动请战、先行先试”的贵州做法②

司法责任制、司法人员分类管理、司法人员职业保障、省级以下地方法院人财物统一管理是司法体制改革的基础性措施。根据重大改革事项先行试点的原则，自 2014 年起，中国分三个批次，就上述四项措施在各省、自治区、直辖市先后推进试点，为全面推进改革积累经验。③

最初确定的全国第一批司法改革试点省份不包括贵州。在贵州主动“请战”并上报《贵州省司法体制改革试点工作方案》后，中央政法委批复同意将贵州纳入为全国第一批司法体制改革试点省份。④ 2014 年 12 月，贵州省司法体制改革试点工作会议召开，分别代表城区、城郊、农村和少数民族地区的遵义市汇川区、贵阳市花溪区、黔南州贵定县和黔东南州榕江县的法院、

① 徐汉明：《深化司法管理体制改革：成效评估、短板检视、路径选择》，《法治研究》2021 年第 3 期，第 68~81 页。

② 贾梦嫣：《推动更高水平法治贵州建设》，《贵州日报》2022 年 9 月 7 日，第 8 版。

③ 最高人民法院：《中国法院的司法改革（2013—2022）》，人民法院出版社，2023，第 5 页。

④ 除贵州外，第一批司法体制改革试点的省、直辖市还有上海、吉林、湖北、广东、海南、青海。

检察院、公安部门被确定为第一批试点单位开展试点工作。中共贵州省委先后印发《关于进一步支持人民法院依法独立公正行使审判权的意见》和《关于进一步支持人民检察院依法独立公正行使检察权的意见》，为司法改革试点提供规范依据。2015 年 6 月，贵州省司法改革工作领导小组同意增加安顺市平坝区、六盘水市、铜仁市碧江区、毕节市织金县、黔西南州兴义市为第二批司法体制改革试点地区。经两轮试点后，2016 年 7 月起，司法体制改革在贵州省全面推开。2017 年 7 月，全国司法体制改革推进会在贵阳召开，历时三年的贵州司法体制改革取得阶段性成果，“贵州经验”成为可复制、可推广的司法改革“新样态”。

在基础性改革方面，贵州法院坚持以司法改革和智慧法院建设应用作为推动法院高质量发展的“两翼”，推动贵州省法院审判体系与审判能力现代化。按照“以案定额、以额定员、以员定人”的原则，开展员额法官常态化遴选。为规范员额制法官（检察官）管理，中共贵州省委组织部、省委政法委、省高级法院、省检察院联合制发《贵州省法官、检察官等级升降办法（试行）》、《贵州省法官助理、检察官助理和书记员管理办法（试行）》和《贵州省法官、检察官逐级遴选办法（试行）》。2015 年 8 月，由 8 名常任委员、27 名非常任委员组成的“贵州省法官、检察官遴选委员会”成立。第一批司法体制改革试点中，首批 98 名员额法官从改革前 212 名具有法官身份的人员中遴选出来，承担了四家试点法院近 17000 件案件的办理。截至 2022 年底，贵州省已开展员额法官遴选 7 次，遴选出员额法官 3098 名、员额法官递补人选 225 人。

在完善司法人员分类管理方面，2017 年，贵州省委组织部、省高级法院、省检察院共同制定《贵州省法官、检察官等级升降办法（试行）》，对各等级员额法官（检察官）的升降条件、标准等问题作出规定。截至 2016 年 11 月，员额法官基本工资套改完成并兑现发放到位；截至 2017 年 1 月，完成 2015～2017 年各年度员额法官及司法辅助人员、司法行政人员绩效考核奖金总额核定工作；截至 2017 年 5 月，贵州省法院员额法官和司法辅助人员、司法行政人员改革工资均兑现到位。此外，法官单独执业序列改革以及法官、审判辅助人员、司法行政人员等人员的分类管理也同步有序推进，各类主体职责权限进一步明确。

在人财物统管方面[①]，一是以编统管推进“人”的统一管理。根据贵州省编办、省委政法委、省高级法院、省检察院共同制定的《关于省以下地方法院、检察院机构编制统一管理试点实施意见》和省编办制定的《政法专项编制总量控制动态管理办法（试行）》，法院、检察院机构编制由省级统管，综合考虑办案压力、辖区面积、人口、经济社会发展情况等因素，在中央规定的员额比例内统一调配确定。中级和基层法院党组书记、院长由省级党委统一管理，领导班子其他成员由市级党委受托管理。二是按照《贵州省省以下法院检察院经费资产由省级统一管理实施方案》要求，稳步推进经费资产统管。截至2022年底，已实现县级法院财、物上划市级统管，各市州内公用经费保障标准基本统一。

其他配套措施方面，随着司法体制改革进入深水区，改革任务涉及范围更加广泛、各项措施要求更加细致。例如，在全面落实司法责任制方面，在“四类案件”[②]监督管理、院庭长办案、专业法官会议、审判委员会、统一法律适用等方面持续着力，将放权和控权有机统一，确保公正行使审判权力。在推进环境资源审判方面，自2014年起开始探索建立跨区域集中管辖格局，坚持用最严格制度、最严密法治保护生态环境，截至2020年，已形成覆盖各市（州）中院及辖区的环境司法保护体系，形成具有广泛影响力的生态环境司法保护“贵州模式”。2014年至2019年6月，贵州省法院共受理涉环境资源一审刑事、民事、行政案件41111件，受理环境公益诉讼210件。2020年8月，经贵州省编办批复同意，贵州省设立了33个规范化标准化的环境保护法庭，打造贵州生态环境司法保护优化设置升级版。[③] 在智慧司法建设方面，用大数

---

① 试点省份对标中央司法体制改革框架设计要求，形成了以司法人财物“省级统管”为主体的四种“类型化”司法财物统管模式。包括：①“省级统管”模式，以北京、上海、重庆、湖北、吉林、海南等为代表；②“省地结合统管”模式，以安徽、广东、辽宁、福建等为代表；③“市州统管”模式，以贵州等为代表；④维持传统管理模式，江西、宁夏、广西等仍然维持“分灶吃饭、分级负担”的司法财物“传统管理”模式。

② 根据最高人民法院《关于进一步完善“四类案件”监督管理工作机制的指导意见》规定，“四类案件”包括：①重大、疑难、复杂、敏感的案件；②涉及群体性纠纷或者引发社会广泛关注，可能影响社会稳定的案件；③与本院或者上级人民法院的类案裁判可能发生冲突的案件；④有关单位或者个人反映法官有违法审判行为的案件。

③《贵州省高级人民法院环境资源审判五年工作报告》，最高人民法院，2019年7月30日；《打造贵州生态环境司法保护升级版》，中国法院网，2021年3月10日，https：//www.chinacourt.org/article/detail/2021/03/id/5860340.shtml，最后访问时间：2023年2月10日。

据为改革助力。截至2016年，贵州省三级法院已经实现通过统一平台办理业务，为司法大数据运用奠定基础。目前，贵州省各法院从立案、审判、执行、归档到监督已实现全流程无纸化和智慧办案全覆盖。截至2022年10月，贵州法院平均审理天数从上一年同期的89.92天减少至72.53天，一审判决案件改判发回重审率较上年同期下降8.6%；网上立案95.71万件，率先推广应用全国统一送达平台，建成集约送达中心52个，完成送达案件148万余件522万余次，送达率88.6%。①

（三）微观层面——安顺两级法院司法体制改革语境分析

1. 安顺经济社会发展和历史文化情况

安顺市地处黔中腹地，有“黔之腹、滇之喉、蜀粤之唇齿”之称，是距离省会中心城区最近的市（州）之一；下辖西秀区、平坝区、普定县、镇宁布依族苗族自治县、关岭布依族苗族自治县和紫云苗族布依族自治县6县区和安顺经济技术开发区、黄果树旅游区；总面积9267平方公里，占贵州省总面积的5.26%。根据第七次全国人口普查结果，安顺市常住人口2470630人，占贵州省常住人口数的6.41%，其中城镇人口1146615人，占安顺市常住人口总数的46.41%，乡村人口1324015人，占53.59%。② 2021年，安顺市地区生产总值首次突破千亿元，达1078.91亿元，同比增长9.0%，占全省地区生产总值的5.51%；按产业分，第一产业增加值为191.48亿元，同比增长8.1%，第二产业增加值为328.36亿元，同比增长8.7%，第三产业增加值为559.07亿元，同比增长9.6%；安顺市财政总收入为96.84亿元，占贵州省财政总收入的2.83%（见表1）。③ 安顺市是国家最早确定的甲类旅游开放城市，拥有黄

---

① 《贵州法院“四个无纸化”实现智慧办案全覆盖》，《贵州改革情况交流》2022年第136期。

② 安顺市统计局、安顺市第七次全国人口普查领导小组办公室：《安顺市第七次全国人口普查公报（第六号）》，安顺市人民政府网站，2021年8月30日，http://www.anshun.gov.cn/zfsj/tjgb/202108/t20210830_69807624.html，最后访问时间：2023年2月10日。

③ 安顺市统计局、国家统计局安顺调查队：《安顺市2021年国民经济和社会发展统计公报》，安顺市人民政府网站，2022年4月15日，http://www.anshun.gov.cn/zfsj/tjgb/202204/t20220415_73466761.htmll，最后访问时间：2023年2月10日；贵州省统计局、国家统计局贵州调查总队：《贵州省2021年国民经济和社会发展统计公报》，贵州省大数据发展局，2022年3月24日，http://dsj.guizhou.gov.cn/xwzx/zwyw/202203/t20220324_73112621.html，最后访问时间：2023年2月13日。

果树、龙宫2个5A级景区和8个4A级景区；是国家重要能源基地和“西电东送”工程的主要电源点之一，拥有铅锌矿、铝土矿、重晶石、大理石等矿产资源。

表1　安顺市相关情况及在贵州省占比情况

地区	面积（平方公里）	人口（七普，人）	地区生产总值（亿元）	财政总收入（亿元）	一般公共预算支出（亿元）
安顺市	9267	2470630	1078.91	96.84	268.65
贵州省	176167	38562148	19586.42	3416.53	5590.15
占比（%）	5.26	6.41	5.51	2.83	4.81

注：除人口数据外，其余数据根据2021年贵州省及安顺市公报数据整理。

安顺是贵州省历史文化名城，拥有穿洞文化、夜郎文化、牂牁文化、屯堡文化等独特的历史文化遗存。今安顺市境春秋时属牂牁国，战国时属夜郎国，秦属象郡之夜郎县和且兰县地。明洪武五年（1372年）中央政府置普定土府，领安顺州、镇宁州、永宁州、习安州和普定县；至宣德年间，贵州十八卫二所有屯堡700余处，其中仅普定、平坝、安庄三卫即有屯堡229处，约占全省的1/3。有明一代，受屯田戍边影响，安顺逐渐成为滇黔驿道上的重要枢纽，是黔中文化的核心区域。①

1949年11月18日，安顺解放；11月26日，安顺行政督察专员公署成立，辖安顺、平坝、紫云、镇宁、郎岱、普定等6县。1951年8月22日，安顺专区第一届各族各界人民代表大会召开，安顺专区人民政府委员会宣告成立。1952年6月24日，改称贵州省人民政府安顺专员公署。2000年6月23日，国务院批准撤销安顺地区和县级安顺市，设立地级安顺市。新中国成立后，安顺逐步成为国家“三线建设”时期重点航空工业城市、民用航空产业国家高技术产业基地、“定产到组”联产承包责任制“顶云经验”的发源地、新时期深化农村改革“塘约经验”的产生地和贵州省加快发展的经济特区。

① 钱理群、戴明贤、袁本良、顾久主编《安顺城记》（一），贵州人民出版社，2020。

2. 安顺两级法院主要情况

（1）历史沿革。1950 年，贵州省人民政府下达贵州省各区行政督察专员公署编制，其中人民法院设院长一人、审判员二人、调解员二人及其他辅助人员等。1951 年 2 月 2 日，贵州省人民政府以民行字第 43 号训令颁发“贵州省人民法院安顺分院”印信、长戳。1955 年 11 月 4 日，“贵州省人民法院安顺分院”正式更名为“贵州省安顺地区中级人民法院”。1950 年 5 月至 1951 年 2 月，安顺市所辖 6 县先后建立县人民法院。现辖区内有西秀区人民法院、平坝区人民法院、普定县人民法院、镇宁布依族苗族自治县人民法院、关岭布依族苗族自治县人民法院、紫云苗族布依族自治县人民法院 6 家基层人民法院。2000 年 6 月，随着安顺撤地设市，“贵州省安顺地区中级人民法院”更名为“贵州省安顺市中级人民法院”。

（2）人员结构。截至 2022 年底，安顺两级法院在职在编人员 623 人，其中，安顺中级法院在职在编人员 142 人（含员额法官 47 人），6 家基层法院在职在编人员总计 481 人（含员额法官 155 人）（见表 2）。除在职在编人员外，为加强审判辅助工作和后勤保障工作，安顺两级法院还有聘用制书记员、派遣制书记员、其他临聘人员等相当规模的工作人员队伍。

表 2　安顺两级法院在职在编人员情况

单位：人

法院	员额法官	法官助理	行政人员	司法警察	工勤人员	事业单位人员
中级法院	47	38	28	13	13	3
基层法院	155	170	67	42	47	-

从年龄结构看，35 岁及以下人员占两级法院人员人数的 49%（见图 1）；从学历结构看，本科学历人员占两级法院人员人数的 75%（见图 2）。

（3）案件情况。2022 年，安顺两级法院受理案件[①] 49907 件，同比下降 8.06%（见图 3），其中新收案件 43733 件，同比下降 17.38%；结案 44953 件，

① 不含未纳入司法统计的案件，下同。2022 年贵州省法院受理各类未纳入司法统计案件 188492 件。

同比下降 7. 37%。2022 年安顺两级法院新收案件数量占贵州省法院新收案件数量的 5%左右（见图 4）。

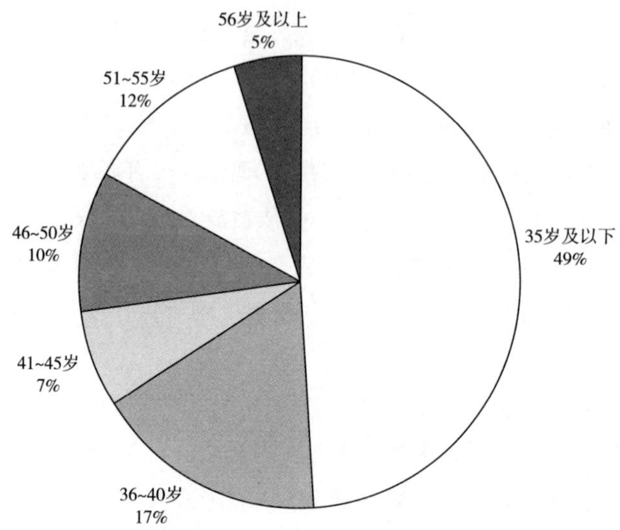

图 1　安顺两级法院人员年龄结构情况

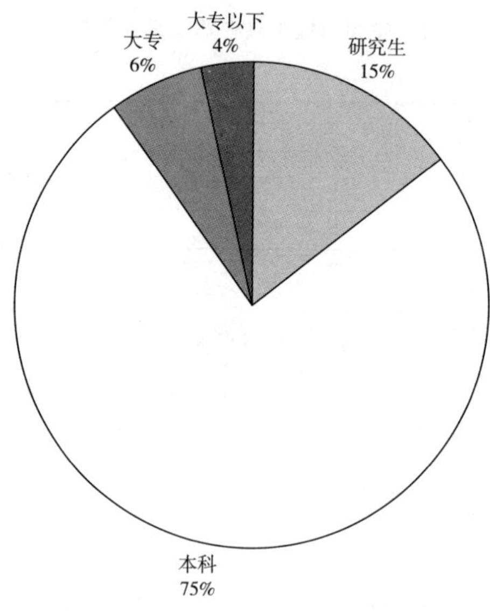

图 2　安顺两级法院人员学历结构情况

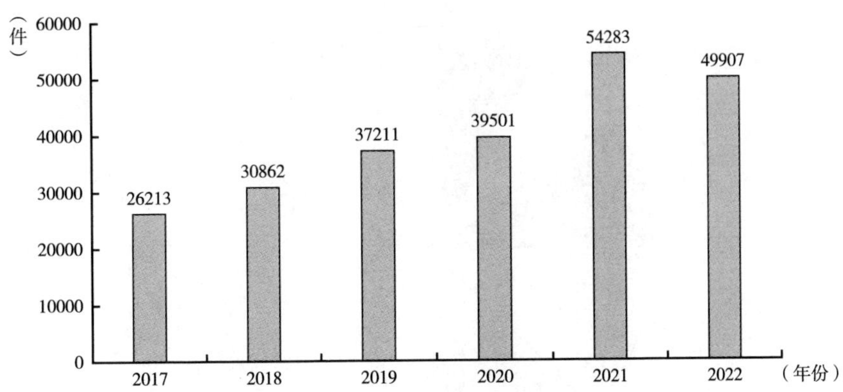

图 3　2017~2022 年安顺两级法院受理案件情况

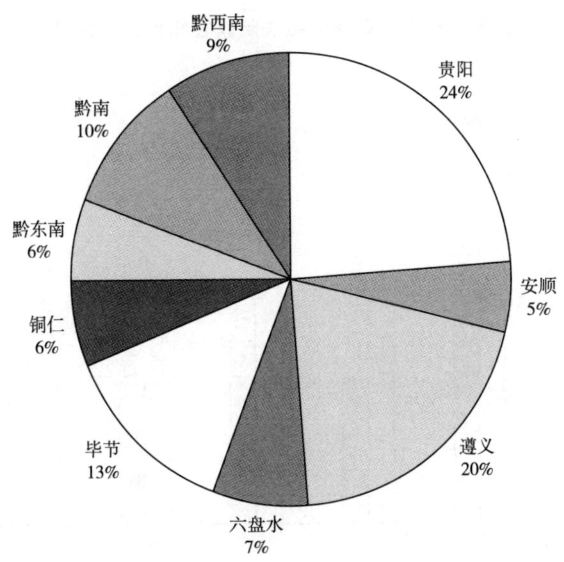

图 4　2022 年贵州省法院新收案件占比情况

受经济社会发展状况等因素的影响，安顺辖区内 6 家基层法院案件数量不均衡，西秀区、平坝区和普定县案件数量显著高于其他县区，西秀区法院法官人均结案数量显著高于平均水平（见图 5、图 6）。

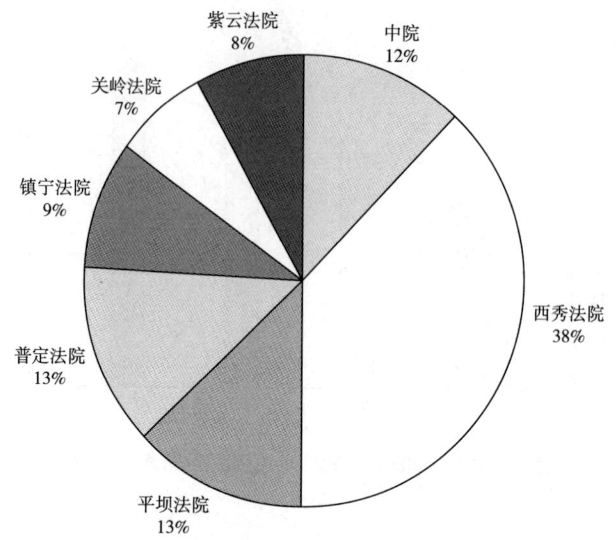

图 5　2022 年安顺两级法院新收案件占比情况

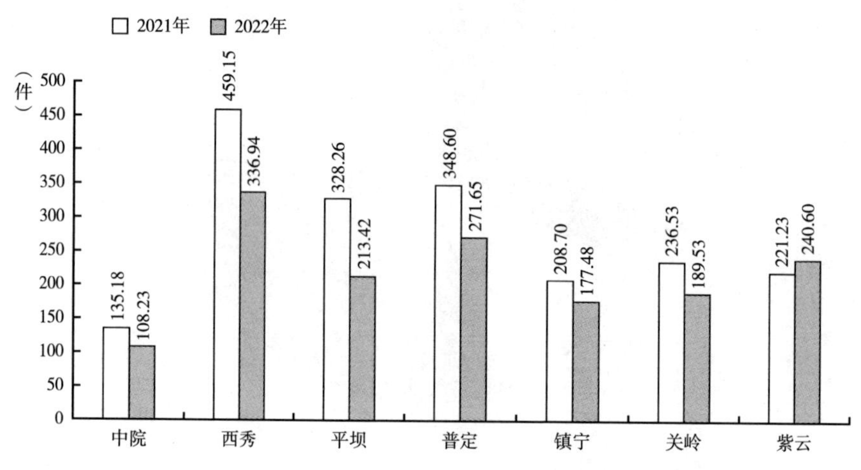

图 6　2021～2022 年安顺两级法院法官人均结案数量

（4）小结。党的十八大以来，安顺两级法院以法官、司法辅助人员、司法行政人员分类管理改革为切入点，建立类型化、规范化的司法人员分类管理体系；以“员额制”管理体制改革为关节点，确立法官专业化、职业化的管理机制；以“司法责任制”改革为着力点，启动权责明晰、监督有效的审判权力运行体系；以司法人财物“省级统管”目标改革为攻坚点，初步建立“类型化”的司法人财物“省级统管”保障体系。这些基础性改革任务的完成，为新时期安顺两级法院持续推进司法体制综合配套改革提供了基础条件。进入新时期，安顺司法体制改革，既面临与其他地方相似的全局性、普遍性问题，也面临因当地经济社会发展实际情况而产生的特殊问题。

从安顺市所处地理区位看，一方面，安顺市是“贵阳—贵安—安顺”都市圈和黔中城市群的重要组成，平坝区更毗邻贵阳市，发展具有一定的区位优势；另一方面，贵阳、贵安新区对安顺市人才、资金、产业等发展要素的“虹吸”效应明显，出于对个人职业规划、子女教育等的考虑，一些人才选择离安发展。如何留住人才、确保法院队伍持续稳定健康发展，是持续推进司法体制综合配套改革的重要议题。

从经济社会发展总体情况和矛盾纠纷数量类型看，一方面，与贵阳、遵义等市（州）相比，安顺两级法院案件规模总体不大、新类型案件不多，2022年安顺市员额法官人均办案量为109.79件，低于贵州省的平均数282.69件；另一方面，安顺市在贵州各市（州）中面积最小、人口最少、地区生产总值和财政收入相对较低，在人财物“市州统管”模式下，地方财政对于司法体制改革的支持力度相对较弱。

从安顺各县区的发展情况看，一方面，安顺市下辖的6县区经济社会发展不均衡，主要城区西秀区、平坝区和普定县，与3个民族自治县在人口构成、产业发展、社会形态、历史文化、主要矛盾纠纷数量及类型上都有很大差异；另一方面，各县区距离相对较近，安顺中院与各县区人民法院之间交通距离普遍在1小时车程左右，为安顺市司法资源统筹配置和系统协同提供了有利的条件。

二　以“系统集成、协同高效”为导向的“安顺探索”：主要举措与成效

安顺两级法院的改革探索，是我国司法体制改革宏大命题中的一个微观图景和贵州司法体制改革的一个缩影。根据贵州省高级人民法院通报的情况，在2022年全省法院审判执行工作业务绩效考核中，安顺市审判执行绩效居全省

第一；15 项评估指标中，安顺法院位次靠前或者达到满分的指标有 9 项。其中一审判决案件改判发回重审率 1.72%，指标值列全省第二；生效案件再审改判发回重审率 0.741‰，指标值列全省第一；裁判自动履行率 65.02%，指标值列全省第一。按照最高人民法院《关于深化人民法院司法体制综合配套改革的意见——人民法院第五个五年改革纲要（2019—2023）》要求，以“系统集成、协同高效”为导向的“安顺探索”，为推动规模较小的地级市司法水平和司法能力高质量发展提供了样本。

（一）落实完善人民法院坚持党的领导制度体系

“法治工作是政治性很强的业务工作，也是业务性很强的政治工作。”坚持党对法院工作的绝对领导，完善人民法院理论教育、政治轮训制度，是新时代司法高质量发展和确保人民法院工作沿着正确政治方向前进的保障。近年来，安顺两级法院坚持以习近平新时代中国特色社会主义思想为指导，深入学习贯彻习近平法治思想和习近平总书记关于司法工作的重要论述，深刻领会“两个确立”的决定性意义，坚决做到“两个维护”，在提升政治判断力、政治领悟力、政治执行力上下功夫。

1. 坚持党对法院工作绝对领导，完善党对司法工作的领导监督机制

深入学习贯彻《中国共产党政法工作条例》《中国共产党重大事项请示报告条例》《中国共产党党组工作条例》，切实落实重大事项请示报告制度，重大敏感案件、重大改革事项、法院重要工作事项均由党组讨论把关，主动积极争取市委支持。层层落实“第一议题”制度，2017~2021 年安顺两级法院组织学习 1332 次，学习篇目 2282 篇。按照要求持续开展政治巡查、政治督察工作。积极探索推进“1236”① 党建工作机制，坚持以党建带队建，通过树立目

① “1236”党建工作机制是安顺中级人民法院在实际工作中提炼总结的党建工作模式，包括：“一个目标”，明确以“围绕中心抓党建，抓好党建促发展”为工作目标，做好五年党建工作规划；“两次主动报告”，主动向党组报告党建工作推进情况，在党组的正确领导下，凝心聚力、集思广益做好党建工作；“三个坚持”，①坚持严肃党内政治生活，严格遵守“三会一课”制度，促进党组织建设规范化，②坚持锤炼党员党性，强化政治业务学习，提升党员政治素质，③坚持激活党组织活力，创新活动方式，凝聚团结奋进力量；“六个规定动作”，每年制订一个工作计划，每月制定一个学习要点、下发一次工作提示、组织一次交叉检查，每周开展一次 90 分钟集中学习，每个支部努力创建一个党建品牌。

标、问题导向、倒逼机制抓好党建工作，推动党建工作与业务工作深度融合发展。

2. 完善人民法院理论教育、政治轮训制度

每年组织安顺市法院干警开展政治轮训，全面提升法院干警政治素质和政治能力。建立安顺市法院干警思想动态定期收集制度，及时把握法院干警思想动态，开展思想教育引导。持续掀起学习贯彻党的二十大精神热潮，截至2023年2月，组织各类学习活动222次、宣讲109场，开展分层次全覆盖政治轮训652人次。

（二）健全人民法院服务和保障大局制度体系

立足新发展格局、贯彻新发展理念，把落实新国发2号文件①，服务围绕“四新”主攻“四化”②、市委“1558”③发展思路作为使命担当，健全为经济社会高质量发展提供司法服务和保障的工作机制。

1. 聚焦“平安安顺”建设

全力维护安全稳定，全面贯彻总体国家安全观，持续保持打击严重刑事犯罪高压态势，2017~2021年，依法审结刑事案件9509件，刑事案件从2017年的2075件下降到2021年的1960件，案件数量总体呈下降态势，社会环境持续向好。创新建立“两统一、一指导”工作机制，获全国扫黑办和省法院高度肯定。探索未成年人司法保护的“贵州安顺方案”，强化对未成年人罪犯教育、感化和挽救，依法封存未成年人犯罪记录479份。着力优化营商环境，按照贵州省高级人民法院统一部署，建立知识产权案件集中审理机制，加大对安顺特色农产品、民族民间文化特色优势产业的保护力度。2017~2021年，依法

---

① 国务院《关于支持贵州在新时代西部大开发上闯新路的意见》（国发〔2022〕2号）。

② 根据贵州省委省政府战略部署，“十四五”时期，贵州以高质量发展统揽全局，把在新时代西部大开发上闯新路、在乡村振兴上开新局、在实施数字经济战略上抢新机、在生态文明建设上出新绩作为主目标，把新型工业化、新型城镇化、农业现代化、旅游产业化作为主抓手。

③ 2022年中共安顺市第五次党代会提出，安顺市将围绕“一高地（‘四化’建设新高地）、五个区（高新产业集聚区、康养旅游示范区、数字经济创新区、乡村振兴样板区、改革开放先行区）、五个新安顺（经济实力更强的新安顺、城乡环境更美的新安顺、发展活力更足的新安顺、文明程度更高的新安顺、人民生活更好的新安顺）、八大工程（工业突破工程、城镇提升工程、旅游提质工程、农业增效工程、数字赋能工程、绿色引领工程、改革创新工程、民生优先工程）”发展。

审结民商事案件 95226 件；2022 年，妥善审理涉房地产纠纷近千件，推动烂尾楼盘复工复产“保交楼”，累计盘活 17 家房开公司 46 个楼盘。

2. 聚焦“法治安顺”建设

推动行政争议的实质性化解，有力助推法治政府建设。2017 年以来，安顺市中级人民法院在贵州省率先推动建立“重大行政争议诉前沟通协商机制”并迭代升级至 3.0 版本，2017~2022 年，推动近 300 件行政争议实质化解（见图 7）。行政机关一审败诉率由 2021 年的 34.91%下降至 2022 年的 13.27%，低于贵州省平均数 18.6%；行政机关负责人出庭应诉率由 2021 年的 44.33%上升至 2022 年的 100%，高于贵州省平均数 5.37 个百分点。2021 年，依法审理的杨某某等九人诉普定县人民政府、普定县穿洞街道办事处行政赔偿案件入选 2021 年贵州省实质性化解行政争议典型案例。

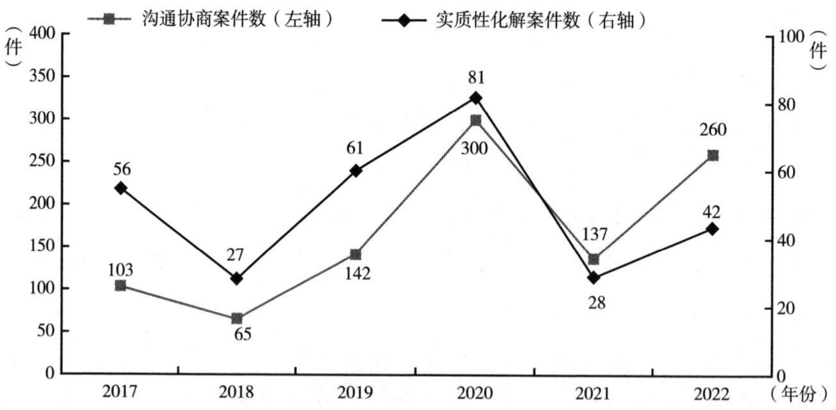

图 7　2017~2022 年安顺市中院重大行政争议诉前沟通协商机制运行情况

注：2022 年数据不含诉讼过程中调撤案件。

（三）健全以人民为中心的诉讼服务制度体系

1. 持续推进诉讼服务体系建设

以一站式诉讼服务中心建设为抓手，推动人民法院诉讼服务工作进入新时代。近年来，安顺两级法院在推进智慧法院和线上服务建设上持续发力，推动“指尖上服务、屏幕前解纷”。2017~2021 年，网上立案 12640 件，在线开庭

3992 件，电子送达文书 24900 余份，线上调解 13288 件。2022 年至 2023 年 2 月，线上诉讼服务进一步提速升级，网上立案 11245 件，在线开庭 1264 件，电子送达文书 38500 余份。

2. 持续推进诉源治理

坚持和发展新时代“枫桥经验”，以一站式多元解纷机制建设为抓手，打造时代特色和地方特色的纠纷解决模式。2022 年，安顺市法院受理案件同比下降 8. 06%，新收案件同比下降 17. 38%，在贵州省居于第二梯队（见图 8）。一是着力构建“一站式受理、一揽子调处、全链条解纷”诉前化解金融纠纷新路径，2022 年诉前调处金融纠纷 1107 起，标的金额 9048. 59 万元，调解成功率 93. 6%，一审新收金融纠纷案件同比下降 70%，金融纠纷调解总数在贵州省金融行业中排名前列。二是着力推动“无讼村（居）”建设，截至 2023 年2 月，成功巩固创建“无讼村”17 个，2022 年“无讼村”实现“零信访、零涉毒、零命案”，95%以上的矛盾纠纷在诉前得到化解，实现“小事不出村、大事不成诉、矛盾不上交、化解在基层”的目标。

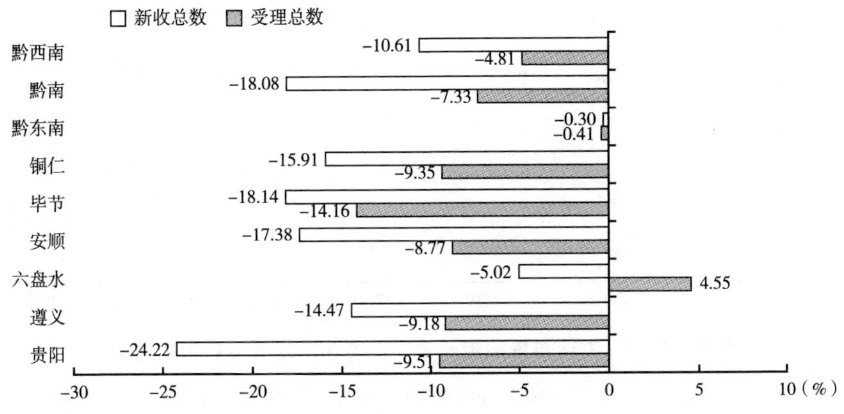

图 8　2022 年贵州省各市州法院受理案件及新收案件增幅情况

（四）健全以司法责任制为核心的审判权力运行体系

近年来，安顺两级法院锚定“全面准确落实司法责任制”目标，完善以司法责任制落实为核心的审判权力运行机制，推动审判质效持续提升。2017~

2022年，安顺市法院一审判决案件改判发回重审率等指标持续向好（见图9、图10）。

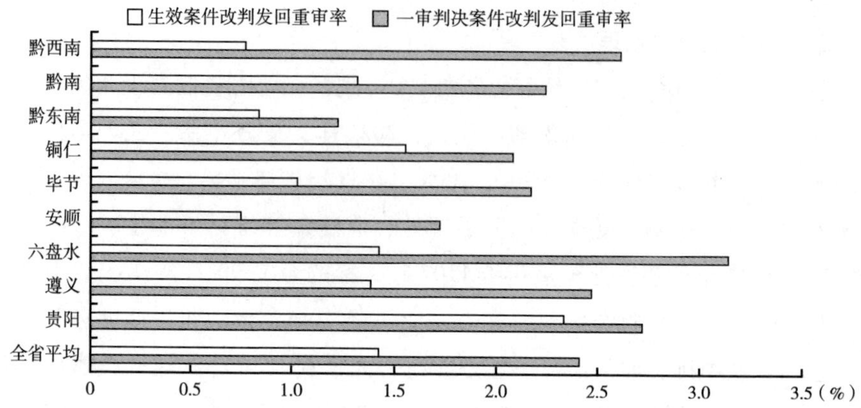

图9　2022年贵州省各市州生效案件改判发回重审率及一审判决案件改判发回重审率

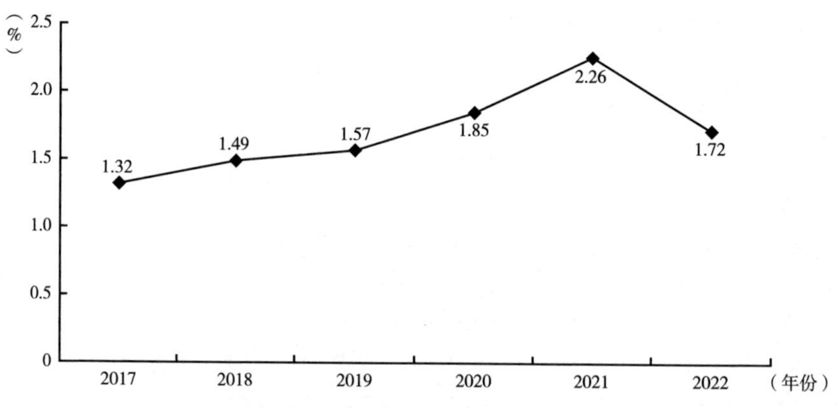

图10　2017~2022年安顺市一审判决案件改判发回重审率情况

注：2021年及以前“一审判决案件改判发回重审率”指标内涵与2022年指标内涵存在差异。主要是2021年及以前的指标中，未将“出现新证据及其他事由”作为发改原因的分子；2022年所有原因的发改案件都列入分子进行计算。

1. 强化审判权力运行机制建设

先后制定“四类案件”监督管理、随机分案为主二次分案为辅机制、类案及关联案件检索、法律统一适用监督管理机制、审限管理以及报请审判委员会讨论工作流程规范、审判委员会议事规则等一批工作机制，加强督责考核，推动执法司法监督制约体系机制不断健全。

2. 强化院庭长办理案件和监督管理职责

制定《关于落实加强院庭长统一法律适用标准的监督管理职责的实施办法（试行）》，建立类案强制检索及关联案件检索制度，规定重大疑难复杂案件提请审判委员会、专业法官会议讨论时，必须提供类案及关联案件检索报告，以统一法律适用；完善《关于全市法院院庭长办理案件的实施细则（试行）》，在考虑院庭长承担的审判监督管理实务和党政事务工作量基础上，合理确定办案数量，将院庭长办案绩效纳入考核监督范围，促进院庭长办案常态化。2018~2022 年，基层法院院领导年人均办案数量[①]由 68.15 件增长到 149.32 件，院庭长办案数量增长态势明显，机制运行持续深化（见图 11）。

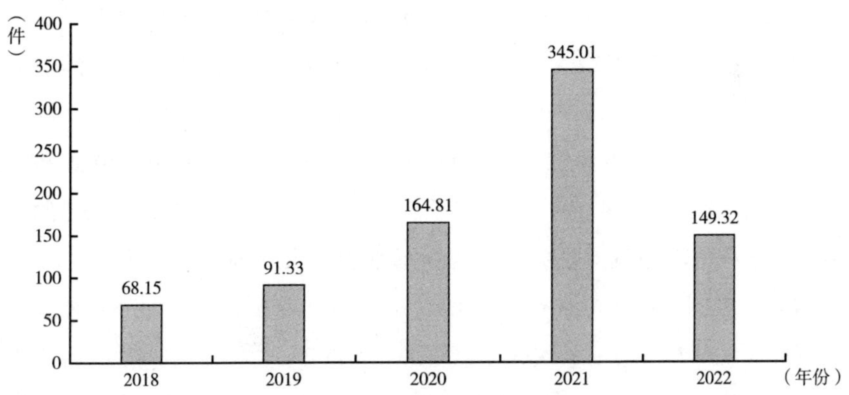

图 11　2018~2022 年安顺市基层法院入额院领导人均办案情况

3. 强化专业法官会议前端过滤和咨询功能

2021 年，制定《安顺市中级人民法院专业会议工作规定》。2022 年召开各类专业法官会议 65 次，讨论各类案件 570 件。根据安顺两级法院的实际情况，2023 年修订完善《专业法官会议工作规定（试行）》，按照安顺法院人案实际，成立刑事、民事、综合三个专业法官会议，定期对类案及审判执行工作中的疑难复杂法律问题进行研判，探索建立专业法官会议意见采纳及评价机制，总结审判经验、统一裁判尺度。

① 不含院长办案数，指入额的党组成员、副院长、审委会专职委员办案数。

4. 强化案件评查

制定《瑕疵案件与审判执行工作瑕疵负面清单》，在2021年开展政法队伍教育整顿活动中，配合开展好五类重点案件评查工作。在安顺市法院开展“瑕疵案件专项治理活动”工作，成立瑕疵案件专项治理工作领导小组，制定印发《在全市法院开展“坚持常抓不懈整治瑕疵案件专项治理活动”工作方案》，成立案件评查专家库，推动案件评查常态化。

（五）完善人民法院组织体系和机构职能体系

1. 加强专业化审判机制建设

着力优化营商环境，全面加强破产案件审判。安顺法院在贵州省较早设立“清算与破产审判庭”，率先建立破产审判府院联动机制，创新建立“破产容缺办理机制”，2017~2022年依法审结破产案件85件。2021年审理的安顺顺成农产品批发市场管理公司破产重整案，用司法力量守护人民的“菜篮子”，入选最高人民法院服务保障疫情期间复工复产八大典型案例，2022年全国“两会”期间被中央电视台《今日说法》栏目专题报道；2022年办理的某非遗传承人债务清理系列案件，以司法激活非物质文化遗产生命力，2023年全国“两会”期间被中央电视台《今日说法》栏目专题报道。此外，审理的安顺市禹晋房地产开发有限公司破产重整案、安顺市平坝区亿丰商业管理有限公司破产和解案入选2022年贵州省破产审判推动法治营商环境典型案例；审理的利安房开公司破产重整案，涉及债权33亿元，被贵州省法院评价为“依法拯救危困房地产企业、助力全省房地产平稳发展的一个缩影”；2022年，省高级法院在安顺中院挂牌成立贵州省首家破产审判工作调研基地。

着力守护“生态瀑乡”，全面加强生态环境案件审判。2018年建立专门的环境资源审判庭，截至2021年共受理环境资源案件662件。平坝法院审理的宏泰化工责任有限公司及被告人张某某、赵某污染环境一案，入选“两高三部”联合发布的典型案例。2021年，与市生态环境局、市检察院联合印发《安顺市生态环境损害赔偿非诉讼与诉讼程序工作衔接机制实施办法（试行）》和《安顺市生态环境损害赔偿与检察公益诉讼工作衔接机制办法（试行）》，持续推进生态环境案件办理制度机制建设。

2. 加强人民法庭建设

着力护航乡村振兴，充分发挥人民法庭在推动基层社会治理现代化和乡村振兴方面的功能。坚持“三个面向”独特优势、“三个便于”工作原则和“三个服务”功能定位，[①] 着力探索创新新时代的人民法庭建设格局，推动新时代“枫桥式人民法庭”建设，不断优化法庭布局、优化队伍结构、优化专业建设。截至2022年底，安顺两级法院共设置派出法庭29个、法官工作站130个，实现诉讼服务网络乡镇全覆盖。

（六）健全顺应时代进步和科技发展的诉讼制度体系

1. 持续推进行政审判机制改革

依法履行行政审判职能，2019~2021年，安顺两级法院共受理行政诉讼案件2549件，审结2449件；审查非诉执行案件391件，审结391件。2022年行政机关一审败诉率从2021年的34.91%下降到2022年的13.27%，比贵州省行政机关一审败诉率18.60%的均值少5.33个百分点。为推动行政争议实质化解，率先在省内建立行政争议诉前沟通协商机制，并持续推进至3.0版本，推动行政争议实质性化解和行政案件诉源治理。2016年6月，安顺市中级人民法院及安顺市人民政府法制办公室印发《行政争议诉前协调办法》，成立由市委常委、副市长担任组长的行政争议诉前协商工作领导小组。2017年8月，安顺市委、市人民政府印发《关于印发〈安顺市重大行政争议诉前沟通协商办法（试行）〉的通知》及《关于成立安顺市重大行政争议诉前沟通协商领导小组的通知》。2019年12月25日，中共安顺市全面依法治市委员会印发《关于成立安顺市全面纵深推进行政争议诉前协商工作领导小组的通知》和《关于印发〈安顺市全面纵深推进行政争议诉前协商工作实施办法（试行）〉的通知》。此外，安顺市中级人民法院、安顺市人民检察院等相关部门陆续出台《安顺市中级人民法院 安顺市人民检察院关于加强行政争议诉前协商机制行政执法监督的意见（试行）》等相关配套措施，推动形成“党委领导、政府支持、法院主导、各方合力”的工作格局。2017~2022年，推动近300件行

① “三个面向”：面向农村、面向基层、面向群众；“三个便于”：便于当事人诉讼，便于人民法院依法独立、公正高效行使审判权力，便于人民群众及时感受到公平正义；“三个服务”：服务全面推进乡村振兴、服务基层社会治理、服务人民群众高品质生活。

政案件实质性化解。主动延伸司法职能，制作“行政审判白皮书”、行政审判要情、司法建议等，助推法治政府建设。

2. 推进刑事诉讼制度改革

深入推进以审判为中心的刑事制度改革，落实庭前会议制度、非法证据排除制度，完善法庭调查程序，落实证人、鉴定人、侦查人员出庭作证制度。2017~2021 年，安顺两级法院刑事审判庭共召开庭前会议 79 次，对保障重大、疑难案件庭审的顺利进行发挥了重要作用。2017 年，由安顺中院牵头与市人民检察院、市公安局联合制定了《关于重大刑事案件主办侦查人员跟案旁听案件审理的实施办法（试行）》，敦促公安机关侦查人员深入感知庭审对证据的审查过程和认定标准，切实发挥审判程序对证明标准、证据规则的指引作用。2017~2021 年，安顺两级法院共 21 件案件启动排除非法证据程序，排除非法证据 7 件。2018 年 4 月 3 日，安顺中院针对“三率”工作出台《关于提升刑事审判“三率”工作的通知》，与市检察院、市公安局联合出台《关于主要证人、鉴定人出庭作证的实施办法（试行）》，并于 2018 年 8 月开展安顺市专项督导，制定《关于在审判中切实提高“三率”的要旨》及《关于解决“三项规程”适用中突出问题的意见》，要求各县区基层人民法院一并开展，确保“三率”在达标的基础上有所突破。2018 年安顺两级法院刑事案件辩护率为 59.71%，排名贵州省第二；证人出庭率为 8.67%，排名贵州省第一；当庭宣判率为 73.51%，排名贵州省第二。[①] 2022 年以来，安顺两级法院推进以审判为中心的刑事制度改革工作得到省高级法院高度肯定。刑事案件服判息诉率从 2018 年的 84.19%上升到 2021 年的 87.91%，改判发回重审率从 2018 年的 32.95%下降至 2021 年的 17.28%。

（七）健全切实解决执行难长效制度体系

2017~2021 年，受理执行案件 56889 件，执结 52126 件，执行到位金额 48.47 亿元。推进依法执行与文明善意执行相统一，依法发布失信被执行人信息 23229 人次、限制高消费 33051 人次，对履行完毕法律义务的被执行人及时删除失信信息 6335 人次、屏蔽限高信息 9682 人次。2022 年执行管理体制改革

① 此后年度未通报。

以来，执结案件 13481 件，执行到位金额 41.6 亿元，冻结、扣划金额 12.09 亿元。

1. 把提升共治合力作为工作基础

近年来，安顺市中级人民法院推动安顺市委全面依法治市委员会、市政府在贵州省率先出台支持人民法院“基本解决执行难”和“切实解决执行难”工作机制，市委政法委将“切实解决执行难”工作纳入平安安顺建设考核评价机制，与安顺市检察院联合印发《提升善意文明执行水平 助力企业平稳健康发展的意见》，充分发挥人民法院职能作用。

2. 把推进专项行动作为破题关键

持续开展“雷霆风暴·安顺在执行”“黔山雷暴·安顺在执行”等专项执行行动，开展涉民生案件、刑事裁判涉财专项执行。2017～2021 年，累计扣划资金 6.2 亿元，查封房产 102.84 万平方米，执结案件 21384 件。

3. 把执行管理体制改革作为长效保障

2022 年 1 月，印发《安顺市中级人民法院关于全市法院执行管理体制改革的总体方案》，按照打造安顺市法院“大执行”总体格局思路，围绕“人”“案”开展改革，建立“事务集约、繁简分流”的执行权运行机制。以此为基础，先后制定出台了《安顺市中级人民法院关于设立安顺法院执行事务中心的工作方案》《关于加强执行指挥中心与执行事务中心衔接的通知》《安顺市中级人民法院关于印发安顺市法院执行案件财产处置工作方案（试行）》等近 20 项机制制度。在改革中，推动建立“三统一”执行工作模式，注重提升事务性工作集约水平，探索建立执行干警单独考核机制。

（八）健全人民法院人员分类管理和职业保障制度体系

1. 严格落实人员分类管理、法官单独序列管理和法官选任工作要求

自司法体制改革启动以来，严格按照中央、中央政法委、最高人民法院及贵州省出台的法官遴选政策文件措施要求，严格落实人员分类管理、法官单独序列管理和法官选任工作要求。先后制定《安顺市中级人民法院人员分类管理办法》《安顺市中级人民法院办案人员工作职责暂行办法（试行）》《安顺市中级人民法院审判委员会工作规则》《安顺市中级人民法院关于审判团队、员额法官及辅助人员审判执行工作业绩考评办法》《安顺市

中级人民法院司法保障团队、司法行政人员、司法警察业绩考评办法（试行）》等规定。坚持以案定员，呈报核定员额法官职数，做好员额法官遴选工作。2016 年以来，安顺法院开展员额法官遴选 5 批次，遴选员额法官 254 人次。[①]

截至 2022 年 12 月 31 日，安顺市共有员额法官核定数 219 名，占中央政法专项编制的 35.84%；实有员额法官 202 名，占实有中央政法专项编制人员的 36.01%。2018~2021 年，基层法院员额法官人均结案数逐年上升，在诉源治理工作的有力推动下，2022 年员额法官人均结案数有所下降（见图 12）。

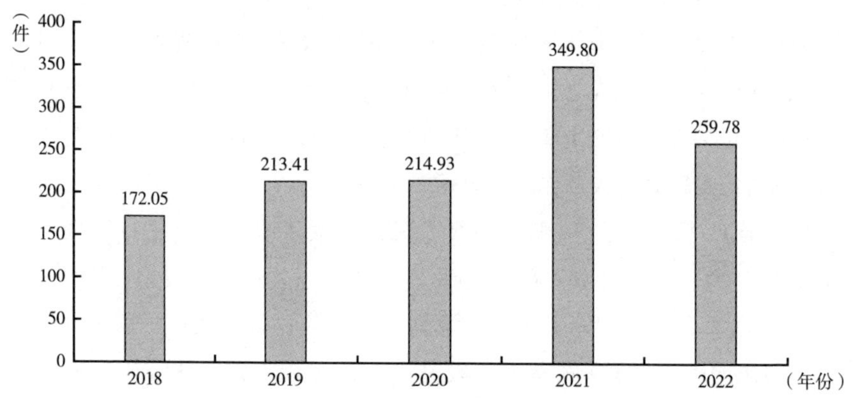

图 12　2018~2022 年安顺市基层法院员额法官人均结案情况

2. 着力健全法院人员教育培训机制

推动国家法官学院安顺培训学院实质化运行，围绕岗位、实战等主题开展高质量大练兵活动。2017~2021 年，选派干警参加上级法院举办的各类培训 450 余批次；开展政治轮训 5 次，覆盖干警 2700 余人次；与中国政法大学、浙江大学等多所高校共同举办业务、党建能力提升培训班，覆盖干警 700 余人次。2022 年以来，以“立足主责主业，紧贴实战需求，做好服务工作”为定位，推动国家法官学院安顺培训学院实体化运行，持续推动党的二十大精神宣讲。积极搭建平台夯实培训基础，邀请外单位专家、学者、资深法官到安讲课，推动市委政法委、市纪委监委、市检察院、市公安局相关同志同堂培训、

① 2020 年、2021 年因新冠疫情未开展遴选工作。

同频共振。强化对外学习交流，拓宽干警视野，与厦门大学、南京大学合作举办“综合素质能力提升培训班”2期，覆盖干警145人次。打造“安法护航·学法论坛”培训品牌，鼓励干警上讲台，举办培训20期，覆盖干警860余人次。此外，完成各种培训、宣讲、调训、轮训数千人次。

（九）建设现代化智慧法院应用体系

1. 深入推进智慧法院信息化应用

以辅助审判为导向，推进“平台+智能”建设，突出审判流程节点控制、裁判文书网上制作批阅、文书智能纠错等功能，实现办公办案全程留痕、OCR自动识别、智能纠错、智能文书辅助生成等，向科技要生产率。2017～2021年，电子化各类卷宗总计107076册，为海量审判数据深度应用奠定坚实数据基础。深入推进智能辅助办案系统使用，截至2021年12月28日，通过刑事智能辅助办案系统推送至两级法院的刑事案件共1155件，案件卷宗总计539530页，批注案件1137件，批注2818个，平均每件案件批注2.5个，案件批注率98.44%。

2. 深入推进跨部门大数据办案平台应用

自2018年12月至2021年底，通过跨部门办案平台应用实现电子换押6006次，共享诉讼文书4225份。截至2021年12月28日，除极少数因系统问题或需要报管辖的案件外，其余案件均严格时限通过跨部门办案平台进行电子换押，安顺市法院收到电子换押1738人次，3日内受理换押1556人次，3日内电子换押受理率94.30%，电子换押受理率99.33%。2020年，安顺中院印发《2020年关于加强全市跨部门大数据办案平台和智能辅助办案系统深度应用实施细则（试行）》，以提高法院工作智能化、现代化水平和提高办案质效为主要目标，全面实现法院与政法各部门之间全业务网上办理、全方位智能服务、全流程网上协同。

3. 深入推进无纸化办案办公

按照贵州省法院全面推进“无纸化办案办公”的总体要求，对电子卷宗扫描、电子送达等事务性工作进行外包。同时，中院加强对基层法院无纸化工作推进的督导，从立案、庭审、结案以及归档各环节，实现全流程网上监控，切实提升无纸化办案的应用效果。截至2021年12月28日，安顺市法院平均立案回填率达到97%，电子卷宗在立案、开庭、结案三个阶段的3日内随案率均达到90%以上，安顺市法院网上缴、退费率均达到97%以上。

三 “四个坚持”：安顺两级法院司法体制改革创新的启示

近年来，安顺两级法院立足本地实际，以“系统集成、协同高效”为导向，围绕司法体制改革和司法体制综合配套改革确定的目标，持续探索创新，推动审判执行质效和相关工作质效不断提升。随着各项改革措施的不断深入，在推进思想观念现代化、工作体系现代化、工作能力现代化、工作布局现代化、科技手段现代化和队伍建设现代化上持续发力。回顾安顺市两级法院的司法体制改革进程，其主要经验和启示在于以下四个方面。

（一）坚持先进理论引领，为深化司法体制改革凝聚磅礴力量

习近平法治思想是新时代“改革与法治”双轮驱动战略实施进程中最具原创性与时代性的标志性重大成果，使人民走出了长期以来司法改革“言必称英美”的理论迷区，防止和避免了本轮司法体制改革可能出现的对西方发达国家司法制度“简单克隆、全盘复制”的偏差。本轮司法体制改革和司法体制综合配套改革，是党立足新阶段提出的重要概念，是新时代新征程中国司法改革的新阶段、新范式，表征了中国司法改革由分向合转变、由内向外拓展、由粗到精挺进、由量变到质变飞跃的客观趋势。[①]

近年来，安顺两级法院坚持以习近平新时代中国特色社会主义思想为指导，深入学习贯彻习近平法治思想，深刻领会习近平总书记关于司法体制改革的重要论述，毫不动摇地把党对司法工作的绝对领导贯彻到人民法院依法履职全过程，不断创新深化司法体制改革，破解司法体制改革中的“难点”和“痛点”，着力提升安顺两级法院的审判质效和围绕中心服务大局的能力。将全面准确落实司法责任制作为司法体制改革的“最后一公里”，紧紧扭住司法

① 黄文艺：《论深化司法体制综合配套改革——以21世纪全球司法改革为背景》，《中国法律评论》2022年第6期，第1~16页。

责任制这个“牛鼻子”，着力构建权责明晰、监管有效、保障有力的司法权运行新机制，打造实现司法公正的责任主体，为深化司法体制改革凝聚磅礴力量。

（二）坚持改革战略定力，牢牢把握深化司法体制改革的政治方向

司法体制改革持续深入推进，需要建立一种司法的“大局观”：它既要对司法改革进行整体性的规划，建立起司法发展的长远目标，又要努力在制度与技术层面上解决改革之中所遭遇的各种司法难题；既要从宏观层面上对司法改革与发展予以积极的反思推动，也要结合细微之处对司法改革的措施进行整体评估。这既是一种司法改革的公共政策判断，也是一种中国新现代性语境中的司法模式再造。①

本轮司法体制改革和司法体制综合配套改革以推进司法体系和司法能力现代化为主线，以坚持党“统揽全局、协调各方”为根本保障。深化改革、完善制度必须在党的统一领导下进行，必须有利于体现和发展完善党对国家各项工作领导的制度优势，必须体现好、展示好、发展好党全面实施依法治国、提高执政能力的制度效能。

（三）坚持守正创新，展现“改革与法治”合力共振效能

本轮司法体制改革是在经济、政治、文化、社会、生态文明体制改革，监察体制改革，党和国家机构改革，法治体系改革叠加推进的大背景下实施的。将改革实践成果及时上升为体制机制成果，强化平台搭建、机制构建，因地制宜、因时制宜，推动流程再造、体制重塑，有利于使改革成果及时定型化、制度化。

特别是在智慧法院的建设中，“互联网、大数据、人工智能等技术的发展，为司法制度勾绘了智慧化的前景，为司法公正的实现提供了新的路径”。②“中国创新”需要“以信息化促进审判现代化”。③ 这样的动能，不是

① 徐静：《从现代性到新现代性：转型中国司法发展的立场选择》，《学海》2021 年第 3 期。

② 冯姣、胡铭：《智慧司法：实现司法公正的新路径及其局限》，《浙江社会科学》2018 年第 6 期。

③ 《最高人民法院关于加快建设智慧法院的意见》指出，“为了以信息化促进审判体系和审判能力现代化，努力让人民群众在每一个司法案件中感受到公平正义，制定本意见”。

泛泛意义上的赋能（如过去所说的科技“服务”司法、科技“支撑”司法），而是高级意义上的赋能（即科技“引领”司法、科技“驱动”司法）。[①] 实践证明，重要的司法体制改革背后往往附随着重大的智慧司法创新，例如安顺着力构建的“三统一”大执行工作格局、持续推进的以审判为中心的刑事诉讼制度改革等，都离不开智慧平台的支撑。以司法体制改革促进智慧司法创新落地，不仅意味着进行过程“配套”，更意味着具备条件时进行成果“确认”。

（四）坚持站稳人民立场，回应好“公正与效率”这一司法工作的永恒主题

习近平总书记指出：“所谓司法公正，就是受到侵害的权利一定会得到保护和救济，违法犯罪活动一定要得到制裁和惩罚……如果人民群众通过司法程序不能保障自己的合法权利，司法就没有公信力，人民群众也不会相信司法。”[②] 司法改革的各项举措，都必须始终围绕人民进行，以最大限度实现人民利益为目标。必须明确，司法体制改革的所有举措都应紧紧围绕这一目标推进，各级司法机关都应紧紧围绕这一目标来改进和完善工作。深化司法改革、推进依法治国，必须紧紧围绕保障与促进司法公正进行，努力实现政治效果、社会效果、法律效果的有机统一。实现司法为民，既要在司法的结果上让人民群众感受到公平正义，又要在司法的过程中提高人民群众的体验感、满意度。在“促公平”“提效率”上双向发力。安顺市两级法院持续深入推进的“一站式建设”、“多元解纷工作机制”、“枫桥式人民法庭建设”、环境资源审判、优化营商环境等便民利民举措，极大地增强了司法的亲民性，体现了司法体制改革以人民为中心这一根本要义、核心要义。

---

① 刘品新：《法律与科技的融合及其限度》，《中国检察官》2018 年第 8 期。

② 习近平：《在十八届中央政治局第四次集体学习时的讲话》，载中共中央宣传部编《习近平总书记系列重要讲话读本》，学习出版社、人民出版社，2016，第 94 页。

专题报告

司法体制改革下优化审判权力机制运行研究

——以安顺两级法院审判权力运行现状为蓝本

司法体制改革下优化审判权力机制运行研究课题组*

摘　要： 按照本轮司法责任制改革的要求，安顺两级法院自 2017 年起正式按新的审判权力机制运行。经过五年多努力与探索，主要改革事项已落地并稳步运行，审判资源得到优化，权力配置更加均衡，办案质效显著提升。当前审判权力运行在主体权责、运行效果、服务对象、运行保障、审级衔接、社会支持等方面还存在一定问题，相应地在这六个方面还需进一步完善，以期优化审判权力运行机制，构建更加公正、高效的权力运行体系。

关键词： 审判权力　审判规律　权力主体　运行机制　安顺法院

党的十八大以来，在习近平新时代中国特色社会主义思想统领下，人民法院司法体制改革全面深入推进。以党的十八届三中全会通过的《中共中央关于全面深化改革若干重大问题的决定》为起点，我国新一轮自上而下的司法体制改革，紧紧围绕构建更加公正、高效、透明的审判权力运作机制，从法官员额制、司法责任制、人财物统管制、权利保障制等方面，开展了一场触及根本的改革。至今司法体制“四梁八柱”已经建立，中国特色社会主义审判权

* 课题组组长：张金辉，安顺市中级人民法院党组书记、院长。课题组成员：张化冰，安顺市中级人民法院审判监督庭庭长、四级高级法官；陈优海，安顺市中级人民法院立案一庭庭长、四级高级法官。

如无特别说明，本报告资料均来源于安顺市中级人民法院。

力运行体系初步形成。全国法院均按新的审判权力运行机制推动工作。但随着改革步入“深水区”，审判权力运行机制方面还有一些需要认真对待并加以解决的问题。课题组以安顺两级法院审判权力运行情况为蓝本进行分析研究。

安顺法院含中院及六家基层法院（即西秀法院、平坝法院、普定法院、镇宁法院、关岭法院、紫云法院）。截至2022年底，共有员额法官202名（其中中院47名），六家基层法院于2018年底完成内设机构改革，分别设置内设机构9~10个，业务部门负责人均由员额法官担任。此外，共设有29个派出法庭（含1个旅游法庭、2个环保法庭）。2019~2021年，安顺法院受案数呈上升趋势，2019~2021年受案数分别为：37211件、39501件、54283件。其中，西秀法院2021年受案数达22345件。

一　审判权力运行现状分析

（一）审判权力主体权责方面

人民法院审判权力运行，主要围绕法官、合议庭、院庭长、审判委员会四个核心主体展开。从权力性质看，法官、合议庭重在履行审判职能，实现定分止争；院庭长重在履行审判监督管理职能，保证审判权力规范有序运行；审判委员会作为法院最高审判组织，兼具审判权与审判监督管理权的双重职能。前述四个主体履职不当，由此产生的司法责任相应包含三个层次：一是审判主体的司法责任，一般由法官与合议庭承担；二是院庭长的审判监督管理责任；三是法院对国家和社会承担的政治责任，一般由法院（以院长为代表）作为一个整体负总责。此轮司法体制改革启动后，最高人民法院按照有权必有责、用权受监督、权责相统一的原则，对各类权力主体制定了相应权责清单，各地法院结合自身实际，也出台了具体规定。但部分权力运行仍存在一些问题，不同权力主体在相互制约、衔接、监督等方面，存在一定的堵点、痛点与难点。

1. 承办法官与合议庭履职方面

各个法院通过规范案件庭审、严格合议程序、要求合议庭成员列席审判委员会、共同签发裁判文书等方式，对强化督促合议庭其他法官履职尽责，起到一定作用。但“合而不审”问题仍比较突出，合议庭其他法官与承办法官相比，对案件参审程度不深、对案情研究不透，影响了审判权力内部相互制约的成效。通过随机抽取某法院 2022 年以合议庭方式审结的 50 件案件进行调查了解，发现合议庭其他成员庭审前查看案件材料的仅有 5 件，参审仅限于参加庭审、合议案件，无 1 件参与庭前接待、现场调查、撰写法律文书；承办法官的裁判意见被合议庭采纳的有 48 件，不采纳的为 2 件；合议庭其他成员复述案情时，35 件案件表示记不太清楚，10 件能基本讲清案情，仅有 5 件能讲清案情与争议焦点。合议庭其他成员的履职状况，影响了合议凝聚集体智慧、权力相互制约作用之发挥。

2. 院庭长履职方面

（1）审判监督管理动力不足、职能弱化。《最高人民法院关于完善人民法院司法责任制的若干意见》明确院庭长对“四类案件”行使审判监督管理权，但对具体的监管范围及监管方式的规定过于原则，实践中不好把握。由于监督管理与过问案件之间的界限不易把握，一旦处理不当，可能导致正常的审判监督管理被当成违反“三个规定”的行为予以记录，有干预办案之嫌。院庭长往往选择对案件少管甚至不管，院庭长审判监督管理工作，由改革前的强势监督管理改变为改革后严重虚化弱化。

（2）审判监督管理方式单一。司法责任制改革前，院庭长主要是通过审批、签发裁判文书行使审判管理监督权。改革后，裁判文书由独任法官或合议庭独自签发，院庭长失去原有监督管理手段，工作缺少有效抓手，“不会管”问题较为突出。对应纳入院庭长监管的“四类案件”，办案平台识别标准不精准，启动程序与运作规程不规范，监管具有很大随意性与选择性。2022 年 1～8 月，安顺法院仅有 1 件案件被院庭长主动纳入监督管理范围，而办案平台同时期自动识别的“四类案件”仅有 155 件，在此之外应该还存在很大一部分实施非程序化监管而未纳入办案平台管理的案件。

“无力管”问题更为突出。以受案数中等规模的普定法院为例，该院 2021 年受案数 7504 件，共有 24 名法官，该院审判监督管理职能主要由院领导承担。但院领导本身承担着大量党务、政务等非审判事务，工作重心和精力难以聚焦到审判监督管理上。而在案件量及法官数量更多的西秀法院，院领导更是难以有效管控案件质量，类案法律适用不统一，一些应予监管的案件未纳入监管范围，放权与控权未能有效统一。

3. 审判委员会运行方面

两级法院审判委员会不同程度存在以下问题：审判委员会组成人员相对固化、僵化，多数由院领导及部门负责人担任，缺少中青年法官及办案一线代表；对审判委员会委员履职情况缺少相应评价、考核与退出机制，以致讨论案件时，除相关的部门负责人及分管院领导作较详尽的发言外，其他大多数仅作简单的附和或者表态，讨论效果不佳；讨论的议题或案件事前缺少必要的调研论证，仅就个案讨论个案，统一裁判尺度、总结审判经验的作用未得到有效发挥；审判委员会决定事项缺少事后跟踪监督落实机制。上述问题，影响审判委员会作用之发挥。

（二）审判权力运行效果方面

1. 类案与关联案件检索机制配套不健全

为解决放权后裁判标准统一问题，最高人民法院要求各地法院建立类案检索机制与法律适用分歧解决机制，对新类型、疑难复杂案件，因法律适用问题提交审判委员会讨论时，法官应当提供类案检索报告。但实践中该机制运行状况并不理想。原因在于：缺少统一、权威、分层、规范的类案检索平台；检索渠道杂乱无序，检索效率不高，检索案例质量参差不齐；检索结果相似度较低、参考性不强；少部分存在“选择性检索”问题等。同时，对于关联案件，现有办案平台缺少检索途径。

2. 专业法官会议制度运行效果不理想

专业法官会议的运行存在诸多问题，包括参会人员时间冲突常致会议难以召开，会前准备不充分常致讨论效果不理想，激励与保障机制不足致与会人员积极性不高，会议形成的意见可资借鉴及参考性不强，院庭长未有效履行会议召集人与主持人的工作职责等，导致专业法官会议运行效果总体不理想，使得部分法官有意绕开专业法官会议讨论案件，未实现制度设计之初衷。2021 年度西秀法院、平坝法院、普定法院，召开专业法官会议的次数分别为 6 次、5 次、4 次。

3. 裁判文书释法说理

裁判文书释法说理，要求坚持立足事理、严守法理、辅以学理、佐以情理、善用文理，实现法、理、情相融，让胜者明白、输者服气，提升裁判文书的可接受性与公信力。以随机抽取的某法院2019~2021年以判决方式结案的200份生效离婚纠纷判决为例，存在如下问题。一是论证说理简单。部分案件，对于夫妻感情是否破裂、离婚原因、生活现状、有无和好可能、子女生活环境等未予查明，事实不清致文书说理过于简单，缺少应有的法律逻辑。如“原告诉请离婚，无证据支持，不予支持”；又如“本院认为，子女由男方抚养较为适宜”，但对于为何由男方抚养较为适宜、子女实际的生活现状及共同生活愿意（指年满八周岁以上的子女）等却语焉不详。二是道德说理泛化。在不支持离婚诉请的48件案件中，38份文书存在以感情说教为主或者以感情说教代替法律适用的问题，缺少如何将核心价值观关于优良家风、家庭美德等涉及情感伦理的倡导与要求与案件本身及法律适用相结合的论证分析。如“双方有一定的婚姻基础和婚后感情，只要处理好矛盾，是可以改善关系的”，文书说理变成纯粹的道德劝说。三是法律说理不当。在18件以夫妻分居满二年判决准予离婚的案件中，相关文书在说理时，未能对分居原因、感情是否破裂、有无和好可能等有针对性地进行说理，而是笼统适用《民法典》第一千零七十九条关于“因感情不和分居满二年”的规定，存在法律说理不精准细致的问题。四是法理融合不足。多数文书说理仅限于“或驳或离”式的结案说理，对“危机婚姻”如何修复、离异双方如何相处、子女权利如何保障等，未能提供相应的价值引导与感情疏导，裁判刚性有余而情理不足，且部分说理易引起歧义，让当事人无所适从。如“原告诉称被告实施家庭暴力，但未提供证据予以证实，故对其离婚诉请，不予准许”，隐藏的含义是如果有家暴证据会支持离婚诉请，如此会引导原告为求离婚注意收集证据，甚至为了求得胜诉激怒对方。

（三）审判权力服务对象方面

审判资源是社会公共资源，也是有限资源。一定时期内，当审判资源被部分群体占用时，必然会挤占其他群体获得审判资源救济的条件与可能。因此，在依法保障当事人诉权的同时，也要避免审判资源被过度挤占，实现司法的均衡、适度，并在此基础上进一步拓展挖掘司法服务的质量与效能。但一些当事人借助诉讼程序，以行使诉权为名，多头、多次、多方式提出各种请求申请，致审判权力运行呈拖延、冗长“病态”状态，背离了审判权力运行效率与经济原则。主要体现在以下三个方面。一是以诉讼法规定的各类申请权、异议权、复议权、上诉权、请求权等为名，以几乎“零成本”的代价，拖延案件审判执行周期。如毫无理由的管辖异议，毫无根据的各类事项申请等。二是以“诉权”实现“维权”，就同一事项多头、多次、分项提起诉讼，而法官对此却无能为力。比较典型的有各种申请信息公开的案件。三是法官应对诉权不当扩张的方法不多，审判权力对诉权的制衡功能发挥不明显。

（四）从审判权力运行保障方面

审判权力的高效顺畅运行，需要完善的权力运行保障体系，既包括维护审判主体的办案地位的核心机制，还包括完备的审判权力运行辅助机制；既包括法官助理、书记员、技术调查官等辅助人力保障，也包括信息技术支撑保障，还包括审判人员的人身安全保障机制。但在审判权力运行保障方面还存在以下问题，一是法官对法官助理、书记员缺少直接有效的考核建议权与奖惩权。由于司法责任的倒逼机制，法官往往成为唯一的责任主体。二是因人员编制、财政保障等多重因素，法官助理与书记员配备不足，法官不仅比司法改革前承担更重办案任务，还要承担大量诸如调取证据、组织勘查等审判辅助事务。三是信息技术辅助作用发挥不明显。由于缺少统一的顶层设计，相关办案系统存在多头重复建设问题，法官们疲于在不同办案系统间来回登录搬运“数据”，受之所累。四是法官在人身安全方面未得到有效的保障。近70%的法官反映受过当事人的辱骂、恐吓、威胁，有的当事人甚至扬言要报复法官家人。

（五）审判权力审级衔接方面

上级法院通过二审程序及审判监督程序，在对下级法院个案进行监督的同时，及时发现裁判中存在的带有共性、普遍性的问题，通过制定政策性文件、出台办案指南、编撰典型案例、召开座谈会等方式，统一法律适用，是行之有效的审判管理方式。在审判权力审级衔接方面存在以下问题。一是受办案压力与沟通机制等多重因素影响，上下级法院间存在重个案监督、轻总结审判经验的问题，致不同法院间以及上下级法院间就同一类型案件的裁判结果差异较大。二是少部分上级法院法官存在不当使用发回重审权的问题，对本可以查清事实予改判的案件或者案件虽有瑕疵但不影响审理结果的情形，仍选择发回重审；极少数案件甚至违反诉讼法的规定，多次发回，人为造成衍生诉讼，引发当事人不满。三是审判信息不对称，上下级法院缺乏有效沟通，尚未形成一个“从上到下”与“从下到上”的审判权力闭环管理机制，不同审级间的审判权力运行一定程度存在脱节的问题。

（六）审判权力运行的社会支持方面

在人民法院优化审判权力运行的实践中，存在一定的路径依赖，忽视了司法与社会之间的良性互动，过多围绕如何提高案件审判的质量和效率展开，注重从审判权力运行本位“内循环”的角度，沿着强监督、重管理的路径，来建构和展开，较少从社会需求的视角，从民意监督制约审判权力“外监管”的高度，将社会支持引入审判权力运行的机制建构之中。审判权力运行过程中，对社会层面的意志与需求关照度不够，使得社会外部对司法的评价与法院内部的自我评价意见相左，一定程度上，内部评价由于缺少社会的认同，形成了法院人的“自说自话”。人民法院内部认为做得好的某项工作，社会公众却有着不同甚至相反的感受。

二　审判权力运行机制的目标与优化思路

（一）审判权力运行机制的目标

构建科学高效的审判权力运行机制，必须坚持以习近平新时代中国特色社会主义思想为指导，学习贯彻习近平法治思想，牢牢把握“让人民群众在每一个司法案件中感受到公平正义”的目标，从健全系统完备、科学规范、运行有效的制度体系，推动公正高效权威的中国特色社会主义司法制度更加成熟更加定型的高度，将坚守与创新有机结合，积极建构审判权力主体权责、运行效果、服务对象、运行保障、审级衔接、社会支持“六位一体”的审判权力运行机制，确保审判权力高效、有序、规范化运行，全面提升司法能力、司法效能和司法公信，创造更高水平的社会主义司法文明，履行好人民法院维护国家安全、社会安定、人民安宁的职责任务。

（二）审判权力运行机制优化思路

1. 遵循审判规律，推进审判权力运行机制改革

审判权力运行机制改革，主要解决的是审判权力由谁行使、如何行使的问题。审判权是判断权、裁决权，具有亲历性，审判主体通过诉讼活动查明案件事实，形成内心确认，对案件作出裁决。审判权的特点决定其只能由审判主体行使，并对裁判结果负责。审判权还权于独任法官与合议庭，符合审判权力运行内在规律，有利于提高法律权威，是建设中国特色社会主义法治国家的必由之路。必须坚定改革方向，丝毫不能动摇。对改革后出现的院庭长指导监督不到位、裁判标准不统一、绩效指标不理想等问题，要通过建立健全新型审判权力监督制约机制，完善改革配套措施。

2. 适应改革要求，完善院庭长审判监督

之前的审判权力运行机制改革，常陷入“一放就乱、一收就死”的困境，其中一个重要原因是审判权与审判监督管理权之间缺少一个缓冲地带，审判权处于绝对放权或者绝对控权的钟摆两端。此轮司法改革，为确保改革行稳致远，预留回旋余地，保留了院庭长对“四类案件”监督管理权。“审判权与审判监督权是相互制约、彼此独立的平行关系，审判权作为审判权力运行体系中的核心，不能直接被审判监督权所改变，但要受审判监督权所制约。”① 最高人民法院对“四类案件”作出原则性规定，各地法院应根据本院法官的整体素质、案件特点、裁判质量等合理细化受监管案件范围，既要明晰监管的范围与标准，避免不当扩大或者限缩“四类案件”范围，防止以“权变”害“常经”②，做到监管有据、监管有度；又要严格规范院庭长的监督管理方式，做到监管有效、监管有痕，实现有序放权与有效监管的统一。

3. 创新工作方式，构建服务型审判事务管理机制

在新型审判权力制约监督机制下，不管是院庭长的纵向指导监管权，还是审管部门的横向事务管理权，应摒弃传统观念，为审判权力有序运行提供差异化、针对性、保障型的服务。结合不同审级法院案件的数量与特点、法官队伍

① 贺小荣：《如何牵住司法责任制这个牛鼻子》，《人民法院报》2015 年 9 月 25 日，第 5 版。

② 龙宗智、孙海龙：《加强和改善审判监督管理》，《现代法学》2019 年第 2 期，第 45 页。

素质、信息化技术应用水平等因素，提供差异化服务。如对于基层法院，案件数量多但相对简单，应突出扁平化管理，发挥类案裁判指导功能；对于中级法院，一审案件较少但案情相对复杂，则应加强个案的监督管理。

三 科学高效的审判权力运行机制建构路径

（一）在审判权力主体权责方面

明权定责，才能各安其为、各畅其行。审判权力运行机制首先需要明确审判权力主体的权责，以司法责任制为核心，实现权责明晰、权责一致。围绕承办法官、合议庭、院庭长、审判委员会这四个审判权力运行的核心主体，厘清各审判组织权责，构建层层递进、运转有效、互相制约的权力关系，强化对审判权力主体的制约监督，保证各权力主体规范行权，到位而不越位。当前主要问题集中于审判权力行使主体之间的衔接上，还应进一步细化。

1. 独任法官、合议庭与院庭长间的权责

当前的要求是既要落实“审理者裁判、裁判者负责”的要求，又要注重发挥院庭长的审判监督权；既要保证独任法官、合议庭依法行权，又要确保独任法官、合议庭的审判权力不被滥用。简言之，就是放权不放任、用权受监督。

院庭长在审判活动中存在两个方面的权力，一是审判管理权，既包括督促独任法官、合议庭落实审限要求、提升审判绩效等有关行政性质的权力，也包括一些程序性审判事务（采取强制措施、批准扣除审限等）的审批等司法决定性质的权力。二是审判监督权，监督独任法官、合议庭依法办案，确保案件实体公正与程序公正。在审判监督权的具体实践方式上，当前是通过对“四类案件”的监督体现的。2021 年 11 月，最高人民法院《关于进一步完善“四类案件”监督管理工作机制的指导意见》中，对院庭长可以行使审判监督权的四类案件范围、识别标准、监管流程等作出了明确规定。

明确独任法官、合议庭与院庭长之间的关系，关键在于确定院庭长审判监督权的边界。在具体司法实践中，一是院庭长的审判监督权应限于“四类案件”，最高人民法院指导意见在“四类案件”范围上并未规定兜底条款，因此不能随意扩张行使审判监督权的案件范围，同时在“重大”“疑难”“复杂”“敏感”案件的认定上也应有所克制，限于最高人民法院指导意见所明确的案件范围。二是院庭长应主动审核“四类案件”的标注是否准确。院庭长应对自动标注的案件进行审核，对系统未自动标注为“四类案件”的其他案件，决定是否予以标注。三是赋予承办法官、合议庭对“四类案件”标注的复议权，承办法官、合议庭认为标注为“四类案件”不当的，可以申请院庭长提交审委会决定。

2. 合议庭及合议庭内部成员的权责

针对合议制职能虚化、名“合”实“独”现象，有以下四条纠治路径。一是强化合议庭内部成员的共同审判权力。合议庭成员在案件审理中权利平等，共同行使审判权力。在阅卷、庭审、评议、签署各环节，合议庭成员应共同阅卷、共同草拟庭审提纲、归纳争议焦点，共同开庭、共同评议与签署文书，保证每一位合议庭成员的审判参与。二是禁止结论性评议意见，合议庭成员的评议意见应展示所认定证据效力和案件事实的心证过程，以及适用法律作出结论的逻辑推理过程，不允许仅仅发表同意或者不同意之类的结论性评议意见。三是合议庭作出的裁判，由合议庭成员共同承担错案责任。考评问责上应区分对合议庭的考评与对合议庭成员的考评，对合议庭的考评应明确合议庭的共同责任，对合议庭成员的考评，应区分是作为审判长、承办法官还是成员，作为审判长、承办法官应承担更多的“按份责任”。四是确立职业豁免权。除确有证据证明法官、合议庭存在徇私枉法、滥用职权、读职等违法审判行为外，依法履行职责的行为不受法律和纪律追究。明确合议庭及成员不承担责任的情形。合议庭意见未被审委会采纳，合议庭不承担责任。案件被发改，系因合议庭对法律、事实、证据理解和认识上的偏差；出现新证据；刑事案件出现有法定或酌定的从轻、减轻情节；法律修订或政策调整；裁判所依据的其他法律文书被撤销或变更等情形，合议庭不承担责任。

3. 审判委员会的权责

针对当前审判委员会研究具体案件多总结审判经验少、直接审理职能不足问题，建议：一是法院内部可在中级以上法院成立刑事、民事等专业审委会，专门负责具体案件研究、统一类案裁判尺度等，审判委员会全体会议则负责总结审判经验、研究部署重大审判事务等；二是强化审理制，强调司法活动的亲历性，按照最高人民法院指导意见中院庭长、审判委员会委员应带头办理重大疑难复杂敏感案件规定，可将部分“四类案件”明确由审判委员会委员组成合议庭进行审理，所审理的案件可不再提交审委会讨论。

（二）在审判权力运行效果方面

1. 加强类案检索

最高人民法院、省法院先后就类案检索作出规定，最高人民法院相关判例明确未经类案检索可发回重审。针对类案检索途径不一、检索关联度不足问题，提出以下四点建议。一是最高人民法院加快统筹，在全国法院建立统一的类案检索平台，检索方式突出多样化，包括案由检索、层级检索、地域检索、案例关联检索、法条关联检索等。二是进一步确立未经类案检索案件发回重审的裁判规则，确保法律规则得到统一适用。三是建立省级关联案件检索机制。现有办案平台，下级法院不能对上一级法院以及同层级法院所办的案件进行检索，导致因检索受限致部分类案不同法院间裁判标准不一。建议省法院开放办案平台关联案件查询及信息共享功能，实现贵州省法院关联案件自动检索，助力统一类案裁判标准。四是建立当事人类案检索抗辩机制，告知当事人就案件法律适用标准问题，可提出类案检索报告，供法官裁判时参考，并建立相应的法律适用反馈机制。

2. 完善专业法官会议运行机制

2020 年最高人民法院《关于深化司法责任制综合配套制度改革的实施意见》将“类案检索初步过滤、专业法官会议研究咨询、审判委员会讨论决定”作为新型审判权力运行体系的基础制度框架。专业法官会议作为新型审判权力运行体系的一个衔接环节，具有辅助决策、咨询参考、全程留痕三重制度属性。当前应促进专业法官会议实体化运行，一是完善组成人员的选任机制，让德才兼备、业务精熟的优秀法官进入专业法官会议。二是完善运行规范。建立会前议题审查过滤机制，把好入口关，让会议能够真正解决法律适用难题。院庭长要严格规范履职，包括确定相对固定的会议时间，规范会前准备工作，确保质量与效率；完善议事规则，民主平等讨论，院庭长不首先发言定调，确保不同裁判观点互鉴共融；及时引导、归纳会议成果，形成有效指导意见并予发布。

3. 统一法律适用

2020年，最高人民法院出台意见就统一法律适用工作机制作出规定，但至今未形成实质化运作的法律适用问题平台，对此提出以下三点建议。一是应由最高人民法院及时建立法律统一适用平台与裁判规则库，以便利类案裁判规则检索，统一法律适用标准，确保司法尺度统一。二是最高人民法院应对法律适用分歧问题及时进行研究，形成统一裁判规则。三是我国各地经济社会发展不均衡，司法实践中也存在区域差异，在统一法律适用标准上应适度兼顾区域性差异，授权各省高级法院制定符合本省实际的裁判标准。以精神损害赔偿金为例，如最高人民法院明确10万元以内，各省高院可在10万元以内分别就各种情形确定具体的裁判标准。

4. 裁判文书释法说理

加强裁判文书释法说理，一是坚持将社会主义核心价值观融入裁判文书说理，在依法说理同时，弘扬正确的社会价值与道德风尚，提高裁判文书的合法性与合道德性，法理情兼容。二是释法说理注重事实与法律的契合，“目光在事实与规范之间往返流转”，增强说理的有效性。三是对当事人的诉辩主张均应有所回应，展现司法理性与司法文明，不得对当事人的诉辩主张避而不答或粗暴对待。

（三）在审判权力服务对象方面

1. 推进繁简分流

繁简分流有利于及时保障当事人权益，提高司法效率。新修订的《民事诉讼法》以法律形式将人民法院繁简分流制度改革成果进行了固化。推进繁简分流，首先是推行类案简审、繁案精审，对大量类型化案件，可以明确法官运用简易程序、小额速裁程序，对照类案审理规范进行审理，提高类案审理效率，对“四类案件”明确合议庭进行审理。其次是建立类案识别机制，通过对案件案由、争议标的额、诉讼请求等建立立案阶段系统自动识别标注机制，由审判庭决定类案简审、繁案精审。最后是优化简转普转换程序，经初次审理发现案件不适宜运用简易程序审理的，及时转换为普通程序审理，并按普通程序保障当事人各项诉讼权利。

2. 规范当事人正确行使诉权

针对一些当事人利用其诉讼权利进行“诉讼突袭”等拖延审判进程问题，人民法院应加强法律释明，规范当事人正确行权，在不减损当事人诉讼权利的前提下，告知不及时行权的法律后果，引导当事人尽快行使诉讼权利。

（四）在审判权力运行保障方面

1. 凸显审判主体办案地位

法官、合议庭是审判权力行使的主体，要保证审判主体依法正确履职。健全身份保障，非因法定事由、非经法定程序，法官不得被降职、免职或处分。健全职业豁免制度，法官依法履行职责的行为不受法律和纪律追究。健全法官对本团队审判辅助人员的审判事务管理权、绩效考评权，保证审判事务有序推进。健全法官职业教育保障，保障法官继续教育与职业培训，提升审判能力。保障法官办案条件，为法官配置必需的审判法庭、网络办公条件。加强审判信息服务方面，建立便捷的裁判观点收集、背景资料整理、案例检索与审判事务服务功能，为法官提供智力支持，健全法官职业收入制度，增强法官职业荣誉感、责任感。健全法官人身安全保障，保障法官及家属人身财产安全，保障法官依法履行职务不受打击报复。

2. 审判辅助事务的有效剥离

将材料送达、调查取证、保全扣押、评估鉴定、卷宗扫描装订、诉讼退费等非核心的审判辅助事务，交由专门部门集中办理，提供专业化、集约化的服务，让法官专司裁判职能。当前审判辅助事务多采取外包给社会机构方式，但经济欠发达地区往往因经费制约难以开展。建议最高人民法院及时制定出台审判辅助事务外包相关指导意见，将各级人民法院审判辅助事务外包经费纳入地方财政予以专项保障。

3. 加强信息技术的运用

加快智慧法院建设，为审判权力行使提供可靠高效的技术支撑。健全智能辅助办案系统，为法官办理案件提供便捷高效精确的关联案件与类案检索服务，为法官裁判说理提供权威的学术观点集合，为法官提升个人审判质效提供有针对性的指引服务。加大司法大数据汇集、分析、研判，为院庭长提供深度剖析的审判管理信息与审判态势运行服务。健全在线庭审系统，加大在线审理工作力度。

4. 加强审辅人员队伍建设

针对当前经济欠发达地区审辅人员少、流动性大的问题，提出三点解决举措。一是加大经费保障力度，建议省以上法院制定出台法官助理、书记员职业收入保障制度，将审辅人员职业收入纳入地方财政予以专项保障。二是健全法官助理、书记员职业晋升机制，定期将德才兼备、业绩优秀的法官助理遴选为法官。三是由省以上法院与高校法学院协商建立审辅人员职业联合培养机制，专门培养有志于司法事业的优秀学子毕业后到法院工作。

（五）在审判权力审级衔接方面

结合四级法院职能定位，规范上下级法院之间的审级指导监督关系，上级法院应当尊重下级法院的独立审判权，保证审级独立与审判监督之间的有效平衡。应着力解决“从上到下”与“从下到上”的权力闭环管理问题，以期上下协调一致、同频共振。

1. 细化规范发回重审的具体情形

根据四级法院职能定位改革要求，基层人民法院重在准确查明事实、实质化解纠纷；中级人民法院重在二审有效终审、精准定分止争；高级人民法院重在再审依法纠错、统一裁判尺度。对上级法院一定程度滥用发回重审，造成程序空转问题，应对发回重审制度进一步规范，发回重审应主要限于程序性事项，如遗漏必须参加诉讼的当事人、剥夺当事人辩论权、未向当事人送达判决书等，对于事实问题，二审法院能够查明的不应发回重审，确需鉴定评估等才能查明事实的可发回，法律适用问题一般不应发回，但违反法律适用有关必需的程序性要求如未作类案检索，可发回重审。

2. 建立发改前的反馈机制与发改后的异议机制

建立发回沟通协调机制，统一上下级法院裁判标准，解决司法内在的定位偏差。二审法院在发改前，应与一审承办法官、合议庭充分沟通，了解一审承办法官、合议庭的裁判思路，考量一审裁判思路的合法性与合理性，再决定是否发改。案件发改后，应允许一审法院对发改提出异议。对一审法院提出的异议，二审法院应进行复议，复议后确系发改不当的，及时进行再审。

3. 规范案件请示与提审制度

案件请示制度容易混淆一审与二审的界限，使二审的审级监督功能虚置。

因此对案件请示制度应进一步规范。案件请示应限于法律适用问题，属于法律适用分歧的，应逐级报最高人民法院研究决定。不属于法律适用分歧的，上级法院应及时回复。应禁止针对具体案件的请示。同时，应健全完善案件提审制度，对重大疑难复杂案件、各地法院裁判标准不一案件、社会关注度高的案件，上级法院应予提审，通过示范裁判，指导下级法院统一裁判标准，维护司法的公信力与权威性。

4. 制发类案办案指南

上级法院应积极强化指导功能，针对本地域较为多发的类案裁判中存在类案不同判、裁判尺度不统一等问题，通过专业法官会议、审判委员会会议等方式，统一各方观点，形成裁判共识，总结审判经验，出台类案办案要件指引、程序性事项办案指引等，加强对下级法院法律适用的指引，确保本地域不同层级法院法律适用统一。

（六）在审判权力运行社会支持方面

1. 加强府院联动

人民法院在审理涉“问题房开”、破产重整、行业治理等案件中，需加强与行政机关之间的合作，实现纠纷实质性解决。同时在营造法治化营商环境、金融风险防控、矛盾纠纷诉前多元化解等方面，应充分运用行政机关的行业系统主管优势与法院的法律专业优势，协同开展纠纷化解、破产重整、专项治理、风险联控等工作，加强日常沟通协调力度，建立常态化、长效化的沟通协调机制。

2. 强化社会合作

推进“阳光司法”，加强司法公开，广泛运用现代信息技术手段，充分利用网络、微博等，及时向社会公开审判工作信息，充分满足公众的知情权。对人民群众关注的重大案件审理，及时公开审判进程。不断健全与人大代表、政协委员联络机制，适时通报人民法院工作新进展新变化。深化与企事业单位、社会机构、基层组织等沟通协调，运用司法建议、法治宣传、走访联络等方式，积极宣传国家法律政策，帮助完善制度规范，提升全社会依法办事意识，打造良性的司法与社会协作关系。

结　语

优化审判权力运行，是一个系统性的工程，需要统筹处理好各方面的关系，使得审判权力运行更加高效、公正、权威，并最终以法治生态建设的成果融入全面依法治国的语境之下。同时，优化审判权力运行，也是一个长期性的、持续推进的过程，在不同时期、不同阶段，需要根据其运行的状态与特点，不断进行优化调整，使之服务并契合于经济社会高质量发展的要求，为维护社会稳定与长治久安提供保障。

新时期未成年人司法保护的“贵州安顺方案”

——基于安顺两级法院“134”路径的展开

“新时期未成年人司法保护的‘贵州安顺方案’”课题组*

摘　要： 近年来，贵州省安顺市两级法院立足地方实际，围绕“少年法庭只能加强，不能削弱”的工作要求，着力推动构建未成年人司法保护体系，形成了具有地方特色的“134”路径。在工作格局上，推动构建“大司法”模式，实现从以诉讼为典型应用场景的“小司法”工作格局向强化司法全过程联动、强化专业化社会化联动“大司法”工作格局的转变；在工作理念上，立足“最有利于未成年人”原则，将恢复性司法和保护型服务的理念贯彻审判执行职能；在工作方式上，以强化专业化专门化建设、强化制度化规范化建设、强化延伸司法职能为主要抓手，在未成年人司法保护领域探索综合性、专门性有机统一的“贵州安顺方案”。

关键词： 安顺法院　未成年人司法保护　“134”路径

习近平总书记指出，“培养好少年儿童是一项战略任务，事关长远”，未成年人的健康成长，关系国家和民族的未来。近年来，我国涉未成年人相关领域立法活跃，保护未成年人的法治体系和机制体制不断创新。在基本法律制度

---

* 课题组成员：贾梦嫣，贵州省社会科学院法律研究所副研究员，安顺市中级人民法院副院长（挂职）；张健，安顺市中级人民法院刑事审判第一庭庭长、四级高级法官；陈丽馨，安顺市中级人民法院刑事审判第一庭四级高级法官；肖黎，安顺市中级人民法院法官助理。

如无特别说明，本报告资料均来源于安顺市中级人民法院。

层面，《民法典》强化了对未成年人的保护，《刑法修正案（十一）》个别下调了刑事责任年龄并对一些涉未成年人犯罪的规定作出调整。在特别法领域，大幅修订的《未成年人保护法》《预防未成年人犯罪法》和新出台的《家庭教育促进法》等法律共同构成了我国未成年人保护法律体系的主要部分。可以说，党的十八大以来，随着修法工作的推进和保护未成年人法治体系的不断完善，我国未成年人保护和预防未成年人犯罪的工作进入新的历史发展阶段。

未成年人权益保护是一项系统工作，构筑“最有利于未成年人”的司法制度是其中一个极其重要的环节。近年来，安顺两级法院始终坚持以习近平新时代中国特色社会主义思想为指导，深入贯彻习近平法治思想，立足“最有利于未成年人”司法原则，依法履行审判职能、主动延伸司法职能，着力构建未成年人保护的“大司法”工作格局，推动形成全方位、多层次工作新格局，探索未成年人司法保护的“贵州安顺方案”。

一　“一个格局”：构建未成年人司法保护体系的总体思路

长期以来，我国未成年人司法制度的构建理念停留在成年人司法的例外规定层面，聚焦对罪错未成年人司法处遇①的例外规定，对制度综合性和社会性的关注不足，使得未成年人司法保护工作格局受到限制。随着实践的深入，特别是党的十八大以来，未成年人保护法治体系构建的理念发生了重大变化：在专门化专业化建设的基础上，更加强调未成年人保护法治体系的综合性、社会性，强调各种治理资源在未成年人保护工作中的综合应用。按照新修订的《未成年人保护法》的规定，要着力推动“家庭、学校、社会、网络、政府、司法”六位一体的未成年人权益保护体系。具体到司法保护领域，未成年人司法制度不仅不应局限于刑事司法，尤其是刑事司法中对未成年人具有惩罚性或者标签效应的制度，而且应当突破罪错未成年人司法处遇的视角，超越传统司法中以诉讼作为典型应用场景和制度构建核心的理念，强化司法活动全过程

① 司法处遇（Judicial Treatment），指司法机关针对治安违法或犯罪的行为者所施加的各种处理、对待、矫正、治疗等治理措施。

联动，推动司法专业化与社会化的深度融合。

立基于此，安顺市两级法院着力探索构建未成年人司法保护体系的工作新格局。其主要意蕴是，通过切实落实“特殊保护、优先保护”的各项机制，依法履行审判执行职能，主动延伸司法职能，在未成年人民事、行政权益保护和罪错未成年人适当司法处遇方面探索“一揽子”专门方案，推动从传统以诉讼为典型场景的“小司法”工作格局向强化司法全过程联动、强化专业化社会化联动的“大司法”工作格局的转变。

二 “三个理念”：立足“最有利”原则，将恢复性司法理念和服务型保护理念深度融入审判执行各项工作

自 1984 年开启少年司法制度改革以来，我国一直秉持“教育、感化、挽救”的少年司法原则。修订前的《未成年人保护法》规定“国家根据未成年人身心发展特点给予特殊、优先保护”，新修订的《未成年人保护法》进一步确立了“最有利于未成年人”原则，强调充分尊重未成年人的主体地位，因循适应未成年人身心健康发展的规律和特点进行制度设计。“最有利”原则与“儿童最大利益”原则这一国际通行的少年司法准则具有一致性，有力地实现了儿童最大利益原则全方位、实质化的本土转化，[①] 给未成年人司法制度的发展带来积极影响和深刻变革。近年来，特别是新修订的《未成年人保护法》实施以来，安顺两级法院按照“特殊、优先保护”和“最有利于未成年人”原则，在审判执行工作中秉持恢复性司法和服务型保护理念，扎实推动审判执行工作向纵深发展。

（一）从“最有利”原则出发，将恢复性司法理念融入刑事审判工作

恢复性司法发端于 20 世纪 70 年代，是“在调解人的帮助下，受害人和罪

① 王广聪：《论最有利于未成年人原则的司法适用》，《政治与法律》2022 年第 3 期，第 134~147 页。

犯及包括受犯罪影响的任何其他社会成员积极参与，共同解决由犯罪造成的问题的程序的总称”①。在我国，恢复性司法理念与现有刑事司法制度不断融合，形成了一系列富有中国特色的制度机制。特别是未成年人刑事司法政策领域，在罪错未成年人的刑事审判和司法处遇方面，创新地设置了一系列特殊保护制度，着力推动修复受损的社会关系、帮助未成年人后续回归。

近年来安顺两级法院在案件办理中秉持恢复性司法理念，聚焦未成年人的回归、弥合受损社会关系、修复当事人身心创伤，收到了良好的效果。一方面，针对侵害未成年人合法权益犯罪案件，保持坚决依法严惩的高压态势。2020~2022 年，安顺市两级法院依法审理拐卖、诈骗、故意伤害等各类侵害未成年人合法权益的刑事一审案件 298 件、惩处罪犯 400 人，重刑率② 32.75%，对严重侵害未成年人合法权益犯罪案件适用重刑率高于其他一般犯罪案件，充分体现了对未成年人优先保护、特殊保护的司法态度。另一方面，针对未成年人涉嫌犯罪案件，严格落实专业化办理、法律援助、合适成年人到场、不公开审理等特殊保护制度，全面审查案件影响、犯罪情节等，依法落实未成年人犯罪刑罚从轻原则，充分保障罪错未成年人的合法权益。着眼于罪错未成年人的后续回归，严格执行未成年人犯罪记录封存制度，2020~2022 年，两级法院依法封存未成年人犯罪记录近 300 条，最大限度地降低犯罪记录对轻罪未成年人复学、就业造成的负面影响。

（二）从“最有利”原则出发，将“服务型保护”融入民事及行政审判工作

秉持“服务型保护”的理念，安顺两级法院依法审理涉及未成年人权益的各类案件，持续深化家事审判方式和工作机制改革，切实加强对未成年人权益的民事行政司法保护。一方面，探索柔性和修复性工作方法运用，在涉未成年人案件中尤其注重调解机制的运用。2020~2022 年，安顺两级法院一审审结涉及未成年人抚养、监护、探望等家事纠纷案件 7268 件，其中调解 2793 件，判决 2654 件，撤诉 1750 件，调撤率达 62.51%，高于普通一审民事案件调撤

① 罗熹：《恢复性司法理念下我国未成年人刑事司法保护——以“关系恢复”为探讨维度》，《法制与社会》2021 年第 4 期，第 82~99 页。

② 指判处五年以上有期徒刑直至死刑案件。

比例；一审审结涉未成年人行政给付案件 1 件，调解结案 1 件，调解率 100%。另一方面，创新工作方式，综合运用社会观护、心理疏导、司法救助等制度，延伸司法职能、传递司法温暖。以《家庭教育促进法》和《反家庭暴力法》施行为契机，大力推行家庭教育令、人身安全保护令的运用，督促怠于履行家庭教育和监护职责的未成年人监护人正确履行家庭教育职责。2022 年，关岭法院发出安顺市首份离婚纠纷涉家暴人身安全保护令，入选贵州省保护未成年人典型案例。平坝法院发出贵州省首份涉刑案件家庭教育令，保障未成年人受教育权利，2022 年，安顺两级法院共计发出家庭教育令 6 份。2020～2022 年，安顺两级法院针对未成年人提供司法救助 750537.87 元，持续传递司法温度。

三 “四个抓手”：持续深化四项机制建设，推动未成年人司法保护工作落地落实

（一）持续推动未成年人司法专门化专业化建设

未成年人具有不同于成年人的身心特点，涉未成年人案件的审理有其特殊性。因此，建立专门的或者相对独立的、涵盖刑事民事和行政的涉未成年人综合司法制度，已成为以联合国少年司法准则为代表的国际公约和大部分国家及地区的普遍做法，在我国学界和实务界亦已逐步达成共识。

立基于此，安顺法院在贵州省内较早地设立了专门的未成年人审判机构，开启了未成年人司法工作专门化和专业化探索。1988 年，安顺市西秀区人民法院首次在刑事审判庭内设立“少年合议庭”，专门办理涉及未成年人刑事案件。1992 年，西秀法院设立“少年合议庭”，负责审理涉未成年人刑事案件和涉未成年人权益的民商事案件，实现了涉未成年人案件“刑民合一”的审理方式。2002 年，经西秀区机构编制委员会同意，西秀法院增设“少年案件审判庭”内设机构，设庭长 1 名、副庭长 1 名，这是贵州省第一个独立建制的少年案件综合审判机构。

出于工作需要，2017 年 3 月 30 日，安顺市公检法司联合发文，通过“一案一指”的方式，确定由西秀法院“少年案件审判庭”办理安顺市辖区内所有县区的未成年人一审刑事案件的审理工作。安顺市涉未成年人刑事案件的集

中管辖，进一步提升了安顺法院未成年人司法保护的专门化和专业化程度。针对未成年人特殊的身心特点，少年法庭在实践中探索出“教育式、维权式”审判方式，对预防和减少未成年人违法犯罪、最大限度保护未成年人合法权益起到了重要的推动作用，为安顺两级法院提升未成年人权益保护司法能力提供了样本和经验。在多年的实践和探索中，少年法庭先后荣获“全国青少年维权岗”“全省青少年维权岗”“省未成年人保护先进单位”等荣誉称号，少年法庭工作同志也分别荣获“全国维护妇女儿童权益”先进个人、全国城镇妇女巾帼建功标兵、全国创建优秀“青少年维权岗”先进个人、全国少年法庭先进个人等各级各类表彰。当然，在机制运行过程中，在共同犯罪案件管辖分案、判后帮教回访等方面的一些问题也逐渐显现，需要持续优化机制流程，进一步提高未成年人案件审判质效。

2018 年，因机构改革需要，少年审判庭合并到刑事审判庭工作，涉未成年人刑事案件不再实行集中管辖，改由各县区人民法院按照管辖权自行审理，涉未成年人民商事案件则由民事审判部门依照法律规定自行办理。2022 年，安顺市中级人民法院成立以党组书记、院长为组长，院领导为副组长，相关部门负责人员为成员的工作领导小组和工作专班，出台加强未成年人司法保护工作的意见。截至目前，安顺两级法院均已成立相应的工作专班，进一步明确职责、凝聚合力，推动构筑符合未成年人案件审理需求和地方实际的专门化专业化司法队伍。

（二）持续推动未成年人司法制度化规范化建设

“特殊保护、优先保护”是我国未成年人司法制度赖以存在的制度根基，却长期以来停留在理念倡导和常识性认知的层面，缺乏根据未成年人主体对象最大利益需要进行的规则梳理与考量，对操作层面的规则构建关注不足。① 因此根据当地实际情况探索制度化和规范化建设，是提升未成年人司法保护实效的关键。立基于未成年人保护方面的法律法规以及最高人民法院、贵州省高级人民法院等出台的一系列司法解释、司法性文件、规范性文件规定，安顺法院

① 王广聪：《论最有利于未成年人原则的司法适用》，《政治与法律》2022 年第 3 期，第 134～147 页。

结合当地工作实际和未成年人司法保护工作中出现的新情况、新要求，持续深化建章立制，推进未成年人司法保护制度化规范化建设。

2021 年 12 月，贵州省法院青少年法治教育现场经验交流观摩会在安顺市中级人民法院举办，观摩会邀请了省委政法委、省教育厅、省司法厅、团省委以及安顺市委政法委、市检察院、市教育局、市司法局等相关部门负责人参加。2022 年 3 月，安顺市中级人民法院制定《关于加强未成年人司法保护工作的意见》，从强化组织领导、加强机构建设、发挥审判职能、主动延伸职能、加强调查研究五个方面 17 项重点任务，提出要“不断深化未成年人审判专业化、规范化、社会化建设，大力推进未成年人双向、综合、全面司法保护”，对新时期安顺两级法院推进未成年人司法保护工作提出了具体要求，为推动构建未成年人保护“大司法”格局、推动司法保护与“五大保护”① 深度融合提供了指引。

此外，安顺市中级人民法院先后会同安顺市人民检察院、安顺市公安局、安顺市妇联等单位和部门联合出台一系列规范性文件。如《关于在办理未成年人刑事案件中推行合适成年人到场制度的实施办法》，高度关注未成年人法定代理人庭审中无法通知、不能到场的问题，建立健全合适成年人工作机制，明确合适成年人应具有良好道德品质、热心公益事业等基本标准，帮助未成年人正确参与诉讼活动、维护合法权益的基本义务；《安顺市涉未成年人案件法律援助专业化工作机制（试行）》，推动未成年人法律援助队伍专业化，积极推进帮教、心理疏导和刑事和解，最大限度实现未成年人的合法权益；《安顺市家庭教育指导工作合作办法》，进一步落实《未成年人保护法》中关于家庭教育指导工作的相关要求。

（三）持续探索未成年人司法全过程联动机制

未成年人司法制度更关注“行为人的回归而不是对行为的惩罚”②，特别是在罪错未成年人司法处遇问题上，除了关注刑事追诉要素和诉讼程序，更需

① 根据新修订的《未成年人保护法》，构建“家庭、学校、社会、网络、政府、司法”六位一体的未成年人权益保护体系。

② 宋英辉：《从六个方面着手推进少年司法社会支持体系》，《检察日报》2015 年 6 月 29 日，第 6 版。

以罪错未成年人的再社会化为终极目标。为此，安顺市两级法院持续探索未成年人司法全过程联动机制，逐步形成了一套富有成效的工作模式。一是审前重“查”。严格执行社会调查制度，通过庭前深入调查走访，找准教育感化点，研究庭审教育方案。二是审中重“言”。庭审中加大法庭教育的力度，在审理涉未成年人案件中专门聘请心理咨询师、妇联工作人员、关工委成员、教师等熟悉青少年工作的人员作为少年案件的人民陪审员，在庭审中实施“联席教育”，由法官、人民陪审员、公诉人、辩护人和法定代理人从多个角度进行法庭教育，力争让未成年犯能真正认罪悔罪，获得良好的教育效果。三是庭后慎“判”。通过未成年被告人的法定代理人、关工委成员、心理咨询师、教师等参与诉讼，选择对其改造最为有益的刑种、刑期，落实“教育、感化、挽救”方针，体现“宽严相济”刑事政策，做到罚当其罪。四是判后重“教”。少年法庭在保证案件审判质量的同时，更加注重将精力放在对判后未成年犯的拯救和帮教上。少年法庭自成立以来，一直执行帮教回访的良好传统，对未成年缓刑犯建立“回访帮教档案卡”，做到一人一卡，精准回访。少年法庭的法官们每年通过电话回访、组织回访帮教座谈会或家访等多种形式，及时了解未成年犯的思想和生活状态；对在少管所服刑的未成年犯，每年与各相关部门联合组成回访帮教团，与少管所签订帮教协议，每年开展回访帮教，了解和解决改造中的思想问题，动员家长探望，帮助未成年犯更好地接受教育改造，树立重新做人的信心。

（四）持续探索延伸司法职能，构建完善“大司法”工作新格局

新修订的《未成年人保护法》对司法专业化和社会化的融合提出了更高要求。无论是对罪错未成年人的社会回归和教育感化，还是对未成年人在民事行政案件中的权益保护，都需要从司法端、社会端共同发力，逐步构建完善“大司法”工作新格局。

1. 以司法建议、家庭教育令为载体，积极参与社会治理

人民法院处于矛盾纠纷的后端，对于观察矛盾纠纷的促发因素有更全面和深入的视角，以司法建议为载体，人民法院可以有效延伸司法职能、参与社会治理。

2020~2022年，安顺两级法院围绕未成年人司法保护工作，共向教育部

门、医疗机构、政府部门等主体发出司法建议5条，司法建议回复率100%。2021年4月，由安顺中院依法提级审理的董某海强奸一案被选入“2021年贵州省依法维护妇女儿童权益十大案例”。针对案件审理中暴露出的医疗卫生机构病例资料管理不规范等问题，安顺中院向六枝特区卫计委发出司法建议，以点带面，推动当地全区医疗机构全面整改，取得良好成效。2022年3月，针对案件审理中暴露出的某中心小学在学生安全防范方面存在的工作管理漏洞，安顺中院向安顺市教育局发出司法建议，推动出台相应管理制度，切实加强学校管理，全面保护未成年人人身安全。根据《家庭教育促进法》规定，司法机关在办理案件过程中，可以督促未成年人的父母或者其他监护人接受家庭教育指导，在办理离婚案件时，应当对有未成年人子女的夫妻双方提供家庭教育指导。2022年，平坝法院发布贵州省第一份刑事案件《家庭教育令》；关岭法院发出的安顺市首份离婚纠纷涉家暴人身安全保护令入选全省保护未成年人典型案例。法院通过发出《家庭教育令》，督促当事人“依法带娃”，切实维护未成年人合法权益。

2.以法治副校长、法官工作室为载体，积极参与青少年法治教育

根据2021年12月教育部《中小学法治副校长聘任与管理办法》规定，经由人民法院、人民检察院、公安机关、司法行政部门推荐或者委派，并经教育行政部门或者学校聘任，相关人员可以在普通中小学、中等职业学校、特殊教育学校、专门学校兼任法治副校长职务，协同开展法治教育、学生保护、安全管理、预防犯罪、依法治理等工作。[①] 法治副校长机制是司法专业化与社会化深度融合的又一体现，是修订后的《未成年人保护法》“六位一体”未成年人保护格局构建和完善的题中应有之义。

近年来，安顺两级法院着力提升法治副校长机制实效性，让法治副校长有“名”又有“实”。一是着力强化组织保障。安顺两级法院成立领导工作小组和工作专班，由院长任组长，相关院领导任副组长，广泛凝聚工作合力，将法治副校长工作作为一项重要工作来安排部署。二是着力强化机制建设。2022年，安顺中院出台《安顺市中级人民法院关于两级法院法治副校长选派、考评与奖励措施的规定》，对法院系统法治副校长的选派、考评、奖励等问题作

① 参见《中小学法治副校长聘任与管理办法》，2021年12月27日教育部令第52号。

出规定；平坝法院制定《进一步强化落实法治副校长的实施方案》，普定法院联合县教育局、检察院、公安局、司法局共同制定《关于做好普定县中小学幼儿园法治副校长（法治辅导员）配备及管理工作的通知》，镇宁法院与县科教局共同制定《镇宁自治县教育和科技局镇宁自治县人民法院关于聘请法治副校长的通知》等，推动法治副校长工作落实落细。三是着力提升工作质效。在安顺中院统一安排部署下，两级法院以“民法典”“未成年人保护法”“家庭教育促进法”“禁毒宣传教育”等内容为切入点，结合当下热点问题，选派审判经验丰富、熟悉未成年人身心特点的法官，录制法治课堂“标准化课件”6个，并推广至安顺市各中小学，通过“班班通”进行播放，实现法治课堂全域覆盖、全员覆盖。截至2022年12月，安顺市两级法院共选派124名法官、法官助理在安顺市148所中小学和幼儿园担任法治副校长。2020年以来，安顺中院、西秀法院共同在安顺市西秀区启新学校建立“法官工作室”，探索未成年人保护工作新路径，构建“学校+法治教育基地+法官工作室”的青少年法治教育模式。同时，选取辖区内头铺小学、西秀区民族中学、经开区实验学校作为试点，与安顺市教育局联合开展“法治辅导员进校园”工作，持续推进学校法治教育常态化，建立应对校园法治问题的快速反应机制。改变重灌输轻引导、重知识轻实践的传统方式，实现“教与学”的深度互动，打造形式多样、内容新颖、覆盖面广的校园法治教育品牌。截至2022年12月，已先后选派14位法官、法官助理、书记员作为法治讲师团成员，定期开展法治宣传、未成年人帮教、心理疏导和法律咨询等活动。

3. 以“安法护航·少年的你”“安法护航·法治研学”法治品牌建设为载体，持续提升工作凝聚力和影响力

2021年6月，为凝聚两级法院工作合力，打造品牌效应，安顺法院正式启动“安法护航·少年的你”青少年法治教育系列品牌活动。2021年12月，贵州省法院青少年法治教育现场经验交流观摩会在安顺召开。2022年5月，安顺市中级人民法院召开安顺市法院未成年人司法保护工作新闻发布会，公布五起涉未成年人典型案例，积极构建全方位、多层次的未成年人保护工作体系。2022年6月，“安法护航·少年的你”微信小程序上线，切实打造未成年人法治教育新阵地，搭建未成年人法律咨询新平台，畅通未成年人法律服务新渠道。2020~2022年，安顺两级法院先后建成校园法治教育基地2个、普法

宣传站3个、法官工作室（站）44个、法官工作点50个，开展法治宣讲240场，组织模拟法庭进校园42次，举办公众开放日27次。“安法护航·少年的你”青少年法治教育品牌系列活动在人民网、新华网、中国长安网、《人民法院报》等媒体平台进行宣传报道。2023年，安顺中院启动“安法护航·法治研学”活动，进一步扩展人民法院在法治宣传、教育等方面的影响和作用。

四　推进未成年人司法保护的困境与展望

（一）“大司法”工作格局还需持续向纵深发展

长期以来，我国未成年人保护法律制度依附于《刑法》《刑事诉讼法》等法律中成年人司法的例外层面规定，缺乏专门的解决方案。实证数据显示，未成年人犯罪案件中的未成年人大部分文化程度较低、社会化程度较低、家庭教育严重缺位、学校教育不足，特别是留守儿童违法犯罪情况严重。从国家层面看，有必要进一步凝练未成年人的司法规则，系统建构包含罪错未成年人司法处遇、未成年被害人权利救济、未成年人民事行政权利保护的各项司法规则。从地方层面看，在新修订的《未成年人保护法》划定的“六位一体”保护格局的框架下，有必要进一步加强司法与其他单位和社会的深度联动和融合，形成全社会关心、多主体联动的综合治理体系，将未成年人法律保护体系扩展为未成年人合法权益的综合司法保护，真正构建起符合法律规定、具有地方特点的“大司法”工作格局。

（二）“最有利于未成年人”原则还需进一步明确

从国家层面看，应当明确最有利于未成年人原则司法适用的理念基础，强调“保护与教育相结合”的目标引领，充分尊重未成年人权利主体地位的意识以及适应未成年人身心健康发展的规律和特点；强化司法适用的规则体系建设，注重协调特殊规则之间的冲突，进一步细化操作性规则推进特殊保护、优先保护分层次的落实。从地方层面看，还应进一步推动“最有利于未成年人”原则与具体的审判实践相结合。例如在对未成年人启动国家干预时保持合理限度，既避免一些特殊保护条款成为“沉睡条款”“僵尸条款”，也要避免国家干预过于积极的倾向。在罪错未成年人法律援助问题上，应当在各级各部门规定框架内，推进政府购买服务、合适成年人到场、心理疏导、关护帮教等机制的实质化运行，提升法律援助等工作的实际效能，支持和推进配套社会支持力量建设。

（三）机制制度有效性还需进一步提高

一是专门化专业化建设还需进一步加强。近年来，受到“案多人少”等问题的制约，未成年人审判专门化专业化进程受到不利影响。根据最高人民法院“少年法庭只能加强，不能削弱”的工作要求，需要推动建立独立编制的少年法庭，逐步实现涉未成年人刑事、民事、行政案件“三审合一”，通过专门机构的建立和专业化队伍的组建，同时制定不同于其他审判以案件量为主要指标的符合少年审判特点的审判绩效考核指标，打造运转顺畅、功能健全、专业性较强的少年审判工作体系，形成全方位、多角度的法院保护格局。二是各项工作实效性还需进一步加强。需要进一步做好职能延伸，通过判后回访帮教做好跟踪帮教，通过发送司法建议督促、支持相关部门强化监督，与家庭、学校、社会组织、企业单位、政府等形成工作合力，共同为未成年人营造安全、健康的成长环境。

“三统一”的安顺样式：安顺两级法院执行管理体制改革研究

“‘三统一’的安顺样式：安顺两级法院执行管理体制改革研究”课题组*

摘　要： 深入推进执行管理体制改革，是坚决贯彻党中央“切实解决执行难”重大决策部署的生动体现和“依法保障胜诉当事人及时实现权益”的题中应有之义。根据最高人民法院要求，中级法院对辖区内人民法院执行案件要实现“三统一”。近年来，安顺两级法院着眼安顺市地理文化、经济社会发展、司法资源配置和案件数量等实际情况，坚持以问题为导向，找准症结，围绕“人”“案”两个核心，大胆创新，着力探索执行管理体制改革“三统一”的安顺样式，推动形成“执行综合指标提升明显”“执行事务便捷高效办理”“简案快办、普案精办”的良好工作局面，改革取得初步成效。

关键词： 安顺法院　执行管理体制　“三统一”　执行事务中心　繁简分流

生效法律文书的执行，是实现司法公正的“最后一公里”，事关司法权威和司法公信力。2016 年 3 月，最高人民法院在第十二届全国人民代表大会第四次会议上提出“用两到三年时间基本解决执行难问题”。深入推进执行管理体制改革，是坚决贯彻党中央“切实解决执行难”“依法保障胜诉当事人及时实现权益”的重大决策部署，是全面深化改革、全面依法治国的重要组成部

* 本报告结合《安顺市中级人民法院关于执行管理体制改革工作情况的总结》主要内容撰写。主要执笔人：孟庆艳，贵州省社会科学院法律研究所副研究员。

分，对完善中国特色社会主义司法制度、促进国家治理体系和治理能力现代化具有重要意义。2019 年 6 月 3 日，最高人民法院出台《关于深化执行改革健全解决执行难长效机制的意见——人民法院执行工作纲要（2019—2023）》，明确提出深入推进执行管理体制改革要求。2021 年 12 月 6 日最高人民法院印发《关于进一步完善执行权制约机制、加强执行监督的意见》，为执行管理体制改革提供了具体指导意见。2022 年 6 月，《中华人民共和国民事强制执行法（草案）》进入全国人大常委会审议阶段，将执行实践中取得的经验上升至法律制度。

安顺两级法院自 2021 年下半年开展执行管理体制改革以来，始终坚持以习近平新时代中国特色社会主义思想为指导，坚决贯彻落实党中央、省委和最高人民法院的总体部署和要求，在市委坚强领导下，在省法院具体指导和大力支持下，着力加强组织领导，坚持问题导向，结合辖区实际，坚持围绕“人”“案”两个核心，大胆创新，敢于实践，积极探索建立相关制度体系，全面推进执行体制管理改革。推动实现了安顺两级法院“三统一”大执行格局①基本形成，推动实现了执行“3+1”核心指标及其他重要质效指标不断优化，改革取得初步成效。

一　主要工作举措

（一）坚持问题导向，找准问题症结

为贯彻落实党的十八届四中全会关于“切实解决执行难”的部署要求，最高人民法院 2016 年 3 月在十二届全国人大四次会议上提出“用两到三年时间基本解决执行难问题”，安顺两级法院经过为期三年的全力攻坚，确保了“基本解决执行难”这一阶段性目标得以如期实现，不断巩固“基本解决执行难”成果，推动执行工作机制不断健全完善，执行各项指标稳中有进。但人民法院执行工作与党中央提出的“切实解决执行难”目标和人民群众期待相

① “三统一”，指各地中级法院对执行案件实行“三统一”的管理模式，即统一管理、统一指挥、统一协调。

比还有差距，“基本解决执行难”虽然实现预期目标，但在有些方面、有些地区，执行难问题仍然存在甚至还较为突出，特别是政法队伍教育整顿中反映出执行领域顽瘴痼疾仍然不少。要实现“切实解决执行难”“依法保障胜诉当事人及时实现权益”，努力让人民群众在每一个司法案件中感受到公平正义的目标，必须深化执行改革，健全解决执行难的长效机制，要开展好执行管理体制改革。

找准执行工作中存在的痛点、难点，对症下药才能药到病除。司法是维护社会公平正义的最后一道防线，执行则是这最后一道防线上的最后一个环节，从生效文书上的白纸黑字到拿到手中的真金白银，是公平正义得以实现的最好写照，然而长期以来全国各地司法系统执行环节是司法领域腐败的“重灾区”，这反映出执行监督不到位、执行权制约机制不完善问题仍然存在，要深入推进执行管理体制改革、完善执行权监督管理体制，将执行权关在制度的笼子里。

公平正义不应缺席，也不应迟到，效率无疑是案件执行过程中无法回避的一个问题。“案多人少”不是新现象，如何运用有限的司法资源满足人民群众多元的司法需求，如何在保证办案质量的同时，做到快执、快办，成为摆在人民法院面前的重要课题。以西秀区法院为例，2022 年 1 月 1 日至 12 月 15 日，西秀区法院共收执行案件 8545 件，以该法院执行部门 9 名员额法官计，人均办案数量达 949. 4 件，相当于每名员额法官平均每天办案达 3. 8 件。安顺市法院执行部门“5+2”“白+黑”的工作模式长期存在，但这并未真正缓解工作压力，只会不断加重法官的负担，严重影响着人民群众对司法公平正义的直观感受和认知。显然员额法官“单打独斗”的工作模式已难以适应当前安顺法院执行工作的需要，要深入推进执行管理体制改革，就必须推进事务集约、繁简分流改革，这也是破解当前人民法院人案矛盾的必然选择。

（二）科学谋划布局，夯实改革基础

在找准制约安顺法院执行能力提升的痛点、难点后，安顺中院以“监督管理不足”“案多人少”两大制约安顺法院执行工作提升的症结为着力点，紧紧围绕“人”“案”两个核心，科学谋划、统筹部署、组织保障，为深化执行管理体系改革打牢基础。

1. 加强组织领导，为改革提供强有力组织保障

为切实加强改革试点工作的领导，全面推动执行管理体制各项工作有序推进，安顺中院成立了以党组书记、院长为组长，中院班子成员及各基层法院“一把手”为副组长，各基层法院执行局为成员单位的领导小组。领导小组办公室设立在安顺中院执行局，负责日常工作协调和推动，组织调配和督促检查，推动构建形成安顺市两级法院上下联动，全院各部门协调的工作格局。

2. 强化学习领会，确保准确把握改革方向

执行领导小组办公室先后多次组织召开执行管理体制改革办公室会议，强化对最高人民法院《关于深化执行改革健全解决执行难长效机制的意见——人民法院执行工作纲要（2019—2023）》《关于进一步完善执行权制约机制、加强执行监督的意见》等上级部门文件学习领会，确保准确领会上级法院精神，把牢改革方向，并积极向广东惠州中院等先行改革试点法院学习“取经”，探索寻找符合安顺法院工作实际的执行管理体制改革模式。

3. 健全组织架构，搭建“大执行”工作平台

《最高人民法院关于进一步完善执行权制约机制 加强执行监督的意见》（法〔2021〕322 号）指出，强化中级人民法院对辖区法院执行工作“统一管理、统一指挥、统一协调”的枢纽作用。中级人民法院对基层人民法院执行工作全方位管理、指挥、协调，调配力量、调配案件并进行监督考核；对辖区内跨区域执行案件、一个被执行人涉及多起关联案件、疑难复杂案件等统筹调配执行力量，集中执行、交叉执行、联动执行。为贯彻落实最高人民法院的文件精神，安顺市中级人民法院于 2021 年设立了“安顺法院执行事务中心”，履行对安顺市法院首次执行案件立案后的事务性工作[①]进行集约办理，案件“繁简分流”管理、流程节点监管等职责，强化中院主导下的“统一管理、统一协调、统一指挥”，打造安顺市法院的“大执行”平台。《安顺法院执行事务中心职责划分方案》对“执行事务中心”的组织架构、目标任务、部门职责等作出了详细规定。

4. 制定改革方案，确立改革工作有序推进

在充分学习领会上级法院文件的基础上，安顺中院党组结合安顺法院实际

① 事务性工作是指执行案件立案后的制发格式文书、财产查控、送达等前端工作。

情况，于 2022 年 1 月 5 日正式印发《安顺市中级人民法院关于全市法院执行管理体制改革的总体方案》（以下简称《总体方案》），确立了打造安顺市法院“大执行”的指导思想，明确了围绕“人”“案”开展改革，建立“事务集约、繁简分流”的执行权运行机制，明确了改革的基本原则、主要内容、工作保障、机构设置、工作完成时限、工作要求等，为执行管理体制改革提供有力遵循。围绕《总体方案》，在实施过程中安顺市中院不断探索总结，陆续配套出台一系列文件、方案，确保改革工作有序推进。

5. 强化请示汇报，推动形成改革合力

安顺中院在推进执行管理体制改革过程中，始终坚持党委领导，积极加强与其他部门沟通协调，推动形成执行管理体制改革合力。中共安顺市委平安安顺建设领导小组办公室于 2022 年 5 月印发了《关于支持安顺法院进行执行管理体制改革的意见》《关于将协助人民法院执行工作纳入网格事项清单的方案》等文件。通过整合利用各方资源，创新司法协助工作，充分发挥基层网格员熟悉社情，能有效破解执行中的“送达难、找人难、查财产难”等问题的优势，积极支持协助人民法院开展执行工作，切实解决执行难问题。同时，法院改革获得了安顺市委政法委、安顺市大数据发展管理局、安顺市科学技术局等部门的大力支持和帮助。“大执行”格局的形成离不开对大数据技术的依赖，不管是软件开发还是硬件维护都需要专业机构予以协助。因此，法院系统的机制体制改革需要与相关部门构建良好的横向协同协作机制。通过动员安顺市智慧、凝聚安顺市力量，为开展改革工作创造良好条件。

6. 出台配套措施，提供有力制度保障

为把执行管理体制改革落实落细，安顺中院在改革过程中坚持边实践、边探索、边学习、边总结，不断建立健全配套机制制度。在《总体方案》基础上先后制定出台了《安顺市中级人民法院关于设立安顺法院执行事务中心的工作方案》《关于加强执行指挥中心与执行事务中心衔接的通知》《安顺市中级人民法院关于印发全市法院执行案件财产处置工作方案（试行）》等近 20 项机制制度，切实为改革提供强有力制度保障。

（三）围绕两个核心，推动改革发展

坚持围绕“人”“案”两个核心要素，安顺中院在执行管理体制改革过程

中，一方面以执行指挥中强化“三统一”执行管理为着力点，开展好“人”的改革；另一方面全面推行繁简分流、事务集约的执行权运行机制，推动实现“简案快办、难案精办”的工作格局，开展好“案”的改革。

1. 以“人”为核心，推动大执行工作发展

安顺中院严格按照最高人民法院、省法院文件精神，积极探索、不断实践，以统筹各县区人民法院积极参与的“统一管理、统一协调、统一指挥”的执行工作大格局为目标，推动形成了安顺中院对辖区基层法院执行局垂直领导、辖区法院接受本级法院和中级人民法院机构双重领导、在执行业务以上安顺中院执行机构领导为主的局面。

一是不断配齐配强执行工作力量。按照四级法院审级职能定位，安顺两级法院进一步优化安顺市法院执行资源配置，完善落实“以案定编”“以案定员”的人员编制、员额动态调整机制，根据执行案件任务量足额配备员额法官，加强派遣、聘用人员管理。截至 2022 年底，安顺两级法院共计配备执行干警 157 人，其中员额法官 29 人、执行员 48 人、司法警察 7 人、书记员及其他辅助人员 73 人。通过合理配置办案人员，进一步提升了执行队伍的整体战斗力。

二是推动成立事务性工作高度集约机构。安顺中院在执行指挥中心下设立执行事务中心、财产处置中心两个事务性工作高度集约的工作机构。安顺市两级法院共计抽调法官、法官助理、书记员 14 人组建安顺法院执行事务中心，参与集中办公，设立案审查、文书制作及送达、财产查控、事务中心外勤、执行督办等专门组分工合作，确保事务中心工作开展的高效和有序。财产处置中心形成执行法官+法官助理+书记员+辅助机构的办案模式，共计有工作人员 6 人。两个中心的设立为推动安顺市法院执行案件办理事务集约奠定坚实基础。

三是探索建立执行干警单独考核机制。为充分发挥正向激励作用，安顺中院于 2022 年 10 月制定印发了《安顺市两级法院执行局法官考核办法（试行）》《安顺市两级法院执行局法官助理考核办法（试行）》《安顺市两级法院执行局书记员考核办法（试行）》等规定，对执行法官、法官助理、书记员实行分类考核，细化考核的组织实施和考核步骤、考核标准及考核结果运用等规则，不断激发干警活力，全面提升执行干警的综合能力和素质。

四是推动完善管理机制。执行管理体制改革以来，安顺中院以执行指挥中

心为枢纽，强化对下级领导的监督，规范集约执行与分段执行。通过任命一名副县级干部为执行局指挥中心总指挥长，协助执行局局长不定期对下开展调研督导，督促辖区法院执行局全面落实安顺中院执行局部署安排的各项工作。通过定期通报辖区法院执行工作开展情况，基层法院及时上报整改落实情况，确保辖区基层法院执行局各项工作高质量开展；通过各基层法院执行局局长每季度定期向安顺中院执行局局长述职执行工作开展情况，推动两级法院"大执行"工作格局的全面形成。

2. 以"案"为核心，推动形成"法官主导、事务集约、繁简分流"办案模式

安顺中院在执行管理体制改革过程中通过不断创新、积极实践，探索建立了"法官主导、事务集约、繁简分流"的案件办理工作机制。法官主导即各执行法官是贯穿每一个个案全流程的主线，对案件办理起主导作用。"繁简分流"指按照一定的标准，将执行案件分为"繁案"和"简案"，"简案快办、普案精办"。"事务集约"是指将执行程序中事务性较强的辅助工作，统一交由财产处置中心、执行事务中心等专门团队进行集约化处理，以提高工作效率。

一是坚持发挥法官在执行案件办理中的主导作用。严格贯彻落实最高人民法院、省法院关于"事务集约、繁简分流"的执行权运行机制要求，进一步明确"事务集约、繁简分流"后，执行法官的主要工作职责包括全程熟悉掌握案件进度、审查案件是否具备足额财产可供执行、明确财产权属、终本案件审查、决定适用信用惩戒、暂缓中止执行等，确保实现在将执行法官从烦琐的事务性工作中"解放"出来的同时，进一步压紧压实执行法官案件办理主体责任。

二是高标准推进"事务集约"机制。为建立起高效规范的执行机制，安顺中院制定印发了《安顺市中级人民法院关于设立安顺法院执行事务中心的工作方案》，明确事务中心工作职责。立案审查组负责提起首次查询、案件当事人身份信息的校验和修改、流程节点的录入；文书制作及送达组负责制作法律文书，通过电子送达系统，在立案之日起2~3个工作日内完成法律文书的制作和送达；事务中心外勤组负责与安顺市不动产登记中心、安顺市公积金管理中心等部门沟通，设立专门的查询窗口，实现线上沟通、线下控制同步进行；执行督办组负责对数据的统计及分析，上传下达及工作督办、提示等

工作。

三是积极推动“繁案”“简案”类型化处理。“繁简分流”的本质是对执行案件进行分类，充分满足“简案快执”和“繁案慎办”的内在要求，提升执行工作质效和规范执行行为，构建高效的运行模式。安顺两级法院结合法院实际情况，在事务集约阶段，对案件进行审查，将案件划分为履行金钱义务类和履行其他义务类案件，并根据案件实际情况进行分配办理。履行金钱义务类案件根据能否一次性予以执结作为划分标准，通过在事务集约办理阶段，对被执行人的财产能直接采取扣划、提取等措施的，或经当事人反馈拟达成和解、已达成和解、撤回执行等情况，能及时执结的案件作为“简案”，由专门的执行团队办理，确保做到“简案快执”。现各办案团队已有序运作。履行其他义务类案件主要包括履行行为义务和指定交付特定物等非金钱给付义务类案件，除符合在事务集约阶段履行完毕、撤回执行、达成和解等能及时结案的情况外，此类案件原则上统一划定为“繁案”类，按照相关执行法律法规和相应的机制办理。制定《安顺市中级人民法院关于全市法院执行实施类案件的调配规则（试行）》，明确规定，对因同一被执行人、处理同一财产或执行案件相互交叉关联等原因，需将不同法院受理的执行案件调整至同一法院办理的，由各基层法院执行局提出申请或是安顺法院执行事务中心建议，由安顺中院执行局审核后通过指定执行、提级执行的方式实现。2022 年 8 月法院先后组建快执团队、普执团队，分别专门负责对“简案”“繁案”的办理，大大提高案件执行效率。

四是高效推进涉案财产处置处理。为规范财产处置的程序性要求，高度集约开展财产处置事务性工作，安顺中院及时制定印发了《全市法院执行案件财产处置工作方案（试行）》《安顺市中级人民法院关于执行案件财产集中处置的实施细则（试行）》，为安顺法院财产处置中心高效推进涉案财产处置处理提供了依据，同时进一步明确了工作职责。根据财产处置中心的职能特性，确定由执行法官、处置中心人员共同构建起财产处置集约机制的运行模式。即执行法官作为具体实施人员，对财产处置案件全程负责，行使实体性事项的决定权；法官助理负责财产处置中心的日常工作，并根据涉案办理的实际情况指导书记员、司法拍卖辅助人员有序开展工作；处置中心书记员在法官助理的安排下开展好各项工作；处置中心司法拍卖辅助人员负责具体现场勘验、组织选取评估机构等，具备较强的专业性和专门性。

配套制定“分段模式”执行工作方案，根据案件标的、类型和特点，以调查、控制和处分被执行财产为中心，划分和设定重点环节和关键节点，将适合分段执行要求的案件划分为线下财产调查阶段和财产处置阶段。由不同执行法官分工合作，分别负责，改变执行实施案件一人全程办理的传统做法，以增强执行工作的公开性和透明度。推行执行实施权的内部分权与制约，坚持集约执行与分段执行相结合，通过对执行实施权的再次分解和流程管理，提高执行效率，强化执行工作的动态管理与内部监督。

（四）加强执行监督，完善制约机制

根据《最高人民法院关于进一步完善执行权制约机制加强执行监督的意见》《贵州省高级人民法院印发〈关于落实执行工作统一管理、统一指挥、统一协调工作机制的实施意见〉的通知》的规定，安顺市中级人民法院出台《安顺市中级人民法院关于全市两级法院执行局双重领导权责管理规定》，对基层法院在执行过程中需要请示、报告、报备的事项以及上级法院执行局收到相关请示报告后的处理等作出详细规定，进一步强调法院党组对执行工作的领导和督促职能，对“执行事务中心”在执行准备、执行查控、财产处置、案款发还、执行异议、延期审批及执行结案等执行流程中每个节点的工作进行了细化。执行事务中心对各环节进行全程考核监管，对出现的问题及时进行纠正提醒直至提醒谈话。此举进一步加强了对执行行为的监督，有利于规范执行行为，提高执行质效。

二　工作成效及经验

（一）两级法院“大执行”格局基本形成

通过近一年的探索，安顺法院基本构建起安顺辖区“大执行”格局。以安顺市中级人民法院执行指挥中心为主导，以安顺法院执行事务中心、安顺法院财产处置中心为依托，围绕“人”“案”两大要素，提升执行质效，推动执行工作良性发展（见图1）。

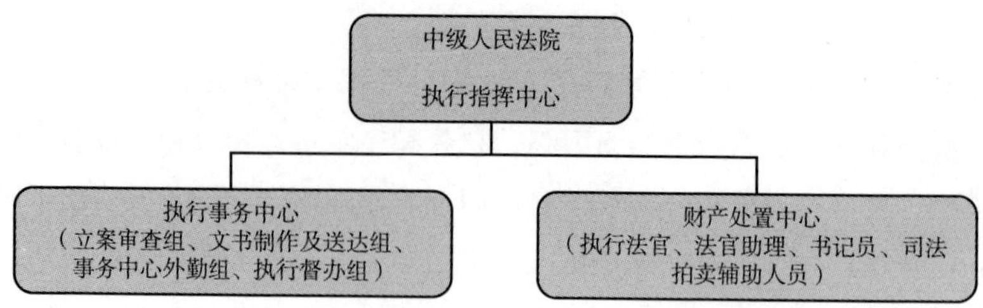

图1　执行事务中心及财产处置中心运行情况

执行事务中心对财产处置中心的日常履职情况进行监管，包括自进入财产处置中心之始涉财产处置的程序性事项及处置环节在流转空档期的滞留等办理情况，确保财产处置的规范和高效。执行事务中心打破传统的“一人包案到底”执行工作模式，着力打造高度信息化、集成化的案管中心以及两级法院人力物力统筹调配的执行新模式。构建分工明确的执行团队，实现执行工作的“团队化”“专业化”“精细化”，对执行线索和信息快速分类、快速处理，保证执行措施及时有效，最大限度发挥信息化对执行工作的推进作用。

设立安顺法院财产处置中心，规范安顺市法院执行案件财产处置工作。明确目标任务、工作职责、机构设置、工作衔接等内容，细化在执行过程中对被执行财产的处置方式、程序及争议解决机制。

（二）制度框架搭建完成

安顺法院执行管理体制改革过程中制定和印发了一系列的制度、文件，对改革的制度建设进行了有益探索。

以《总体方案》为主，制定搭建“大执行”平台的文件：《关于设立安顺法院执行事务中心的工作方案》《关于加强执行指挥中心与执行事务中心衔接的通知》《安顺法院执行事务中心职责划分方案》《安顺市中级人民法院关于全市法院执行局权责管理规定（试行）》；执行过程中财产处置的文件：《关于全市两级法院财产处置工作方案（试行）》《安顺市中级人民法院关于执行案件财产集中处置的实施细则（试行）》《关于网络司法拍卖辅助工作管理办法（试行）》；案件调配、流转的文件：《安顺市中级人民法院关于全市法院执行实施类案件的调配规则（试行）》《安顺市人民法院执行局执行事务中心首执案件流转细则》；分类考核办法：《安顺市两级法院执行局法官考核办法（试行）》《安顺市两级法院执行局法官助理考核办法（试行）》《安顺市两级法院执行局书记员考核办法（试行）》。

（三）成果初显

改革工作成效初显。安顺市两级法院以高度的政治责任全力推进执行管理体制改革，认真谋划、真抓实干、攻坚克难，执行管理体制改革成效初显。通过建立健全制度、明确工作职责、规范执行行为、强化队伍建设、加强人员管理、健全监督机制等方式全面提升案件执行质效。规范立案、财产查控、案款管理、结案等工作环节，探索两级法院质效指标一体评价的新思路；建立权责相适应、各类人员相匹配的考核新体系，充分实现执行事项职责分工遵循案件“繁简分流”、人员分类管理、事项分段实施、权利分别行使、流程分解进行原则。

1. 推动实现执行综合指标明显提升

在改革过程中始终紧盯目标任务，安顺中院始终以执行指标为抓手和着力点，推动执行质效不断提升。一是推动“3+1”核心指标明显提升，截至2022年12月31日，安顺市两级法院“3+1”核心指标中：有财产可供执行案件法定审限内执结率98.94%；无财产可供执行案件终本合格率100%，实际执行到位率59.41%，执行完毕率26.65%，均高于全国均值；最高人民法院交办执行信访案件5件，已办结5件。以上指标总体相比改革前出现明显提升。二是推动管理指标不断优化，截至2022年12月15日，15项管理指标较上年度均得到有效提升，其中受理其他市县委托事项办理平均用时较上年度缩短近3天，信访办结率、信访化解率较上年度同期提升近50个百分点，网络查控期限内发起率始终保持贵州省前列，质效指标在旧存案件有序消化后，正逐步向好。三是两个中心高效运转，推动执行工作提质增效。接受各基层法院线下委托办理不动产、公积金的查封、冻结等事项37件，平均办结时限为1~2天。财产处置中心自2022年9月1日运行以来，进一步整合安顺市法院涉财产处置案件，形成统一高效的处置体系，通过将财产处置中心的运行及人员履职纳入执行事务中心的监管范围，规范了财产处置过程中的程序性和实体性事项。

2. 推动实现执行事务便捷高效办理

改革以来，安顺中院全力推动执行指挥中心实体运行，以指挥中心为枢纽推动执行事务中心、财产处置中心高效运作，实现各类事务性工作高效推进。一是推动实现查控及时，安顺两级法院实现执行案件在立案后 1~2 天对被执行人银行存款、网络资金冻结全覆盖，截至 2022 年 12 月 15 日，线下查询到不动产登记信息 4154 条，其中发现 122 件案件 325 条被执行人异地登记的不动产信息，并根据执行法官意见依法采取查封措施；对安顺市范围内公积金缴存信息进行集中查询，共发现缴存记录 727 条。二是推动实现送达高效。截至 2022 年 12 月 15 日，安顺两级法院共计受理首次执行案件 11253 件，实现立案后2~3个工作日内完成法律文书制作和送达共计 45000 余份。杜绝因案件积压导致法律文书超期送达、未送达情况的发生。三是推动实现协作便捷。截至 2022 年 12 月 15 日，执行事务中心接受各基层法院委托办理涉西秀辖区不动产、公积金的查询、查封、冻结等事项 34 件，平均办结时限为 2~3 天。推动法院与公安车辆管理部门查控专线连接，基层网格员协助执行实质化运行。四是推动实现监管到位。对流程节点异常、案款超期发放等问题及时提醒并限时整改，安顺市范围超期案款发放基本实现动态清零；通过对各县区法院指标数据进行分析，指明现阶段各院指标数据的走向和趋势，对下一步指标提升提出工作建议。五是推动实现财产高效处置。截至 2022 年 12 月 15 日，安顺法院财产处置中心已接受办理财产处置类事项案件 206 件，办结 16 件，为执行法官节约大量程序性事项的办理时间，同时有效避免了财产处置过程中拖拉、违规的情况，进一步规范涉财产类案件的处置程序。

3. 推动形成“简案快办、普案精办”良好工作局面

自开展“繁简分流”以来，安顺两级法院结合实际，积极推进“简案快办、普案精办”，2022 年 7 月至 2022 年 12 月 15 日，安顺两级法院办结“简案”3378 件，平均用时 69. 52 天，远低于六个月正常办理时限，较大幅度提高了执行案件整体办理效率。

三　进一步改进发展，创新安顺特色改革方案

自 2022 年开展执行管理体制改革以来，各项改革工作取得了阶段性进展，

预定目标基本实现，但仍存在不少问题和短板，主要表现在：一是部分基层法院对改革重要意义认识不足、重视程度不够高、举措落实不够有力；二是部分法院执行指标提升仍不够明显，特别是“3+1”核心指标，部分法院在贵州省排名仍然靠后；三是部分法院“事务集约、繁简分流”落实不够有力，成效不明显。在下一步的工作中，安顺中院将坚持问题导向，围绕“人”“案”两个核心，聚焦以下四个方面，久久为功、持续发力，确保实现改革目标任务。

（一）坚持正确政治引领，持续深化改革

推动安顺法院执行管理体制改革各项工作有序进行，在推进执行管理体制改革过程中，必须坚持正确政治方向，坚持以习近平新时代中国特色社会主义思想武装头脑指导实践推动工作，全面贯彻党的十八届四中全会关于“切实解决执行难”“依法保障胜诉当事人及时实现权益”的决策部署，不断提高思想认识，紧紧依靠党总揽全局、协调各方的领导核心作用。要立足执行职能，主动融入中国式现代化历史进程中，紧紧围绕党的二十大作出的决策部署，切实发挥执行工作在兑现胜诉权利、促进资源配置、激活生产要素、推动经济循环方面的作用，给出独具特色的安顺方案。

（二）打造高素质队伍，推动执行工作高质量发展

树立大局意识，依托执行指挥中心，强化“三统一”执行管理，推动形成以安顺中院执行指挥中心为纽带的高素质执行队伍。强化对下监督指导，发挥上级法院对下级法院、领导对干警的监督作用，坚持日常教育和严肃批评相结合、组织监督和个人自律相结合、及时警示和依规惩戒相结合。对于执行领域违法违纪问题，坚决配合纪检部门，发现一起查处一起，坚决清除执行队伍中的害群之马，确保执行队伍的“干净”“纯净”。与此同时，建立部门互动机制，拓展执行人员学习渠道；吸收先进经验，不断优化工作方案；建立科学的考核激励机制，激发执行人员工作热情。

（三）优化指标设计，规范执行行为

近年来，安顺辖区执行案件量逐年呈现上升趋势，特别是以财产处置为中心的核心指标及附属指标未能得到明显的优化。通过财产处置中心的不断完

善，进一步优化执行财产处置类案件的办理质量和工作效率，将处置财产环节作为下一步的改革核心，以有效提高司法处置财产的合法性、高效性和便捷性为目标，积极推动财产处置中心的规范运行，将财产处置全流程全面纳入统筹的监管体系，从而推动财产处置案件办理的高效有序，确保财产处置工作规范运行。

坚持“法官主导、事务集约、繁简分流”模式，打造具有安顺特色的执行事务中心、财产处置中心，以机制制度创新全力破解法院执行部门长期存在的“案多人少”难题，推动安顺法院执行事务性工作高度集约，进而推动实现事关人民群众切身利益的“实际执行到位率”、事关执行工作效率的“结案平均用时”、事关案结事了的“执行完毕率”“信访化解率”等指标不断优化提升，全力打通实现公平正义最后一道防线的最后一个环节，确保公平正义不仅要实现，而且要以看得见的方式实现。

（四）坚持从实际出发，完善制度体系建设

制度建设是执行管理体制改革有效推进的基石，是改革工作继续深入展开的基础，是整个体系建设的基本遵循，在今后工作中应当紧紧结合改革的实际需要，科学分配，合理判断，以实现改革的既定目标为导向，完善制度建设，逐步规范整个执行体系，进入良性发展轨道。以制度建设推进体制改革，规范改革行为，确保改革围绕“有效提升地区整体执行质效”的目标不偏离。

以司法高质量发展护航法治化营商环境建设报告

“以司法高质量发展护航法治化营商环境建设报告”课题组*

摘　要： 法治化营商环境建设是稳预期利长远的基础性工作。法院作为专门司法机构，是法治化营商环境建设的主力。党的十八大以来，安顺市法院紧扣中心服务大局，持续深入开展司法体制改革，对标营商环境指标，在府院联动、院企沟通、诉讼便利化、诉调衔接、知识产权保护、破产办理、重整拯救等诸多领域创新体制机制，覆盖立案、民商事审判、刑事审判、行政审判、执行全流程全领域，公正及时处理涉企纠纷，延伸提供法治服务，积极为市场主体营造稳定、公平、便利化的法治化营商环境。相关改革举措成效显著，尤其在金融行业调解、困境企业救助化解等方面取得了良好的政治、法治和社会效果。

关键词： 法治化营商环境　机制创新　便利化服务　安顺法院

“法治是最好的营商环境。”法治化营商环境建设，很大程度上体现在对企业和企业家的权利保障、公正对待、平等保护和法治服务。党的十九大将“毫不动摇地鼓励、支持和引导非公有制经济发展”写入新时代坚持和发展中国特色社会主义的基本方略。2018 年 11 月 1 日，习近平总书记在民营企业座谈会上，进一步强调要坚持“两个毫不动摇”，表明党中央毫不动摇鼓励、支持、引导非公有制经济发展的坚定决心和鲜明态度，为人民法院如何服务和保

* 主要执笔人：傅智文，贵州民族大学法学院副教授、硕士生导师，贵州省社会科学院和西南政法大学联合培养博士后。

障民营经济发展提供了基本遵循和理论指引。民营企业是安顺市经济发展的重要主体，民营经济是安顺市经济社会发展的重要增长极，在创业就业、科技创新、税收增长等方面发挥重要作用。

一 安顺两级法院服务营商环境优化和地方高质量发展的主要举措

党的十八大以来，安顺两级法院认真践行围绕中心、服务大局的要求，充分发挥司法职能作用，积极完善制度机制，高质量完成了大量审判执行任务，公平公正地处理了大量涉企纠纷；同时，站在全局角度审理企业破产重整案件，积极推动企业激活重整，对帮助企业脱困重生发挥了重要作用，为保护人民群众的合法权益作出了重要贡献，努力营造稳定、公平、透明、可预期的法治化营商环境，为安顺市经济高质量发展提供了有力司法服务和保障。

（一）持续提高站位，构建保障营商环境优化的制度体系

近年来，安顺两级法院坚持以习近平新时代中国特色社会主义思想为指导，深入学习贯彻习近平总书记重要讲话精神，全面学习贯彻习近平法治思想，按照中央、省委重要会议精神和决策部署，狠抓审判执行质效，紧扣中心更好服务属地高质量发展大局。一是坚持以高质量发展为统领，完整、准确、全面贯彻新发展理念，紧扣省委围绕“四新”主攻“四化”和市委“1558”发展战略，充分发挥审判执行职能，为服务保障黔中崛起、建设贵州省“四化”建设新高地提供有力司法服务保障。二是以更严举措、更强力度推进审判监督管理创新，全方位加强院庭长监督管理，进一步压紧压实院庭长、法官、法官助理、书记员责任链条，不断强化精准监督、有效监督、对下督导，提高审判质效。三是围绕营造更加公平公正可预期的法治营商环境，全力加强民商事审判工作，结合营商环境评估“办理破产”“执行合同”“保护中小企业投资者”三项指标要求，积极推动府院联动工作机制落地落细。

2018年11月，安顺市中级人民法院发布《关于充分发挥审判职能作用服务和保障我市民营经济发展的意见》，提出“坚持党的领导”“依法保护”

“平等保护”“全面保护”“实质保护”“及时保护”六个原则，从充分发挥刑事审判职能、行政审判职能、执行职能和做好立案服务工作、优化司法服务、发挥司法建议作用、推进司法公开、加强协调联动、加强司法调查研究、加强法治宣传工作、加强纪律作风建设等方面，为司法服务营商环境优化规划了详细的路线图，提出了具体工作要求。

（二）持续畅通渠道，搭建院企常态化沟通“连心桥”

企业对营商环境的感受最真切、最直接，企业的所思、所感、所得、所想，是营商环境建设的方向标和测量表。近年来，安顺两级法院立足审判执行工作，深入贯彻省法院关于保护民营企业合法权益的工作要求，加强与民营企业的沟通交流，建立健全常态化沟通机制，搭起院企“连心桥”。

一是坚持“请进来”。多次与安顺市工商联等联合邀请辖区企业家代表座谈，介绍法院在推动优化营商环境、防范和化解金融纠纷、服务民营企业等方面的举措，认真听取企业家对法院服务优化营商环境工作的意见建议，对企业代表提出的意见建议，逐项梳理、充分吸纳、深入研究、精准施策，逐项做好分解分办。

二是坚持“走出去”。深入开展政法信访系统“大走访”“入村寨进社区走企业访群众”“送法进园区”等活动，实地了解企业生产经营情况，倾听企业在运营管理、法律维权方面存在的问题与面临的困难。2022 年，安顺两级法院开展送法进企业 121 次，走访重点园区企业 83 家，解决法律问题 55 个，普定法院设立安顺市首家“工业园区法官工作站”，化解涉企纠纷 43 件，紫云法院建立“院长+董事长”联系工作机制，依法积极听取企业意见，帮助企业纾困解难。

（三）持续优化服务，设立民营企业诉讼服务窗口

为积极回应民营企业的司法需求，强化法院诉讼服务保障的职能担当，2021 年，安顺中院民二庭、立案庭共同在安顺中院诉讼服务中心设置“民营企业咨询窗口”。通过该窗口的设置，为民营企业开设专门通道，为民营企业提供法律咨询、诉前调解、判后答疑等法律服务。积极推进民营企业商事纠纷诉调对接工作，促进涉民营企业案件快审、快执，减轻企业家诉讼负担，减轻

民营企业诉讼成本。立足诉前、诉中、诉后三个阶段，全流程保障民营企业依法经营，为民营企业提供延伸诉讼服务。安顺中院将不断提高审判质效，充分发挥民商事审判职能作用，提升便利化诉讼服务，继续为优化营商环境提供司法服务保障。

（四）深化诉调衔接，推动矛盾纠纷源头治理

安顺两级法院坚持为大局服务、为人民司法，主动作为，联合人民银行、安顺市工商联等单位，从宣传引导、诉调对接、培训指导、资金保障等方面，开展涉企、涉民营经济矛盾源头治理和多元纠纷化解工作。

一是聚焦防范化解金融债务风险，构建“一站式受理、一揽子调处、全链条解决”的“三全”金融纠纷解纷新路径，成功将大量金融纠纷化解于诉前，为地方经济社会高质量发展提供强有力的司法服务保障。第一，构建全链条工作机制。安顺中院主动对接相关行业主管部门，推动成立安顺市金融纠纷多元化解工作领导小组，建立由“人民法院与行业主管部门双牵头+其他相关部门协同推动+多元调解组织共同实施”的工作框架，构建多元解纷工作架构，形成以安顺市金融纠纷调解中心为轴心，联合各县（区）人民法院诉前调解中心、市金融消费保险联合会以及市保险业协会，统筹特邀调解、行业调解等解纷资源，形成“特邀调解+行业调解”共为主体、互为补充的调解工作格局，高效推进安顺市金融纠纷多元调处工作。与此同时，安顺中院还会同相关部门出台《安顺市金融纠纷多元化解工作机制实施方案》，指导各县（区）法院加强与行业组织的协调对接，实现金融纠纷调解机制市县（区）两级全覆盖。实现了调解方式多样化、调解场所便民化、调解服务智能化。第二，构建全覆盖调解体系。坚持市级统筹、县（区）一体推进的工作原则，按“以点带面、点面结合”的工作思路，实现安顺市金融纠纷“总对总”诉调对接全面落地、精准落实。截至2022年底，安顺市共建立7个调解室、6个调解工作站和多个乡镇流动调解室，6个县（区）实现调解组织全覆盖。第三，构建全方位服务模式。通过“特邀调解+行业调解+司法确认”化解金融纠纷，极大提升金融机构对不良资产的处置效率，加快金融资产运转周期，降低金融机构的维权成本，增强金融服务实体经济能力。通过引导负债企业与金融机构达成分期还款协议，缓解企业当期还款压力，减轻诉讼负担，有效避免生效判决

后续强制执行措施对企业生存发展带来的不利影响，为支持中小微企业发展、落实“六稳”“六保”政策提供高质量的司法服务和保障。经统计，安顺法院金融调解约25%涉及企业债务，已帮助近90余家中小微企业渡过难关；同时严格落实“五个当日”的工作要求，即当日申请、当日调解、当日裁定、当日送达、当日结案，通过有温度、有力度的司法服务，大幅度压缩企业解纷时间，节约解纷成本，提高工作效率，助力优化法治营商环境，为企业投资兴业提供优质的法治保障。2022年，安顺法院诉前调处金融纠纷1107起，标的金额9048.59万元，调解成功率93.6%，一审新收金融纠纷案件同比下降70%；主动履行416起，标的金额3298.53万元，金融纠纷调解总数在贵州省金融行业中排名前列。①

二是以行业解纷为抓手，支持人民调解委员会在商事矛盾纠纷调处中发挥更大作用。2021年12月，安顺市工商联成立安顺市民营经济矛盾纠纷多元调处中心暨安顺市工商联人民调解委员会，是贵州省首个民营经济领域矛盾纠纷调解综合平台，主要职责是发挥人民调解的作用，重点调解安顺市民营经济领域及工商联会员之间的矛盾纠纷，运用法治手段服务保障民营经济健康发展，构建民营经济领域共建共治共享治理格局。安顺两级法院立足审判职能，充分发挥司法在诉源治理中的推动与保障作用，与市工商联共同努力，推进工商联人民调解委员会高效、规范、常态、实质化运行，以实实在在的解纷成效服务安顺市民营经济高质量发展。

（五）强化知产保护，为特色产业和创新保驾护航

知识产权刑事保护方面，安顺市中级人民法院制定《关于知识产权刑事案件专门审判庭开展相关工作的实施意见（试行）》，将知识产权刑事案件专门审判庭设立在刑事审判二庭，负责各类知识产权刑事案件审理等工作；结合安顺市刑事审判工作实际，制定了《关于侵犯知识产权刑事案件繁简分流的工作指南（试行）》。2021年以来，安顺法院高质效审结侵犯知识产权刑事案件，通过“繁简分流”机制，简易程序适用占比由20%上升到33.3%，平均审理天数由66.4天降为35天，实现简单案件快审、普通案件

① 资料来源：安顺市中级人民法院。

细审的工作目标。

知识产权民事保护方面，2022 年起，根据贵州省人民法院知识产权案件管辖改革工作要求，原由遵义市中级人民法院、贵阳市中级人民法院集中管辖的部分知识产权民事案件改由各市州人民法院管辖。根据安顺市实际，确定由平坝区人民法院审理安顺辖区内知识产权一审案件、由安顺市中级人民法院审理二审案件。2022 年，安顺市依法受理知识产权民事案件 46 件，持续提升对安顺市金刺梨、蜂糖李、茶叶等特色农产品，蜡染等民族民间文化特色优势产业的知识产权保护力度。

（六）推动案件快审，持续提高案件审理质效

在当前“案多人少”矛盾日益突出的情况下，如何有效依托人民法院民商事审判职能，更高效、更便捷、更经济地解决当事人之间的矛盾纠纷，是落实优化营商环境、践行“我为群众办实事”的应有之义。结合国情和时代发展需要，创设二审对事实相对清楚、权利义务相对明确、一审独任的案件可以适用独任审理，即为有效化解“案多人少”矛盾的一大科学构想，能将合议庭成员从案件中剥离出来投入其他案件中，让简单案件在保障当事人诉权的情况下，由法官一人审查决定、一人开庭审理，省去合议庭成员参与庭审的时间、参与合议的时间、进行审批的程序等，便于法官直接、快速做出认定后即作出判决，有效节约了司法资源，减少了审理程序，提高了审判效率，更快、更好、更简便地保障了当事人合法权益，极大减轻当事人诉累。

为巩固拓展党史学习教育和政法队伍教育整顿成果，贯彻落实“为群众办实事示范法院”创建活动工作安排，安顺中院秉承依法审慎的原则，在新冠疫情期间，对多个有省外当事人、一审适用简易程序审理、案件事实比较清楚、权利义务关系较明确的二审案件，依法使用线上庭审平台由审判员一人独任进行了审理。在经过严格庭审调查、诉辩质证等程序后，对部分案件进行当庭宣判或当庭调解，让当事人确实感受到了人民法院的高效便捷，取得了较好的法律效果和社会效果。

（七）推动案件快执，确保胜诉权益及时实现

面对数量日益增多的执行案件，如何主动作为、强化责任，充分发挥主观

能动性，通过快速执结涉营商环境案件，确保胜诉权益及时实现，是人民法院执行工作面临的长期课题。2021 年以来，安顺两级法院积极推动执行管理体制改革，持续优化执行质效，推动执行案件快速执结，有力保障当事人胜诉权益及时实现。

如安顺市西秀区人民法院采取积极有效措施，找准双方利益平衡点采取灵活多变的执行方式，打通执行“最后一公里”。2021 年 10 月，为推动“问题房开”问题有效化解，在依法保障胜诉当事人合法权益的同时帮助房开企业脱困，协同安顺市西秀区住房城乡建设局建立“问题房开”处置工作联动机制，在充分释法说理、协调沟通的情况下，征得申请执行人同意，依法对已经查封的用于拆迁安置的房产进行置换，既依法维护了申请执行人的合法权益，又避免因查封影响对案外人的拆迁安置而可能引发的大规模案外人执行异议案件及社会风险，充分体现了依法执行与善意文明执行理念的融合。此外，2022 年，普定县人民法院等对涉及企业商事纠纷开通优化营商环境绿色通道，由专人负责受理立案，移交给专项执行团队负责办理，确保涉民营企业案件及时执结。

（八）创新审判机制，提升破产审判工作质效

近年来，安顺中院充分发挥破产审判职能作用，坚持以保障民生、服务大局为原则，运用多种合力促进资源优化配置，兼顾政治效果、社会效果与法律效果，化解了大量社会矛盾纠纷，上百亿的债权得到清理，民生权利得到了保障，维护了社会稳定，债务人企业危机有的暂时得到缓解，有的通过重整、和解挽救机制获得重生的机会。2020 年收各类破产案件 26 件，结案 17 件；2021 年收各类破产案件 26 件，结案 22 件；2022 年 1 月至 10 月 21 日，收各类破产案件 31 件，结案 22 件。①

1. 加强破产审判专业化建设

一是设立专门的破产审判庭。根据最高院《关于在中级人民法院设立清算与破产审判庭的工作方案》，2022 年，安顺中院率先在贵州省内设立清算与破产审判庭，集中审理安顺市法院破产案件，为破产案件的审理提供了坚强的组织保障，实现破产审判机构专业化。

---

① 资料来源：安顺市中级人民法院。

二是强化建章立制。先后出台了《安顺市中级人民法院关于切实营造法治化营商环境服务经济高质量发展的意见》《破产案件受理、审理规程》《破产管理人工作规范》《疫情防控期间管理人工作指南》《破产管理人管理规范》《安顺市中级人民法院预重整制度规范化指引（试行）》《破产基金制度》《破产档案管理制度》《破产财产处置制度》《办理破产成本控制规定》等，实现了破产审判程序规范化、裁判规则标准化。

2. 构建破产处置府院联动机制

破产案件的办理是一项系统性工程，既是法律工作，更是社会治理工作，涉及职工安置、工程建设等方方面面，离开了党委的领导、政府的支持，单凭法院是不可能完成的。

2021 年 4 月 6 日，为进一步优化法治化营商环境，更加有力服务供给侧结构性改革，积极解决企业破产处置中的有关问题，加快破产企业司法处置进程，有效化解金融风险，维护社会和谐稳定，安顺中院推动安顺市深改委在贵州省甚至全国率先出台《安顺市企业破产处置府院沟通协调联动工作方案》并下发实施。在此基础上，联合市税务局、市住建局、市自然资源局、市市场监管局、市人行、市银保监局、市财政局、市公安局、市司法局，先后出台了《关于企业破产处置税务司法协作的工作机制》《破产程序中相关税务事项会议纪要》《关于企业破产案件涉不动产及信息共享相关事项的工作意见》《关于简易注销程序工作机制》《关于共同推进企业破产处置相关工作的意见》《破产基金保障制度》等十项工作机制，通过制度化、常态化的企业破产府院联动机制，形成强大的工作合力，加快破产企业司法处置进程和便利度。

3. 创新破产审判工作方式

在《企业破产法》已施行多年，部分规定不能适应破产审判实践需要的情况下，安顺中院结合破产审判的实际情况，在不违反法律规定的前提下对部分条款包含的内容进行了细化。如对提交重整计划草案的时间，规定经债权人同意可超过 9 个月；对法律未明确时间节点的，合理限制行使期限以加快程序流转，如规定债权确认之诉提起诉讼的时间为收到债权确认通知书或核查债权登记表后 15 日内①；为提高债权人会议的工作效率，创设会前公示制度，将

① 之后最高院的司法解释印证了该项制度的合理性。

会上核查变为会前核查，以便利害关系人有充足时间核实相关债权；为开源节流，采用网络询价、网拍方式处置破产财产，对所有破产财产通过阿里巴巴等平台进行拍卖，以发挥网拍信息量大、处置时间短、零佣金的优势。

4. 坚持科技赋能破产审判

2020 年以来，安顺中院使用钉钉、QQ、微信及债权人会议表决软件等线上交流方式，召开债权人会议，有效降低债权人会议成本和风险，并一次性完成所有议决事项，高效率、低成本、零接触的线上会议得到了债权人的充分肯定。

5. 着力推动企业重整复生

近年来，安顺千禧房开公司、鼎城房开公司、钢固达房开公司、天铭房开公司、利安房开公司①等 15 家房开公司（涉及 37 个“问题楼盘”）和顺成市场公司②等一批企业濒临破产。安顺中院运用府院联动机制，通过破产重整或和解程序，积极落实“保交楼、保民生、保稳定”任务。在政府和法院的共同努力下，相关楼盘引入新的建设施工单位复工建设。随着“问题楼盘”达到开盘销售的条件，拆迁户、购房户看到了希望，社会不安定因素大幅消除，城市形象得到了改善，有力地印证了司法服务保障安顺经济社会高质量发展。安顺中院在省高院指导下成功办理的贵州利安房地产开发有限公司破产重整一案，即是其中典型代表。该案是司法实现政治效果、社会效果和法律效果有机统一的生动体现。

二　安顺市法院服务高质量发展的启示

（一）提高政治站位，牢固树立服务大局意识

结合“不忘初心、牢记使命”主题教育、党史学习教育和政法队伍教育

---

① 利安公司破产重整案，被贵州省高级人民法院作为典型案例发布，评价为“贵州法院以破产审判拯救危困房地产企业助力全省房地产市场平稳发展的事例和缩影”。

② 该案入选最高人民法院第二批全国法院服务保障疫情防控期间复工复产典型案例，中央电视台《今日说法》栏目在 2021 年全国“两会”期间以“公平正义新时代”之《生机》进行了专题报道，最高人民法院对该案给予充分肯定。

整顿成果，坚决落实意识形态工作责任制，确保法院工作政治方向正确。认真学习习近平新时代中国特色社会主义思想、法治思想，增强“四个意识”，坚定“四个自信”，坚决做到“两个维护”。认真落实省委“一二三四”工作思路以及市委“1558”发展思路，做到政治效果、社会效果和法律效果的高度有机统一，切实把守初心、担使命体现在服务大局、司法为民、公正司法的实际行动上。

安顺中院党组经常性研究党风廉政建设工作，及时解决工作中面临的困难与问题。对司法干警进行集体约谈，层层签订党风廉政建设目标责任书，压紧压实党风廉政建设工作主体责任。严格贯彻防止干预司法“三个规定”，推动“月报告”“零报告”等制度落地落实。

（二）坚守以人民为中心的审判理念，坚持司法为民

安顺中院制定修订了《关于推进党建工作与审判执行工作有机融合的意见》《关于党建工作的绩效考核办法》，将部门中心工作是否被通报、是否完成规定的活动等列入考核项目，把主题党日是否结合中心工作作为加分项目，从而推动机关党建和业务工作深度融合。结合党史学习教育及“牢记殷切嘱托、忠诚干净担当、喜迎建党百年”专题教育，结合民商事审判职能，开展丰富多样的“我为群众办实事”主题党日活动，使党建工作与业务工作同促同进。

司法干警牢固树立以人民为中心的发展思想，做到以法为据、以理服人、以情感人，将审判明辨是非、惩恶扬善、平衡利益、定分止争功能同弘扬社会主义核心价值观深度融合，维护社会公平正义。加强民商事案件的调解工作，引导当事人通过各种调解组织化解纠纷，减少案件数量。通过诉前调解、司法确认和简易程序调判结合等，实现案件“繁简分流、快慢分道”，又快又好实现公平正义。对于进入诉讼程序的案件，通过多元化解、调判结合，尽最大能力实现案结事了。积极发挥法院审判职能，满足当事人对参与诉讼“简便快捷、高效透明、花少钱办好事”的司法期待，完善二审独任审理民商事案件的体制机制、优化司法资源配置，依托线上平台、司法大数据等全力提升诉讼便利度，让人民群众切实感受到人民法院诉讼的便利度、高效率、高质量及低成本，切实优化法治化营商环境，积极推进“为群众办实事示范法院”的创建。

（三）构建亲清院企关系，延伸企业法治服务

一是法院充分发挥司法延伸服务职能，通过人大、政协、工商联等搭建与企业常态化沟通的平台，创新普法宣传、案例通报、座谈调研等形式，常态化开展“送法进企业”活动，持续加强与企业的沟通联系，为辖区企业发展提供更加优质的法律服务和司法保障。

二是高度重视涉营商环境类案件的审理工作，尽快化解积案、陈案，特别是涉“问题房开”“问题企业”案件的审理工作。畅通涉企案件“绿色通道”，以诉讼便利为原则，实行案件“繁简分流”，在送达、保全、排期开庭等各个环节坚持“快立、快审”原则，为民营企业切实减轻诉累。

三是强化善意文明执行理念，采取对企业生产经营影响最小的司法措施，更多运用和解、调解办法实现双赢，禁止超标的查封、扣押、冻结，最大限度减少司法活动对企业正常生产经营的影响，激发各类市场主体的创新创业热情，做到依法履职与促进发展、促进和谐、服务大局相统一。

司法保障乡村振兴战略实施研究

“司法保障乡村振兴战略实施报告”课题组*

摘　要：乡村振兴司法保障是指为了促进和保障乡村振兴战略的顺利实施而构建的公正高效的乡村振兴领域司法服务体制。目前，国家层面构建的乡村振兴宏观制度框架和政策体系基本形成，人民法院亦围绕乡村振兴战略实施构建了较为完备的司法服务和保障体系，国内学界鲜有专门针对实施乡村振兴战略司法保障的系统性研究。司法场域理论和社会控制理论为乡村振兴司法保障提供理论借鉴，国家制定法与乡村地方习惯存在张力、被动司法与能动司法的边界模糊、司法资源的有限性与司法需求的无限性等问题制约司法服务保障乡村振兴战略实施效果，需协调司法以实现国家制定法与乡村地方习惯的融合、将乡村振兴战略政策司法化以发挥能动司法作用、不断挖掘司法资源以满足乡村振兴战略实施的司法需求。

关键词：乡村振兴　能动司法　司法保障　司法资源　安顺法院

乡村兴则国家兴，乡村衰则国家衰。司法是保障社会公平正义的最后一道防线，乡村振兴过程中的司法服务和司法保障是实现乡村社会公平正义的重要环节。① 人民法院服务乡村振兴战略方面，存在人民日益增长的司法需求与司法不能完全满足人民群众新需求新期待之间的矛盾，人民法院执行乡村振兴国

---

* 课题组长：陈慧英，贵州省安顺市中级人民法院副院长、三级高级法官。课题组成员：张化冰，贵州省安顺市中级人民法院审管办副主任、四级高级法官；潘善斌，贵州民族大学教授、博士生导师；张平，西南政法大学教授、硕士研究生导师；邹宗明，贵州民族大学博士研究生、安顺市中级人民法院法官助理；杨永卢，贵州民族大学博士研究生。

① 孟俊涛、朱振辉：《习近平法治思想指引下的乡村振兴法治保障》，《西藏发展论坛》2022年第1期。

家战略应当立足审判职能、强化规则指引、整合本土解纷资源、延伸司法服务，找准着力点、切入点、结合点。

一　乡村振兴战略实施与司法保障法治框架体系

（一）国家层面构建的乡村振兴宏观制度框架和政策体系基本形成

党的十九大提出实施乡村振兴战略是新时代做好“三农”工作的总抓手。2018年1月2日，中共中央、国务院颁布《关于实施乡村振兴战略的意见》，9月26日印发《乡村振兴战略规划（2018—2022）》，制定了实施乡村振兴战略的第一个五年规划。2020年3月，中央全面依法治国委员会印发《关于加强法治乡村建设的意见》提出要强化乡村司法保障、推进乡村依法治理。2021年1月4日，中共中央、国务院发布2021年中央一号文件《关于全面推进乡村振兴加快农业农村现代化的意见》，对全面推进乡村振兴、加快农业农村现代化作出进一步安排部署，随后成立“国家乡村振兴局”。2021年3月22日，中共中央、国务院发布《关于实现巩固拓展脱贫攻坚成果同乡村振兴有效衔接的意见》提出要接续推动脱贫地区发展和乡村全面振兴。2021年6月1日，《中华人民共和国乡村振兴促进法》正式颁布实施，为全面实施乡村振兴战略提供有力法治保障。涉及乡村振兴的党内法规也属于乡村振兴法治保障的范畴，例如《中国共产党农村工作条例》和《中国共产党农村基层组织工作条例》等。

（二）人民法院围绕乡村振兴战略实施构建较为完备的司法服务和保障体系

2018年2月，最高人民法院发布《关于认真学习贯彻〈中共中央国务院关于实施乡村振兴战略的意见〉的通知》，要求人民法院充分发挥司法保障职能作用，为实施乡村振兴战略提供司法资源和服务。2018年11月7日，最高人民法院印发《关于为实施乡村振兴战略提供司法服务和保障的意见》（法发〔2018〕19号）要求人民法院要抓牢把好乡村振兴战略这一新时代“三农”工作的总抓手，依法妥善处理乡村振兴战略实施过程中的各类矛盾纠纷。2021年7月26日，最高人民法院印发《关于为全面推进乡村振兴加快农业农村现代化提供司法服务和保障的意思见》（法发〔2021〕24号）提出要强化人民法庭建设，提升基层人民法院司法水平，更好服务全面推进乡村振兴，服务基层社会治理。2021年9月28日，最高人民法院印发《关于深化人民法院一站式多元解纷机制建设推动矛盾纠纷源头化解的实施意见》（法发〔2021〕25号）提出要创新基层人民法院，加强人民法庭对村（社区）人民调解的业务指导，强化乡村司法保障。2021年10月18日，最高人民法院印发《关于加快推进人民法院调解平台进乡村、进社区、进网格工作的指导意见》（法〔2021〕247号）要求基层人民法院及人民法庭要坚持党委领导、政府主导，主动带入地方党委政法委建立的基层社会治理大格局。2022年3月2日，最高人民法院印发《关于进一步加强涉种子刑事审判工作的指导意见》（法〔2022〕66号）提出要深入贯彻落实中央关于种业振兴决策部署，依法惩治种子犯罪，全面净化种业市场，维护国家种源安全，加快种业振兴。2022年7月14日，最高人民法院印发《关于为加快建设全国统一大市场提供司法服务和保障的意见》（法发〔2022〕22号）提出要妥善审理涉农村土地“三权分置”纠纷案件，促进土地经营权有序流转。2022年6月，最高人民法院发布《“打造枫桥式人民法庭 积极服务全面推进乡村振兴”典型案例——维护农民合法权益篇》《“打造枫桥式人民法庭 积极服务全面推进乡村振兴”典型案例——服务乡村产业振兴篇》等供全国法院借鉴学习。

（三）目前国内学界鲜有专门针对实施乡村振兴战略司法保障的系统性研究

通过文献检索发现，目前学界对乡村振兴战略实施司法保障的研究主要对乡村振兴战略实施法治保障予以阐述，针对实施乡村振兴战略司法保障专门性、系统性研究较少。余贵忠等提出民族地区司法保障机制的构建要明确基本路径，建立资源供给机制，促进“生态宜居”民族乡村的绿色发展机制，完善“乡风文明”要求下的自治、德治、法治融合机制，健全纠纷解决的整体协作机制以及构建完善的司法救助体系。[①] 王昭华认为，法院作为案件审判者、社会治理者、国家政治装置的多面相角色，决定了法院执行国家战略的正

---

① 余贵忠、杨继文：《民族地区乡村振兴的司法保障机制构建》，《贵州社会科学》2019年第6期。

当性，需要全面运用纠纷调处、规则形成以及非司法性活动等手段去执行乡村振兴战略，并应在执行对象、执行主体以及执行方式的选择和确定上遵循适恰性、适格性与适度性等基本法则。① 现有关于乡村振兴战略司法保障的研究主要集中在法治保障项下的抽象阐释、民族地区司法运用场景以及在执行国家战略相关的报道叙事新闻，缺乏较为系统的专门性研究。

二　乡村振兴战略实施司法保障的理论维度

（一）司法场域理论

布迪厄认为，法律的社会实践事实上就是司法场域运行的产物，这个场域的特定逻辑是由两个要素决定的，一方面是外部社会特定的权力关系与斗争，另一方面是司法运作的内在特定逻辑。② 外部社会特定的权力关系与斗争为司法场域提供了结构，并在场域内发生竞争性关系与斗争，该特定的权力结构影响司法实际运行。乡村振兴作为一种国家战略，需要各种国家力量的有效参与，因此，人民法院参与乡村振兴战略系国家战略结构内在要求。而司法运作的内在特定逻辑约束着法律领域中社会行动的范围并由此限制了制定司法的解决办法，法院所承担的政治功能要求其执行国家战略的政治性与司法价值的中立性等之间存在内生性张力，需通过政策司法化等手段加以调适。

（二）社会控制理论

庞德认为，社会控制的主要手段是道德、宗教、法律。③ 在近代世界，法律成了社会控制的主要手段。郑杭生认为，社会控制的主要手段有制度控制、组织控制、文化控制，乡村治理自治、法治、德治三治融合相关理念契合社会控制理论内涵，如法治契合制度控制、村民委员会自治即通过组织控制约束相关成员、德治亦是通过共同遵从的行为准则和价值标准进行文化控制。

① 王昭华：《我国法院如何执行国家战略——以法院参与乡村振兴战略的实践为分析对象》，《湖北社会科学》2019 年第 4 期。

② 邓玮、董丽云：《布迪厄：用场域理论研究法律》，《学术探索》2005 年第 5 期。

③ 〔美〕罗斯科·庞德：《通过法律的社会控制》，沈宗灵译，商务印书馆，2010，第 11~12 页。

三　乡村振兴司法保障的司法实践及现实困境

（一）人民法庭服务乡村振兴的司法实践——以安顺法院为例

1. 安顺市人民法庭机构设置情况①（见表1）

表 1　安顺市人民法庭机构设置情况

单位：个

<table>
<tr><th>地区名称</th><th>乡镇街道个数</th><th>基层人民法院个数</th><th>派出人民法庭个数</th><th colspan="2">城乡分布情况</th><th>巡回审理点</th><th>法官工作站</th><th>法官工作点</th></tr>
<tr><td rowspan="2">安顺市</td><td rowspan="2">92</td><td rowspan="2">6</td><td rowspan="2">29</td><td>城市法庭</td><td>2</td><td rowspan="2">30</td><td rowspan="2">41</td><td rowspan="2">36</td></tr>
<tr><td>乡村法庭</td><td>27</td></tr>
</table>

注：以上数据截至 2021 年 12 月 31 日，其中 12 个人民法庭设置在少数民族地区，占比 41.38%。共有 4 个专业法庭（3 个环境资源审判庭、1 个旅游法庭），占比 13.79%，高于贵州省 8.56%的平均水平。

2. 安顺市人民法庭人员配备情况②（见表2）

表 2　安顺市人民法庭人员配备情况

<table>
<tr><th>地区名称</th><th>人民法庭个数</th><th colspan="2">各类人员配备情况</th><th>在编干警人数</th><th colspan="3">在编干警学历及占比</th><th colspan="3">在编干警年龄结构及占比</th></tr>
<tr><td rowspan="4">安顺市</td><td rowspan="4">29 个</td><td>员额法官</td><td>29 名</td><td rowspan="4">80 人</td><td>研究生学历</td><td>5 人</td><td>占比 6.25%</td><td>35 岁及以下干警</td><td>43 人</td><td>占比 54%</td></tr>
<tr><td>法官助理</td><td>34 名</td><td>本科学历</td><td>58 人</td><td>占比 72.50%</td><td>36 岁至 49 岁干警</td><td>32 人</td><td>占比 40%</td></tr>
<tr><td>书记员</td><td>38 名</td><td rowspan="2">专科及以下学历</td><td rowspan="2">17 人</td><td rowspan="2">占比 21.25%</td><td rowspan="2">50 岁及以上干警</td><td rowspan="2">5 人</td><td rowspan="2">占比 6%</td></tr>
<tr><td>法警等安保人员</td><td>49 名</td></tr>
</table>

注：以上数据截至 2021 年 12 月 31 日，安顺市统计局公布的《安顺市第七次全国人口普查公报》显示，安顺市居住在乡村的人口为 1324015 人，占安顺市人口的 53.59%。据此测算，安顺市乡村居民每万人仅拥有 0.22 名员额法官。

① 张化冰、邹宗明、刘熹：《新时代人民法庭参与乡村治理——以安顺法院为例》，载吴大华主编《贵州法治发展报告（2022）》，社会科学文献出版社，2022，第162页。

② 张化冰、邹宗明、刘熹：《新时代人民法庭参与乡村治理——以安顺法院为例》，载吴大华主编《贵州法治发展报告（2022）》，社会科学文献出版社，2022，第162页。

3. 2019~2021年安顺市人民法庭案件审理情况[①]（见表3）

表 3　2019～2021 年安顺市人民法庭案件审理情况

年度	收案数（含旧存）	收案数占安顺市基层法院民商事案件数比重	结案数	结案率	人民法庭员额法官平均结案数	近三年一审案件调撤率	近三年一审案件服判息诉率
2019	6225 件	28. 76%（21644 件）	6093 件	97. 88%	210 件	55. 83%	91. 93%
2020	7419 件	32. 48%（22840 件）	7181 件	96. 79%	248 件		
2021	9509 件	32. 73%（29055 件）	8162 件	85. 83%	281 件		

注：根据调研统计，人民法庭各项工作职能占据法官工作时间比重情况如下，辖区民商事纠纷的立案和审理占 90%、处理来信来访占 4%、指导人民调解委员会等工作占 3%、参与社会治安综合治理占 1%、其他工作占 1%。

从以上数据可以看出，一是人民法庭服务乡村振兴的辐射半径过长。安顺市 29 个派出人民法庭要覆盖 92 个乡、镇、街道，派出人民法庭的乡镇街道覆盖率为 31. 52%，每个派出人民法庭平均管辖 3 个以上乡镇的案件。二是人民法庭服务乡村振兴的司法专业人员力量较薄弱。安顺市乡村居民每万人仅拥有 0. 22 名员额法官。三是涉农矛盾纠纷呈较快增长态势，影响和谐乡村建设。人民法庭收案数 2020 年、2021 年分别同比增长 16. 09%、21. 98%，增长态势明显，影响和谐美丽乡村建设。

（二）乡村振兴司法保障的现实困境

1. 法律适用：国家制定法与乡村地方习惯存在张力

长期以来，在我国中西部农村地区，特别是民族地区的乡村社会，宗教、道德、伦理等与社会生活紧密相连，各民族地区存在的差异，很容易对司法保障功能的实现产生影响。[②] 传统的乡村治理主要依赖差序格局背景下的熟人社

① 张化冰、邹宗明、刘熹：《新时代人民法庭参与乡村治理——以安顺法院为例》，载吴大华主编《贵州法治发展报告（2022）》，社会科学文献出版社，2022，第163页。

② 吴悠、杨嵘均：《乡村振兴地方性知识应用的双重逻辑——基于东部与中西部地区实践的比较研究》，《江西社会科学》2022 年第 5 期。

会规则进行治理，村规民约以及宗法秩序、家庭契约亦成为乡村社会治理的主要文化资源、民间法理资源。如1999年通过的《广西壮族自治区金秀瑶族自治县六拉村村规民约》第一条规定，“保护国家、集体、个人财产人人有责，发现偷窃财物应立即扭送村小组或村委会，见者不报，以参与偷窃论处”。《云南沧源勐董帕良村村规民约》规定，禁止包办买卖婚姻、近新结婚，一经发现，废除婚约，罚款30～50元，情节严重的罚款100元，并追究当事人的刑事责任。① 从以上村规民约中可以看出，村规民约所提倡或禁止的与国家制定法的精神内涵具有高度一致性，但在责任追究方面，如见者不报以参与偷窃论处以及废除婚约并罚款、追究刑事责任的规定与国家制定法显然存在冲突，不被国家制定法所认可。人民法庭在审理相关建设工程公司施工误挖乡村坟墓被相关权利人起诉要求承担移坟、请风水师费用并依据当地习俗请全寨人吃饭赔礼道歉的案件时，其关于请风水师、请全寨人吃饭赔礼道歉难以在国家制定法体系内予以支持，但的确是当地习俗，人民法院应当适当引导，并进行法律释明，相关权利人可要求移坟合理支出、赔偿精神损害等损失。人民法院在审理相关涉农纠纷时，应当吸收利用地方良善习惯的合理成分，摒弃其违背法治精神的部分并强化释法说理。从以上案例可以看出，国家制定法在差序格局主导下的乡村社会并不能完全达到案结事了人和的定分止争目标，而乡村地方习惯经过一定时期历史沉淀及规则形成，得到乡村本土群众较为广泛的认同，国家制定法与乡村地方习惯存在张力时如何较为妥当地处理相关涉农纠纷考验着审判者的智慧，如何在司法实践中实现国家制定法与乡村地方良善习惯的相互关照更检验着乡村社会法治融入社会治理的效果问题。

2. 中立司法：被动司法与能动司法的边界模糊

法院作为案件审理者，被动司法是司法中立价值的基本要求，而法院作为社会治理者、国家政治装置，执行国家政策是能动司法的具体体现，被动司法与能动司法在某些司法具体场域中难以实现角色自洽，出现冲突亦在所难免。司法的中立性特点决定人民法院不宜将司法裁判权过分前置介入乡村纠纷调处，而司法的权威性、专业性特点使得乡村民众基于“信赖”将寻求司法解决为主要策略，因纠纷过滤机制不健全，司法解决纠纷最后一道防线

① 黄于洋：《浅谈农村习惯法与国家制定法的关系》，《湖北农业科学》2021年第2期。

前置为第一道防线，传统乡村治理方式衰退，人民法院被动司法策略呈现结构性压力，而能动司法化被动为主动，采取“大调解”和“能动司法”策略主动融入诉源治理格局，注重矛盾纠纷的前端发力，形成了“软硬兼施”“刚柔并济”的矛盾处理规则，以补充乡村社会法治资源不足、削减“案多人少”矛盾造成的压力，人民法院执行国家乡村振兴战略参与乡村社会治理的适度性问题需要在被动司法和能动司法中寻求平衡，以寻求价值自洽、功能趋同、“三治融合”。

3. 司法供给：司法资源有限性与司法需求无限性

新时代乡村居民对法治生活的需求是乡村法治建设的努力方向。[①] 司法资源的有限性与司法需求的无限性构成内生性结构背离。法治乡村建设要寻求法律与乡村内生性治理资源双向互动。[②] 司法资源的城乡分配不均、基层司法力量相对较为薄弱的现实状况，需要通过调动乡村本土的既有司法性资源来调适。人民法庭是司法保障服务乡村振兴战略的司法最前沿，是承担涉农矛盾纠纷化解的主力，是乡村振兴专业化的司法保障力量，而人民法庭服务辐射半径过长、司法人员配备不足等问题限制了司法服务乡村振兴的广度、深度及效度（见表4）。

表4　全国人民法庭服务乡村振兴收结案情况[③]

地区	实际运行人民法庭数量（个）	城乡分布情况（个）		2016~2020年，全国人民法庭收案（万件）	收结案占基层法院收案总数比（%）
全国	10145	城区法庭	1234	2040.8	约25
		乡村法庭	6201		
		城乡结合法庭	2710		

注：以上数据截至2021年8月。

① 陶泽飞、杨宗科：《新时代乡村法治建设的核心命题及路径得构》，《郑州大学学报》（哲学社会科学版）2021年第4期。

② 王裕根：《激活村里“人和力”助推法治乡村建设》，《人民法院报》2020年11月23日，第2版。

③ 刘婧：《最高法发布推动新时代人民法庭工作高质量发展意见》，《人民法院报》2021年9月6日，第1版。

四　强化乡村振兴司法保障的路径

农村治理的主体是人、载体是组织、目标是善治。[①] 乡村振兴司法保障应当注重吸收本土解纷力量、利用本土地方性知识、不断完善司法诉讼规则，从而全面提升司法服务保障乡村振兴的能力水平。

（一）协调司法：国家制定法与乡村地方习惯的融合

由于农村社会是熟人社会，人们想问题办事情首先考虑的是人情面子和传统习俗，涉及乡村振兴的司法领域特别要注意处理好情理法的关系问题。[②] 随着国家“送法下乡”力度的强化、法治乡村建设的推进，乡村地方习惯的规范性、权威性正逐步衰退；随着“一村一法律顾问”“法律明白人”等的持续推进，村规民约经过相关的合法性审查后，出现村规民约内容法律化、同质化现象，其传统“规矩”“习俗”的规范效力和维护农村秩序的功能弱化。司法实践中既要教育和引导村民知法守法、遇事找法，亦要宣传相关的村规民约和乡土人情以及良善习惯，寻求本土文化资源这一“软法”与国家制定法“硬法”在法治乡村建设中的融合共治。在司法实践中，人民法院需要适用作为正式法律渊源的民事习惯法来强化法律价值宣示，亦需参照本土传统优秀文化及当地良善习惯来强化司法的教育引导功能。人民法院探索的“群众说事+法官说法”审理模式正是人民法院在服务乡村振兴提升司法保障中吸收本土化解纷力量定分止争的有益实践，是融合情理法实现国家制定法与乡村习惯习俗良性互动的具体体现。乡村人民陪审员、乡村双语法官以及巡回审理方式本土化有利于推动乡村善良风俗与国家制定法有效融合。

1. 乡村人民陪审员的本土化

人民陪审员是全过程民主在司法领域的具体体现，根据《中华人民共和

---

① 李玉才：《城乡融合：日本乡村振兴实践的经验启示》，《山西农经》2021 年第 6 期。

② 孟俊涛、朱振辉：《习近平法治思想指引下的乡村振兴法治保障》，《西藏发展论坛》2022 年第 1 期。

国人民陪审员法》的规定，人民陪审员主要从辖区常住居民中随机抽选作为候选人，再从符合资格的候选人名单中随机抽选确定人民陪审员人选，而通过推荐方式产生的人民陪审员人数不得超过名额数的1/5。通过随机抽选的方式确认人民陪审员人选能够最大限度地实现人民陪审员代表的广泛性、民主性，但具体到人民法院通过人民陪审员参与涉乡村案件的审理方面，因为人民陪审员地域的局限性，通过双随机选取的人民陪审员很难在具体案件审理中发挥人熟地熟的优势。人民陪审员的社会价值观可以弥补法官的思维定式，将民意融入裁判思路，既实现实质公正，也提升司法公信力。[①] 故在人民陪审员选任的具体实践中，可以按照城乡人口的比例在各乡镇配备相应的人民陪审员名额，同时主要通过推荐的方式选取乡村的人民陪审员，以充分发挥其人熟地熟的优势，为派出人民法庭做好审判执行联络工作、诉前调解工作发挥更大作用，同时其对本地乡村地方习惯的经验性把握，能有效弥补法官对本土性地方性知识的不足，从而为相关涉乡村振兴案件的处理提供地方性解纷力量。

2. 乡村双语法官的本土化

我国的《宪法》、《民族区域自治法》和诉讼法在规定各民族公民使用本民族语言文字进行诉讼的权利的同时，还规定了民族地方司法机关使用当地民族通用语言审理案件的制度。[②] 现在具有少数民族语言知识及专业法律知识的司法人才紧缺，而运用本民族语言诉讼是少数民族群众的法定权利。涉乡村振兴司法保障方面，要注重保障民族地区乡村居民运用本民族语言进行诉讼的权利，而乡村双语法官的本土化是实现路径之一，强化本土双语法官的培养，让民族地区的法官使用群众听得懂的语言进行沟通，能拉近与群众的距离，有效定分止争。具体从操作层面来看，我们可以通过培养既通晓少数民族语言又精通法律的本土专业司法人员，亦可通过经国家认证的少数民族语言翻译官辅助法官，实现使用当地民族通用语言审理案件。

---

① 陈琳、肖建华：《论我国人民陪审员参审的角色重构与实现路径》，《北京社会科学》2021年第5期。

② 吴东镐：《我国民族地区法庭庭审中使用少数民族语言的现状与对策——以延边为例》，《中国政法大学学报》2020年第1期。

3. 巡回审理方式的本土化

巡回审理在当事人所在地进行审判，减轻当事人诉累，体现便民、高效的特点。我国目前的巡回审理还多见于基层法院，尤其以人民法庭为舞台，其目标更多被界定为走群众路线和司法便民，符号和意象特征凸显。[①]“马锡五式审判方式”“马背法庭”“田间法庭”均是巡回审理的典型代表。广西壮族自治区南宁市武鸣区人民法院双桥法庭打造“沃柑法庭”服务乡村支柱产业，贵州省榕江县“山歌法庭”结合本地乡村居民爱唱山歌交流的传统，通过歌词等方式教化、引导乡村居民弘扬善良风俗，促进矛盾纠纷案结事了人和，融合情理法，是新时代人民法庭“马锡五式审判方式”改革及新时代“枫桥经验”创新探索的生动实践。

（二）能动司法：执行乡村振兴战略的政策司法化

1. 创建无讼乡村

党的十九大提出要“推动社会治理重心向基层下移”，习近平总书记在中央政法工作会议上指出要“坚持把非诉讼纠纷解决机制挺在前面”[②]。人民法院通过诉源治理政策的司法化不断深化诉源治理司法实践。如 2022 年4 月21 日，贵州省高级人民法院印发《全省法院诉源治理工作实施方案》，截至 2022 年 8 月 23 日，贵州安顺法院牵头创建 14 个“无讼乡村”。全国各级人民法院在当地政法委的统筹协调下，在诉源治理总的目标框架下，积极探索“无讼乡村”创建工作，通过无讼乡村创建的标准化指导、全流程制度设计及党委政府当地村委的积极参与，期望通过以点带面的形式为诉源治理实质化运行探索积累司法经验。无讼乡村的创建是人民法院将诉源治理政策司法化的具体运用场景，在运用“无讼”“息诉”文化进行无讼乡村创建的过程中，应当充分尊重矛盾纠纷当事人的意愿，以自愿为前提，不得形成意志强制，主要以“软控制”为主，而通过一定的法律程序使得“软控制”转变为带有强制力的“硬控制”，则需经有权机关的合法性审查，以实现控制刚度的“软控制”与

① 袁秀挺：《专门审判领域推进巡回审判改革的路径选择——以知识产权审判为例》，《人民论坛》2020 年第 1 期。

② 卢海燕：《治理能力现代化视阈下民事纠纷解决智能化研究》，《广西社会科学》2020 年第 3 期。

“硬控制”相结合，一定条件下相互转化，以达到尊重相关目标群体自愿、合法、诚信的平衡与统一。

2. 落实普法责任

2017 年 5 月 3 日，中共中央办公厅、国务院办公厅印发《关于实行国家机关“谁执法谁普法”普法责任制的意见》，要求坚持普法工作与法治实践相结合，建立法官以案释法制度。[①] 人民法院在贯彻落实“谁执法谁普法”普法责任制这一政策性要求过程中可以采用院坝巡回审理、制作宣传手册等方式进行传统宣传，亦可通过在乡村人民法庭或者当地村委会等场所设立庭审直播专线等形式开展体验式普法宣传，亦可邀请乡村居民旁听庭审等。人民法院在执行普法责任过程中，亦可参照“一村一法律顾问”制度探索建立“一村一法官咨询”“一村一巡回审理点”“一村一人民陪审员”“一村一审判执行联络员”等制度，并通过普法责任政策司法化途径等不断完善相关机制建设，为基层司法融入乡村振兴找准切入点、着力点。

3. 深化调研运用

人民法院执行国家乡村振兴战略主要通过涉农纠纷案件的审理来实现，人民法院应加强涉农矛盾纠纷预警预测，定期统计分析涉农纠纷案件的运行态势，运用司法建议、“乡村振兴司法保障蓝皮书”等形式，对涉农执法办案中发现的普遍性、倾向性、趋势性问题提出治理建议，通过定期向当地党委政府通报辖区乡镇民事、刑事、行政案件审理情况等方式将乡村振兴战略政策司法化，从源头上预防和减少矛盾纠纷的发生。加强涉乡村振兴典型案例发布工作，明确涉农类型化纠纷的裁判标准，提高人民群众对纠纷的预判能力。建立矛盾纠纷分析发布机制，运用大数据技术，对涉乡村振兴诉讼高发领域进行有针对性的分析，定期发布分析报告，提出治理的对策建议。

（三）资源挖掘：司法终局理念的实践及运用场景

司法是一种稀缺性资源，现有体制机制以及社会发展背景下不可能无限量地增加司法资源供给以解决社会矛盾纠纷的全部诉求。从国家大力推动诉源治

① 中共中央办公厅、国务院办公厅：《中共中央办公厅 国务院办公厅印发〈关于实行国家机关“谁执法谁普法”普法责任制的意见〉》，《中国司法》2017 年第 6 期。

理实践来看，矛盾纠纷的无限性与司法资源有限性要求将司法资源作为一种专业性社会资源加以优化配置，单纯增加司法资源并不必然导致正义产出的增量，而应当将司法资源作为矛盾纠纷的最后一道防线予以配置，实现纠纷分层过滤，优化司法资源配置。

在一个经济社会高速发展不断变化的时代，由于多元利益主体利益需求不同，矛盾纠纷在所难免。矛盾纠纷化解有三个路径，首先是自行解决，加强法治教育与德治先导，倡导与引导当事人自行协商和解；其次是非诉解决，第三方调解组织在法律政策允许的范围内调处矛盾纠纷，使纠纷能够及时化解；最后是司法解决，由人民法院发挥矛盾纠纷的最后一道防线作用，依法对矛盾纠纷进行调解、裁判。三个路径呈现分层递进的关系。未启动在先机制，不宜启动在后机制。矛盾纠纷化解的根本要求是将矛盾纠纷控制在一定可承受范围内，不引发重大社会风险，不致社会矛盾外溢。因此必须启动各种诉前纠纷解决机制与非诉司法程序，避免诉讼程序“拥堵”。以法院立案为分水岭，在立案前实施多元调解，诉非衔接，充分发挥人民调解、行政调解、行业调解、仲裁程序等的作用，运用协商、调解、仲裁等非司法手段及时解决矛盾纠纷；立案后实施“繁简分流、轻重分离、快慢分道”，切实唤醒“沉睡”的司法确认、小额速裁、督促程序等非诉讼司法程序，运用非诉讼司法程序实现正义。通过推动乡村诉源自治分级范式实现纠纷“过滤”，形成“小事不出村、大事不出镇、最终化解于法庭”的纠纷化解格局，通过诉讼源流程管控进行诉讼治理实现“繁简分流、轻重分离、快慢分道”的诉讼格局，通过智慧司法的广泛运用拓宽纠纷解决渠道、拓展司法规则评价指引功能、延伸司法服务触角，实现数字乡村与法治乡村建设有机结合。

1. 差序格局：乡村诉源自治的分级范式

（1）构建“1 名党员+若干农户”的综合治理一级溯源包保制度。由 1 名共产党员包保若干农户形成综合治理波纹圈“基本单位”，如包保的农户家庭内部、农户之间、农户与村级自治组织或其他社会组织发生矛盾纠纷时，由该名党员先行调解介入处理，或向上级调解处置组织反馈相关争议情况及处置情况，注重矛盾纠纷的源头管理控制。

（2）构建“村党支部成员+若干村民代表”的综合治理二级片区包保制度。由 1 名或若干名村党小组成员与村民代表对本组或本村农户家庭内部、村民之间发生的矛盾进行先行调处，并对一级包保制度下提交的未成功调处的矛盾纠纷进行调处。

（3）构建“村党支部成员+村民委员会委员+乡贤、族老+1名基层法律服务工作者”的综合治理三级整治包保制度。将二级片区包保制度提交的未成功调处的矛盾纠纷、涉及村民与村民自治组织之间的矛盾纠纷以及村民之间紧迫且涉及较大权益侵害的纠纷直接置于三级整治包保制度下解决，充分发挥自治、德治、法治结合作用，维护社会稳定，进行诉因、诉源管控。

（4）构建“村党支部书记+村民委员会主任+乡贤+律师志愿者”的综合治理四级诉因防控包保制度。对于三级整治包保制度下未成功调处的矛盾纠纷由四级诉因防控包保制度下的组成人员分别运用村规民约、习惯习俗等理念进行调解，再由律师志愿者对矛盾纠纷争议事项进行基于合法性审查后的解答，并提出经初步合法性审查后的调解方案，以进行诉因管控。

（5）建立“乡村党支部书记+法官”的综合治理“法官工作室”。充分发挥乡村党支部书记熟悉民情、社情优势，再结合法官法律专业特点，在乡村可建立法官工作室或巡回审理点，由人民法院派驻法官开展咨询、调解本乡村范围内的矛盾纠纷服务，并对于调处成功的矛盾纠纷可直接启动司法确认程序，根据当事人的申请运用司法确认等程序赋予调解协议强制执行效力。

2. 流程管控：乡村诉讼案件的法治指引

（1）完善立案登记制。人民法院既要保障当事人诉权，对依法应当受理涉乡村纠纷的民事行政案件，做到有案必立、有诉必理；又要严格把关，对于不符合法律规定的起诉依法及时作出不予受理或者不予立案的裁决，并强化司法指引及释法说理工作。积极引导当事人选择其他非诉纠纷解决方式化解纠纷，防止矛盾升级激化。加大对乡村民间借贷案件的治理力度，依法审慎审理涉农婚姻家庭纠纷案件，强化风险隐患排查，防范涉农案件“民转刑”风险，严厉打击涉农黑恶势力、涉农贪污腐败相关刑事犯罪。

（2）惩治虚假诉讼。加大对虚假诉讼的甄别力度，特别是对涉农民间借贷等纠纷予以重点审查，全面客观审核双方证据，加大依职权调查取证的力度。如涉农纠纷中存在将赌博欠款转化为民间借贷关系予以起诉的问题。建立健全虚假诉讼案件办理工作机制，强化工作合力。依法惩处虚假诉讼犯罪，敦促当事人诚信诉讼。严格规制滥诉行为，建立行政诉讼滥诉甄别机制。

（3）落实调解前置程序。完善适用调解前置程序的纠纷范围和案件类型。探索建立涉农纠纷先行调解制度，对家事纠纷、相邻关系、小额债务、交通事故等，诉前先行调解，可邀请当地乡贤寨老参与调解，调解不成再予立案，探索无异议调解方案认可机制、诉前调解成功即时履行见证机制等。

（4）推进“分调裁审”机制。建立涉农纠纷诉讼绿色通道，积极推进涉农纠纷“分调裁审”机制，“繁简分流、轻重分离、快慢分道”。根据案件类型特点，用足司法确认、小额速裁、督促程序、实现担保物权等非诉讼司法程序，最大限度地依法处理纠纷。对进入诉讼程序审理的案件，强化“简案快审、繁案精审”，实现公平正义。

（5）深化行政争议实质解决。进一步健全工作机制，加强政府与法院协同，共同做好涉农行政争议诉前、诉中化解工作。对涉及生态环境、资源保护等领域的行政争议案件，由检察机关积极派员参与调解，共同推进行政争议实质性化解。建立涉农行政案件“司法行政+人民法庭”联合协商机制。

（6）深化认罪认罚从宽制度。落实涉农轻罪案件快速办理、刑事速裁程序，对符合条件的涉农轻微刑事案件，积极开展刑事和解工作。针对乡村地区常发刑事案件如盗伐林木，非法占用农用地，非法捕捞水产品，危害珍贵、濒危野生动物，盗窃等刑事案件深化认罪认罚从宽制度，确保更多符合条件的涉农刑事案件适用认罪认罚从宽制度，优化司法资源，提升诉讼效率。涉农刑事案件可通过法院庭审直播专线在犯罪嫌疑人住所所在地或犯罪行为发生地进行直播，亦可张贴相关开庭通告组织相关乡村居民参与庭审旁听，或采取巡回审理方式以达到审理一案、教育一片的效果。

（7）建立立审执衔接机制。建立健全立案、审判、执行协调配合机制，在审判全过程注重服判息诉，贯彻涉农案件恢复性司法理念，注重诉讼调解自动履行，从源头上减少进入强制执行的案件数量。健全完善不履行裁判后果告知机制，在诉讼过程每个环节告知当事人不履行裁判的法律后果，引导和敦促当事人自觉履行义务。探索建立部分执行案件由所在派出人民法庭执行的工作机制，推动小额诉讼案件当场执行兑付。

3. 智慧司法：延伸司法服务乡村振兴触角

数字乡村是数字参与赋能的乡村治理创新，智慧司法是乡村治理现代化的标志。① 智慧司法可通过推广使用线上调解平台、诉讼平台等方式实现，可探索依托各人民法庭、巡回审理点、法官工作室等建立乡村振兴线上司法服务站，从而实现线上与线下的有机结合，减轻群众诉累，提升司法效率。

（1）推广在线矛盾纠纷多元化解 ODR 平台在乡村地区使用力度。加大对 ODR 平台宣传推广力度，充分应用其在线咨询、评估、调解、仲裁、诉讼五大功能，促进矛盾纠纷规范高效处理，实现“数据多跑路，群众少跑腿”。对调解成功的督促实时履行，无法实时履行的引导在线司法确认，对调解失败的及时结案，视情导入诉讼程序。

（2）建立乡村振兴线上司法服务站。人民法院牵头整合现有综治平台、公共法律服务平台、法院诉讼平台、信访平台以及 12345 政务热线等信息功能，形成线上调解综合平台，同时依托各人民法庭、巡回审理点、法官工作室等建立乡村振兴线上司法服务站，聘请人民陪审员、审判执行联络员、大学生村官等担任线上司法服务站引导员，线上司法服务站要集 ODR 平台应用、移动微法院 App 应用、“四大司法公开平台”应用、普法等线上司法服务平台于一体，集合现有线上司法服务平台，为异地立案、异地线上庭审、异地线上执行等提供技术支撑。

（3）开通庭审直播专线。人民法院庭审直播平台作为司法公开四大平台，已从技术上解决实时播放的问题，人民法院可以在各人民法庭、巡回审理点、法官工作室、乡村广场等开通庭审直播专线，以线上展示、线下参与的方式旁听庭审，特别是针对乡村本土符合公开审理条件的案件通过庭审直播专线予以展示，提升庭审直播案件的当场裁判率并采用群众说事、法官说法等方式提升庭审的宣示价值。

结　语

乡村振兴的过程本身就是加强法治建设的过程，法治是乡村振兴有效推进

① 沈费伟、袁欢：《大数据时代的数字乡村治理：实践逻辑与优化策略》，《农业经济问题》2020 年第 10 期。

的重要依托。[①] 人民法院在执行乡村振兴战略过程中需要充分挖掘本土解纷资源，吸收借鉴本土地方性解纷知识，坚持“三治融合”，既要实现司法服务保障乡村振兴战略实施达到实质正义的预期目的，又要依法维护涉农当事人合法权益，把握好人民法院执行乡村振兴战略实现社会控制的力度、刚度以及网络致密度。通过出台司法保障机制意见将政策司法化，强化案件裁判结果的政策导向，通过案件裁判的规则形成以及其他相关非司法性的能动司法等活动来执行乡村振兴战略，不断拓展人民法院参与法治乡村建设功能，从而为乡村振兴战略实施提供有力的司法服务和保障。

① 孟俊涛、朱振辉：《习近平法治思想指引下的乡村振兴法治保障》，《西藏发展论坛》2022年第1期。

新形势下行政审判助推法治政府建设研究

“新形势下行政审判助推法治政府建设研究”课题组*

摘　要： 2019年以来，安顺两级法院坚持以习近平新时代中国特色社会主义思想为指导，深学笃用习近平法治思想，增强“四个意识”、坚定“四个自信”、做到“两个维护”，坚持服务大局、司法为民、公正司法，忠实履行宪法和法律赋予的职责使命，依法妥善化解行政争议，为平安安顺、法治安顺建设提供高质量司法服务和保障。

关键词： 行政审判　行政争议诉　沟通协商　安顺法院

一　安顺两级法院行政审判工作主要情况

（一）坚持依法办案，行政审判工作实现新突破

2019~2021年，安顺两级法院共受理行政诉讼案件2549件，审结2449件；审查非诉执行案件391件，审结391件。2022年，安顺两级法院受理行政诉讼案件622件，审结545件；审查非诉执行案件234件，审结219件。诉讼案件受理数量呈波动下降趋势，尤其是2022年诉讼案件受理案件数比2019年

---

* 课题组成员：杨帆，安顺市中级人民法院党组成员、副院长；苟薇薇，安顺市中级人民法院行政庭庭长、四级高级法官；朱艳楠，安顺市中级人民法院行政庭副庭长、一级法官；阮素芬，安顺市中级人民法院行政庭副庭长、四级高级法官；王向南，贵州省社会科学院法律研究所助理研究员。

如无特别说明，本报告资料来源于安顺市中级人民法院。

977 件下降了 36.34%（见图 1）。行政机关一审败诉率从 2021 年的 34.91%下降到 2022 年的 13.27%，比贵州省行政机关一审败诉率 18.60%的均值少 5.33 个百分点。

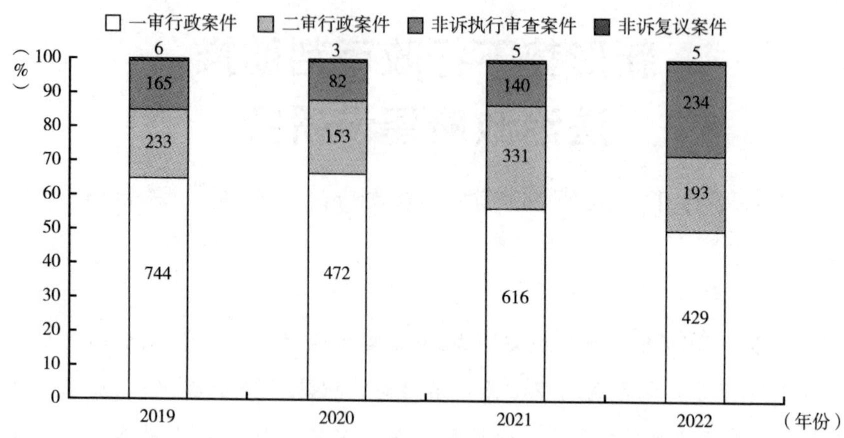

图 1　2019~2022 年安顺两级法院行政案件受理情况（单位：件）

1. 聚焦中心保障大局

紧紧围绕市委中心工作，高度关注市委市政府重大决策部署、重要项目安排等关键领域、关键环节，依法妥善审理涉黔中水利枢纽工程、黄家湾水利枢纽工程等行政案件，为安顺市经济社会持续健康发展提供有力司法服务和保障。认真贯彻落实依法、全面、平等保护产权的工作要求，持续推动营造市场化、法治化、国际化营商环境，综合运用依法裁判、诉前协商等多种方式，妥善处理涉及民营企业的各类行政案件，切实保障民营企业合法权益。妥善审查行政机关申请非诉执行案件，兼顾保障行政相对人合法权益及行政效率，推进依法行政与审判执行有效衔接。2019~2021 年，依法审查行政非诉执行案件 387 件，裁定准予执行 200 件，占比 51.68%，执行标的额 3816.75 万元。2022 年审查非诉执行案件 234 件，裁定准予执行 128 件，占比 54.7%，执行标的额 2060.66 万元。2022 年审查非诉执行案件数较 2019 年的 165 件增加了 41.82%。

2. 聚焦公正依法裁判

坚持依法审查原则，对行政机关超越职权、证据不足、程序违法等行政行为依法撤销或确认违法；对不符合起诉条件的裁定驳回起诉；对行政行为认定事实清楚，适用法律、法规正确，符合法定程序的判决驳回诉讼请求。2019~2021年，审结一审行政案件1789件，判决行政机关败诉563件，裁定驳回起诉478件，判决驳回诉讼请求306件，以准予撤回起诉、调解等方式结案442件。审结二审行政案件1038件，维持839件、改判30件、发回重审28件、调撤25件、指令继续审理116件。2022年，一审案件调撤107件，调撤率23.78%，二审案件调撤8件，调撤率4.32%。

3. 聚焦审判提升质效

加强行政审判审级监督和业务指导，深入研讨疑难问题，统一裁判尺度。建立案件质量定期通报、绩效考核制度，加强审判管理，提高审判质效。重视典型示范，围绕房屋行政登记、土地行政裁决、工伤行政确认等社会关注焦点，选编《安顺法院案例选·行政审判卷》，通过“小案件大道理”，引导行政机关及人民群众增强法治意识、公共意识、规则意识。

（二）突出司法为民，为民服务工作取得新进展

坚持以人民为中心的发展思想，把实现好、维护好人民群众根本利益作为第一要务，以公正裁判彰显司法为民初心。

1. 强化重点案件审理

坚持以保障和改善民生为重点，2019~2021年依法审结涉及土地资源、城建拆迁、劳动与社会保障等与民生密切相关的一审案件1132件，占比63.28%。高度关注群体诉讼，更加注重审判方法，综合运用现场查勘、多方走访、动员社会力量参与等方式，力争实质化解行政争议，让人民群众的合法权益更好得以实现。

2. 强化便民举措创新

坚决落实立案登记制，创新应用在线立案方式，通过移动微法院、律师服务平台开展网上立案、调解、庭审、送达等，打造“互联网+窗口”二合一的诉讼服务模式。深入开展行政案件立案释明工作，引导当事人提准诉讼请求、找准适格被告、直指争议核心，减少当事人诉累。西秀法院在紫云自治县和黄果树旅游区设立行政案件巡回审判工作室，就地开展调解、释明、送达等工作，让群众就近享受诉讼服务。

3. 强化司法公开力度

深入应用裁判文书、审判流程、执行信息和庭审公开四大司法公开平台，多形式、全方位保障当事人知情权、参与权、表达权和监督权。2019~2021年，公开裁判文书1524份、审判流程信息3021件、庭审直播1763场。邀请代表委员、行政机关人员以及社会公众旁听案件庭审，增强全民法治观念，提升依法行政意识，推进法治社会建设。

（三）深化诉源治理，行政争议实质化解取得新成绩

2019~2021年，安顺两级法院组织协商行政案件（含诉讼中调解）579件，召开协商会议530次，协商成功170件，化解率29.36%。2022年，在立案阶段开展诉前协商行政纠纷260件，协商成功42件，化解率16.15%；诉讼中实质化解行政争议115件，取得良好的效果（见图2）。

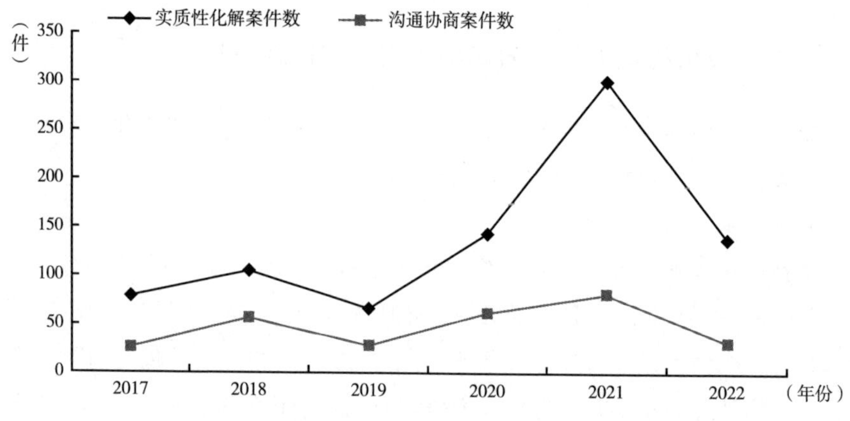

图2　2017~2022年行政争议诉前沟通协商机制运行情况

1. 创新行政争议化解工作机制

聚焦安顺市行政机关败诉率较高、行政争议实质化解不够等痛点、堵点，市中院主动作为，以“党委领导、政府支持、法院主导、各方合力”为原则，在贵州省率先推动建立行政争议诉前协商机制。2016年，面对行政诉讼案件井喷式增长的状况和修订后的《行政诉讼法》的新要求、行政审判工作的新态势，安顺市中级人民法院及安顺市人民政府法制办公室印发《行政争议诉

前协调办法》，成立由市委常委、副市长担任组长的领导小组，开始了重大行政争议诉前协商机制的探索。2017 年 8 月，行政争议诉前协商机制向“2.0 版本”推进，安顺市委、市人民政府印发《关于印发〈安顺市重大行政争议诉前沟通协商办法（试行）〉的通知》（安市办法〔2017〕12 号）及《关于成立安顺市重大行政争议诉前沟通协商领导小组的通知》（安市通字〔2017〕18 号）。根据文件要求，人民法院收到行政相对人提交的行政起诉状后，应首先与人民政府对所涉行政争议进行沟通协商处理。

针对“2.0 版本”适用范围窄、社会力量参与度不足、机制运行不畅等问题，2019 年 12 月 25 日，中共安顺市全面依法治市委员会印发《关于成立安顺市全面纵深推进行政争议诉前协商工作领导小组的通知》（安市法委〔2019〕1 号）和《关于印发〈安顺市全面纵深推进行政争议诉前协商工作实施办法（试行）〉的通知》（安市法委〔2019〕2 号）。此外，安顺市中级人民法院、安顺市人民检察院等相关部门陆续出台相关配套措施，共同推进沟通协商机制迭代升级至“3.0 版本”，通过法官释法明理、推动行政机关与行政相对人有效沟通等方式，促进行政争议实质化解。该机制荣获 2016 年度安顺市全面深化改革创新奖，入选 2018 年贵州省委深化改革案例，得到省法院高度肯定，并在贵州省法院推广①。

2. 创新行政争议化解协作模式

建立内外联通、各县配合、群众参与的协作模式，切实提升工作合力。强化与政府职能部门沟通力度，将部分村（居）民委员会、乡镇人民政府、司法所、综治中心纳入行政争议协商工作部门。强化各县（区）法院之间协作配合，由集中管辖法院向争议所在地法院通报案件情况，争议所在地法院组织开展诉前协商工作，畅通各县配合通道。打造群众参与平台，将德高望重的村民和政治素质高、业务能力强、热衷于化解矛盾纠纷的人员加入协调员队伍。

3. 创新行政争议化解层级架构

逐步将协商范围扩展到所有行政案件及相关民事案件，将解决争议关口前移至矛盾初发时。在行政相对人提起诉讼前，以人民法庭为统筹枢纽，邀请村

---

① 安顺市中级人民法院课题组：《行政争议实质性解决的贵州探索：机制创新、困境和展望》，载吴大华主编《贵州法治发展报告（2022）》，社会科学文献出版社，2022，第 243 页。

（居）民委员会、特约协调员、司法所、综治中心等参与协商，抢抓矛盾源头化解的最佳时机，争取将行政争议化解在萌芽阶段。

（四）助推依法行政，府院联动会商激发新活力

着力助推行政机关依法行政，延伸行政审判职能，推进平安安顺、法治安顺建设，为地方法治发展贡献力量。

1. 持续推进府院联动会商

定期召开联席会议，适时进行会商，从源头上预防和减少行政纠纷，推动在安顺市形成行政机关支持依法审判、各级法院促进依法行政的良好局面。2016 年起，通过“庭前提醒、庭后监督”的方式，积极引导推动行政机关负责人出庭应诉。2019～2021 年，行政机关负责人出庭应诉案件 727 件，同比增长 79.5%。2022 年以来，行政机关负责人出庭应诉率 100%，同比上升 55.67 个百分点。

2. 持续推进司法建议应用

综合推进司法建议工作，通过提出司法建议、发布“行政审判白皮书”、制作行政审判工作要情等方式，实时研判行政行为中存在的共性问题并提出建议，推动树立有权必有责、用权需负责、侵权要赔偿的法治观念。2019～2021 年，向行政机关发送司法建议 87 件，反馈率 100%；2022 年发送司法建议 20 件。建立“一案一建议”工作机制，按年度发布“行政审判白皮书”，每月制作行政审判工作要情，分析行政机关败诉情况、败诉案件类型及原因等，为依法行政提供参考。

3. 持续推进审判职能延伸

全力配合行政机关开展行政执法培训。2019～2021 年，应邀为市政府及自然资源局、城市管理局等职能部门开展培训 20 余次，参训人数 1000 余人；2022 年，开展行政诉讼助推法治政府建设“同堂培训”，覆盖培训人员 45 人。参与《安顺市城市管理综合行政执法条例（草案）》《关岭布依族苗族自治县关岭牛保护条例》《镇宁布依族苗族自治县水资源管理条例》等地方性法规、自治条例、单行条例的立法工作，为地方法治发展贡献司法智慧。

（五）加强队伍建设，行政审判能力得到新提升

持续加强行政审判队伍建设，努力打造政治过硬、业务过硬、责任过硬、

纪律过硬、作风过硬的新时代法院铁军。

1. 注重政治教育巩固

坚持把强化干警理论武装作为加强干部队伍思想政治建设的重要内容，坚持用习近平新时代中国特色社会主义思想武装头脑，扎实开展“不忘初心、牢记使命”主题教育、党史学习教育、政法队伍教育整顿等，常态化开展政治轮训，教育引导干警把学习成果转化为提升党性修养、思想境界、道德水平的精神营养，保持理想追求上的政治定力。

2. 注重纪律作风优化

巩固政法队伍教育整顿成果，严格执行各项规章制度，推动顽瘴痼疾排查整治常态化，增强知敬畏、存戒惧、守底线的廉洁司法意识。全面落实精细化管理，完善工作规范，画出红线底线，持续开展司法作风突出问题集中整治等，狠抓问题排查整改，推动行政审判队伍作风建设再上新水平。

3. 注重业务能力提升

坚持走进来与送出去相结合的培训体系，以岗位大练兵、新形势大练兵等平台为抓手，既注重集中培训，邀请专家学者远程授课、与高校共同举办行政业务培训班，更注重实践锻炼，开展优秀行政诉讼裁判文书、司法建议评比等，推动行政审判队伍专业素质和司法水平迈上新台阶。

二　存在的困难与不足

（一）与外部沟通协商方面

“一降一升”工作有待进一步推进，行政机关依法行政意识仍有不足，有重效率轻程序情形，尤其是涉及征拆案件，存在大量超越职权、简化程序的问题。行政机关依法行政能力有待提升，在行政执法过程中仍存在证据不足、程序违法等问题。经济快速增长期遗留的大量征拆问题逐步凸显，行政机关败诉风险大。行政机关基本由副职出庭，且庭审中发声较少。个别行政执法单位对裁判和执行工作不够理解，对司法建议重视程度不够。实质化解成功率有待进一步提高。行政争议涉及公共利益，矛盾大、协调难。尤其在涉征拆案件中，对赔偿、补偿标准意见分歧较大，且部分行政机关负责人因内部追责、问责、审计等原因，存在怕担责、难决定情形，协商处理行政争议积极性不高，协商成功率不理想，该类案件进入诉讼程序后，败诉情形高，进一步影响安顺市总体“一降”工作。行政审判诉源治理有待进一步加强。行政审判作为三大审判之一，虽然案件数量相对较少，但具有较强的专业性，对审判团队的综合素质、专业素养要求较高。行政审判集中管辖后，仅有西秀法院、镇宁法院和安顺中院承担行政审判工作职责，其他非集中管辖法院行政审判力量的萎缩对其积极参与行政案件诉源治理有一定影响，客观上存在集中管辖法院对其他县区协调难的问题。

（二）法院工作方面

行政审判质效有待进一步提升。行政审判工作新情况、新问题不断涌现，且大多涉及多方权益，矛盾突出、审理难度大。在裁判中对行政行为审查尺度存在认识差距，影响一审案件发改率及生效案件再审率。行政审判队伍建设有待进一步加强。行政审判的特殊性决定了行政审判工作人员要具有系统思维、大局观念、底线意识及较强的专业素养，培养行政审判力量存在注重专业、忽视其他方面培养的问题。对非集中管辖法院行政审判力量培训不足，影响安顺市法院行政审判工作的整体推进。

三　进一步推进行政审判助推法治政府建设的对策建议

在今后的行政审判工作中，安顺两级法院将继续坚持以习近平新时代中国特色社会主义思想为指导，深学笃用习近平法治思想和习近平总书记视察贵州重要讲话精神，深入贯彻党的二十大会议精神，充分领会“两个确立”的决定性意义，增强“四个意识”、坚定“四个自信”、做到“两个维护”，全面贯彻新国发 2 号文件精神，全面落实市委“1558”发展思路，推动行政审判工作再上新台阶。

（一）坚持党的领导，进一步提高政治站位

牢牢坚持党对法院工作的绝对领导，聚焦定位提高站位，以政治建设为统

领，进一步推动党建工作与审判工作融合发展，更加注重系统观念、法治思维和强基导向，运用法治思维把握政策内核，运用法律制度诠释政策部署，运用法言法语解读政策实施，正确处理好“政治与法治”“政策与法律”的关系。

（二）围绕中心工作，进一步推进“一降一升”

进一步深化府院联动，针对行政执法突出情况、疑难问题，开展座谈交流，确保行政尺度与司法裁判尺度相适应。持续开展联动培训，助力行政机关提升执法能力及应诉能力。提升行政机关负责人出庭应诉率，逐步研究、解决行政机关负责人“出庭、出声”问题。加强行政争议实质化解，在源头上减少行政争议进入诉讼程序，在诉讼中减少行政机关败诉案件。

（三）持续改革创新，进一步提升审判质效

探索“难案精审、简案快审”，深入应用诉前分流机制，广泛适用简易程序，实现“轻重分离、快慢分道”，进一步优化行政审判资源配置。狠抓绩效提升，把好案件证据关、事实关和法律适用关。妥善审理群体性、涉民生等各类重点案件，深入推进社会主义核心价值观融入裁判文书释法说理，努力让人民群众在每一个司法案件中感受到公平正义。

（四）推进队伍建设，进一步锻造法院铁军

加强基层基础建设，科学配置行政审判资源。坚持全面从严治党、从严治院、从严管理，认真落实执纪监督严在平时的工作理念，按照“铁一般的理想信念、铁一般的责任担当、铁一般的过硬本领、铁一般的纪律作风”的目标，聚焦队伍打牢基础，锻造新时代法院铁军。

安顺两级法院诉源治理创新研究

“安顺两级法院诉源治理创新研究”课题组*

摘　要： 近年来，安顺市法院通过大力推动“党政主抓、法院主推”大格局，构筑源头预防联动解纷、诉调对接依法解纷、案源治理实质解纷“全链条”诉源治理模式，努力推动从源头上减少诉讼增量，在全方位构建诉源治理体系、打造“无讼村居”、推进金融案件和房地产案件诉源治理方面取得了显著的成效。对于进一步做好诉源治理工作，从加大人财物投入、发挥社会力量作用、创新机制体制、加强信息技术运用等方面提出了相关的对策与建议。

关键词： 安顺法院　诉源治理　多元共治　“全链条”模式

一　诉源治理的背景和意义

以习近平同志为核心的党中央高度重视从源头上解决矛盾纠纷、推进基层治理体系和治理能力现代化。党的十八届四中全会通过的《中共中央关于全面推进依法治国若干重大问题的决定》指出，“坚持系统治理、依法治理、综合治理、源头治理，提高社会治理法治化水平”。习近平总书记在2019年1月中央政法工作会议上强调“要坚持把非诉讼纠纷解决机制挺在前面，从源头上减少诉讼增量”；在2020年11月中央全面依法治国工作会议上强调，“我国国情决定了我们不能成为‘诉讼大国’。我国有14亿人口，大大小小的事都要打官司，那必然不堪重负！要推动更多法治力量向引导和疏导端用力，完善

* 主要执笔人：张可，贵州省社会科学院法律研究所副研究员，法学博士。

预防性法律制度，坚持和发展新时代‘枫桥经验’，完善社会矛盾纠纷多元预防调处化解综合机制，更加重视基层基础工作，充分发挥共建共治共享在基层的作用，推进市域社会治理现代化，促进社会和谐稳定”。

2021 年 2 月 19 日，中共中央全面深化改革委员会第十八次会议审议通过的《关于加强诉源治理推动矛盾纠纷源头化解的意见》要求，坚持和发展新时代“枫桥经验”，把非诉纠纷解决机制挺在前面，构建“党委领导、政府主导、多方参与、司法推动、法治保障”工作格局，推动更多法治力量向引导和疏导端用力，加强矛盾纠纷源头预防、前端化解、关口把控，从源头上减少诉讼增量。诉源治理正式上升为国家社会治理领域的重要制度安排。

近年来，在市委的坚强领导下，安顺法院大力推动“党政主抓、法院主推”大格局，构筑源头预防联动解纷、诉调对接依法解纷、案源治理实质解纷“全链条”诉源治理模式，努力推动从源头上减少诉讼增量。

二 安顺市法院开展诉源治理的具体做法与实践

（一）全方位构建诉源治理综合体系

1. 深化源头预防联动解纷

（1）健全工作机制。安顺法院深入贯彻《关于建立健全诉源治理机制推动矛盾纠纷源头化解的实施方案（试行）》《安顺市建立健全矛盾纠纷多元化解机制方案》《关于进一步完善诉调结合推进诉源治理的实施意见》等，积极推进诉源治理工作机制建设。在市委政法委领导统筹下，安顺市中级人民法院（以下简称安顺中院）与市有关单位积极健全人民调解、行政调解、司法调解联动工作体系，共同会签各类纠纷联调化解文件 20 余份，形成涵盖金融、道交、劳动、知产等 7 个领域及律师、商会等多类主体的专业性联调化解机制，为推进诉源治理提供有力制度支撑。

（2）深入开展矛盾排查。为及时摸清当前矛盾纠纷底数，全市法院积极参与矛盾纠纷大走访大排查。2022 年，全市法院开展集中走访，共派出走访人员 2412 人次，走访村寨 91 个、社区 16 个、企业 89 个、学校 142 个、其他机构 21 个，走访群众 12348 户，共发放宣传卡、宣传手册 12000 余册，收集问题建议2046条（其中政法信访问题383条、非政法领域420条、群众评价期盼1243条），化解群众、企业困难42个。对走访群众、企业、学校、社区进行问卷调查，全市法院共收回诉源治理调查问卷521份，按一户一表的原则认真填写大走访工作登记表，全市两级法院共收集、办理政法信访领域问题建议383条、非政法信访领域问题建议420条，均收到办结回复。坚持能动司法，延伸司法服务触角，对当事人进行回访座谈，促进矛盾问题进一步化解，采取走访回访、电话回访等方式回访群众1968户。大走访中突出“一宣二问三解”，向被走访单位（户）宣讲党的二十大、十九届历次全会、省委全会、市委全会精神，发放《民法典与百姓生活100问》等书籍，征询群众对法院工作意见建议，重点抓好问题办理，对属于法院职责事项的立即办理，对不属于本单位管理事项的及时移交转办，确保访有所应、访有所成。健全矛盾纠纷预警机制，加强矛盾趋势研判，对矛盾纠纷可能“燃点”“爆点”及时向有关单位发出司法建议。强化关口把控与实质解纷，2022年化解或有效处置涉法涉诉信访案件658件，从源头上管控矛盾纠纷。

（3）整合优化解纷资源。依托人民法庭深入推进“无讼村居”创建工作，开展巡回审理工作，助力构建基层治理新模式。制定《“无讼村居”法官工作室规定》《“无讼村居”创建标准规定》等10余项机制，推动“无讼村居”标准化、常态化、制度化。创建巩固“无讼村居”18个，村内涉诉案件均低于20件/年。打造以案结事了人和，实现“小事不出村、大事不出镇、矛盾纠纷最终化解于法庭”为双目标的“2346”特色创建模式。在平坝区塘约村，法官工作站积极帮助该村培养法治带头人，帮助完善村规民约，对“红九条”进行法律指导，引导三级联调，促进法治德治融合。

2.优化诉调对接依法解纷

（1）协同共建“三大防线”。法院主动对接、协同和引入优质调解资源，制定《关于加强司法调解与人民调解衔接工作的实施办法》，夯实人民调解、行政调解、司法调解“三调联动”基础。加强常态化业务培训指导，全市法院指导人民调解成功率达95%。2022年1~11月，全市人民调解组织开展调解工作14092次，调解案件16503件，诉前调解成功16150件，调解成功率97.86%。

（2）法院特邀调解“双向倍增”。实施特邀调解数量、效能“双倍增计划”，强化专业调解资源配置，健全特邀调解准入、管理和保障机制，统筹推进多元、分层、有效解纷。全市基层法院设立特邀调解组织6个、特邀调解员32名，2022年，依托在线调解平台调解3609件，调解成功1733件，标的额5561万元。

（3）司法确认“最终保障”。搭建“非诉调解+司法确认”平台，强化与公安、检察、信访等部门的对接，实行司法确认专审立案，推动及时履行。2022年，全市法院受理司法确认申请3644件、确认有效3613件。

3. 强化案源治理实质解纷

（1）聚焦纠纷类型“一站式”联动化解。结合各类易发多发矛盾纠纷实际情况及特点，针对收案量排前十的类型案件，主动对接职能部门会签各类纠纷联调化解文件20余份，形成涵盖金融、道交、劳动、知产等多领域的专业性联调化解机制。目前，依托劳动争议、道路交通“一站式”平台，已实现全市68%以上的金融借款纠纷化解在诉前，80%的劳资纠纷化解在仲裁前置程序。

（2）聚焦解纷效率“一次性”高效化解。充分研判诉讼背景、矛盾成因和纠纷态势，科学设定刑事、民商事、行政、执行各类案件“繁简分流”标准，确保“简案快办、难案精审”。在民商事案件中推行“减量轻讼”模式，健全“分调裁审执”机制，推广小额诉讼“立审执”一体化运行、批量案件“示范诉讼+”范式。2022年，全市法院小额诉讼适用率有效提升至19.67%，平均审理期限为30.49天，有效保障一审终审效果。

（3）聚焦解纷效果“全链条”实质化解。诉前积极引导当事人依法理性选择成本低、效率高、对抗性较弱、有利于修复社会关系的调解解纷方式，诉中构建法院内部各环节、各审理阶段、不同审级之间的“梯田型”案源治理新机制，诉后通过强化释法说理、判后答疑等持续输出高效权威、有温度可感知的“司法作品”。市中院运用事前类案研判、诉中全面调解、诉后成果拓展、诉外延伸化解、事后回访协调的“五步工作法”集中攻坚式地处理涉某房开公司商品房买卖合同纠纷再审及衍生案件82件，取得良好的政治效果、法律效果和社会效果。2022年，全市两级法院通过重大行政案件诉前协商机制协商案件260件，42件重大行政争议案件得到实质性化解。

（二）坚持和发展新时代“枫桥经验”，打造“无讼村居”

安顺中院在市委的坚强领导与省法院的有力指导下，坚持和发展新时代“枫桥经验”，聚焦司法服务基层治理的着力点，充分发挥人民法庭前沿阵地作用，以创建“无讼村居”为切入点，挖掘村居自治资源，凝聚各方合力，构建解纷矩阵，推动纠纷源头治理，以社会治理的法治化助力基层社会治理体系与治理能力的现代化。2022 年，全市法院巩固并创建西秀区龙宫镇油菜湖村、西秀区青源村、平坝区桥上村、普定县邓双前村、镇宁县茂良村、关岭县坡舟村、紫云县大地村等 16 个“无讼村”，所有“无讼村”实现了“零信访、零涉毒、零命案”，矛盾纠纷 95%以上在诉前得到化解，实现“小事不出村、平安不出事、矛盾不上交、司法不缺位”的目标。

1. 坚持党委领导，凝聚各方合力

按照“党委主抓、法院主推、多方参与、协同推进”的原则，安顺中院积极争取党委将创建工作纳入全市基层社会治理的工作内容，与党委主导的“一中心一张网十联户”工作、司法行政机关“民主法治村”创建工作、公安机关新时代“枫桥式”派出所创建工作等有机结合起来，整合网格员、调解员、治安员等资源力量，借力聚力，形成有效治理合力。同时，加强“无讼村”调解力量建设，在力量相对薄弱的村居，从村支两委、村贤寨老中聘请特邀调解员 56 名，开展业务指导培训 12 次，完善矛盾纠纷排查台账，着力提升调解工作成效。在此基础上，各人民法庭立足审判职能，聚焦矛盾纠纷的源头预防、前端治理、排查化解、诉调对接、司法确认等关键节点，发挥司法推动、服务与保障作用，基本构建起“小矛盾村内调处+较大矛盾联合调处+重大矛盾司法裁判”的解纷模式，“无讼村”实现 95%以上纠纷在诉前得到化解，一改以往多诉、缠诉、重复诉的状况，“无讼村”法治化治理步入良性轨道，实现由化讼止争向少讼无讼转变，辐射示范作用正逐步显现。

2. 坚持问题导向，精准问症施策

全市法院坚持“因地制宜、一村一策”的原则，通过与基层党委政府座谈、与村支“两委”召开创建会议、集中开展矛盾隐患排查、深入村寨走访调查等方式，全面掌握村居治理现状、存在的问题与困难，锚定创建工作重点。如针对党建工作较为薄弱的村居，开展人民法庭党支部与村党支部党建联建共建活动。截至 2022 年底，12 个人民法庭党支部与 12 个“无讼村”村党支部建立党建共建关系，开展党建活动 30 余次，参加党员 400 余人次，以党建力量凝聚村居党员服务乡村治理的工作合力，实现党建与诉源治理的良性互动，不断充实“红色细胞”。如针对部分村居产业无序发展、风险隐患较大等问题，坚持主动作为，发挥前哨作用，早发现、早预警、早帮扶，以司法建议、白皮书等方式向基层党委政府、村支“两委”提出建议20余条，发布案件分析通报53条，高发案件治理建议9条，帮助500余户群众避免扩大生产经营损失，以法治经验提升乡村发展的软实力。

3. 坚持问计于民，尊重群众首创精神

坚持依靠群众就地解决矛盾，是新时代“枫桥经验”的精神内核。全市法院深度挖掘乡村治理的本土经验，将村民长期习得的、行之有效的各类自治、德治的基层治理经验，进行总结提炼，指导修改为村规民约，邀请乡贤寨老等基层力量参与化解矛盾纠纷，建立起符合群众多元化司法需求的就地解纷网络。如平坝塘约村，在人民法庭指导下，探索出矛盾纠纷“三联调”工作法，即“党代表身边调、村民小组进家调、村民大会评议调”，制定村民“黑九条”与“红九条”，治理成效明显，近三年仅有3起纠纷进入诉讼程序。又如关岭坡舟村“传铜鼓”解纷法，即每年正月初三由村民“请出铜鼓”，寨老主持调解一年来的各类纠纷。在人民法庭的指导下，“道德评议制度”上升为村规民约，评议从道德、伦理和情理角度，突出“维权与亲情”并重，集聚基层组织和群众力量。得益于该制度，近三年来，该村未发生一起诉讼案件，成为远近闻名的“无讼村”。再如普定邓双前村的“道德评议团”制度，由村干部、寨老、人民调解员等组成评议团，人民法庭现场指导，围绕风情民俗、伦理道德等，用“老百姓听得懂的话、说得明的理”开展评议，促使当事人知是非、明事理、化怨气，将大量矛盾纠纷化解在基层。

4. 坚持强基导向，持续巩固创建成果

全市法院坚持重心前移、工作下沉，聚焦“创”“诉”二字，通过加强与村支“两委”协调对接、指导村集体修改完善村规民约、常态化开展矛盾纠纷排查、选聘特邀调解员开展纠纷调解、建立法官工作室打通司法服务“最后一公里”、开展案件巡回审理与联合化解、以案释法推进法治宣传等方式，进一步增强基层组织自我解纷的能力与水平，固本培元，全面夯实工作根基。与此同时，为统一“无讼村居”创建标准，规范创建内容，突出创建成果，安顺中院在总结工作经验基础上，制定了《“无讼村居”创建工作五年发展规划（2022—2026）》《“无讼村居”创建标准》《“无讼村居”诉调对接工作办法》《共建“无讼村居”工作办法》《“无讼村居”法官工作室工作办法》

《“无讼村居”宣传工作办法》等“一规划五制度”，从创建的标准与流程、创建的重点内容、调解组织建设、法官工作室建设、信息共享与协调联动、“无讼村居”巩固与拓展等方面，予以细化规定，确保创建工作的规范化、制度化、常态化。

安顺市已创建的16个“无讼村”，全部建立了法官工作室，所在地人民法庭与村支“两委”签订“无讼村居”共建协议。自挂牌以来，村居自行排查调处矛盾纠纷820余起，申请司法确认48起；人民法庭参与开展联合化解、调处矛盾纠纷46起，成功调处42起，成功率91.3%；法官工作室接待群众法律咨询1500余人次，开展巡回审理25次，开展反诈骗、反家暴等主题宣传60余次，“有纠纷找村委、有疑惑找法官，不打官司也能化解纠纷”的理念正逐步深入人心，创建“无讼村居”工作成为新时代人民法院主动融入基层社会治理、服务乡村振兴的生动实践。

（三）“三项机制”推动金融案件诉源治理

1. 构建全链条工作机制

（1）调解架构多元化。安顺中院联合相关行业主管部门成立全市金融纠纷多元化解工作领导小组，建立“人民法院与行业主管部门双牵头+其他相关部门协同推动+多元调解组织共同实施”的工作框架，构建多元解纷工作架构，凝聚工作合力，共同推进纠纷诉前化解。安顺中院会同相关行业主管部门制定了《全市金融纠纷多元化解工作机制实施方案》《关于成立全市金融纠纷调解委员会的通知》等文件，指导各县（区）人民法院加强与行业组织的协调对接，实现金融纠纷调解机制市县（区）两级全覆盖。

（2）调解主体多元化。以全市金融纠纷调解中心为轴心，联合各县（区）人民法院诉前调解中心、市金融消费保险联合会（以下简称联合会）以及市保险业协会，统筹特邀调解、行业调解等解纷资源，形成“特邀调解+行业调解”共为主体、互为补充的调解工作格局，高效推进全市金融纠纷多元调处工作。截至2023年2月，全市共有金融调解工作站（点）13个，特邀调解员47名，行业调解员36名，为推进金融调解工作奠定坚实人才保障。

（3）调解方式多样化。以人民法院立案前调解、联合会诉前调解、工作站驻点调解为主，人民法庭现场调解、人民法院上门调解以及在法官工作站

（点）面对面调解等为补充，多措并举提升调纷成效。2022年以来，安顺中院、西秀区法院联合人行安顺中心支行，走进七家市级金融机构，开展“金融纠纷上门一站式司法调处”活动，现场化解纠纷118件，标的金额1266万元。同时，在四个县（区）召开金融调解工作推进会，参会金融机构累计50余家（次）。2022年1~8月，全市人民法庭、法官工作站（点）成功调处辖内金融纠纷200余起，标的金额1100余万元，实现让老百姓少跑腿、“家门口”零成本解纷的目标。

2. 构建全覆盖调解体系

（1）建立专业人才库。安顺中院联合相关行业主管部门成立全市金融纠纷调解委员会（以下简称调委会），将退休法官、律师以及有金融从业经验的退休人员纳入金融纠纷调解人才库，同时组建法律顾问团队与金融顾问团队，为做好金融纠纷调解提供智力支持与人才保障。截至2023年2月，全市共有83名金融纠纷调解员（其中，特邀调解员47人、行业调解员36人），法律顾问团队9人，金融顾问团队11人；调委会定期（每年至少2次以上）组织调解员开展法律、金融专业知识培训，确保调解队伍掌握必备履职技能。

（2）强化资金保障。坚持分步有序推进，对行业调解尚未完全覆盖的镇宁、普定、紫云，加大特邀调解工作力度，由所在地法院从办公经费中挤出资金，支付相关调解费用。2022年1~8月，已支出15万余元；对行业调解已覆盖的西秀、平坝、关岭，安顺中院协同相关行业主管部门，指导联合会以金融机构交纳的会费为主，建立调解资金池，作为专项经费保障，按“自给自足、良性循环”的原则，保证专款专用、合法合规。截至2023年2月，行业调解累计支付补助经费30余万元，有效解决县域金融纠纷多元化解资金的来源问题。

（3）建立调解工作室。坚持市级统筹、县区一体推进的工作原则，按“以点带面、点面结合”的工作思路，实现全市金融纠纷“总对总”诉调对接全面落地、精准落实。截至2023年2月，调委会以西秀区为中心，在全市建立7个调解室（即联合会金融纠纷调解室以及六县区金融纠纷调解室）、6个调解工作站（即在六县区农商行分别设立金融纠纷调解工作站）及多个乡镇流动调解室。如西秀区法院与联合会共同构建“人民法庭组织分派+调解组织巡回调解”的“一站式”调解模式，调解组织视情况不定期赴各人民法庭开展集中式调解或上门调解。目前，六个县区调解组织实现全覆盖，全部入驻人民法院调解平台开展工作。

3. 构建全方位服务模式

（1）服务金融机构。通过“特邀调解+行业调解+司法确认”化解金融纠纷，极大提升金融机构对不良资产的处置效率，加快金融资产运转周期，降低金融机构的维权成本，增强金融服务实体经济能力，为全方位推进地方经济高质量发展提供有力的金融支撑。经统计，全市农商银行 2022 年金融纠纷 85% 在诉前得以化解，节省相关法律服务费用 150 余万元。

（2）服务实体经济。通过“特邀调解+行业调解+司法确认”解纷模式，小切口服务大民生，切实帮助企业纾困解难。通过引导负债企业与金融机构达成分期还款协议，缓解企业当期还款压力，减轻诉讼负担，有效避免企业因生效判决后续强制执行措施对其生存发展带来的不利影响，为支持中小微企业发展，落实“六稳”“六保”政策提供高质量的司法服务和保障。经统计，全市法院金融调解约 25%涉及企业债务，已帮助近 90 余家中小微企业渡过难关。

（3）服务营商环境。全市法院在推进“特邀调解+行业调解+司法确认”的过程中，严格落实“五个当日”的工作要求，即当日申请、当日调解、当日裁定、当日送达、当日结案。截至 2023 年 2 月，全市共办理司法确认 378 件，涉及标的金额 3945 万余元。通过有温度、有力度的司法服务，大幅度压缩企业解纷时间，节约解纷成本，提高工作效率，助力优化安顺法治营商环境，为各类企业到安投资兴业提供优质的法治保障。

（四）“五步工作法”推进房地产案件诉源治理

1. 事前类案研判，制定初步调解方案

坚持“一房开一工作专班”“一房开一调解方案”原则，深入调研走访，找准化解纠纷的切入点与各方利益的平衡点，成立调研组对辖区内涉房开案件的基本情况、成因及特点开展专题调研并形成专题调研报告，成立涉某房开公司商品房买卖合同纠纷工作专班，通过查阅原审裁判文书与卷宗材料、与原审承办法官交流座谈、分批接访各方当事人等方式，全面分析购房当事人的利益诉求，综合研判房开公司的履行能力等，摸清问题底数、找准问题症结、强化释法说理，将系列案件导入调解程序。协调督促相关行政主管部门为尚未办证的购房人办理房产证，解决购房人的核心诉求，为后续调解工作开展奠定基础。按“一房开一调解方案”的类型化再审案件调解要求，最终确定以按原判赔付比率两倍计付逾期办证违约金的初步调解方案。

2. 诉中全面调解，系统治理衍生诉源

根据“案结事了人和”理念，运用系统观念，跳出案件事实看案件，全方位把握双方利益诉求，将后续可能成诉的衍生案件列入调解方案，制定一揽子解决双方利益冲突的计划。安顺中院针对涉东关房开商品房买卖合同纠纷系列再审案当事人的主要诉求系原判要求房开公司以已付购房款为基数按日万分之零点一五向购房人支付逾期办证、逾期交房违约金的赔偿比例过低，且要求返还“四通费”未予支持不合理，经过法院办案团队的不懈努力，发现相关物业公司欠付东关房开公司款项，引导当事人就后续可能成诉的“四通费”返还衍生案件予以“一揽子”解决，最终达成由东关房开以已付购房款为基数按日万分之零点三向购房人支付逾期办证、交房违约金，由东关房开公司承担相关诉讼费用，并用所缴“四通费”5400 元及前述未兑付款抵缴购房人应付物业公司物业管理费的调解协议，涉东关房开商品房买卖合同纠纷的 9 件再审案件及衍生案件得以实质化解。

3. 诉后成果拓展，法检联动息诉罢访

为达到“处理一案化解一片”效果，安顺中院全面摸排类案涉法涉诉信访案件、当事人申请检察院检察监督案件，通过运用法治思维向信访人、申诉人释明示范性诉讼调解协议内容，支持引导当事人将案件导入法治轨道予以解决。针对涉东关房开商品房买卖合同纠纷的 71 件涉诉涉法信访案、当事人申请检察院抗诉案，安顺中院、市检察院分别分批分组走访、约访相关信访人、申诉人，了解诉求，释法说理，通过类案示范性处理结果开示，引导当事人类案类型化处理，以集体加入既定调解协议确认调解内容的方式，最终 71 件涉诉涉法信访案、当事人申请检察院抗诉案比照前述 9 件再审案调解结果达成纠纷化解方案，当事人息诉罢访，检察院的检察监督建议得以落实。

4. 诉外延伸服务，支持引导一体化解

秉持司法为民、能动司法理念，主动抓住当事方调解意愿较为强烈的时机，摸排发现针对尚未进入诉讼程序，但具有诉讼动机及调解意愿的当事方以调解协议加入的形式一体解决纠纷。针对涉东关房开商品房买卖合同纠纷案中 2 名案外购房人了解到相关调解情况时主动申请加入调解协议并确认调解效力的情况，安顺中院案件承办团队及时与房开公司、物业公司沟通，引导其将涉东关房开商品房买卖合同纠纷类案的案外购房人以申请加入并确认调解协议内容的方式一体化解决相关纠纷。法院主持调解协议签订当日，2 名案外购房人当场以加入并确认调解协议约束力的方式达成调解，相关诉外案件得以一体化解。

5. 事后回访协调，督促兑现调解协议

为最大限度确保调解协议得到及时履行，安顺中院积极创造条件，确保相关当事人权益得到兑现。安顺中院根据案件情况，解冻东关房开公司在银行的存款 54 万余元，在现有掌控资金限度内按比例先行兑付 82 名购房人及其他加入调解协议购房人的第一笔款项，相关未兑付的款项从购房人应付物业公司物业管理费用中予以抵缴，物业公司从应付东关房开公司的费用中予以相应扣除。

安顺中院"一房开一调解方案"的类型化、示范性调解，对于系统化、链条式、全景式处理涉同一房开公司的商品房买卖合同纠纷具有借鉴意义，为解决其他涉房开公司类案化解积累经验，"五步工作法"既注重事前研判，又注重事后跟踪，集解决诉中、诉后、诉外纠纷于一体，很好地运用系统观念、法治思维，是房地产领域诉源治理可复制、可推广的有益经验探索。2022 年末，安顺中院运用"五步工作法"成功化解某房开公司系列再审案件 40 余件并全部执行到位，司法服务"保交楼、稳民生"目标的成效得到进一步巩固拓展。

三　推进诉源治理工作的下一步对策与建议

安顺市两级法院开展诉源治理工作以来，取得了较为显著的效果与成绩，但在具体工作中，还存在人财物保障不足、调处纠纷成效不明显、社会力量作用发挥不明显等一系列问题，对此提出以下对策和建议。

（一）加大对诉源治理的人、财、物投入保障

由党委政法委牵头，整合信访、法院、检察院、公安、司法行政等部门（单位），吸纳调解、评估、鉴定、咨询、心理服务等力量，探索设立一站式、实体化的县区矛盾纠纷解决中心，为群众提供包括咨询、调解、诉讼在内的全方位纠纷解决服务，受理纠纷后及时分流化解，委托有关调解组织开展调解，打通服务群众的"最后一公里"。积极争取地方党委政府的支持，将人民法院

特邀调解经费纳入同级财政保障范围，为持续做好各类案件调解工作、服务地方经济高质量发展提供物力保障。如行业调解的费用补贴可分为按件计费与以案定补两种方式。按件计费则以调解员所调解的纠纷数量为依据，确定其所能获得的经费。以案定补则系根据案件的难易程度分别给予不同程度的补贴，即阶梯式发放费用，以提升调解人员的工作热情。以专项资金确保诉源治理工作的经费具有稳定来源，解决调解人员工作任务重、收入回报少的难题，促进调解人员工作态度的积极转变，提升诉源治理工作的整体实效水平。

（二）充分发挥社会力量，实现多元共治

对矛盾纠纷多发易发领域，加强行业性、专业性人民调解组织建设，探索契合实际的新型人民调解组织。增加专职人民调解员数量，优化人民调解员队伍结构和能力。完善司法确认程序，通过调解协议司法确认制度强化人民调解协议的效力。推进“大数据+人民调解”机制建设，完善纠纷数据库，提升矛盾纠纷化解的针对性和有效性。以社会需求为导向，强化社会调解，鼓励人民团体、行业协会、商会、民办非企业、商事仲裁机构等设立行业、专业调解组织，调解相关民商事纠纷。进一步健全金融、保险、医疗、交通事故、物业、消费、电子商务等常见纠纷的专业化调解机制，增加有关专业纠纷的调解范围，体现行业调解的便捷性、高效性。发挥律师在预防和化解矛盾纠纷中的专业优势、职业优势和实践优势，探索建立律师调解制度，扩大律师调解范围。加大律师代理申诉案件的力度。鼓励设立具有独立法人地位、按市场化运作的商事调解组织，从事商事合同、电子商务、跨境贸易、民间借贷等商事纠纷的调解。积极开展家事、商事等领域公证活动，通过固定事实、固化法律关系等形式，有效预防矛盾、化解纠纷。发挥公证赋予债权文书强制执行效力的功能，减少解决纠纷成本，快速实现债权。积极探索综合运用多种公证手段化解纠纷。推动多部门、多主体“联合接访、联合调处”，探索建立息访协议的司法确认机制。加强网上信访建设，开展无信访积案创建活动，努力将矛盾纠纷化解在基层、化解在源头、化解在诉前。

（三）不断探索创新，用制度保障诉源治理纵深发展

完善适用调解前置程序的纠纷范围和案件类型。探索建立先行强制调解制

度，对家事纠纷、相邻关系、小额债务、消费者权益保护、交通事故、医疗纠纷、物业管理等，诉前先行强制调解，调解不成再予立案。探索无异议调解方案认可机制。积极推进“分调裁审”机制，“繁简分流、轻重分离、快慢分道”。根据案件类型特点，用足司法确认、小额速裁、督促程序、实现担保物权等非诉讼司法程序，最大限度地依法处理纠纷。对进入诉讼程序审理的案件，强化“简案快审、繁案精审”，实现公平正义。积极探索委派调解和委托调解的案件类型，对有可能通过调解解决的民商事纠纷，法院可以根据纠纷性质、类型及特点，在登记立案前引导当事人选择调解，或者由法院委派调解；登记立案后，法院对适宜调解的案件通过委托调解或者法院专职调解员进行调解。建立健全立案、审判、执行协调配合机制，在审判全过程注重服判息诉，注重诉讼调解自动履行，从源头上减少进入强制运行时间的案件数量。健全完善不履行裁判后果告知机制，在诉讼过程每个环节告知当事人不履行裁判的法律后果，引导和敦促当事人自觉履行义务，发挥自动履行率考核的指引作用，推动形成自动履行为主、强制执行为辅的执行工作长效机制。

（四）加强现代信息技术应用

信息化技术发展衍生出 ODR 机制，改变了此前纠纷只能线下解决的局面。具体而言，ODR 是依托互联网技术实现定分止争的新型解纷机制，是将非诉讼纠纷解决机制与信息通信技术相结合，以实现线上化解纠纷。我国 ODR 的特殊之处在于突破了传统 ODR 的非诉解纷范畴，实现了司法诉讼的线上化审判模式创新与数字化政务服务建设。ODR 机制涉及的人才队伍较为庞大，通过吸纳人大代表、政协委员、人民陪审员、专家学者、律师、仲裁员、退休法律工作者等担任调解员，能够有效提升纠纷解决质量。随着 ODR 概念在“数字政府”“智慧法院”“电商平台”“网络论坛”“第三方解纷机构”等数字化场域中的深入应用，ODR 人才需求增大。为发挥 ODR 在推进诉源治理工作中的探索与示范作用，亟须尽快完善 ODR 人才队伍结构、建立 ODR 引才标准和执业守则、构建 ODR 专业服务体系和制度建设，使之成为建设专业化、职业化、精英化 ODR 人才队伍的基础标准和前提保障。

调研报告

以习近平法治思想为指引
提升人民法院队伍政治能力调研

"以习近平法治思想为指引　提升人民法院
队伍政治能力"课题组*

摘　要： 新时代条件下，人民法院队伍政治能力包括思想认识、价值目标、实践要求、个人品行等四个方面的要求。调研发现，人民法院队伍部分存在理念信念不够坚定、为民服务不够彰显、要素发展不够均衡、贯彻落实不够有力、"关键少数"作用不够凸显等问题。应按照习近平法治思想对人民法院队伍政治能力的要求，结合新时代人民群众对司法工作的新期盼新要求，打造一支听党指挥、绝对忠诚、绝对纯洁、绝对可靠、绝对有力的人民法院队伍。

关键词： 习近平法治思想　政治能力　队伍建设　安顺法院

一　新时代条件下人民法院队伍政治能力的内涵

何为政治能力？不同语境下具有不同的含义。一般指某一党派所属的党员

---

* 课题组组长：李江波，贵州省高级人民法院党组成员、政治部主任。课题组成员：蒋炜，贵州省高级人民法院政治部人事处处长、一级调研员；陈优海，贵州省安顺市中级人民法院立案第一庭庭长、四级高级法官；吴杰，贵州省高级人民法院政治部人事处副处长、三级调研员；吕元媛，贵州省高级人民法院政治部人事处副处长、三级调研员；张兴骏，贵州省高级人民法院机关服务中心副主任、四级调研员；吴珊，贵州省高级人民法院政治部干部教育培训处副处长；苏杭，贵州省高级人民法院政治部人事处二级主任科员；曹华康，贵州省高级人民法院行政审判庭三级法官助理。主要执笔人：陈优海。

本报告系最高人民法院 2021 年度司法研究重大课题"人民法院贯彻落实习近平法治思想研究"的阶段性成果。如无特别说明，本报告资料来源于贵州省高级人民法院及安顺市中级人民法院。

干部，对所属党派坚持的目标价值纲领路线的认同度，对所属党派的忠诚度与拥护度，突出体现为在实际工作中贯彻执行党的路线方针政策的意志、能力与水平。结合新时代条件下人民法院队伍建设的总要求，政治能力主要体现在理想信念、政治品格、道德修养等方面。其中，坚定的理想信念是队伍的政治灵魂，高尚的政治品格是履职担当的根本保证，良好的道德修养是干事创业的基本准则。具体可分为四个层面的要求。

（一）在思想认识层面

政治能力体现为是否具有坚定的理想信念。坚定理想信念，就是要做到对党绝对忠诚。检验的标准是：能不能坚持党的领导，坚决做到“两个维护”，衷心拥护“两个确立”，坚定走中国特色社会主义法治道路，自觉在思想上、政治上、行动上同党中央保持高度一致，确保党的理论路线方针政策，在人民法院得到不折不扣的贯彻落实，严守党的政治纪律与政治规矩，始终做政治上的明白人、老实人，确保绝对忠诚、绝对纯洁、绝对可靠。

（二）从价值目标层面

政治能力体现为是否做到始终忠于党、忠于国家、忠于人民、忠于法律，始终把党和人民放在心中最高位置，坚持人民立场，坚定初心使命。这既是党中央对人民法院队伍素质的总定位，也是政治能力建设在价值目标层面的总要求。四个“忠于”，一方面，澄清了跟谁走、为了谁、依靠谁的价值目标、思想理念与价值取舍问题；另一方面，从司法审判走什么路、用什么标准、依据什么办事等实践层面，回答了业务上的目标导向问题，体现了人民法院工作的政治性与业务性的统一。

（三）在实践要求层面

政治能力体现在政治判断力、政治领悟力与政治执行力三个方面。

1. 在政治判断力方面

一是能否做到全面精准理解党的路线方针政策，看事情、想问题、做决策均把握好政治因素；二是能否做到始终胸怀大局，以国家、人民利益为重；三是能否做到处理好当前与长远、局部与整体的关系。

2. 在政治领悟力方面

一是能否坚持辩证思维，自觉地坚持和运用历史唯物主义与辩证唯物主义的立场与方法；二是能否坚持系统思维，想问题、做决策时，始终做到心中有数、了然于胸；三是能否坚持法治思维，善于运用法治方式应对重大挑战、抵御重大风险、克服重大阻力、解决重大问题。

3. 在政治执行力方面

一是是否做到主动作为，对党中央的决策部署，敢于探索、善于作为；二是是否做到严守纪律，对标对表党的政治纪律与政治规矩；三是是否做到精益求精，坚持恪尽职守、严谨负责的工作作风。

（四）在个人品行层面

政治能力体现为，一是严以修身、严于律己，坚持学思用贯通、知信行统一；二是讲规矩、守底线，心存敬畏，说老实话、办老实事、做老实人；三是培养良好的个人情趣；四是勤学苦练，向书本学习、向人民学习、在实践中学习，持续终身学习，不断增长知识才干。

二　当前人民法院队伍政治能力方面存在的问题与不足

结合上述对政治能力的定义，收集了贵州法院队伍建设 2018～2022 年的相关数据，发放 1500 份问卷调查，征求相关单位部门的意见。经汇总分析，人民法院队伍的政治能力与新时代的新任务、新要求与新标准相比，还存在一定的差距。问题集中表现在理想信念不够坚定（约占 31%）、为民服务不够彰显（约占 17%）、要素发展不够均衡（约占 20%）、贯彻落实不够有力（约占 21%）、“关键少数”作用不够凸显（约占 8%）等几个方面（见图 1）。

（一）理想信念不够坚定

部分干警理想信念不够坚定，把对党忠诚写在纸上、说在嘴上，未能真正放在心上、落到行动中，致极少数最终走上违法犯罪道路。主要表现形式有缺乏敬畏意识（约占 14%）、缺乏认真态度（约占 51%）、缺乏斗争精神（约占 30%）等（见图 2）。

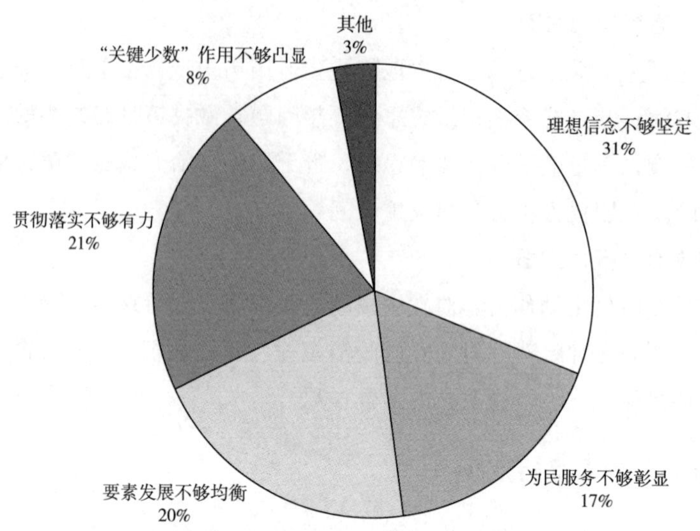

图 1　人民法院队伍政治能力问题情况

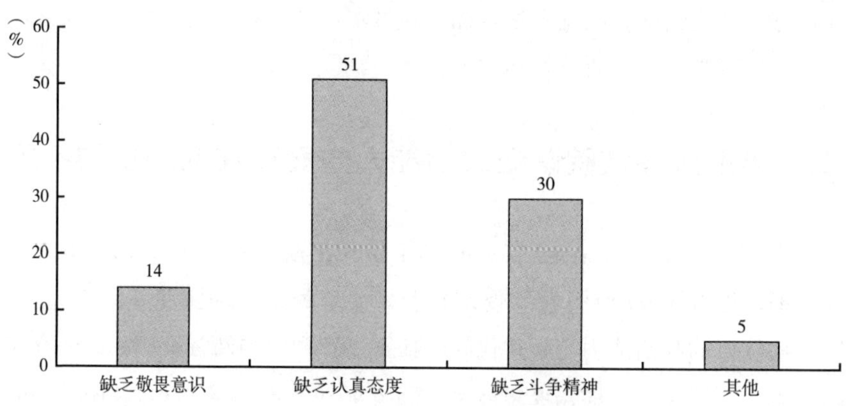

图 2　理想信念不够坚定方面问题表现形式

（二）为民服务不够彰显

司法为民宗旨意识、服务意识淡薄，未能将为民解忧、便民利民的目标要求践行到审判工作中，漠视甚至损害群众利益。主要表现形式有服务能力不足（约占 27%）、服务意识淡薄（约占 38%）、损害群众利益（约占 20%）等（见图 3）。

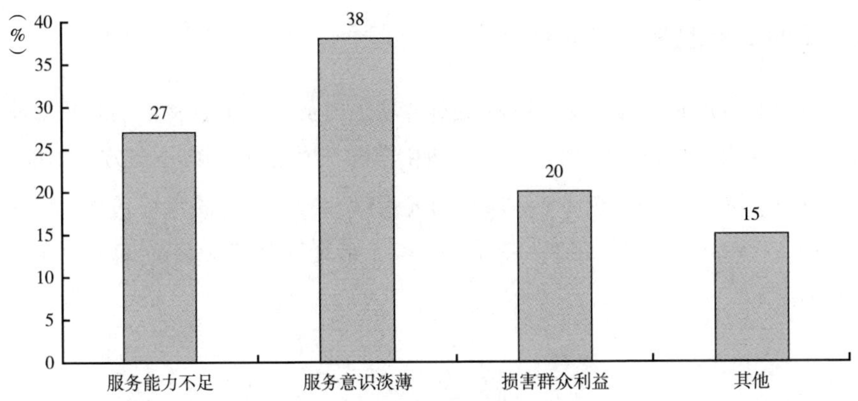

图 3　为民服务不够彰显方面问题的表现形式

（三）要素发展不够均衡

缺少全局思维、系统思维与辩证思想，未能有效兼顾当前与长远、局部与整体的关系，较少从系统性、全局性去谋划推进工作。主要表现形式有落实政治要求的能力不足（约占 21%）、抓政治工作的方法不多（约占 44%）、政治工作与业务工作融合能力不足（约占 30%）等（见图 4）。

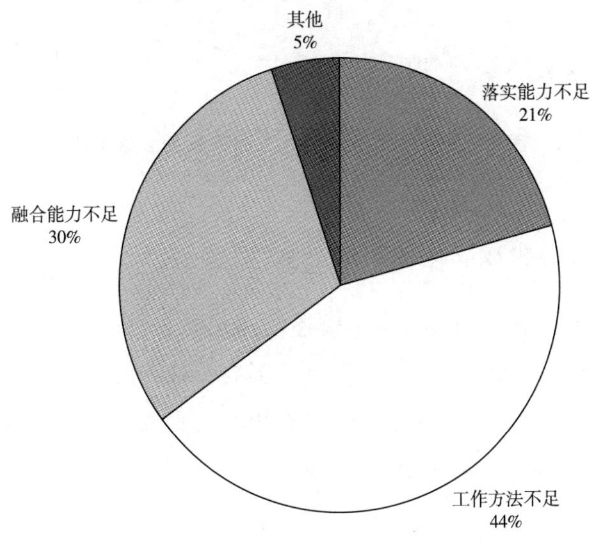

图 4　要素发展不够均衡方面问题的表现形式

（四）贯彻落实不够有力

重口头表态轻实际落实，既缺少对各项工作从宏观上、整体上的深刻理解与把握的能力，也缺少结合工作实际细化落实具体标准、路径与方法的能力，更缺少对实际工作效果的评估、反思与完善的能力。主要表现形式有肤浅性落实（约占 38%）、应付性落实（约占 33%）、选择性落实（约占 20%）等（见图 5）。

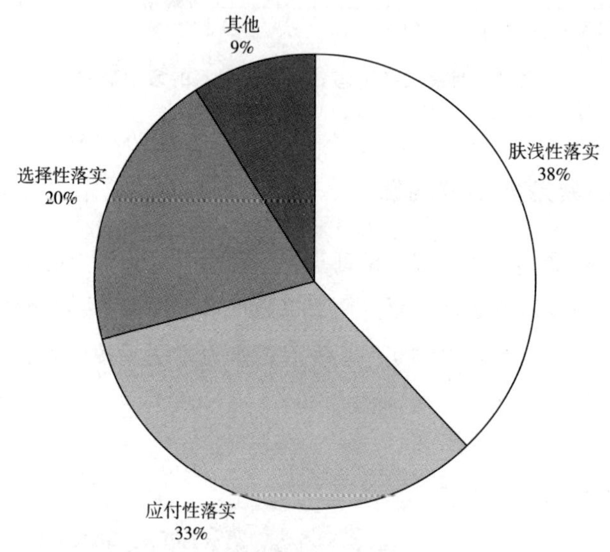

图 5　贯彻落实不够有力方面问题的表现形式

（五）“关键少数”作用不够凸显

2017 年以来，在贵州省法院干警违法违纪被查处的人数中，领导班子成员占比较高，在人民群众中造成了不好的影响，对所在地单位的政治生态造成严重破坏，队伍政治能力建设成效大打折扣。主要表现形式有内部关系被扭曲（约占 36%）、机制运行被异化（约占 24%）、思想认同被消解（约占 22%）等（见图 6）。

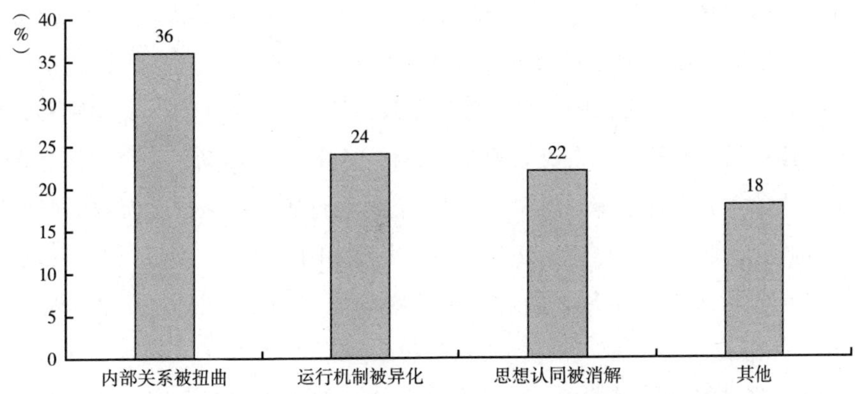

图 6 “关键少数”作用不够凸显方面问题的表现形式

三 以习近平法治思想为指引，提升人民法院队伍的政治能力

从宏观维度，人民法院队伍建设的总目标是建设一支坚持中国共产党领导、坚持中国特色社会主义法治道路的德才兼备的高素质干部队伍。从中观维度看，一支德才兼备的高素质人民法院队伍，体现在革命化、正规化、专业化、职业化四个方面。从政治能力建设最终成果上，队伍是否绝对忠诚、是否信念坚定、是否勤勉为民、是否能力过硬、“关键少数”是否坚强有力五个方面构成人民法院队伍政治能力的核心内容。

（一）建设一支绝对忠诚的人民法院队伍

1. 毫不动摇坚持党对人民法院工作的绝对领导

政法姓党，是始终不变的灵魂。司法的政治性是我国司法工作中坚持党的领导和坚持中国特色社会主义司法制度的理论支持。《淮南子·氾论训》：“知法治所由生，则应时而变；不知法治之源，虽循古终乱。”

（1）正确认识党的领导与依法治国的关系。在社会主义法治逻辑中，政治运行与社会治理统一于人民利益的维护，党与法不处于逻辑上的对立面①。

① 邱水平：《论习近平法治思想的法理学创新》，《中国法学》2022 年第 3 期，第 17 页。

习近平提出的坚持党领导立法、保证执法、支持司法、带头守法[1]，全面呈现了党统筹协调依法治国各环节的领导核心作用，明确了党支持司法的指导思想。一方面，党对人民法院工作的领导是政治领导，它不干预人民法院具体案件的处理；另一方面，党自身必须在宪法和法律范围内活动，支持并保障人民法院依法独立公正行使审判权[2]。同时，党对经过实践检验行之有效的路线原则方针政策，通过法定程序，使党的意志上升为国家意志，形成法律，通过法律保障党的政策有效实施。因此，坚持党的领导与坚持依法治国是辩证统一的。

（2）将党的领导贯彻到法院工作各方面。要从讲政治高度，自觉服从党的领导，旗帜鲜明讲政治，不能羞羞答答、遮遮掩掩，而是光明正大、坦坦荡荡；要将坚持党的领导作为党的根本性建设任务，进一步凸显地位、回归本位、占领高位，将其纳入法院工作总体布局，摆在首要位置，将党的领导贯彻到工作的全过程。党委政法委是党委领导和管理人民法院工作的职能部门，是实现党对法院工作领导的重要组织形式。这就要求：一方面，要严格落实《中国共产党政法工作条例》，严格执行重大事项请示报告制度，健全党对法院队伍领导的体制机制，将党的领导贯穿法院队伍建设的全过程；另一方面，要拧紧责任链条，强化各级法院党组在解决重大问题中的核心作用，发挥把方向、管大局、保落实的领导作用。

（3）严格干部考察的政治标准。《法治中国建设规划（2020—2025）》把拥护中国共产党领导、拥护我国社会主义法治作为队伍建设的基本要求。天下至德，莫大于忠，要把是否忠诚于党、忠诚于党的事业，特别是忠诚于党的核心，作为最高的政治原则与根本的政治规矩，作为选人用人的第一政治标准。严肃政治纪律与政治规矩，经常性开展政治体检，全面排查选人用人的问题隐患，强化政治素质考察，探索建立干警政治档案，对否定党的领导或对党的领导认识不清、立场不坚定的干部，一律不予使用；对政治品德不过关的，坚决一票否决。政治上不清醒、立场不坚定，能力越强、职位越高，危害就越大。

---

① 习近平：《习近平谈治国理政》（第二卷），外文出版社，2017，第114页。

② 江必新、马世媛：《以习近平法治思想引领司法审判工作论要》，《中国应用法学》2022年第1期，第2页。

2. 坚持思想上政治上行动上向党中央看齐

（1）强化政治执行力。习近平曾语重心长地指出，如果党中央没有权威，党的理论和路线方针政策可以随意不执行，大家各自为政、各行其是，想干什么就干什么，想不干什么就不干什么，党就会变成一盘散沙，党的领导就会成为一句空话①。因此，提升队伍的政治能力，首先必须强化政治执行力。工作中，对党中央作出的决定，不讲条件、不计得失、不打折扣，坚决贯彻执行；关键时候，要旗帜鲜明地把政治立场、政治导向亮出来、树起来，在大是大非面前头脑清醒、立场坚定、行动坚决，把对党忠诚、在党言党、在党护党、在党忧党作为根本政治担当，矢志不渝做中国特色社会主义事业的建设者、捍卫者②，提升队伍政治执行力。

（2）坚持对标对表。全国法院几十万干部队伍，如何才能高效组织起来，为建设社会主义法治国家而共同奋斗？关键就是坚持党的领导，坚持对标对表、统一行动。只有统一的思想，才有统一的行动、统一的号令、统一的指挥，组织力、领导力、号召力、执行力才会坚如磐石。如果不对标对表，那就会一盘散沙、各自为政，那就不是共产党的队伍，就不是人民的法院。坚持对标对表，就是要经常性对标党中央的要求，常态化开展批评与自我批评，自觉检视思想上政治上行动上是否与党中央保持高度一致，深刻领悟“国之大者”，忠诚核心、拥戴核心、紧跟核心、捍卫核心，强化责任担当，敢于善于斗争、及时思想纠偏、校准人生坐标，全面贯彻执行党的路线方针政策。

（二）建设一支信念坚定的人民法院队伍

1. 坚持中国特色社会主义法治道路

司法的本土性与社会性，决定了中国的法治道路必须深深扎根于中国的社会土壤。与西方的法治道路相比，我们的法治道路具有鲜明的社会主义性质，不是西方资本主义“三权分立”“司法独立”的那一套；与越南、古巴等其他社会主义国家的法治道路相比，我们的法治道路具有鲜明的中国特色、中国实

---

① 习近平：《在省部级主要领导干部学习贯彻党的十八届六中全会精神专题研讨班上的讲话》（2017 年 2 月 13 日），载《习近平关于社会主义政治建设论述摘编》，中央文献出版社，2017，第 36 页。

② 倪寿明：《新时代法官队伍建设三大要素》，《人民司法·应用》2019 年第 4 期，第 1 页。

践；与马克思列宁主义经典作家所构想的理想社会主义法治道路相比，我们的法治道路是具体的、建立在社会主义初级阶段经济基础之上的法治道路；与中华民族传统的、五千年以来形成的中华法系相比，我们的法治道路是脱胎于中华法系又有别于其传统治理模式的新时代、现代化的法治道路。改革开放以来，尤其是党的十八大以来，我国法治建设取得历史性成就，归根结底在于坚持走中国特色社会主义法治道路，发挥社会主义的制度优势。在这个问题上，决不能有任何迷糊与动摇。

2. 坚持法治思维与政治思维相统一

法治思维，强调从事实与行为的合法性出发，运用法治方式、适用法律规则，解决矛盾纠纷，将问题的处理纳入法治化轨道，具有可预期性；政治思维，侧重从政治立场、政治利益、政治视野、政治博弈和政治方式出发对问题进行观察与思考，与特定的政治历史联系在一起，服务于政治利益、政治格局与政治形势，具有普适性、抽象性的特点。法治思维与政治思维是辩证统一的，政治思维奠定了法治思维的总基调，如同法治的发展靠政治推动一样。党的十八大以来司法领域的每一项重大改革，无不是通过党作出决议，中央深改小组制定改革方案，并逐步推进实施的。故运用法治思维要建立在政治思维基础之上。与此同时，法治思维有助于进一步推动政治思维的规范化发展。对经试点实践成熟的法治改革路径，在上升为法律制度后形成对国家权力的有效制约。

3. 坚持依法治国与以德治国相结合

习近平法治思想立足中华法系“礼法”并重的国家治理传统，突破西方法理学德治与法治泾渭分明的范式，提出法律有效实施有赖于道德支持、道德践行也离不开法律约束。法安天下，德润人心。既要重视法律的规范作用，也要重视道德的教化作用。依法治国是维护社会秩序的刚性手段，以德治国是维护社会秩序的柔性手段，只有把两者有机地结合起来，才能有效地维护社会和谐，保障社会健康协调地发展①。在司法实践中，一方面，要坚持法治与德治并重，防止唯法律论、唯裁判论的司法倾向，有效发挥司法的引领与导向作用，崇法尚德，注重法律对公民道德层面的培育与教化。另一方面，要逐步构

① 习近平：《坚持法治与德治并举》（2006 年 5 月 19 日），载《之江新语》，浙江人民出版社，2007，第 206 页。

建起以社会习惯、村规民约、行业规章、团体章程等为重要载体的多元规范，与法律规范共同构成社会治理的规则体系，借助道德力量滋养法治精神，将全民守法转化为公民道德层面的行动自觉。

4. 践行弘扬社会主义核心价值观

近些年人民法院审判工作出现了"小案件引发大舆情、小案件引起大争论"的现象，如"电梯劝烟案""梵净山金顶刻字案""撞伤儿童离开遇阻猝死案"等案件，案件虽然不大，但涉及的事实认定与法律适用问题，都涉及社会主义核心价值观，涉及对社会公众的行为规范和对社会公众的价值引导①，凸显将社会主义核心价值观的核心要义与精神内涵融入审判工作的重要性与紧迫性。

在思想认识上，要深刻领会社会主义核心价值观的核心要义。精准把握社会主义核心价值观的核心要义与精神内涵，为弘扬践行社会主义核心价值观筑牢思想之基，将核心价值观转化为个人的情感认同与行为习惯，将实践要求内化于心、外化于行。另一方面，在审判工作中，要将社会主义核心价值观融入司法裁判中。要以司法裁判为社会公众树立行为导向，引领社会风尚，厘清群己边界，教化群众崇德遵法、去恶向善，弘扬真善美、鞭笞假丑恶，透过个案裁判将执政党的治理理念、价值取向传递到社会生活的方方面面，实现法理情相融与法律效果、政治效果、社会效果的统一。

（三）建设一支勤勉为民的人民法院队伍

司法的人民性，根植于马克思主义的人民立场，是中国共产党为民宗旨的体现②。

1. 完善联系群众的工作制度

一方面，要不断加强宗旨意识教育，始终坚持权为民所系、利为民所谋，将一切为了人民深扎于干警心中；另一方面，要结合"我为群众办实事"、"我为基层解难题"、"入村寨进社区走企业访群众"大走访、基层志愿服务等

① 郑学林：《民法典中的社会主义核心价值观及典型案例解析》，《民事审判指导与参考》（总第85辑），人民法院出版社，第7~8页。

② 江必新、陈梦群：《司法审判的根本遵循——习近平司法理论述要》，《法律适用》2022年第5期，第4页。

为民服务工作机制，引导干警深入一线、深入基层、深入群众，到人民群众中间去，了解群众诉求，感知群众疾苦，听取群众意见，培育与人民群众的深厚情感，增强做好工作的紧迫性与责任感，提升群众工作的针对性，将保障人民权益、解决群众困难，落实到实际工作中。

2. 回应人民群众的新期盼

牢记树立为民意识，坚持群众有所呼、司法有所应、法院有所为的总要求，推进诉源治理，加强调查研究，全面了解人民群众对司法工作的新期盼及具体的问题表现形式，全面了解人民群众的急难愁盼与操心事烦心事，全面掌握影响人民群众幸福感、安全感、获得感的突出问题，回应人民群众环境保护、公平正义、全过程民主、社会治理等方面的新期待，坚持目标导向与问题导向，主动作为、大胆创新，让司法体制改革与“智慧法院”建设成果惠及全体人民。

3. 依法办理好每起案件

习近平指出，公平正义是司法的灵魂和生命[①]。坚持公正司法、司法为民，充分保障人民群众的实体权利与程序权利，推进矛盾纠纷多元化解，减轻人民群众诉累，努力提供更加便捷优质高效的诉讼服务。依法妥善调处各类民商事纠纷，加大调解工作力度，构建诚实守信的法治营商环境。严厉打击各类严重暴力犯罪，推进扫黑除恶工作常态化，增强人民群众的安全感。建立司法效果评价机制，推进司法公开，强化监督制约，提升人民群众对司法的满意度。通过个案正义的累积，实现从理论公平到实践公平，完成从量变到质变的飞跃，推动构建崇尚法治、良法善治的司法环境。

（四）建设一支能力过硬的人民法院队伍

建设一支德才兼备、能力过硬的人民法院队伍，对践行公正司法、司法为民，促进善治之实现，建设社会主义法治国家来说是不可或缺的。

1. 坚持政治能力与业务能力建设一体推进

（1）深化政治理论学习。政治忠诚品格，需要历经长期淬炼，才能形成

① 习近平：《以科学理论指导全面依法治国各项工作》（2020 年 11 月 16 日），载《论坚持全面依法治国》，中央文献出版社，2020，第 5 页。

独立价值判断，练就过硬的政治品格。这就要求：①持续深入学，将学习贯彻习近平新时代中国特色社会主义思想和习近平法治思想作为首要政治任务，坚持“第一议题”“第一时间”学习和党组中心组集中研讨学习，深刻理解习近平法治思想所蕴含的政治立场、价值取向、基本原理；②创新方式学，创新学习载体与方式，采取干警喜闻乐见、形式多样、便于推广的方式，强化政治理论学习，举办好“政法大讲堂”“法治大讲台”等活动，持续做好政治轮训，邀请专家学者做专题辅导，推进学习贯彻习近平法治思想走深走实；③联系实际学，将政治学习与政法队伍教育整顿常态化紧密结合起来，统筹开展好政治教育、警示教育、英模教育，宣传身边先进感人事迹，召开英模推荐表彰大会，旁听职务犯罪案件庭审，安排被处理干警现身说法，用身边事教育身边人。

（2）加强制度机制建设。坚定理想信念是法院队伍的政治灵魂。①加强日常管理。按照队伍“四化”建设的总目标，将理想信念教育融入日常管理，教育干警将我是谁、依靠谁、为了谁等基本理想信念问题想清楚、弄明白，始终将其作为指导工作的总原则、总纲领，铸就“金刚不坏之身”，锤炼赤子丹心。②探索实施法院文化工程，发挥法院文化的正向激励作用，强化政治认同，形成稳定的政治价值基础。③建立政治能力分析研判机制。结合法院工作实际，制定干警政治能力要素清单，常态化开展干警思想动态分析，完善动态排查机制。

（3）加强业务能力建设。当前，我国经济社会发展进入新阶段，矛盾纠纷类型纷繁复杂，处理难度极大，这对法官的能力水平提出了更高要求。人民法院要按照习近平对提升队伍的五大能力要求，增强培训的针对性与实效性，聚焦司法实践中的突出问题，充分运用智慧法院的建设成果，提升干警的整体素质与司法能力；要善于运用法治思维和法治方式解决执法办案中面临的深层次问题，对法律规范跟不上现实需要或者法律规范与道德良心相冲突等情形，要运用法治思维来开展工作，运用法治精神来解决具体问题①。

2. 坚决履行服务党和国家工作大局的政治责任

司法的时代性，要求法院队伍时刻以党和国家工作大局为重，以最广大人

① 宋世明：《坚持在法治轨道上推进国家治理体系和治理能力现代化》，《中国政法大学学报》2021 年第 3 期，第 26 页。

民利益为念，切实肩负起中国特色社会主义事业建设者、捍卫者的职责使命①。人民法院要教育引导队伍始终胸怀大局，履行好维护社会大局稳定、促进社会公平正义、保障人民安居乐业的职责使命；要紧扣党和国家不同时期的中心工作，将审判工作主动置于其中去谋划思考，充分发挥审判职能，服务国家重大发展战略；在办理案件时要协调好国家利益与个人利益的关系，实现办案社会效果与法律效果、政治效果的有机统一。当前，在国家推进“一带一路”建设、推进粤港澳大湾区建设、实现碳达峰与碳中和减排目标、推进脱贫攻坚与乡村振兴有效衔接等重大工程、重大战略、重大目标中，切实找准司法工作的着力点与切入点，出台相应的司法服务举措，保证中国特色社会主义现代化事业的顺利推进。

3. 坚持严管与厚爱相结合

（1）从严管理队伍。司法机关是国家免疫系统的重要组成部分，是营血卫气、祛邪扶正、保证社会肌体健康的重要力量②。因此，确保队伍绝对忠诚、绝对可靠，更具必要性、现实性与紧迫性。这就要求：①持续推进党风廉政建设与反腐败斗争，将从严治警贯穿队伍建设始终，做到真管真严、敢管敢严、长管长严，注重日常管理、抓早抓小，掌握队伍思想、工作、作风、生活状况，经常性咬耳扯袖，防微杜渐；②将从严管理与法院工作特点结合起来，重点抓好防止干预司法“三个规定”的落实，全面排查整治各种顽瘴痼疾，坚持不懈整治“四风”；③健全落实纪法协同机制，发挥系统巡视、政治督察、执行监督、纪律作风督查等巡查制度作用，推动形成监督合力，狠抓执行监督。

（2）落实意识形态责任制。牢固树立案件舆论风险意识，既要接受舆论监督又要防止舆论审判，学会并善于同舆论打交道，将舆论监督作为做好法院工作的助推器，使其成为百姓表达心声的万花筒，认真倾听意见建议，耐心做好解释，不能简单以法院独立审判为由拒绝倾听民意。同时，要按照“三同步”的工作要求，完善相关工作预案，提升对舆论突发事件的处置能力，学

① 习近平：《努力让人民群众在每一个司法案件中都能感受到公平正义》（2013年1月3日），载《论坚持全面依法治国》，中央文献出版社，2020，第17页。

② 曹建明：《加强对司法活动的监督》，载《〈中共中央关于全面推进依法治国若干重大问题的决定〉辅导读本》，人民出版社，2014，第125页。

会化危为机，注重释明分流，将人民群众的意见建议引导到依法办事、理性维权的法治轨道上，充分发挥司法的引领、示范与保障作用。在这一过程中，要始终坚持实事求是、依法办事的原则，不能因舆论炒作而失守法治底线，跨越法治红线。

（3）关心关爱干警。习近平指出，政法队伍是党和人民的忠诚卫士，是和平年代牺牲付出最多的一支队伍，也是需要给予关爱的人。人民法院处于化解矛盾纠纷的最前沿，多数案件难以做到胜败皆服，由此部分案件当事人可能将不利判决结果归罪于法官，轻则对法官谩骂、诽谤、诬告，重则实施人身威胁、跟踪，甚至暴力犯罪。安身是安心之本，人民法院积极协调落实各项从优待警政策，关注干警身心健康，保护人身安全，心理上给予疏导、工作上给予帮助、生活上给予关心；对敢于担当、秉公执法的干警，要健全相应的容错纠错机制，要为干警履职撑腰鼓劲，结合法官的履职特点与实际困难，健全职业保障制度与履职保护机制，让法官感受到组织的关怀与温暖，让法官能安心工作，消除后顾之忧，有效汇聚起推进伟大司法事业发展的磅礴力量。

（五）建设一支坚强有力的领导干部队伍

各级法院的主要领导与班子成员，是人民法院的“关键少数”，在抓好队伍建设、促进公平正义方面，发挥着“领头雁”作用。

1. 发挥示范带动作用

法院党组书记要旗帜鲜明地站在政治建设工作的最前沿，认真履行“第一责任人”责任，把政治建设融入党建队建、业务建设整体谋划部署，纳入“一把手”抓党建队建述职评议与目标管理考评；其他院领导要落实“一岗双责”。领导干部要做坚守政治原则、抓好政治执行的表率，发挥思想政治工作的引领作用，与干警同频共振、同向同行，带头查纠整改；要守住清廉本色、管好自己及家人，始终把纪律规矩挺在前面，自觉执行和遵守党章党规党纪，做到严以律己、廉洁从政、崇尚法治，做一名一心为民、一身正气、一尘不染的领导干部；要强化责任担当，抓班子带队伍敢抓敢管、动真碰硬，切实解决管党治党宽松软问题，对那些屡教不改的严格追责问责，须知教育千遍，不如问责一次。

2. 严格用权限权

习近平指出，党大还是法大是个伪命题。对于各级党组织、各级领导干部来说，权大还是法大则是一个真命题[①]。权力一旦不受约束，便会自我膨胀，丧失理性。结合人民法院工作，加强对“关键少数”的权力制约，要聚焦管理薄弱环节与权力运行的关键领域，重点完善审判权、审判管理权、审判监督权等权责清单制度，严格落实防止干预司法的“三个规定”，切实将权力关进制度的笼子里，确保用权受监督、有权必有责、权责相统一；要严格落实民主集中制，善于运用法治思维与法治方式处理问题、做出决策；要严格贯彻落实“三重一大”工作要求与重大事项请求报告制度，切实做到党组书记向同级党委负责，其他党组成员及院领导向党组书记负责，形成一级抓一级的权力运行监督责任闭环体系。

3. 完善追责问责机制

当前，紧紧抓住“关键少数”，一方面要解决问责不力问题，另一方面还要解决问责过于泛化的问题。具体而言，要强化对法院“关键少数”的政治监督、重点监督与日常监督，形成科学规范的管理体系；要充分利用政治巡察利剑，对政治生态不好、干警反映强烈的地方，适时开展政治巡察，督促指导解决政治能力建设的突出问题；要完善激励相容的制度执行机制，聚焦制度目的可实现程度的制度环境，建立科学合理的“试错”“容错”机制，对主动作为、敢于担当的领导干部，给予鼓励与保护；要持续廓清政治生态，保持反腐高压态势，全面彻底肃清周永康、奚晓明、沈德咏等流毒影响，坚决把害群之马清除出法院队伍；要持续整治“四风”，力戒形式主义、官僚主义，对不屑学法、心中无法、以言代法、以权压法，甚至以身试法、知法犯法的领导干部，严格问责，绝不姑息。

结　语

司法当中有政治，没有脱离政治的法治。司法制度是政治制度的重要组成

① 习近平：《在省部级主要领导干部学习贯彻党的十八届四中全会精神全面推进依法治国专题研讨班上的讲话》（2015 年 2 月 2 日），载《习近平关于全面依法治国论述摘编》，中央文献出版社，2015，第 37 页。

部分，司法的政治性以及司法权“刀把子”的专属性，凸显了加强人民法院队伍政治能力建设的极端重要性。强化政治能力建设，确保队伍始终在政治立场、政治方向、政治原则、政治道路上同以习近平同志为核心的党中央保持高度一致；善于从政治上分析问题、解决问题，提高辨别政治是非、保持政治定力、驾驭政治局面、防范政治风险的能力①，自觉履行好维护国家政治安全的主体责任。在此基础上，进一步履行好确保社会大局稳定、促进社会公平正义、保障人民安居乐业、促进经济发展的职责。何以能锤炼出过硬的政治能力？唯有以习近平法治思想为指引，持续加强政治学习，不断改造自己的主观世界，时刻做好迎接新困难新挑战的准备。

① 江必新：《司法审判中非法律因素的考量》，《人民司法》2019 年第 34 期。

基层法院参与社会治理创新调研

韦大志*

摘　要： 基层社会治理是一项繁重而系统的工作，不仅需要发挥党委、政府的主导作用，也需充分发挥人民法院的协同保障作用。以 G 县人民法院为例，该院紧紧围绕公正司法、司法为民主题，着力夯实三个平台，确保全方位解决纠纷；着力抓住三大节点，确保纠纷解决全覆盖；着力推行三项机制，确保化解纠纷更高效，取得了良好的社会效果。结合人民法院的职能定位，应当进一步在“依托司法审判功能，化解社会矛盾”“依托司法监督功能，促进依法行政”“依托司法指引功能，引导社会行为”“依托司法整合功能，推进协同治理”“依托法庭前置功能，促进诉源治理”上发力，持续推进基层法院参与社会治理创新工作。

关键词： 基层法院　社会治理　审判监督　诉源治理　安顺法院

习近平总书记强调，加强和创新社会治理，关键在体制创新，核心是人，只有人与人和谐相处，社会才会安定有序。党的十九大报告提出，健全自治、法治、德治相结合的乡村结合治理体系。这既是对社会治理实践的总结创新，更是新时代推进国家治理体系和治理能力现代化的必由之路。党的十九届四中全会进一步明确了新时代推进国家治理体系和治理能力现代化的总体要求、总体目标和重点任务，进一步强调在构建基层社会治理新格局中要坚持“党委领导、政府负责、民主协商、社会协同、公众参与、法治保障、科技支撑”，

---

* 韦大志，安顺市中级人民法院党组副书记、常务副院长，三级高级法官。
如无特别说明，本报告资料来源于关岭县人民法院。

为推进基层人民法院参与基层社会共建共治共享管理格局提供了政策性依据。基层社会治理是一项繁重而系统的工作，不仅需要发挥党委、政府的主导作用，也需要充分发挥人民法院审判执行的协同保障作用。当前，人民法院在基层社会共建共治中的协同保障作用日益突出，人民法院积极参与基层社会治理有利于构建政府主导与法治保障一体的良好格局，有利于推进基层社会治理能力现代化。

一　基层人民法院参与社会治理创新的原因探析

社会治理是政府、社会组织、个人等多种社会治理主体，为实现某一共同目标，通过平等的对话、协商、沟通、合作，依法对社会事务和社会生活进行引导和规范，以实现公共利益最大化的过程。基层社会治理需要人民法院参与的原因主要有以下几点。

（一）村居纠纷是基层需要解决的重要问题

样本地区 G 县是布依族苗族自治县，全县总面积 1464 平方公里，辖 4 个街道、9 个镇、1 个乡。县内居住着布依族、苗族、仡佬族、彝族等 35 个民族，2021 年末户籍总人口 40.86 万人，少数民族人口占总人口的 62.72%，作为少数民族聚集地区，民族、宗教、家族、观念等情况复杂交织，推进基层社会现代化、法治化进程任重道远。同时由于法院案多人少的矛盾以及现代法律制度在乡土社会难以自发形成，推进法治村居必须充分融合乡土资源。例如，G 县人民法院近年来审理的案件中，涉及农业、农村、农民的矛盾纠纷达到 70%以上。要有效地融合基层人民法院的审判职权与强化基层社会治理创新的目标，就必须着重优化基层人民法院职权，将重心下移、力量前置，着力从源头化解村居纠纷。

（二）少数基层群众“信访不信法”的思维仍然存在

从近年 G 县人民法院化解的信访案件来看，个别当事人不服人民法院生效判决，不断重复上访，并且在每年重要节点和其他重大活动期间集中上访。说明少数基层群众“信访不信法”思维仍然存在。这迫切要求在基层社会治理中，更加强调治理主体的多元参与和法治的保障作用，更加强调运用法治思维和法治方式化解社会矛盾，更加强调社会建设从行政管控向依法治理的转变，创新社会治理方式方法从事后处置向源头预防治理前移转变。

（三）基层人民法院的职能定位决定其参与社会治理

“中国的司法必须回应中国的问题，当代中国的司法必须有效回应当代中国的问题，即使司法有难处，即使以前缺乏经验。任何国家的司法都必须分担一定的治理国家和社会的政治责任，这是无法逃避和放弃的。”人民法院的价值理念是司法为民，今天所要建设的法治社会，是一个有着完善的多元化纷争化解机制的社会，而司法权由于其本身的中立性和稳定性，更适合成为实现治理的保障力量，这就决定了基层人民法院必然成为社会治理的重要参与者、积极推动者和有力保障者。首先，基层人民法院作为行使国家审判权的司法机关，其基本职能是解决纠纷、化解矛盾、维护社会和谐稳定。司法权本身就是社会治理职能的重要组成部分，基层人民法院裁判案件本身就是治理社会的一种手段和方式。因此，基层人民法院是社会治理创新的重要主体。其次，人民法院是权利救济机关，肩负着维护社会公平正义的重要职责。通过对具体案件的中立裁判，规范各社会主体的行为，修复和弥补社会关系，推进社会治理的法治化，最大限度地减少社会矛盾的发生，是社会治理创新的重要推动者。最后，依法治理是社会治理的核心，在推进社会治理创新过程中，人民法院通过发挥其司法监督功能和维权工作机制，推动法治政府建设，促进依法行政，维护群众利益，化解社会矛盾纠纷，为社会治理提供强有力的司法保障。

二　G县人民法院参与基层社会治理的实践

G县人民法院紧紧围绕公正司法、司法为民主题，继承“马锡五审判方式”，传承“枫桥经验”，弘扬人民司法优良传统，主动回应人民群众对法院工作的新需求、新期待，通过诉调对接、设立法官工作室、促进行政争议诉前协商、群众评议团等多措并举的方式，自觉承担参与基层社会治理的社会责任，取得了党政支持、群众拥护、各界欢迎的良好效果。

（一）夯实三个平台，确保纠纷解决全方位

1. 强化诉调对接平台建设，化解纠纷更加便捷

紧紧依靠当地党委的领导，协调各方，建立多元矛盾纠纷调处工作机制，基本形成了“党委领导、政府主导、法院推动、多方参与”的矛盾纠纷多元化解工作格局。G县法院建立了实体化、常态化的诉调对接平台，整合立案服务、繁简分流、信访接待、调解服务、律师援助、双语接待、司法确认等功能区，实现“一站式”服务。统一设置指导分流室、人民调解室、家事调解室、律师调解室、行业性纠纷调解室、双语调解室、司法确认室等特色对接平台，紧紧依靠县域13家调解组织，协调相关单位（部门）就地化解纠纷。

2. 建立行政争议诉前协商平台，化解纠纷部门联动

按照安顺市中院部署，积极落实行政争议诉前协商机制，2019年7月起，安顺市中院分别在G县法院两个人民法庭设立“安顺行政争议诉前沟通协商办公室”，同时，在G县法院机关探索设立“安顺行政争议诉前沟通协商办公室”，对辖区内的行政争议依法提出“行政争议协商方案”。目前行政争议诉前沟通协商机制在人民法庭全部推行，覆盖全县所有乡镇（街道），使“小事不出村、大事不出镇”，力促行政争议实质化解在诉前、解决在当地。

3. 设立法官工作室，下沉延伸审判服务

使机关大院里的法官变成百姓家门口的法官。在矛盾多发易发的乡镇（街道）、社区、村寨、学校、医院等基层一线，根据地区、行业等差异，设立12家“法官工作室”，在非法庭驻地乡镇设立10家法官工作站（巡回审理点），在全县8个易地扶贫搬迁安置点设置8名法庭联络员，每一个巡回审理点设置一名法庭联络员和人民陪审员，发放便民联系卡，公布法官联系电话。织密了“乡镇人民陪审员+人民法庭联络员+人民法庭巡回审理点+法官工作室+院机关诉调对接中心”的“两员、一点、一室、一中心”多元化解矛盾纠纷立体联调网络。截至2020年6月，法官工作室（站）共受理各类纠纷340余起，调解结案310余起，发出司法建议20余条，接待群众1100余人次，帮助困难群众160余人次。有效推进了诉前解纷、源头治理。

（二）抓住三大节点，确保纠纷解决全覆盖

1. 抓住分流节点，减轻诉讼压力

在案件审理中，整合审判资源与社会力量，实现优势互补，对于案情简单、争议不大的民商事案件以及婚姻家庭纠纷、农村土地承包纠纷、邻里纠纷等案件，在征得当事人同意后，引导当事人协商选择非诉讼方式进行调解。对当事人不同意以非诉讼方式进行调解，或者经调解不能达成调解协议的，则及时依法予以登记立案，促进矛盾纠纷的及时化解。近年来，G 县法院大力推行诉前调解优先，2016 年受理民事案件 1155 件，同比下降 12.03%，2017 年受理民事案件 1140 件，同比下降 1.30%，随着经济社会的快速发展，2018～2019 年民事案件仅上升 3.50%左右，2020 年上半年受理民事案件 759 件，同比下降 7.44%。

2. 抓住对接节点，使纠纷化于诉前

在县委政法委支持下，积极推进诉调对接机制的建立，建立诉调对接机制，促使矛盾纠纷化解在诉前。2019 年 10 月，G 县法院与司法局印发《关于进一步加强诉调对接工作的实施意见》，在县人民法院设立诉前调解委员会，进驻法院“一站式多元调解中心”，负责对涉诉民事诉讼纠纷进行立案前调解，使当事人争议无须进入诉讼程序就得到解决，极大地减轻了当事人的诉累，调解各类矛盾纠纷 800 余起。近年来，通过非诉讼调解方式解决纠纷 1500 余件。下辖的 D 法庭开展行政诉前协商案件 2 件，得到当地党委政府的肯定。

3. 抓住确认节点，维护调解效果

对一些涉及邻里纠纷、婚姻家庭纠纷、物业纠纷等的案件，委派调解组织先行调解，在立案登记前达成协议的，为维护调解成效，依法引导当事人申请确认调解协议的效力，审判员第一时间对调解协议效力进行审查，及时确认调解协议效力。依法出具司法确认调解协议、有效的民事裁定书，未达成调解协议的，及时导入立案程序，使当事人合法权益得到及时保障。

（三）推行三项机制，确保化解纠纷更高效

1. 推行“三步调解法”

G 县法院下辖人民法庭在工作中总结出“三步调解法”，即庭前，邀请寨

老、族老、当事人亲属和少数民族调解员参与诉前调解；庭审中，找到矛盾纠纷症结，针对性开展调解，帮助当事人理顺情绪，消除误解，平息怨怼，减轻当事人对立对抗气氛；庭后，采取与当事人拉家常、案后回访、心理疏导等方式，修复关系，促进服判息诉，实现“案结事了、案结事好”。“三步调解法”已在全院推广，人民法庭年均调撤率达80%以上。辖区内“女子法庭”柔性调解的做法得到了辖区各民族群众的肯定，调撤率年均90%以上，服判息诉率95%以上。

2. 推行“群众评议团”

G县法院将调解方式贯穿于诉讼活动的各阶段、全过程，在庭审程序中探索引入“群众评议团”程序，邀请当事人亲友、代表委员、村支两委干部、脱贫攻坚网格员等组成“群众评议团”，对亲情伦理、是非对错等方面进行说理评判，通过“百姓说事、群众说理、法官说法”，促进“案结事了、案结事好”。

3. 设立巡回法庭

人民法庭巡回审理率45%以上。在脱贫攻坚进程中，设立“脱贫攻坚巡回法庭”，开启“巡回审理快车”，对涉及恶意分户、虚假离婚、虐待遗弃、早婚早育等矛盾纠纷开展巡回审理，宣传党的脱贫政策。“脱贫攻坚巡回法庭”把法庭审理活动和宣传党的脱贫政策送进乡镇、村寨、农户、移民安置点，“脱贫攻坚巡回法庭”审理案件110余件，化解矛盾纠纷320余起，为打赢脱贫攻坚战提供了有力的司法保障，得到当地党委政府高度肯定。

三　基层人民法院有效参与社会治理的对策建议

基层人民法院肩负着实现社会公平正义、维护社会和谐稳定的重要职责和使命。在社会治理创新中，立足于自身职责，主动参与，以社会治理法治化促进国家治理体系和治理能力现代化，是当前基层人民法院参与社会治理的必然选择。

（一）依托司法审判功能，化解社会矛盾

人民法院司法活动的核心功能是审判，而审判的首要任务是定分止争、维

护社会秩序。司法权是国家行使权力的重要环节，也是社会治理手段的重要组成部分。司法的基本功能在于解决纠纷。但司法功能不是僵化不变的，随着其政治、经济、社会的发展变化而不断调整。人民法院履行审判职责，将法律落实于化解矛盾纠纷中，是对民众社会生活的调控规制，其本身就是一种有效的社会治理方式。近年来，人民法院受理的案件数量持续呈现大幅上涨的趋势，现有的审判资源难以承受案件激增的巨大压力。例如，G 县法院近三年来案件量逐年增长，案多人少的矛盾愈发激化。人民法院可以充分运用典型案件分析、媒体宣传等途径大力宣传矛盾纠纷的多元化解方式，同时可以运用好诉讼调解这一化解社会矛盾的有效方式，着力形成全员、全程、全方位的大调解工作格局，促使当事人化解纠纷，真正做到案结事了。

（二）依托司法监督功能，促进依法行政

政府机关作为行使国家行政权的重要部门，是社会治理的重要主体。人民法院在监督方面具有法律赋予的权力和职能。一方面，人民法院可以在行政诉讼过程中针对具体行政行为进行合法性审查与合理性审查，进而监督行政机关；另一方面，人民法院可以充分发挥作用，把确保群众权益与推动依法行政二者有机统一起来，及时发出司法建议，促进行政机关改变其不合理不合法的行政行为，引导其及时完善监管，弥补相关领域的管理漏洞。同时，人民法院还可以探索推进行政争议诉前协商，例如，安顺两级法院在党委领导下，建立了党委领导、政府支持、法院主导、各方合力的行政争议诉前协商工作机制，成立了全面纵深推进行政争议诉前协商工作领导小组，印发了实施方案。行政争议诉前协商主要体现国家治理体系、治理能力现代化的要求，其目的在于真正从源头上实质性化解官民矛盾纠纷，将矛盾纠纷化解在诉前，提升行政争议诉前协商水平。

（三）依托司法指引功能，引导社会行为

人民法院所做出的审判对于整个社会而言具有重要的引导作用，人民法院的司法行为能够确保民众利益的实现，同时传播司法精神，继而达到促进法治国家建设的高度。有学者把价值观看作独立的判决要素，在政治与政策范畴之内，人民法院作为行使审判权的主体，要扮演好“价值判断代理人”的角色，

有效传达国家意识与道德命令。通常来讲，人民法院的工作被称为社会与经济发展的“晴雨表”，它能够全面综合社会动态信息，及时通过案例具体情况，了解社会纠纷的种类、数量、发展趋势等内容，并且能够实时掌握在社会中出现的各种新老矛盾。通过落实司法调研、发布典型案件、发出司法建议等措施，有效推动行业自律，从而为整个社会的发展与进步提供有效依据，最大程度上对政府机关、社会团体以及公民个体等行为起到规范引导作用。

（四）依托司法整合功能，推进协同治理

基层司法机关建立与完善多元纠纷解决体制是实现社会治理工作的创新之举，人民法院在参与社会治理创新过程中，要重视与其他机关单位之间的沟通与交流。目前我国司法制度趋于完善，法治文化较为繁荣，解决矛盾纠纷的各种方法间互相关联、互相促进，共同形成了一股巨大的治理能量，为化解社会矛盾提供多元的选择途径。当前，人民调解、行政调解、劳动仲裁等多种形式解决大量非诉讼争议，在推行多元化纠纷解决机制中发挥着重要作用。基层司法机关和政府应当整合各种解决纠纷的方式，进一步提高工作效率。多元化纠纷的多种解决方式能够在很大程度上促进社会各方主体的团结协作，实现资源共享与优势互补，从而减轻法院的诉讼压力，提高民众的获得感和满意度，进一步提升司法公信力。

（五）依托法庭前置功能，促进诉源治理

人民法庭应当结合辖区经济社会发展实际，坚持社会调解优先、法院诉讼断后的理念，总结实践经验，有效化解矛盾。相比于城区，派出法庭的案件有其独有的纠纷特性，如多发于家庭或邻里之间、当事人证据意识薄弱等。鉴于这些特性，人民法庭审理案件不仅要确保法律效果，还应追求良好的社会效果，通过巡回审判、走访基层、案后回访等方式，充分了解纠纷背后的起因经过、社情民意，提出能为社会大众普遍认同的裁判意见。要发挥人民法庭在司法业务上的专业优势，通过培训授课、送法下乡等多种方式，给予调解人员业务指导，帮助各调解组织提高调解业务水平，达到从源头上化解各类纠纷的目的。

安顺两级法院开展以审判为中心的刑事诉讼制度改革工作调研报告

黄云庆　肖　黎*

摘　要：推进以审判为中心的刑事诉讼制度改革，旨在从刑事诉讼的源头规范证据的收集、固定、审查和运用，是立足我国国情和司法实践，在刑事诉讼制度基本框架内进行的自我完善，在司法体制改革中具有“四梁八柱”性的基础支撑作用。安顺两级法院作为以审判为中心的刑事诉讼制度改革试点法院，将“三项规程”① 作为推进改革的关键抓手，改革成效显著。通过对“三项规程”、“三率”② 及认罪认罚从宽制度在安顺两级法院改革试点中的案例数据进行实证考察，分析改革取得的成效、存在的问题，并从司法实践出发提出行之有效的完善措施。

关键词：“三项规程”　“三率”　认罪认罚从宽制度　刑事诉讼制度改革　安顺法院

推进以审判为中心的刑事诉讼制度改革，是党的十八届四中全会作出的重大改革部署，也是人民法院全面深化司法改革的重要举措。2017 年 8 月，安顺中院被贵州省高级人民法院确定为以审判为中心的刑事诉讼制度改革试点法院。自试点工作开展以来，安顺两级法院结合辖区实际，大胆创新，敢于实

* 黄云庆，安顺市中级人民法院环境资源审判庭庭长，四级高级法官；肖黎，安顺市中级人民法院法官助理。

如无特别说明，本报告资料来源于安顺市中级人民法院。

① “三项规程”，指庭前会议规程、排除非法证据规程和刑事一审普通程序法庭调查规程。

② “三率”，指证人、鉴定人、侦查人员出庭率，案件当庭宣判率，律师辩护率。

践，全面推进以审判为中心的刑事诉讼制度改革试点工作，与公安机关、检察院共同推进侦查、起诉、审判、辩护等各个环节、各项职能的改革，刑事司法理念更加科学，司法制度更加完善，审判机制不断健全，人权保障不断提高。为进一步总结改革经验，本报告以安顺两级法院2017~2021年相关数据为样本，通过对“三项规程”、“三率”及认罪认罚从宽制度的推进情况进行分析，对改革取得的成效、存在的问题进行总结，并提出行之有效的具体举措。

一　关于“三项规程”推进情况的调研及其完善

继《关于全面推进以审判为中心的刑事诉讼制度改革的实施意见》后，最高人民法院又配套出台了庭前会议规程、排除非法证据规程和刑事一审普通程序法庭调查规程。三项规程有效破解了诉讼制度中的症结问题，是以审判为中心的刑事诉讼制度改革的关键抓手，是改革精神具体化的重要载体，是改革运行成效的具体写照。

（一）庭前会议

1. 庭前会议程序适用的基本情况

作为开庭审理前的准备程序，庭前会议虽然不能替代庭审功能或解决实体问题，但其具有的繁简过滤、归纳控辩双方争议焦点、梳理事实证据争议等预期功能切实提高了庭审质效。2017~2021年，安顺两级法院刑事审判庭共召开庭前会议79次。庭前会议的召开，对于保障重大、疑难案件庭审的顺利进行发挥了重要作用，使证据较多、案情复杂案件的审判效率也得到了显著提升。如由西秀区法院一审的被告人张某等11人犯组织、领导、参加黑社会性质组织等罪一案，案件全部卷宗共56册，通过召开庭前会议，对案件证据进行了梳理和展示，最终开庭审理用时2天并对案件进行了当庭宣判，庭前会议的召开使得涉黑涉恶案件实现快审快结。

2. 庭前会议程序适用的主要问题及成因

（1）庭前会议实质性替代庭审，使庭审功能虚化弱化。实践中，部分庭前会议开着开着就变成了提前质证和法庭辩论，导致庭审功能弱化。这一现象是部分法官对于庭前会议的规则理解不深，对庭前会议的程序和宗旨把握不到位所导致的。不但导致了庭审功能的弱化，更违反了诉讼法的规定，变相剥夺了被告人在庭审中的部分合法权利，进而导致程序违法。如由西秀区法院一审的左某犯敲诈勒索罪一案，西秀区法院召开了公诉人、被告人、辩护人均参与的庭前会议，在庭前会议中，便将所有在卷证据进行了举证、质证，庭审时以证据已在庭前会议中进行展示为由不再进行举证、质证。这样的庭前会议与庭审其实已并无大异。

（2）庭前会议对于庭审的辅助作用不明显。庭前会议展示证据时仅对证据名称及其简要证明目的进行展示，绝大多数被告人由于文化程度较低等造成对庭前会议的目的及意义无法理解，在庭前会议上不知所措，从而导致庭前会议的庭审辅助作用不明显。

3. 进一步提升庭前会议制度功能的对策建议

（1）明确庭前会议功能及定位。审判人员应加强对庭前会议制度的学习及掌握，正确理解庭前会议的功能在于将可能导致庭审中断的程序性问题解决在庭前，确保庭审的顺畅进行，不能对定罪量刑或证据认识等实体问题进行预判，从而避免庭前会议“越俎代庖”，虚化庭审程序。

（2）多角度提升被告人参与庭前会议的作用。一是明确除法律规定被告人必须参与的庭前会议外，其他案件应综合案情、被告人羁押情况、参与效果等考量是否让被告人参与。二是结合刑事案件律师辩护全覆盖工作，对未委托辩护律师的被告人提供法律援助，由辩护律师在庭前会议召开前对其进行法律解释等工作，从而避免被告人因文化程度低等原因无法理解庭前会议召开的目的和意义，以及无辩护律师的被告人参与庭前会议导致程序拖沓的不利情形发生。三是被告人未参与庭前会议时，建立辩护人事后告知制度。即庭前会议召开后，辩护人将庭前会议中的证据展示情况、控辩双方意见等基本情况告知被告人，使其对庭前会议的大致内容有所知晓。

（二）排除非法证据

1. 排除非法证据程序适用的基本情况

证据是刑事诉讼的基石，法院作为案件办理的最后一道关口，必须对证据合法性进行严格审查。为此，2017 年由安顺中院牵头与市人民检察院、市公安局联合制定了《关于重大刑事案件主办侦查人员跟案旁听案件审理的实施办法（试行）》，敦促公安机关侦查人员深入感知庭审对证据的审查过程和认定标准，切实发挥审判程序对证明标准、证据规则的指引作用。2017～2021年，安顺两级法院共21件案件启动排除非法证据程序，排除非法证据7件。

2. 排除非法证据程序适用的主要问题及成因

（1）当事人及辩护人提供非法证据的线索难度较大。排除非法证据程序的启动，要求被告人及其辩护人承担初步的证明责任，但实践中，往往存在被告人提出有刑讯逼供等非法取证情况，但对于实施刑讯逼供的侦查人员，刑讯时间、地点等情节往往无法提供相应材料和线索的问题。如安顺中院审理的上诉人高某等人犯破坏电力设备、盗窃等罪一案，上诉人高某在提讯中提出申请排除非法证据，但其仅口头表述说有被侦查人员恐吓的情况，承办法官通过查看侦查人员讯问的同步录音录像等并未发现被告人所述情形，进而未启动排除非法证据程序。

（2）公安机关采用的侦查手段与非法取证的区分存在困难。虽然在司法改革中呼吁要加强物证等客观性证据的使用，但受侦查手段的局限，先进的物证技术尚无法在短时间内广泛推行。侦查手段的单一性导致大部分刑事案件仍依赖于口供定案。很多重大刑事案件，在没有被告人供述的情况下根本无法侦破。由于侦查技巧、手段的需要，侦查机关可能会适用“威胁、引诱、欺骗”性质的讯问方式获取口供。与此同时，立法机关和最高司法机关没有对何种行为构成“威胁、引诱、欺骗”作出明确具体的规定，最终导致侦查手段与非法取证如何区分存在困难，这样的困境在毒品类犯罪、职务类犯罪中尤为常见。

3. 进一步提升排除非法证据规则功能的对策建议

（1）完善排除非法证据规则的运行环境。一是提升被告人提供排除非法证据线索的能力。法院、检察院在提讯时，辩护律师在会见时均向被告人充分阐释关于非法证据的相关法律法规及申请排除非法证据的程序，便于被告人提高辨别非法证据的能力，避免此权利的误用和滥用。二是完善同步录音录像制度，弥补被告人举证能力不足及增强公诉方提供证据的公信力。三是与刑事案件律师辩护全覆盖工作相结合，提升被告人的程序性辩护能力。

（2）以司法判例作为排除非法证据规则的补充。面对侦查手段局限的现实，审判人员在区分侦查手段和非法取证时首先应穷尽法律规定进行判断。同时，建议最高司法机关定期发布排除非法证据相关指导性案例，以指导审判人员在实践中正确区分非法取证与侦查手段，帮助审判人员提升对非法证据的认识，使进入庭审中的证据均具有合法性。

（三）庭审调查

1. 庭审调查规程适用基本情况

最高人民法院发布的《法庭调查规程》分五个部分，共计56条，是推进庭审实质化改革的关键举措，在总结传统庭审经验的基础上，它将证据裁判、程序公正、集中审理、诉权保障确立为法庭调查的基本原则，规范宣布开庭和讯问、发问程序，落实证人、鉴定人出庭作证制度，完善各类证据举证、质证、认证规则，有助于确保诉讼证据出示在法庭、案件事实查明在法庭、诉辩意见发表在法庭、裁判结果形成在法庭。自《法庭调查规程》实施以来，安顺两级法院均严格按照规定开展庭审调查，充分保障了诉讼参与人的各项权利。

2. 庭审调查中存在的主要问题及成因

（1）法官对庭审驾驭的能力有待提高。部分法官对于速裁程序、简易程序、普通程序的各自特点未准确把握，没有做到该简则简，着重调查关键问题，有些庭审流于形式走程序，存在对案件认识不够，对有些关联性不大的细节抓着不放，影响审理进度和方向的现象。大多数以事实不清发回一审法院重新审理的案件，都是因为一审承办法官对庭审的争议焦点等重点调查对象没有准确掌握，从而导致案件的审理结果出现偏差。如普定县人民法院审理的付某等12人犯破坏电力设备、盗窃等罪一案，经普定县人民法院审理，被告人上诉至中院，共计3次发回重审，其中1次以事实不清发回，2次以程序违法发回，原因就在于对案件事实的审理方向把握存在不足。

（2）人民陪审员参与审理的案件质效不佳。根据《关于适用〈中华人民共和国人民陪审员法〉若干问题的解释》的最新规定，人民陪审员在参加合议时需对事实认定问题发表意见并表决，但实践中由于人民陪审员法律素养不足，一般情况下仅会发表附和型意见，缺乏对案件独立判断的能力。

3. 进一步提升庭审调查有效性规范性的对策建议

（1）加强学习，提高庭审驾驭能力。审判人员除了加强对法律法规的学习外，可采用“以老带新”的方式，部门负责人在分案确定合议庭成员时，在合议庭组成人员中确定一名庭审经验丰富的“老法官”，在庭审过程中对年轻承办法官予以适时指导和辅助，从而实现年轻承办法官庭审驾驭能力的逐步提升。此外，定期开展庭审观摩活动，选取庭审驾驭能力较好的法官承办的案件，组织两级法院审判人员现场观看庭审活动，或者将优秀的庭审活动刻录成光盘，发放给审判人员自行观看学习，以此更加直观的方式提升审判能力。

（2）强化人民陪审员业务培训。人民陪审员履职不力问题在实践中一直存在，而司法解释的出台，只是在原来存在的问题上新增了一些问题。但这些问题均可通过强化培训得以解决，故建议司法行政机关定期组织专业人员对人民陪审员进行包括法律规定、庭审规则等专业知识的培训，切实提高陪审的实效性。

二　关于“三率”落实情况的调研及其完善

“两高三部”发布的《关于推进以审判为中心的刑事诉讼制度改革的意见》，对于推进“三率”工作作出要求，一是落实证人、鉴定人、侦查人员出庭作证制度，提高出庭作证率；二是完善当庭宣判制度，确保裁判结果形成在法庭；三是健全当事人的权利保障制度，保障犯罪嫌疑人、被告人获得辩护。2018 年 4 月 3 日，安顺中院针对“三率”工作出台《关于提升刑事审判“三率”工作的通知》，与市检察院、市公安局联合出台《关于主要证人、鉴定人出庭作证的实施办法（试行）》，并于 2018 年 8 月开展安顺市专项督导，根据督导情况制定了《关于在审判中切实提高“三率”的要旨》及《关于解决“三项规程”适用中突出问题的意见》，要求各县区基层人民法院一并开展，确保“三率”在达标的基础上有所突破。2018 年安顺两级法院刑事案件辩护率为 71.67%，排名贵州省第二；证人出庭率为 9.76%，排名贵州省第一；当庭宣判率为 74.10%，排名贵州省第二（此后年度未通报）。

（一）证人、鉴定人、侦查人员出庭情况

1. 证人、鉴定人、侦查人员出庭基本情况

2017~2021 年，安顺市法院证人（含侦查人员、鉴定人）出庭率分别为

1.56%、9.76%、9.60%、6.04%、6.54%，改革效果在改革之初极为显著，之后趋于平稳（见图1）。

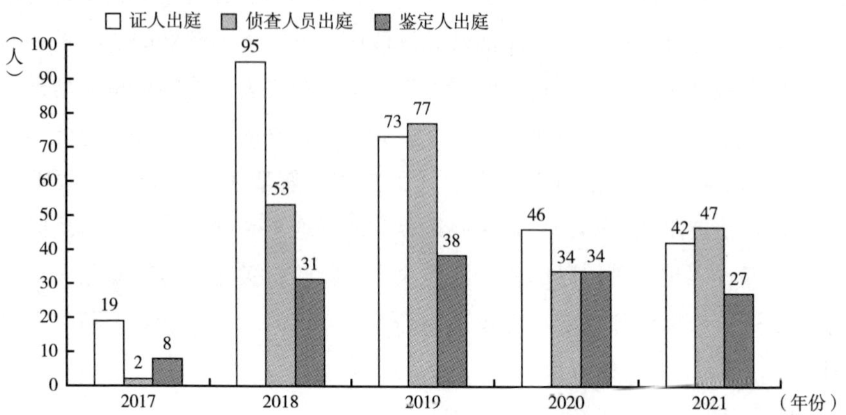

图1　2017~2021年安顺市两级法院刑事案件证人、侦查人员、鉴定人出庭情况

2017年9月4日，由安顺中院牵头与市检察院、市公安局联合下发了《关于人民警察出庭说明情况及出庭作证的实施办法（试行）》，对侦查人员出庭做了详细规定，从三类出庭人员比例可以看出，实施办法的制定和适用，对证人、侦查人员、鉴定人出庭比例有很大改变，使得侦查人员与鉴定人员出庭占比逐渐与证人出庭占比持平。此外，侦查人员出庭工作的推行，也倒逼公安机关规范取证程序，强化证据意识。但证人出庭率仍然总体偏低。

2. 证人、鉴定人、侦查人员出庭存在的主要困难及成因

（1）证人出庭意愿不强。在刑事案件中，作为关键证据之一的证人证言有着举足轻重的作用，关键证人的证言会对审判结果产生重大影响。但司法实践中，普遍存在的现象是很多知道案件情况的证人不愿意出庭作证。一是在以人情为纽带的社会大背景下，证人往往不愿意出庭作出对被告人不利的证言且可能认为牵扯上官司是一件很不光彩的事情，因此往往怠于出庭作证。二是证人保护制度不健全严重制约了证人出庭作证的积极性，现有法律规定对证人采取不暴露外表、实行专门性保护的措施，但公检法机关的明确分工、证人保护经费承担机构、证人保护期限等均没有具体规定，证人的安全得不到有效保护。

（2）侦查人员出庭效果不理想。在《关于人民警察出庭说明情况及出庭作证的实施办法（试行）》施行后，虽然侦查人员、鉴定人出庭率有所提升，但随之而来的是出庭效果不佳的问题。一是法院、检察院与鉴定机构鉴定人、公安机关案件主办侦查人员沟通协调渠道不畅通。在知悉法检两院提出申请鉴定人、侦查人员出庭时，公安机关往往以工作繁忙等原因拒绝出庭。二是鉴定人、侦查人员庭前沟通不充分。《关于人民警察出庭说明情况及出庭作证的实施办法（试行）》第八条规定，法院在将出庭通知书送达需要出庭说明情况的侦查人员所在单位时，应一并告知要求其出庭说明情况或出庭作证的内容，使侦查人员在出庭前针对问题结合案件实际侦查情况做好准备。但根据调研情况，部分基层法院并未开展同步告知工作，未与侦查人员进行充分沟通，从而导致侦查人员盲目出庭。如平坝区人民法院审理罗某犯抢劫罪一案，本案中侦查人员制作的案件侦破情况不明，平坝区法院在开庭时通知侦查人员出庭说明，但在庭审中，侦查人员对于案件侦破情况仍然表述不清，出庭效果大打折扣。

3. 进一步提高证人、鉴定人、侦查人员出庭率的对策建议

（1）探索建立有利于被告人的证人出庭制度。在刑事案件中，证人并非都是对被告人不利的，也有部分证人如证明被告人具有自首、立功、施救等情节的证人，该部分证人无特殊原因不会抗拒出庭作证。因此，探索建立有利于被告人的证人出庭制度将打破目前证人不愿出庭作证的困境。如安顺中院审理的李某犯故意杀人罪、故意伤害罪一案，针对被告人是否构成自首的问题，通知证人出庭对于被告人的到案经过进行证实，明确李某在两次作案后均主动到公安机关投案，最终认定李某构成自首。

（2）完善立法。现行法律中对于证人出庭作证以及对出庭证人保护的规定过于笼统，建议完善立法，出台相关司法解释，进行细化。一是针对证人无正当理由拒不出庭设置相应的法律后果，从而强化证人出庭作证的义务。二是构建完整的证人保护机制。明确证人保护的范围，做好对证人信息的保密工作。明确公检法三机关在各个诉讼阶段如何做好证人的保护和移送交接，出台证人补助规定，明确对证人出庭作证具体补偿标准，提高证人出庭作证积极性。

（3）建立顺畅的沟通渠道。法院在开展侦查人员、鉴定人出庭工作时，

必须同步推进“出庭说明内容告知”工作，在送达出庭通知书时，一并告知需要其出庭说明的问题，进行必要沟通，从而提高出庭质量和效果。此方法的运用，在罗某、罗某典犯抢劫罪一案中得到充分体现，本案在二审中，承办法官在开庭前将出庭说明的问题告知主办侦查员，侦查员针对案件侦破及揭发情况，根据案件实际情况，进行了充分的准备，形成书面情况说明，开庭时，流畅清晰的回答了合议庭、检察员及辩护人对于案件侦破情况的提问，庭审达到了预期目的。

（4）探索建立具有专门知识的人员出庭制度。2012 年《刑事诉讼法》的第 2 次修正中，将“鉴定结论”改为“鉴定意见”，这一变化明确了法律对于鉴定类证据的定位，也奠定了具有专门知识的人出庭作证的基础。具有专门知识的人在庭审中，其诉讼角色兼有作证人员与质证人员的双重属性，他可以通过接受询问、主动发问、进行对质等方式发表意见。探索建立具有专门知识的人员出庭制度，不仅有效解决了重复鉴定的难题，也在协助法官发现事实真相，提高诉讼效率方面起到了重要作用。如安顺中院审理的张某犯交通肇事罪一案中，针对被告人及其辩护人提出的张某不属于疲劳驾驶的上诉理由及辩护意见，合议庭通知具有交通事故现场勘验专门知识的人出庭说明，认定张某属于疲劳驾驶系根据其自己所作供述、行车记录仪调取情况等现场勘验材料认定。合议庭最终确认交警部门认定张某因疲劳驾驶导致车辆偏离正常行驶车道碰撞应急车道内停放的机动车是造成此次事故的主要原因，负事故主要责任并无不当，裁定维持原判。

（二）当庭宣判情况

1. 当庭宣判基本情况

缩小案件审理与宣告判决之间的“时间差”，实现案件当庭宣判，从微观意义上看，是对合议庭法官审理案件法律素质及庭审驾驭能力的综合考量；从宏观意义上看，则是从诉讼程序的角度塑造人民法官作为裁判者判明是非曲直的神圣形象，树立人民法院廉洁司法、威严司法、公正司法的公信力。安顺两级法院 2017~2021 年审结案件当庭宣判情况如图 2 所示。

自 2018 年以审判为中心的刑事诉讼制度改革推进以来，案件当庭宣判工作成效明显，2019~2021 年当庭宣判案件约占全部审结案件的 4/5，2021 年当

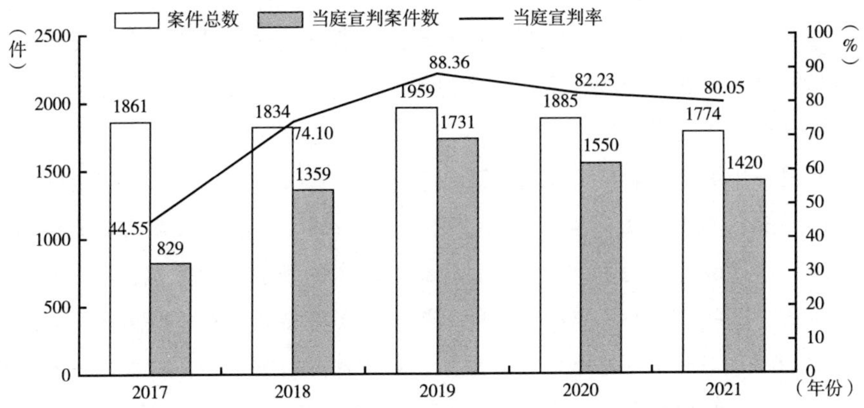

图 2　2017~2021 年安顺两级法院刑事案件当庭宣判情况

庭宣判率较 2017 年约上升 35.5 个百分点。安顺两级法院积极探索“三率”工作开展路径，在当庭宣判方面，总结出二次开庭当庭宣判的有效做法，即案件在第一次庭审结束后，有针对性地组织二次开庭，根据第一次庭审后合议庭总结的争议焦点或庭后补正的证据进行着重审理，确保这些问题通过二次开庭得以解决，实现案件当庭宣判。这种做法不仅有助于案件事实彻底查清在法庭，同时也有助于提高案件当庭宣判率。

2. 当庭宣判存在的主要困难及成因

（1）部分案件当庭宣判效果不佳。审理刑事案件，特别是命案案件，在前期的庭前准备活动中，通过与案件当事人的沟通、接触，会了解到被害人家属对于案件抱有的预期裁判结果，当裁判结果与当事人心理预期差距较大时，当事人情绪不平稳的情况时有发生，而如果要对此类案件进行当庭宣判，会导致被害人家属情绪过激，引发不良后果，显然效果不佳，不能达到树立司法权威的初衷。如安顺中院审理的陈某忠故意杀人一案，在审理过程中，被害人家属扬言若不判处被告人死刑立即执行，会采取将此案向媒体求助制造舆论的做法，但根据被告人所具有的法定从轻量刑情节，本案判处被告人死刑立即执行难度较大，故该案件的当庭宣判工作难以开展。

（2）现有考核指标不能有效体现当庭宣判实际开展情况。根据省高院要求，当庭宣判案件数除以法院受理案件总数结果为当庭宣判率，但根据《关于推进以审判为中心的刑事诉讼制度改革的意见》第十四条之规定，速裁程序审理的案件要求必须当庭宣判，简易程序和普通程序审理的案件当庭宣判并非强制要求，而在当庭宣判率的计算中不区分速裁、简易和普通程序，最终导致计算结果缺乏科学性。

3. 进一步提高当庭宣判率的对策建议

（1）案件繁简分流。当庭宣判“公开”“及时”的特点要求合议庭成员具有娴熟的法律专业知识、严谨的逻辑思维、敏锐的观察感知能力、理性的评判决断方法，这些必然对法官的职业能力提出了更高要求。在一些重大、复杂案件的审理中，当庭宣判难度较大。因此，对案件进行繁简分流，使用不同的程序让审判资源配置更加合理，对重大疑难或者当事人家属情绪较为激动的案件，按实际情况不进行当庭宣判，而对于适用速裁程序和简易程序审理的事实清楚的案件进行当庭宣判，从而促进当庭宣判率的有效提高。

（2）充分发挥绩效考核的指挥棒作用。现有考核指标，对速裁程序、简易程序和普通程序没有进行区分，而是合并计算，这样的计算方式使得三种审理程序的当庭宣判指标无法明晰。因此，建议三种程序的当庭宣判指标分开统计，使计算结果更加科学合理。

（三）律师辩护情况

1. 律师辩护基本情况

2017~2021年，律师辩护率从22.76%提升至98.78%，是安顺两级法院贯彻《关于推进以审判为中心的刑事诉讼制度改革的意见》精神、依法保障被告人诉讼权利的真实写照，亦是改革成效的有力佐证（见图3）。

综合看，律师辩护率仍然未达到100%的原因主要在于：根据贵州省高级人民法院《关于扩大刑事案件律师辩护全覆盖试点范围的通知》“共同犯罪案件中二审案件，部分被告人已经委托辩护人，其他被告人没有委托辩护人的，人民法院应当通知法律援助机构指派为其提供辩护，但未上诉且未被抗诉一审判处无期徒刑以下刑罚的被告人除外”的规定，在二审案件实际操作中，针对未上诉且未被抗诉、一审判处无期徒刑以下刑罚且未委托辩护律师的被告人或部分被告人上诉后，在二审期间又申请撤回上诉的情形，均未进行指定辩护。

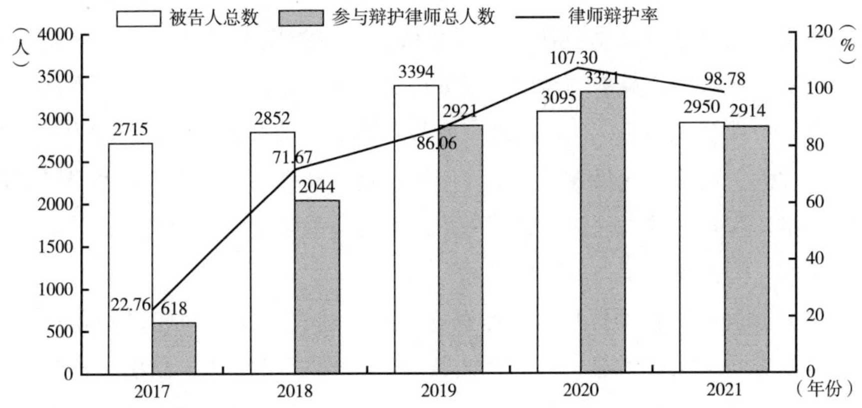

图 3　2017~2021 年安顺两级法院刑事案件律师辩护情况

2. 提高律师辩护率存在的主要问题及成因

（1）简易程序审理的案件开展律师指定辩护工作存在一定难度。根据《刑事诉讼法》第二百二十条之规定，“适用简易程序审理案件，人民法院应当在受理后二十日以内审结；对可能判处的有期徒刑超过三年的，可以延长至一个半月”，也就是一般情况下简易程序审理期限为二十日，在此时限内完成提讯被告人、指定辩护律师（非委托案件）、律师阅卷、会见被告人以及开庭等程序直至案件审结，时间节点过于紧张和仓促。因此，完成律师辩护工作在时间上就存在客观障碍。

（2）指定辩护质量有待提升。律师辩护全覆盖工作主要是依赖法律援助实现，在绝大部分指定辩护案件中，律所通常会指派一名专职律师和一名实习律师办理案件，部分专职律师往往由于经费原因而对案件的辩护工作敷衍了事，或将办理案件全权交由欠缺办案能力和经验的实习律师，并没有实现真正的有效辩护。如在部分指定辩护案件中，辩护律师仅提出被告人系初犯、偶犯，认罪悔罪态度好等不痛不痒的辩护意见，在应付工作背后实际上损害了被告人的合法权益。

3. 进一步提高律师辩护率的对策建议

（1）打通网络壁垒。实现律师辩护全覆盖的关键在于指定辩护的全覆盖，而指定辩护涉及法院与司法局、律所之间的协调，故打通法院、司法局、律所之间的网络壁垒，提高诉讼效率势在必行。建议探索依托政法跨部门办案平台在三者之间建立电子文书送达、提醒系统，实现指定辩护手续办理的无缝衔接。法院一旦有指定辩护的需要，通过指定系统将指定函发送至司法局法律援助中心，法律援助中心从法律援助中心律师库中随机选定有资质的律师，将指定函通过网络直接发送给律所，由律所以短信、邮件等形式提醒律师及时到法院提交指定辩护手续。通过充分利用信息化的高效便捷，缩短文书在传递过程中的时间，切实提高案件办理效率。

（2）加强法律援助律师的培养管理。一是建议司法行政机关根据律师执业的主要方向、执业年限、年均执业数量等方面分门别类建立法援律师专业库，分别设立一般案件、重大案件和死刑案件法律援助库，提高重大案件的有效辩护，确保辩护水平。二是建议律师协会加强对刑事案件法律援助律师的业务能力、职业道德的培训工作，通过制定行业规范、开展业务培训等方式提高律师专业素养。

三　关于认罪认罚从宽制度适用情况及其完善

繁简分流指在诉讼过程中将简单案件和复杂案件进行区分，通过科学调配、高效运用审判资源，依法适用认罪认罚从宽制度、速裁程序快速审理简单案件，严格规范审理复杂案件，实现简案快审、繁案精审，促进司法公正和司法效率的双向提升。

（一）认罪认罚从宽制度适用基本情况

2017 年 9 月 22 日至 10 月 13 日，安顺中院在安顺市两级检察院的配合下，依次在西秀、平坝、普定、镇宁、关岭、紫云 6 家法院组织了认罪认罚庭审观摩，以会代训，实现了对认罪认罚从宽程序从不会适用到熟练适用的目标。针对庭审观摩中反映出的问题，安顺市法检两院多次召开座谈会进行讨论，并以安顺中院、市检察院的名义联合出台了《关于进一步推进认罪认罚从宽案件审理的会议纪要》，解决运用认罪认罚从宽制度审理案件出现的问题。在全面了解掌握安顺市法院刑事审判数据和各基层法院的刑事审判优势的基础上，安顺中院选取有轻刑快审试点工作基础的西秀区法院于 2017 年 4 月先行开展认罪认罚从宽制度试点，在西秀区法院就认罪认罚从宽制度试点取得一定的经验和成效基础上，安顺中院将运用认罪认罚从宽制度作为以审判为中心的刑事诉讼制度改革试点的一项主要工作，在安顺市法院推开。2017~2021 年，安顺两级法院适用认罪认罚从宽制度审理及速裁程序审理的案件情况如表 1 所示。

表 1　2017~2021 年安顺两级法院认罪认罚程序适用情况

单位：件，%

年份	2017	2018	2019	2020	2021
受理案件总数	1762	1643	1797	1661	1559
适用认罪认罚案件数	723	896	945	1232	1276
上诉案件数	19	30	41	100	94
服判息诉率	97.37	96.65	95.66	91.88	92.63

2017~2021 年，安顺两级法院共审结一审刑事案件 8422 件，适用认罪认罚制度审理案件 5072 件，约占全部审结案件的 2/3。认罪认罚案件中，当庭宣判案件 4720 件，当庭宣判率为 93.06%，上诉案件 284 件，服判息诉率为 94.40%。其中认罪认罚适用速裁程序审理案件 1756 件，约占适用认罪认罚案件总数约 1/3，均当庭宣判，当庭送达判决书，当庭宣判率为 100%，上诉案件 36 件，服判息诉率为 97.95%。

（二）认罪认罚从宽制度适用存在的主要问题及成因

1. 法院自由裁量权严重受限

在适用认罪认罚案件中，检察院会在认罪认罚具结书中给出较为具体的量刑建议，司法实践中，检察院的量刑建议大部分为确定刑，这导致法院在案件量刑时无法自由裁量，从而衍生出两个问题。第一，法院经过审理认为检察院提出的量刑不当或采纳检察院量刑建议会造成同类案件量刑不均衡时无法处理。如紫云法院审理的顾某顺、张某秋犯贩卖毒品罪一案，被告人贩卖毒品数量为 1.1g，检察院量刑建议为有期徒刑八个月，这与近年来同类型案件量刑相比畸轻。第二，检察院量刑建议刑罚为实刑，法院最终判决对被告人适用缓刑，实质并未改变检察院的量刑建议，仅是刑罚执行方式的不同，但仍有部分检察院以法院未采纳其量刑建议亦未通知其进行调整、程序违法为由提出抗诉。如紫云法院审理的王某犯危险驾驶罪一案，检察院量刑建议为拘役四个月，紫云法院经审理后判处被告人拘役四个月，缓刑六个月，检察院以法院未采纳其量刑建议为由提出抗诉。

2. 被告人诉讼权利保障困境

适用速裁程序审理的案件，一审法院在审理时无须进行法庭调查和法庭辩论，只需审查被告人认罪认罚的自愿性和认罪认罚具结书内容的真实性并听取被告人最后陈述即作出判决。因此，被告人对于认定自己构成犯罪以及罪轻罪重的证据详细情况并不完全了解。如果被告人提出上诉，二审法院经审理发现，认定被告人构成犯罪的证据与被告人的供述情况不一致，拟在二审开庭过程中进行举证、质证，并作出判决，有间接剥夺被告人二审救济权利之嫌。如安顺中院审理的王某犯危险驾驶罪抗诉一案，一审中被告人认罪认罚并同意适用速裁程序进行审理，二审开庭时其表示对于法院认定其构成危险驾驶罪的证据一无所知。

3. 裁判文书制作复杂

速裁程序与简易程序、普通程序在审理方面有很多不同之处，但实践中，速裁程序的裁判文书制作方法仍然与普通程序、简易程序相同，过于复杂的内容撰写，并未有效提高案件审理效率。

4. 适用缓刑案件社区调查工作成为案件快速审结的障碍

在部分适用速裁程序审理的案件中，检察院在量刑建议中就提出对被告人适用缓刑，但其在审查起诉阶段并未开展社区调查工作，案件移送至法院后，法院针对被告人是否符合适用缓刑条件开展社区调查，进行社区评估，在得到评估结果后方可对案件作出判决，但司法行政机关在收到法院的社区矫正调查通知书后还需要时间进行调查，评估工作的开展成为案件快速审结的障碍。

（三）进一步推动认罪认罚从宽制度适用的对策建议

1. 检察院减少确定刑量刑建议的使用，保障法院自由裁量权

建议检察院在提出量刑建议前，加强与法院的充分沟通，在认罪认罚案件的量刑建议中减少确定刑，多使用区间量刑建议，由此保障法院自由裁量权，也有助于裁判尺度的统一与平衡，确保被告人罚当其罪。

2. 建立证据清单制度

法院判决的必要条件之一是证据确实、充分，如果被告人对于认定其构成犯罪的证据一无所知，实属不当，但根据目前速裁程序的设置，确实无须在速裁程序中进行举证、质证。故此，建议检察院建立证据清单制度，即在被告人签署认罪认罚具结书时一并将案件证据情况以证据清单形式予以告知，以全面保障被告人的诉权。

3. 提高被告人对认罪认罚从宽制度的认知和理解

目前，对于被告人的“食言”行为并无相关法律法规规定要对被告人进行处罚。为了保持认罪认罚从宽制度的生命力，实践中应该注重加强对此项制度的告知和释明工作，一是要注意充分告知被告人在认罪认罚程序中享有的权利，保证程序的合法性，并严格审查被告人认罪认罚的自愿性。二是充分发挥值班律师法律帮助作用。值班律师不仅要向被告人说明认罪认罚从宽的适用条件、适用结果等，还要切实为其提供有效帮助，以减少被告人在认罪认罚后又提出上诉的情形，有利于节约司法资源，构建诚信社会。

4. 制作填充式裁判文书

针对速裁程序省略法庭调查和法庭辩论的审理方式，在裁判文书写作方式上采用填充表格式的文书写作方式，裁判文书中仅罗列控辩双方身份信息、公诉机关指控事实及判决理由及结果，其余部分予以省略。由此简化裁判文书，切实提高审判效率。

5. 社区调查工作前置

在适用速裁程序审理的案件中，检察院如果建议对被告人判处缓刑，则须开展社区调查工作，这种程序前置的探索有法可依，因为检察院的量刑建议是根据案件事实、证据及被告人实际情况提出的，若检察院认为被告人符合缓刑适用条件，则需根据缓刑适用条件之一，即“宣告缓刑对所居住社区没有重大不良影响”开展相应工作。因此，建议在检察院提出适用缓刑的量刑建议时，社区调查工作前置，由检察院开展社区调查、评估工作，以缩短案件审理时间。

司法体制改革任重而道远。安顺两级法院将在严格依法落实《关于全面推进以审判为中心的刑事诉讼制度改革的实施意见》的同时，不断探索创新，求真务实，以饱满的改革热情、奋勇向前的精神状态，开辟出司法改革中可供复制的“安顺经验”，为司法体制改革的不断深化贡献法律智慧。

安顺市“无讼村（居）”创建调查

贾梦嫣*

摘　要： 近年来，安顺市按照“整合资源、多方协作、一体推进”的思路，聚焦工作格局构建、自治资源挖掘、司法智慧嵌入、解纷矩阵构建，开展“无讼村（居）”创建工作。通过充分凝聚工作合力，发挥人民法庭前沿阵地作用，推动形成矛盾纠纷源头治理的长效机制，形成富有地方特色的“无讼村（居）”创建“四联”模式，即推动部门协调联动常态化、推动法官联巡审理常态化、推动专员联防疏导常态化、推动村级联调自治常态化。

关键词： 安顺法院　“无讼村（居）”创建　“四联”模式

习近平总书记指出，“要推动更多法治力量向引导和疏导端用力，完善预防性法律制度，坚持和发展新时代‘枫桥经验’”。党的二十大报告进一步提出，要“完善社会治理体系，健全共建共治共享的社会治理制度，提升社会治理效能”。坚持和发展新时代“枫桥经验”，需要坚持“自治、法治、德治”三治融合，及时把矛盾纠纷化解在基层、化解在萌芽状态，需要坚持与时俱进、守正创新、因地制宜，创造性地融合优秀传统文化，从既有的社会治理资源中寻找激活因子。

一　“无讼”理念重述：传统文化中治理因子在新时代焕发生机

“无讼”一词源自《论语·颜渊》“听讼，吾犹人也，必也使无讼乎”。

* 贾梦嫣，贵州省社会科学院法律研究所副研究员，安顺市中级人民法院副院长（挂职）。
如无特别说明，本报告资料来源于安顺市中级人民法院。

“听讼”是为了实现“无讼”，强调用内在的伦理道德规范行为、化解矛盾纠纷，最终达到息诉止争的理想状态。费孝通教授基于田野调查，描述了一个服膺于礼制规矩的“无讼”乡村社会。[①] 虽然历史经验表明，中国传统社会并不是普遍的“无讼社会”或“厌讼社会”，但在不同时期、不同地区确实存在“无讼”的事实，[②] “无讼”作为一种社会治理追求的理想状态和中国农业文明时代达成良好社会关系的愿景，曾是传统社会局部或阶段性的现实，也是深植于中国传统文化中的治理因子。

（一）乡土社会急剧转型带来的新需求

进入新时期，基层社会特别是传统的乡土社会急剧转型，传统乡土性快速消解，乡村社会的高流动性、地域边界的开放型、社会攻坚的公共性以及关系模式的陌生化等特征凸显，[③] 基层和乡村失序、成员行为失范问题频仍。于基层社会治理而言，多元矛盾纠纷化解渠道不足，表现在两个方面：一是法治化的源头治理不足，将矛盾“消灭在萌芽”的力量不够；二是在矛盾发展升级为纠纷或案件的过程中，缺乏多样化的、有效的化解渠道，导致大量纠纷涌入人民法院。在自治力量和公共法律服务衰落、其他纠纷解决机制匮乏短缺的情况下，人民更加自动地求助于法律，逐渐形成对诉讼的路径依赖。以贵州省为例，2022 年贵州省各地各级人民法院受理案件总数 1018909 件，其中基层人民法院受理 890950 件，在基层法院受理案件中，人民法庭受理各类案件 174254 件。人民法庭受理案件占贵州省案件总数的 17.10%，占基层人民法院案件总数的 19.56%。[④] 从平均办案量看，截至 2022 年，贵州省挂牌运行人民法庭 387 个（未实际运行 22 个）[⑤]，实际运行法庭平均办案 477.41 件，远超出贵州省基层法院人均办案数量。

---

① 费孝通：《乡土中国 生育制度》，北京大学出版社，2007，第 56 页。

② 范愉：《诉讼社会与无讼社会的辨析和启示——纠纷解决机制中的国家与社会》，《法学家》2013 年第 1 期，第 1~14+176 页。

③ 田鹏：《后乡土社会视角下农民集中居住区秩序重建及反思——基于苏北的实证调查》，《长白学刊》2022 年第 2 期，第 127~136 页。

④ 资料来源：贵州省高级人民法院。案件数均含旧存，不含未纳入司法统计的案件类型。

⑤ 资料来源：贵州省高级人民法院。

（二）提升乡村治理效能的必要之举

2023年，中共中央一号文件《关于做好2023年全面推进乡村振兴重点工作的意见》将“强化农村基层党组织政治功能和组织功能”“提升乡村治理效能”作为全面推进乡村振兴的重要举措。意见特别强调，要“加强乡村法治教育和法律服务”“坚持和发展新时代‘枫桥经验’，完善社会矛盾纠纷多元预防调处化解机制”。可见，如何在乡村振兴中有效嵌入司法智慧和司法资源，拓展人民群众表达诉求、维护权利的渠道，提供多元、分层次、过滤式的矛盾纠纷解决方式，是新时期深入推进“三治融合”和乡村振兴中一个极为重要的议题。

因之，乡村振兴、诉源治理和“三治融合”的时代背景，赋予了“无讼”理念在新时代独特的现代纹理。总体来看，新时代的“无讼”，就是在法治框架下，通过国家法律机制与基层规制力量的协调，持续推进“三治融合”，使基层社会和乡土社会“重新获得社会的、文化的和政治的生命力”①，强化源头治理，破除对诉讼的“路径依赖”，建立多元有效的纠纷解决机制，来应对各种社会需求和危机。现实语境下，需要构建符合实际的工作格局、挖掘治理资源，有效解决乡村治理特别是矛盾纠纷多元化解中的一些体制性障碍问题。

二　“四联”模式探索：安顺市“无讼村（居）”创建的主要情况和做法

（一）安顺市“无讼村（居）”创建的主要情况

近年来，安顺市按照“整合资源、多方协作、一体推进”的思路，深入推进“无讼村（居）”创建工作。截至2022年底，安顺六县区巩固并创建西秀龙宫镇油菜湖村、西秀青源村、平坝桥上村、普定邓双前村、镇宁茂良村、

① 〔法〕H. 孟德拉斯：《农民的终结》，李培林译，社会科学文献出版社，2010，第219页。

关岭坡舟村、紫云大地村等16个“无讼村”①。2022年所有“无讼村”均实现“零信访、零涉毒、零命案”，矛盾纠纷95%以上在诉前得到化解，实现“小事不出村、大事不成诉、矛盾不上交、化解在基层”的目标。

从地域分布来看，截至2022年底，西秀区成功创建“无讼村”5个，平坝区、镇宁县各3个，普定县、关岭县各2个，紫云县1个。已创建的“无讼村”以汉族、苗族、布依族等多民族混居村落为主，部分“无讼村”则以少数民族聚居为主，如关岭县断桥镇坡舟村布依族人口约占总人口的91%，是典型的布依族村寨，紫云县板当镇大地村以布依族、苗族、汉族为主，少数民族占总人口的69.3%，西秀区七眼桥镇本寨村、镇宁县募役镇桐上村等村寨则是贵州省少数民族特色村寨。从规模来看，已创建的“无讼村”人口数量从一千余人到七千余人不等，大小规模不一（见图1）。

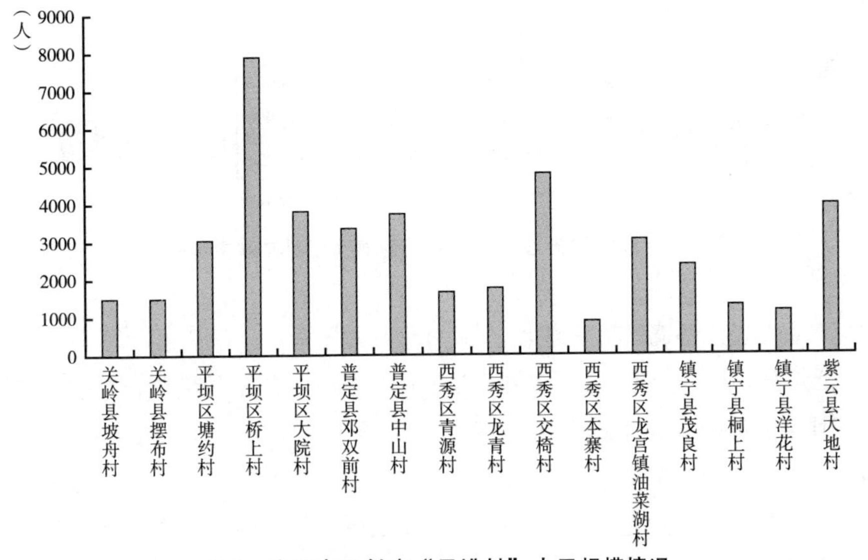

图1　安顺市已创建“无讼村”人口规模情况

---

① “无讼村居”并非完全没有诉讼案件，根据《安顺市中级人民法院“无讼村居”创建标准》要求，创建“无讼村居”，应突出人民法院职能作用，一般应具备以下条件：1. 拟创建的村（社区）党组织健全完整、坚强有力，能有效开展好村（社区）矛盾纠纷排处化解工作；2. 设立村（社区）法官工作室；3. 建立村（社区）调解队伍；4. 群众对“无讼村居”创建工作的知晓率与参与度较好；5. 近三年涉诉案件每年一般不超过20件；6. 近三年未发生刑事命案，无进京访人员、无涉邪教人员。

从其主要产业来看，大部分“无讼村”产业以种养殖业为主，此外还有旅游观光、生态渔业等，其中，最早挂牌的“无讼村”平坝区塘约村产业发展情况最好，拥有集体经济组织 3 家，年收入 600 余万元。因其经济社会发展状况、历史文化、民族组成等因素，一些村寨逐渐形成了独特的文化习俗和治理方式。从既有主要矛盾纠纷类型来看，以婚姻家庭纠纷、相邻权纠纷、土地承包经营权纠纷为主。

（二）安顺市“无讼村（居）”创建的主要做法

安顺市聚焦“工作格局构建”“司法智慧嵌入”“解纷矩阵构建”“自治资源挖掘”四个方面，充分凝聚工作合力，发挥人民法庭前沿阵地作用，推动形成矛盾纠纷源头治理的长效机制，形成富有地方特色的“无讼村（居）”创建“四联”模式（见图 2）。

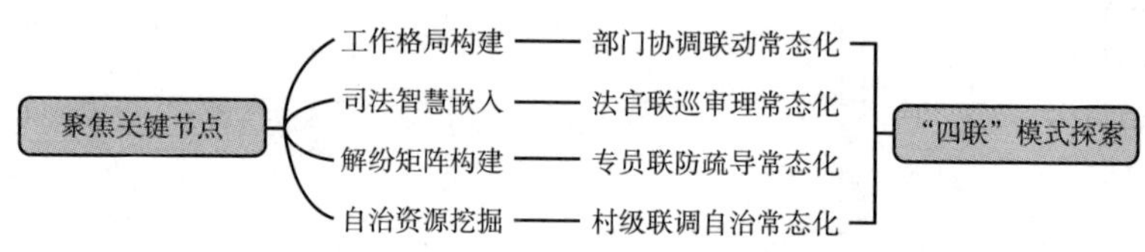

图 2　安顺市“无讼村（居）”创建关键环节与主要做法

1. 推动部门协调联动常态化

“党委主抓、法院主推、多方参与、协同推进”的工作格局，有利于凝聚基层社会治理的“最大公约数”，是当前形势下拓宽矛盾纠纷预防化解渠道、最大限度地整合治理资源的现实选择。

一是推动建立由地方党委统筹，人民法院、综治中心、司法所、公安机关、行业主管部门、人民调解组织、基层自治组织等共同参与的工作格局。

二是用好“万人起诉率”考核指标作用，[①] 将“无讼村（居）”创建纳入基层平安创建活动，与综治中心、“一中心一张网十联户”、“党小组+网格员+联户长”、“民主法治村”、“枫桥式”派出所创建等机制整合衔接，有效提升基层诉源治理的能力、水平与成效。

① 2021 年起，“万人起诉率”指标在平安贵州考核中所占分值大幅提高。

三是将基层党组织建设与“无讼村（居）”创建联系起来，开展人民法庭党支部与村党支部党建联建共建活动，依托村居“两委”力量及基层党组织的战斗堡垒作用，健全完善村（居）社区的自我管理、自我服务、自我规范的能力水平。如镇宁县以“党建+诉源治理”模式推动党建业务深度融合，得到省高级人民法院肯定。截至2022年底，12个人民法庭党支部与12个“无讼村（居）”党支部建立党建共建关系，开展党建活动30余次，参加党员400余人次，以党建力量凝聚村居党员服务乡村治理的工作合力，实现党建与诉源治理的良性互动，不断充实“红色细胞”。

2. 推动法官联巡审理常态化

“无讼”意味着破除对诉讼解纷的“路径依赖”，但并不等于完全消灭矛盾纠纷。在“无讼村（居）”的创建中，安顺两级法院坚持司法资源重心下沉，着力推动“无讼村（居）”创建的法治化、规范化、标准化。

一是注重建章立制。为统筹安顺市各县区“无讼村（居）”创建，统一标准、提升实效，安顺市中级人民法院统筹制定了《“无讼村（居）”创建工作五年发展规划（2022—2026）》，提出按照夯实基础、持续推进、巩固提升、深度拓展、总结完善的计划，持续开展“无讼村（居）”创建工作，为安顺市“无讼村（居）”创建工作提供了具体的路线图。在此基础上，制定《“无讼村（居）”创建标准》《“无讼村（居）”诉调对接工作办法》《共建“无讼村（居）”工作办法》《“无讼村（居）”法官工作室工作办法》《“无讼村（居）”宣传工作办法》五个制度，从创建标准流程、重点内容、调解组织建设、法官工作室建设、信息共享与协调联动等方面作出细化规定。

二是注重司法资源下沉。一方面，由驻地人民法庭与村支“两委”签订共建协议，共同聘请当地村民作为特邀调解员，指导村规民约修改完善，常态化开展矛盾纠纷排查，增强基层组织自我解纷的能力水平。另一方面，建立法官工作室，选聘司法联络员，打通司法服务“最后一公里”。截至2022年底，安顺市两级法院在村寨、农村赶集点等设置29个法官工作站、99个法官工作点，选聘128名司法联络员，为老百姓提供家门口的法律咨询、矛盾调处、材料收转、文书送达等服务，推动司法力量进一步向农村延伸。2022年，相关人民法庭开展巡回审理共90余次，参与化解纠纷218件，接待人民群众法律咨询 1409 人次。

三是注重开展“巡回审理”和指导督导。通过“车载法庭”等方式进行巡回审理，进村入户释法析理，达到“审理一案、教育一片”的目的。在 2022 年创建工作推进的基础上，常态化开展“回头看”工作，切实巩固提升创建成果。

3. 推动专员联防疏导常态化

一是坚持“因地制宜、一村一策”的原则，强化基层人民法院、驻地人民法庭与基层党委政府、村支“两委”的沟通联系机制，集中开展矛盾隐患排查、深入村寨走访调查，全面掌握村居治理现状、存在的问题与困难，锚定创建工作重点。如针对部分村居产业无序发展、风险隐患较大等问题，以司法建议、白皮书等方式向基层党委政府、村支“两委”提出建议 20 余条，发布案件分析通报 53 条、高发案件治理建议 9 条，以法治经验提升乡村发展的软实力。

二是建立由人民调解员、治安员、网格员、村贤寨老等组成的“无讼村（居）”矛盾纠纷调解队伍，强化非诉解纷宣传，引导鼓励村民选择非诉讼矛盾纠纷化解方式。由村内调解员负责上门核实情况、定性纠纷性质、登记诉求内容、建立调解台账、申请司法确认，由法官工作站驻站法官担任调解指导员，有效提高“无讼村（居）”调解工作的规范化水平。截至 2022 年底，已明确调解员服务的 5 个民事纠纷方面，聘请特邀调解员 48 名、专职调解员 19 名，开展联访化解矛盾纠纷 218 次。

4. 推动村级联调自治常态化

一是探索推广“党代表身边调、村民小组进家调、村民大会评议调”的村内矛盾纠纷“三联调”工作法，提升村集体组织自我化解纠纷的能力与水平。通过健全议事制度、强化法制宣传、弘扬优良传统，制定村民行为“黑九条”与“红九条”，形成“村规民约强自治、村风家风树德治、多级联手推法治”的矛盾化解模式，有效将法治要求转化为村民的行为自觉。截至 2022 年底，推广“三联调”试点乡镇已化解矛盾纠纷 98 件，开展反诈骗、反家暴等主题宣传 60 余次，信访事件保持“零记录”，诉前矛盾化解率达 95%以上。

二是坚持依靠群众就地解决矛盾。尊重群众首创精神是新时代坚持发展“枫桥经验”的重要精神内核。将村民长期习得的、行之有效的各类自治、德治的基层治理经验进行总结提炼，指导修改为村规民约，邀请乡贤寨老等基层力量参与化解矛盾纠纷，建立起符合群众多元化司法需求的就地解纷网络。在驻地人民法庭指导下，探索出矛盾纠纷“三联调”工作法，制定村民“黑九条”与“红九条”。如关岭县坡舟村将传统的“传铜鼓”习俗[①]，上升为村规民约的“道德评议制度”；普定邓双前村的“道德评议团”制度，由村干部、寨老、人民调解员等组成评议团，人民法庭现场指导，围绕风情民俗、伦理道德等，用“老百姓听得懂的话、说得明的理”开展评议，促使当事人知是非、明事理、化怨气，将大量矛盾纠纷化解在基层。

三　展望与启示：推进“无讼村（居）”创建的对策及启示

（一）进一步推进“无讼村（居）”创建的对策

从目前情况看，还需要在健全工作格局、强化法治保障、挖掘治理资源上着力，更深入地推进“无讼村（居）”创建。

1. 进一步健全工作格局

坚持在地方党委的领导下，高效有序推进“无讼村（居）”创建工作，强化基层党建与“无讼村（居）”创建的联系，充分发挥基层党组织的战斗堡垒作用和村支“两委”在诉源治理和乡村振兴工作中的主体作用。

2. 进一步强化法治保障

在基层社会治理中，有效嵌入司法指挥，充分发挥司法的引领、推动和保障作用，是安顺“无讼村（居）”创建的突出特色。要坚持立足人民法院的司法职能定位，找准司法服务基层社会治理的切入点与着力点，推动法官工作室实质化运行，强化信息共享、完善诉调对接，突出司法元素、展现司法作为。

---

① 每年正月初三由村民“请出铜鼓”，由寨老主持调解一年来的各类纠纷。

3. 进一步挖掘治理资源

将“无讼村（居）”建设与基层平安建设更紧密结合，在制度设置和工作推进上，进一步强化“无讼村（居）”与基层综治中心、“一中心一张网十联户”、“民主法治示范村”、乡村法治文化建设等基层治理机制和基层创建活动的关联度，充分释放创建叠加效能。有效调动乡（镇）街道办综治中心、司法所、派出所、社会调解组织、村居“两委”、乡贤寨老、网络员、治安员等社会各方面力量，凝聚工作合力，形成共建共治共享的治理格局。

（二）安顺市“无讼村（居）”创建的启示

安顺六县区“无讼村（居）”创建工作，是坚持和发展新时代“枫桥经验”，人民法院主动融入基层社会治理、服务乡村振兴的生动实践。既有经验表明，国家规制及其司法权威与基层地方共同体自治及其调解相互协调，有可能形成合理、有效、低成本的治理格局。探索构建符合村（居）社区实际、符合时代要求、满足村（居）民需要的基层社会治理之路，需要引导村（居）社区通过强化自身力量建设，发挥司法保障职能，凝聚各方工作合力，将矛盾纠纷纳入法治化解决轨道，构建前端治本清源、中端风险防范、末端矛盾化解的矛盾解纷体系，切实将纠纷化解在基层、解决在诉前，坚持自治、法治、德治相结合，为实现乡村振兴提供良好的法治环境。

新形势下中基层法院人才分类分级培训工作调研

——以安顺市两级法院的实践为视角

新形势下中基层法院人才分类分级培训工作调研课题组*

摘　要： 公正司法是维护社会公平正义的最后一道防线，随着司法体制改革深入推进，有效提升法官司法能力，强化干警综合能力，满足人民群众多元司法需求，已成为人民法院队伍建设的重要任务。开展分类分级培训既是适应新形势、新发展的必然要求，也是推动法院人才培训工作与岗位需求有效有机融合的必然之举。本报告以安顺市两级法院开展分类分级培训实践情况为研究对象，通过解析教育培训基本数据、主要做法和成效等，透视中基层法院在开展分类分级培训中存在的问题和不足，提出进一步完善法院人才分级分类培训的对策建议，以此助力中基层法院夯实人才培养基础，推动法院高质量发展。

关键词： 中基层法院　分类分级培训　司法能力　安顺法院

党的二十大报告提出，深化司法体制综合配套改革，全面准确落实司法责任制，加快建设公正高效权威的社会主义司法制度，努力让人民群众在每一个司法案件中感受到公平正义。这不仅为人民法院审判事业发展指明了方向，也对法官等法院人才的综合素质提出了更高的要求。教育培训工作是加强队伍建

---

* 课题组成员：贾梦嫣，贵州省社会科学院法律研究所副研究员，安顺市中级人民法院副院长（挂职）；赵海，国家法官学院安顺培训学院工作人员；何艇，国家法官学院安顺培训学院负责人；王飞，贵州省社会科学院法律研究所研究员；陈鹏宇，国家法官学院安顺培训学院工作人员。
如无特别说明，本报告资料来源于安顺市中级人民法院。

设、提高队伍素质的一个重要环节。随着新时代司法体制综合配套改革工作和四级法院审级职能定位改革的不断推进，分类分级的干部教育培训作为提升干警综合素质的有效抓手，日益成为提升法院干警思想政治水平、业务素质和综合能力，确保法院干警能与时俱进的重要手段。

一 新时代人民法院开展分类分级培训的重要意义

新时代人民法院开展分类分级培训对于实现法院高质量发展，更好地促进公正司法具有十分重要的意义。人民法院如何通过加强队伍建设，提升审判体系和审判能力现代化，为统筹推进“五位一体”总体布局、协调推进“四个全面”战略布局发挥审判职能作用，是新时代人民法院教育培训面临的新形势和新任务，也是谋划推动教育培训的出发点和落脚点。

（一）加强新时代人民法院教育培训工作是适应新形势、新发展的必然要求

进入新时代，习近平总书记就干部教育培训工作作出一系列重要论述，为人民法院做好教育培训工作，加强队伍建设指明了方向，提供了根本遵循。党的二十大报告提出，要建设堪当民族复兴重任的高素质干部队伍。最高人民法院《关于深化人民法院司法体制综合配套改革的意见——人民法院第五个五年改革纲要（2019—2023）》（以下简称《意见》）提出，将完善法官培养、选人和培训机制，强化干警知识更新、能力培养等作为全面推进人民法院队伍革命化、正规化、专业化、职业化建设的重要抓手，“建立覆盖职业生涯的终身学习制度”。①

（二）开展分类分级培训是推动干部培训工作与岗位需求有效有机融合的必然之举

分类分级培训，其内在机理在于“因材施教”，将教育培训工作的普遍性

---

① 《意见》要求，完善法院人员教育培训机制。完善人民法院各类人员教育培训体系，着力提高法律政策运用能力、防控风险能力、群众工作能力、科技应用能力、舆论引导能力，建立覆盖职业生涯的终身学习制度。完善法官定期培训机制，确保每名法官每年至少参加一次脱产业务培训、每年参加业务培训不少于10天。完善法官教育培训师资库建设。坚持网络视频培训的常态化、开放性，推进“云课堂”建设，建好在线精品课程库，完善相关配套措施。健全完善少数民族地区双语法官培训机制。完善人民法院与法学院校、科研机构双向交流制度。

与不同类别、不同层次、不同岗位的实际需求有机融合，精准施训、靶向教学，增强干部教育培训的针对性和有效性。以法官的教育培训为例，实现“让审理者裁判，让裁判者负责”的司法改革目标，需要法官具备更为全面的司法能力水平，作为建设高素质法官队伍的先导性、基础性、战略性工程，法官教育培训要在法官职业化专业化建设中突出司法能力提升等内容。

二 安顺市两级法院分类分级培训工作情况调研

（一）安顺市两级法院从事人才分类分级培训工作的机构及人员

安顺市中级人民法院干部教育培训工作原由政治部负责，2022 年 3 月起干部教育培训工作调整至国家法官学院安顺培训学院负责。该机构是安顺中院所属事业单位，现有工作人员 3 名。2022 年以来，安顺中院党组着眼法院队伍建设高质量发展，立足安顺法院培训工作实际，进一步明确国家法官学院安顺培训学院机构职能，以“立足主责主业，紧贴实战需求，做好服务工作”为定位，积极推动国家法官学院安顺培训学院实质化运行，为开展各类培训活动提供有力保障。国家法官学院安顺培训学院自运行以来，立足培训需求，强化协同推进，做好统筹安排，在完成上级调训任务的同时，不断创新工作方式方法，将自主培训与法院政治建设、业务条线、实战练兵等方面工作结合，依托“安法护航”工作品牌，积极创新培训工作思路，推动创建具有安顺特色、亮点的各类自主培训活动。

辖区基层法院教育培训工作主要由各县区法院政治部负责。在承担具体培训工作业务人员方面，西秀区法院、普定县法院、关岭县法院均为 2 人，平坝区法院、镇宁县法院、紫云县法院均为 1 人。受基层法院人员编制限制、行政后勤干警人数相对较少等因素影响，相关人员除负责培训工作业务外，均还承担其他工作业务，总体来说从事教育培训工作的人员力量相对较为薄弱。

（二）安顺市两级法院分类分级培训对象（安顺市两级法院干警队伍构成）

截至 2022 年 12 月，安顺市两级法院在职在编干警 623 人，其中，安顺中级法院在职在编干警 142 人，6 家基层法院在职在编干警总计 481 人（见图 1~6）。

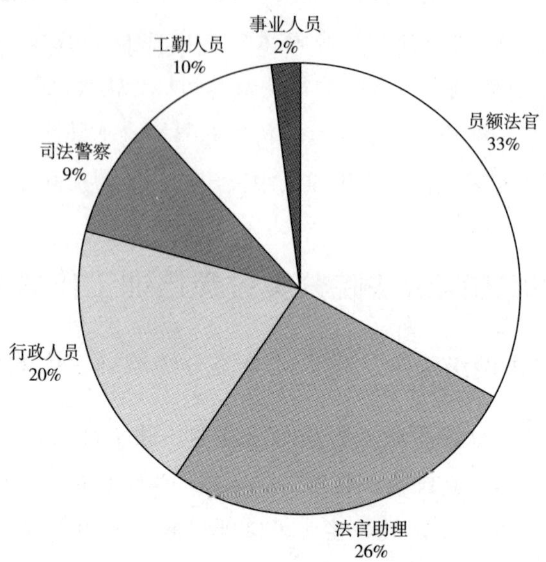

图 1　安顺市两级法院在职在编干警岗位情况（中院）

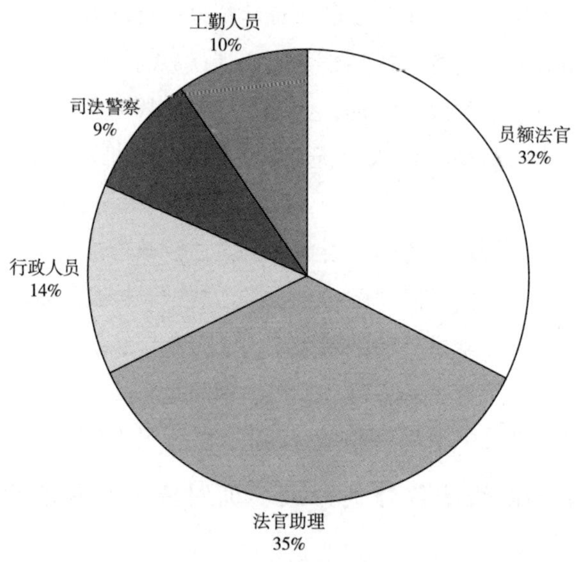

图 2　安顺市两级法院在职在编干警岗位情况（基层法院）

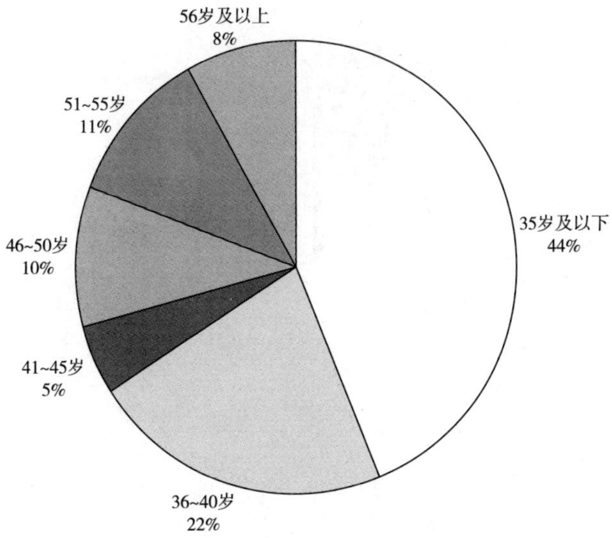

图 3 安顺市两级法院在职在编干警年龄结构情况（中院）

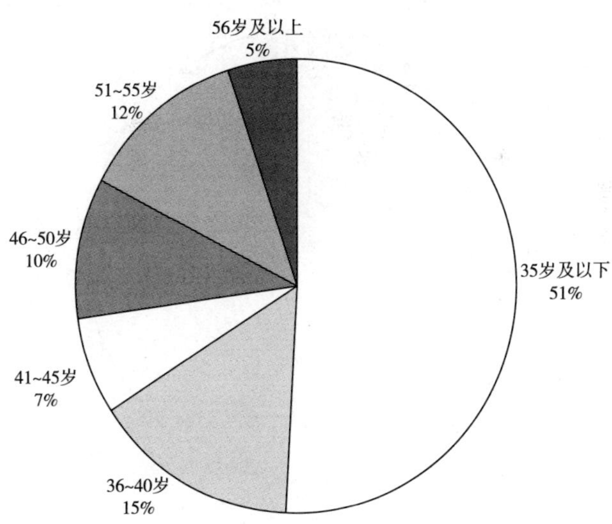

图 4 安顺市两级法院在职在编干警年龄结构情况（基层法院）

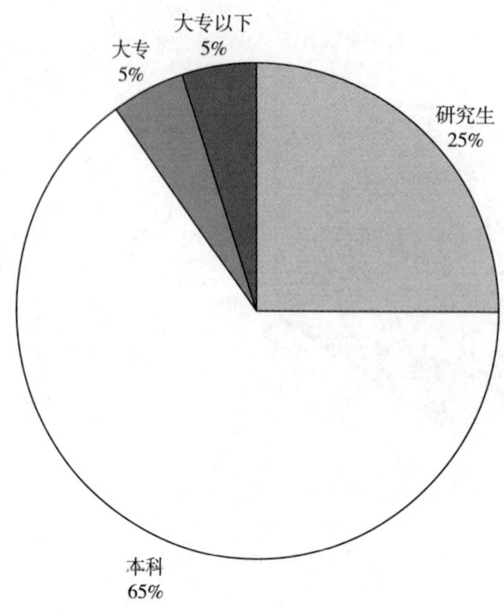

图 5　安顺市两级法院在职在编干警学历结构情况（中院）

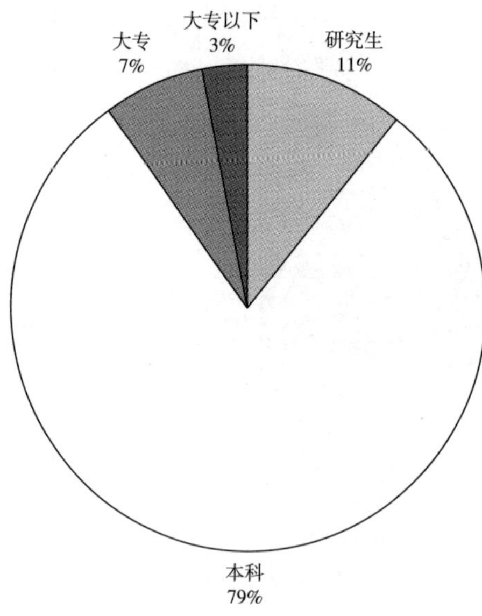

图 6　安顺市两级法院在职在编干警学历结构情况（基层法院）

（三）安顺市两级法院开展人才分类分级培训基本情况

课题组通过召开座谈会、实地走访、调研统计等方式，分别到相关法院调研分类分级培训工作情况。2022年全年，安顺法院教育培训共7952人次①。

在培训层级上，既有安顺市两级法院院外培训［包括上级法院调训、上级法院组织的政治轮训和各类业务视频培训以及市（县）委组织部、党校调训等］，也有本院自主培训。从培训层级来看，以市级层面组织的培训为主，占总数的41%；县区级自行组织的培训数量最少，占总数的7%（见图7）。从主办单位看，法院系统（包括本院）组织的培训占培训总场次的63%，省市有关部门（包括政法委）组织的培训占培训总场次的37%（见图8）。

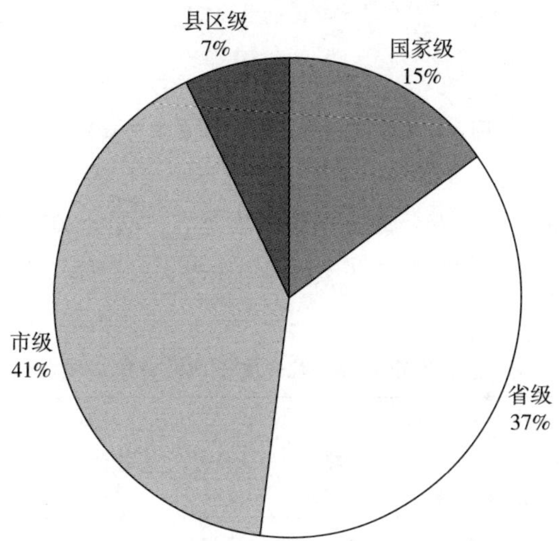

图7　2022年安顺两级法院培训层级情况

在培训类别上，以政治理论学习为统领，综合及业务学习为基础，分类分级综合推进教育培训工作，持续深入组织学习习近平法治思想、习近平总书记系列讲话精神、党的二十大精神学习宣讲等，广泛开展法律法规、审判执行实务、综合能力提升等培训，同时结合政法队伍教育整顿、党史学习教育等主题

① 该数据根据法官学院工作台账及各部门报送情况统计，不含各支部、各业务庭室自行组织且未报送的学习。

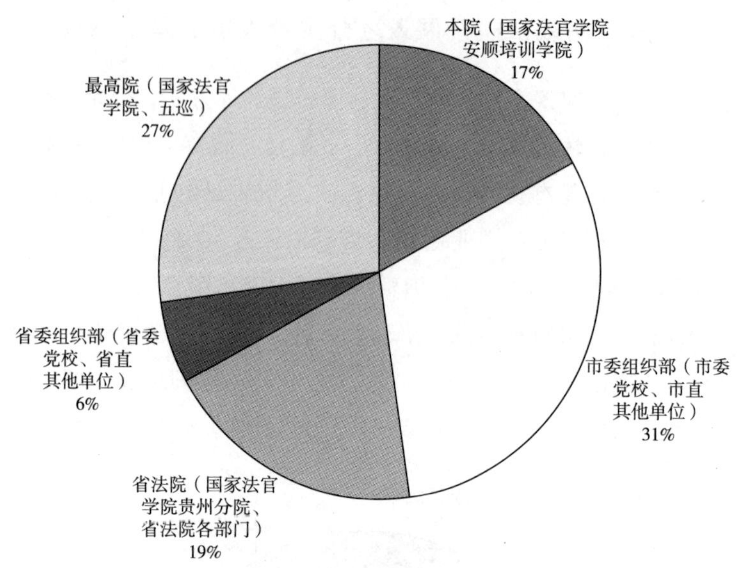

图 8　2022 年两级法院培训主办方情况

教育开展相关理论学习、警示教育、英模教育等。截至 2022 年 11 月，安顺市两级法院当年人才培训情况如表 1 及图 9 所示。

表 1　安顺市两级法院开展干部教育培训情况

法院	培训层级划分			培训内容划分			
	上级法院调训/培训	市（县区）级培训	本院自主培训	业务类培训	综合类培训	政治理论类培训	其他培训
安顺市中院	35 期 599 人次	19 期 172 人次	34 期 1222 人次	47 期 1122 人次	27 期 477 人次	12 期 333 人次	2 期 61 人次
西秀区法院	21 期 326 人次	26 期 87 人次	12 期 251 人次	26 期 199 人次	10 期 278 人次	20 期 103 人次	3 期 84 人次
平坝区法院	28 期 482 人次	6 期 20 人次	0 期 0 人次	13 期 69 人次	4 期 44 人次	7 期 333 人次	10 期 56 人次
普定县法院	26 期 218 人次	3 期 10 人次	6 期 240 人次	20 期 270 人次	2 期 20 人次	2 期 72 人次	11 期 106 人次
镇宁自治县法院	36 期 606 人次	12 期 57 人次	3 期 68 人次	22 期 168 人次	10 期 330 人次	9 期 97 人次	10 期 136 人次

续表

法院	培训层级划分			培训内容划分			
	上级法院调训/培训	市(县区)级培训	本院自主培训	业务类培训	综合类培训	政治理论类培训	其他培训
关岭自治县法院	55 期 827 人次	10 期 14 人次	11 期 580 人次	29 期 334 人次	13 期 558 人次	16 期 188 人次	18 期 341 人次
紫云自治县法院	32 期 353 人次	16 期 33 人次	3 期 161 人次	19 期 202 人次	11 期 29 人次	8 期 217 人次	13 期 99 人次

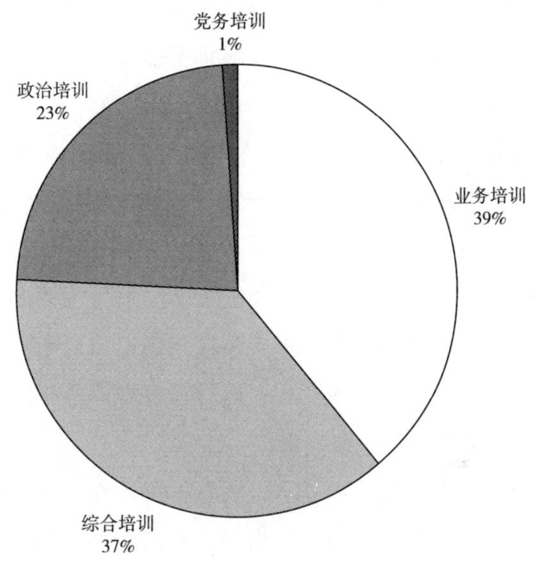

图 9　2022 年安顺市两级法院培训内容情况

（四）安顺市两级法院开展人才分类分级培训的主要做法及成效

安顺市两级法院每年均制定年度教育培训工作计划、年度理论学习计划和相关学习制度，组织开展审判业务培训工作，提升审判部门干警的业务水平，加大法治人才培养力度，强化干警司法能力建设，组织开展综合培训工作，开拓干警视野，提升政治素质，强化综合能力提升。组织培训中注重将强化专业能力建设贯穿始终，着力在增强服务本领上狠下功夫，聚焦审判执行中心工作，将培养专业能力、弘扬专业精神、提高专业水平摆在突出的位置，立足岗位、立足本职，联系实践、以岗促战，分层分类开展各类培训。

1. 积极搭建平台夯实培训基础

以紧贴实战需求的定位，搭建有效学习培训平台，邀请著名专家学者开展培训授课。安顺中院结合培训工作需求，积极构筑各类培训平台，邀请外单位专家、学者、资深法官到安顺或到法院讲课。在思想政治综合培训方面，举办了2022年安顺市法院系统干警政治轮训，邀请省委政法委、省委党校、贵州警察学院、安顺市委党校等专家做思想政治专题辅导，帮助两级法院干警提升政治理论水平和综合素质，增强履行职责使命能力。在业务能力培训方面，在做好本系统干警培训的基础上，积极拓展培训覆盖面，夯实审判前期相关工作环节，举办“安法护航·刑学堂”第十一期培训，邀请西南政法大学法学教授作“刑事诉讼证据审查运用的基本方法和常见问题”专题辅导讲座，安顺市两级法院刑事审判部门干警，市纪委市监委、市检察院、市公安局相关负责同志和业务骨干300余人参与同堂培训，为参训人员学习践行习近平法治思想、运用法律方法和法治思维解决执法司法工作中遇见的困难和问题，提供了广阔的思路和有益指导，加强了刑事审判领域沟通交流，有力促进了各相关单位协同配合、同频共振工作格局的形成，取得了良好的效果。

2. 强化对外学习交流拓宽干警视野

知识与能力是干警有效履职的基础，随着审判工作高质量发展的要求不断提升，积极走出去拓宽视野，打开思路格局，到高校学习最新前沿理论，与上级法院及其他法院深入开展业务交流探讨，已成为提升干警自身综合素质的有效手段。在综合培训方面，安顺中院充分利用高校丰富的教学资源，积极与国内知名高校开展合作培训，以提升干警综合能力，2022年分别与厦门大学、南京大学合作，举办“综合素质能力提升培训班”2期，两级法院干警共145人次参训。在业务培训方面，安顺中院积极加强与国家法官学院贵州分院的交流合作，推动安顺法院审判业务骨干与贵州省高级法院和其他市州法院交流，经国家法官学院安顺培训学院推荐，国家法官学院贵州分院邀请安顺中院审判业务骨干为其他市州法院培训班授课，通过以讲促学、教学相长的方式，促进干警综合能力提升。

3. 加强部门内部协作提升培训实效

在以往的培训工作中，自主培训主要是中院各部门自行组织实施的，由于人员和时间有限、协调难度大、组织经验不足等因素，有时会出现培训业务“两张皮”、培训不规范不充分、效果不明显等情况。在安顺中院党组的支持下，国家法官学院安顺培训学院充分发挥工作优势，加强与中院各部门的沟通协作，积极将培训工作融入业务主线，主动为相关部门组织开展的自主培训工作提供支持与服务，积极帮助制定工作方案和做好会场会务安排、协调设备调试对接、后勤保障等工作。2022 年以来，国家法官学院安顺培训学院与安顺中院执行局联合组织开展“执行大讲堂”；配合民事审判部门组织开展民事审判研讨会；配合刑事审判部门开展第十一期“刑学堂”组织工作等，均取得较好反响，有力促进了开展自主培训质效的提升。

4. 开办“学法论坛”鼓励干警上台锻炼本领

为推进学习型法院建设，强化高素质专业化人才培养，锻炼干部综合能力，培养优秀法治人才，在安顺中院党组的关心和支持下，国家法官学院安顺培训学院组织开展了“安法护航 · 学法论坛”系列培训活动。每两周组织举办一期，利用周二晚间业余时间，邀请院领导、员额法官、优秀法官助理上台轮流讲课，讲解审判业务和分享工作经验，同时进行现场点评和交流。2022 年成功举办 20 期，860 人次参训，内容涵盖法律法规、司法解释解读、审判工作经验分享、法学理论研究等。通过干警上台的方式加强交流、促进理解、锻炼能力、培养人才，培养干警既提笔能写也上台能说的能力。

（五）安顺市两级法院人才分类分级培训工作存在的不足

通过调研发现，安顺市两级法院在人才分类分级教育培训上取得一定成绩的同时，仍存在一些薄弱环节和问题短板。

1. 基层法院条件有限，开展自主培训难

长期以来，基层法院的教育培训工作受条件、师资等因素影响，一般依赖于上级组织的培训，极少自主组织教育培训，而法官面广量大，处于审判一线，仅依靠上级法院的教育培训，参与次数有限。

2. 人案矛盾仍存在，外出培训、调训存在一定难度

当前人案矛盾仍存在，外出培训及调训一般时间为 3 ~ 7 天，在工作任务

较重的情况下，尤其是基层法院学员无法保障有足够的培训时间，且对法院的工作运行有一定影响。

3. 分类分级精准性和内容实效性有待进一步提高

在开展一些培训中，有时过于偏重于理论性，培训老师虽然讲课很专业，但由于经济发展差异、交流不够，导致所教授的方式方法对于基层法院人员来说，还可以进一步增强针对性和实用性。

4. 没有形成健全的教育培训考核和保障机制

近几年，法院的教育培训工作采取了一些切实可行的措施，取得了一些成效，但在培训中，缺乏科学合理的考核机制，往往是计划很好，效果不好。年度考核以检查学习笔记的多少来认定学习效果，干警没有感受到教育培训考核的压力，学习不深入，仅仅是照本宣科、浅尝辄止。

5. 培训覆盖面还不够，对普通干警和编制外人员的培训还有不足

上级法院组织开展全省、全国范围的相关业务培训由于受培训班次规模限制，分配到基层法院的名额往往比较有限，故在参加调训时，基层法院选派主要集中在基层法院的院领导、中层干部等具有一定职务的干警，一般干警参加调训的机会相对较少。另外，就目前的培训覆盖面来看，主要还是在职在编干警，编制外工作人员由于待遇保障还不够高等因素，存在一定的流动性和不稳定性，目前还是以所在部门传帮带为主，针对这一部分工作人员的培训缺乏统一规范的管理和规划。特别是书记员群体，由于是直接从事审判执行辅助工作，部分承担与当事人、诉讼代理人沟通对接工作，也在一定程度上展示着法院的专业素养，对相关法律知识更新、职业道德建设等方面的培训更是不容忽视。

三　进一步完善中基层法院人才分类分级教育培训的对策建议

习近平法治思想强调，要坚持建设德才兼备的高素质法治工作队伍。要加强理想信念教育，深入开展社会主义核心价值观和社会主义法治理念教育，推进法治专门队伍革命化、正规化、专业化、职业化，确保做到忠于党、忠于国家、忠于人民、忠于法律。针对前述存在的问题和短板，为加强和改进人才分

类分级培训工作，安顺市两级法院将始终坚持以习近平法治思想为指导，进一步围绕中心工作和最新法律法规等，采取多样化的培训形式，充分调动干警的学习热情，综合推进干警在政治素养、法律职业道德、审判业务能力等方面的提升。

（一）提高政治站位强化思想认识

要坚持法院姓党，教育引导法院干警自觉坚持以习近平新时代中国特色社会主义思想为指导，全面贯彻落实党的二十大精神，深入贯彻习近平法治思想，深刻领悟“两个确立”的决定性意义，增强“四个意识”、坚定“四个自信”、做到“两个维护”，牢牢坚持党对司法工作的绝对领导，坚定不移走中国特色社会主义法治道路。进一步优化教育培训工作，找准切入点，增强渗透力和感召力，全面加强法院干警思想淬炼、政治历练、实践锻炼、专业训练，全面提升服务大局、司法为民、公正司法的实际能力，不断提升干警的政治素养和业务水平。

（二）进一步创新培训模式

充分对基层法院培训需求进行调研，编制与一线审判工作实际相适应的培训规划，积极推进培训模式的创新，增强干部教育培训的针对性、实效性。坚持集体学习、分散学习、自主学习相结合，充分利用网络学习资源等方式，科学制定培训内容和课程设计，提高培训的教学质量。强化培训师资队伍建设，以法院工作的实际需求为导向，邀请业务方面的专家、教授、讲师以及上级法院及本地区资深法官等开展具有较强针对性和实用性的教学授课，授课的时间、地点可以根据实际灵活安排，采取“线上+线下”相结合的方式拓展授课讲台，推动解决“工学矛盾”，有效提高培训的质量和效果，全面提升干警专业水平和履职能力。

（三）进一步加强培训阵地建设

进一步加大对教育培训工作的支持力度，加强资源整合，改善教育培训软硬件设施，完善常态化培训场所设施配备，强化教育培训阵地建设，为开展教育培训工作提供良好条件。同时进一步加强培训工作干部队伍建设，配齐配强培训工作人员力量，进一步加强培训工作的科学统筹和规范化管理，为实现培训工作高质量发展提供有力的人员保障。大力开展本地区的自主培训工作，积极探索领导干部、业务尖子上讲台机制，充分发挥本地区法院人才优势，开展形式多样的自主培训，强化经验分享、交流互动、能力提升，积极打造本地区教育培训工作品牌，不断积累自主培训的好经验好做法。

（四）进一步推进培训全覆盖

按照上级法院培训工作有关精神，切实抓好分类分级培训。一是推进培训内容全覆盖，统筹推进涵盖思想政治教育、法律法规、职业道德、党内法规、时事政治、党风廉政等的全方位培训。二是推进人员培训全覆盖，坚持教育培训不落一人，在以在职在编人员培训为主的基础上，将法院聘用制人员、派遣制人员等纳入培训范围，一体推进员额法官、法官助理、行政人员、工勤人员、临聘人员的全员培训，确保实现法院系统全员轮训到位。

（五）进一步提升培训实效

进一步突出教育培训重点内容，建立健全教育培训考核和保障机制，适度增加教育培训效果测试。将教育培训的内容重点放在加强对广大干警的岗位能力的培训上，坚持深入基层，充分开展教育培训调研工作，及时掌握干警培训需求，结合法院工作实际，有针对性地开展各类业务培训和综合类培训，强化岗位技能，及时更新干警知识结构，努力使学历转化为能力，知识转化为素质，不断提高教育培训的质量，为实现人民法院高质量发展提供有力的人才保障。

民族自治县基层法院诉源治理：现状检视、问题反思与系统构建

——以紫云自治县人民法院的实践为样本

杨正栋　殷 姣　韦 江*

摘　要： 基层治理是国家治理的基石，没有有效的基层治理，就没有乡村的全面发展和振兴。诉源治理是新时代坚持和发展"枫桥经验"的生动实践，是强化基层治理体系和治理能力现代化的重要手段，其核心要义是要坚持把非诉讼纠纷解决机制挺在前面，从源头减少诉讼增量。以紫云苗族布依族自治县为例，以少数民族聚居地方的特殊实际为基础，人民法院广泛开展诉源治理工作，坚持源头预防为先、非诉机制挺前、法院裁判终局的工作方式，取得了一定成效。

关键词： 民族自治县　基层法院　诉源治理　安顺法院　紫云县

紫云自治县是全国唯一的苗族布依族自治县，全县有 31 个少数民族，主体民族为苗族、布依族、汉族，截至 2020 年末，全县户籍人口 41.52 万人，常住人口 29.37 万人，少数民族常住人口占总人口的 64.08%①。近年来，基于当地经济社会发展实际和人民法院发展状况，紫云法院广泛开展诉源治理工作，取得了一定成效。

---

* 杨正栋，紫云县人民法院党组书记、院长、三级高级法官；殷姣，紫云县人民法院副院长、一级法官；韦江，紫云县人民法院板当法庭庭长、一级法官。

如无特别说明，本报告资料来源于紫云县人民法院。

① 《紫云自治县县情概述》，紫云县人民政府网站，http：//www.gzzy.gov.cn/zyx2020gb/zsyz/tzzy/dlys/202009/t20200910_ 63069014.html，最后访问时间：2023 年 2 月 20 日。

一　现状检视：诉源治理工作开展的基本情况

（一）从历史文化传统看“三治融合”与诉源治理

习近平总书记指出，“不忘历史才能开辟未来，善于继承才能善于创新”。传统上，我国乡村秩序就是一种“礼治秩序”。这种“礼治秩序”的显著特点是“国权不下县，县下唯宗族，宗族皆自治，自治靠伦理，伦理造乡绅”。我国悠久的乡村治理历史传统，为基层治理积累了大量的经验，即逐渐形成了以基层组织为基础，国家间接控制与乡村社会自治相结合、德治和法治相结合的社会治理体系①。要用辩证的思维看待古代乡村治理，汲取传统乡村治理中的精髓。

诉源治理顾名思义，就是对诉讼的源头进行治理，即通过多种治理手段，预防潜在纠纷、化解已有矛盾，减少进入诉讼案件数量或有效分流诉讼中的案件。诉源治理是对我国古代乡村治理的传承和延伸，只有扎实推进诉源治理工作，积极采取措施使纠纷止于未发、止于萌芽，才能有效避免和减少矛盾的发生，才能将中央的部署要求贯彻落实到位，才能有效提升基层社会治理的实效。就目前来看，该项工作主要是依靠法院聘用特邀调解员，在当事人同意调解的情况下，组织各方当事人进行调解，以此达到将纠纷化解在诉前的目的。当下，我国在基层治理方面对中国古代乡村治理进行了创造性和创新性发展，形成了新的村规民约，对诉源治理工作起着重要的作用。

（二）近年来人民法院受理案件情况

自最高人民法院 2015 年 4 月 15 日《关于人民法院推行立案登记制改革的意见》实行以来，紫云法院受理各类民商事案件由 2015 年的 872 件②上升到 2021 年的 3865 件，7 年间案件增长了 3 倍有余（见图 1）。

2021 年受理的案件以婚姻家事案件为主，占全部各类民商事案件的

① 高学强：《中国古代乡村治理的沿革及其历史镜鉴》，《中国社会科学报》2019 年 4 月 2 日。

② 2015 年基层法院受理的标的在 100 万元以下。

39.45%；此外还有金融借款合同、信用卡纠纷、民间借贷纠纷、建设工程类合同纠纷、买卖合同纠纷、各类侵权纠纷等。2022 年以来，由于广泛开展诉源治理工作，紫云县人民法院民商事新收案件同比下降近 14%，但法院的执行案件总数仍处于高位。

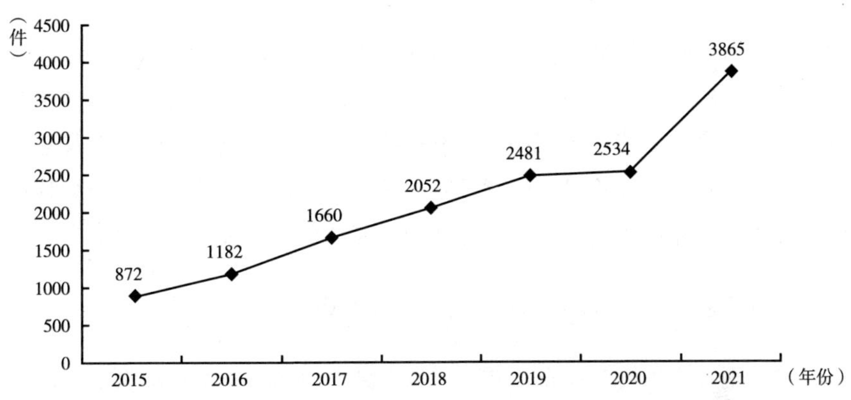

图 1　2015~2021 年紫云自治县人民法院一审民商事案件受理情况

二　问题反思：诉源治理及多元解纷工作面临的突出问题

（一）基层部分工作人员对诉源治理工作的认识不到位

随着经济社会发展，“遇事找法”在某些场合、某种程度上被错误地解读为“遇事找法院”。人民调解组织作用未得到充分发挥，“有效无效、责任尽到”成为某些地方的常态；一些行业主管部门对诉源治理工作重视不够、理解不透，认为矛盾纠纷的化解工作“就是法院的工作”；个别单位或者部门不主动担当作为，致使“无纠纷之诉”大量涌入法院。如要求当事人先到法院解除同居关系才能办理户籍迁移手续、被继承人银行账户的存款必须要法院出具裁判文书才能分割、不动产共有物分割需要法院裁判文书才能变更登记等，造成司法资源的浪费。

（二）多种因素制约诉前调解成功率和有效性

当前，主要发挥作用的特邀调解员基本由法院挤占办公经费聘请，经费保障不足难以维持日益增长的调解需求。人民调解前端化解作用未能有效发挥，调解员素质参差不齐、作用发挥不好，尤其是经济落后的地区薪资不高，聘请的调解员能力有限。一些基层调解员由社区干部、街道办及综治中心工作人员兼任或由热心群众担任，尽管具备丰富的生活阅历，但因缺乏相应的法律知识和调解技巧，再加上待遇不高甚至没有待遇，导致其缺乏工作热情。加之人民调解的公信力和权威性不足，调解员对人民调解与司法确认之间的衔接认识不到位，宣传广度深度不足，影响诉前调解的成功率和有效性。

（三）“送达难”对诉前调解具有重大影响

因缺乏相对方的有效联系方式，导致部分纠纷无法进行诉前调解。以紫云自治县人民法院2021年的数据为例，每年因当事人无法联系而需公告送达各类文书的案件达130余件，占各类民商事案件的5.18%；被告无故缺席审理的案件达230余件，占各类民商事案件的9.16%。

三　原因剖析：矛盾纠纷多发易发的深层次原因分析

诉源治理工作是系统性、全局性工作，需要党委领导、政府负责、社会协同、公众参与、法治保障、科技支撑，从而形成合力，尽早、尽小、尽快化解矛盾纠纷。基层法院在多元化纠纷解决机制完善方面进行了大量的探索和推进，系统构建和持续推进诉源治理工作健康发展，首先要对诉讼案件成因进行系统分析。

（一）经济社会发展的副产品

近年来，随着社会经济的发展，经济结构转型，基层基础设施不断完善，国家对基层政策扶持力度不断加大，使人口流动更加频繁、市场经济更加活跃、市场风险不断增大，导致各类民商事案件量持续增加。

（1）部分金融机构审核不严格，如对贷款额度小的借款在保证人这种方式上，只要求保证人数量达到监管部门要求即可，并未严格审核担保人的保证能力等，此类借款涉及人数多，贷款人还款意识差或无偿还能力等，增大风险防控难度。

（2）网络借贷平台迅速发展，参与借贷等市场活动的主体愈加多元，借贷市场呈现职业化、高利率、高风险、隐蔽性强等特征，审理中发现诸如赌博放贷、高利放贷、违法收取借款等违法现象。

（3）随着我国城镇化步伐加快，农村集体所有的土地被大量征用产生的征地拆迁补偿费用再分配引发了大量土地征用费分配纠纷以及要求确认集体经济组织成员资格等类型纠纷。

（4）政府职能部门在实施各类项目（如公路、水利、民生、教育设施等工程项目）过程中，不恰当履职在一定程度上也产生相当数量的案件及衍生案件，如政府拖欠承包人工程款，承包人因未及时收到工程款不能支付材料款、劳务费等产生的买卖合同纠纷、劳务合同纠纷、租赁合同纠纷等一系列案件；实施项目时未按照程序先立项、签订承包合同等即要求承包人进场施工。此后，为规避资金监管等将纠纷诉诸法院解决；未充分考量市场的指挥棒作用，由政府部门主导将农村土地对外承包、流转发展相关产业而引发的拖欠租金、返还承包地等纠纷。

（二）思想观念和生活方式变化的结果

社会经济快速发展，人民群众素质有所提高，思想观念日益更新、活跃，价值观念也发生了质的变化，传统思想受到冲击。“一代官司九代仇”已成为过去，“遇事找法院”成为当下主流思想。再加上智慧法院建设带来的红利，使当事人可以足不出户就可以化解纠纷。此外，人民法院不断强化对人民群众胜诉的兑现，人民群众“维权”的社会成效明显，促使人民群众在发生纠纷后更多选择到法院诉讼。

以紫云县为例，外出务工的群众走出封闭的村庄从事商业、服务业等，其思想观念受到外来因素的冲击不断发生改变，给以前相对稳定的婚姻带来较大的冲击，再加上可能存在的长期分居生活带来的影响，导致婚姻家庭不断破裂。如紫云自治县人民法院，婚姻家庭纠纷占全部民商事案件的39.45%，尤其是在农村地区，婚姻家庭案件几乎占全部民商事案件的一半。苗族、布依族是紫云县主要少数民族。苗族多数居住在山区，大多聚族而居，伴而不离，各有村寨，自成区域；也有为数不多同其他民族杂居的。布依族依山傍水而居，勤耕擅织，但一般自产自销。以前，受各自风俗文化的影响，很少有离婚现象。随着社会经济的发展及自身的需要，基层基础设施不断完善，各民族增强了商品观念，纷纷走出家门，在外从事运输、加工、商品经营等，传统的婚姻家庭观念发生改变，一些群众不再单纯满足物质生活的需求，反而对精神生活提出更高的要求。一方面，一些年轻人思想过于开放，草率结婚，婚后发现双方性格各种不合，又缺乏吃苦耐劳和奉献精神，匆匆离婚后，对孩子不管不顾。另一方面，一些先富起来的人，由于思想素质普遍不高，在享乐主义思想的影响下，出现婚外情引发家庭矛盾，甚至出现“民转刑” “刑转命”的现象。

（三）基层治理能力和治理水平不足带来的影响

“郡县治则天下安”，基层是国家治理的重心，是奠定国家治理体系的基石。党的十九大报告指出，新时代我国社会治理体制的大格局是“党委领导、政府负责、社会协同、公众参与、法治保障”，法院在诉源治理中的作用是保障实施，即解决体系应当是以人民调解组织调解、行业调解组织调解和专业调解组织调解、仲裁、信访等优先，法院裁判终局的模式。

目前，基层规则供给不足、民间自治根基不深、社会服务协同不足、公众参与热情不高。“遇事找法院”使司法从解决定分止争的最后一道程序变为第一道程序。近年来，不断出现法律程序终结但信访不终结，矛盾也不终结的现象，而且存在越演越烈的趋势，这样的情况不利于钝化矛盾、促进和谐。

（四）社会诚信缺失的影响

在市场经济转轨和新旧体制的剧烈转型时期，社会诚信尚未完全建立。部分当事人对法律缺乏敬畏之心，社会经济生活交往时常违反诚实信用原则，成为目前社会上存在的一个最突出的道德问题。诚信意识差，违约现象严重，交易安全难以维护。社会诚信监督体系正在构建，尚不健全，对失信民事行为的约束规制和惩罚制裁手段不多，失信成本低，规避法律、恶意逃债、虚假诉讼、伪造证据、拒不履行法院生效裁判等问题不同程度存在。这也增大了诉讼风险和成本，影响社会稳定。

如笔者亲身经历的一起纠纷，双方因一起猪饲料买卖发生纠纷，原因在于买方赊购卖方价值不到5000元的玉米等猪饲料，卖方在历经八年的追索欠款无果（主要是买方躲避卖方的追索）后向法院提起诉讼。在诉讼过程中，卖方虽然认可赊购玉米的事实，却以各种理由拒不到庭参加诉讼、拒不履行付款义务，甚至扬言上访。

（五）执业律师对案件增长的影响

审判实践中大部分律师、法律工作者都能恪守职业道德，较好地维护当事人的合法权益，对维护社会公平正义做出了贡献。但是，法律服务代理市场的竞争越来越激烈，出于无奈的“生存”考量，找米下锅，或出于利益驱动，不顾委托人的利益，作出不适当乃至有损委托人利益的“挑讼”行为，鼓动进行法律咨询的当事人打官司、上诉、申诉等，都无助于社会矛盾纠纷的真正化解。

四　系统构建：持续推进诉源治理工作的对策建议

诉源治理是一场“润物细无声”的基层社会治理，是我国基层治理体系和治理能力现代化的必然要求。

（一）坚持党的领导，依法履职，构筑综合治理大格局

习近平总书记强调“法治建设既要抓末端、治已病，更要抓前端、治未病。我国国情决定了我们不能成为诉讼大国”，抓好诉源治理工作就是在贯彻落实习近平总书记的讲话精神。诉源治理是一项系统性工程，只有让党委坐镇“中军”，组织协调相关职能部门各司其职、齐心协力，才能推动和形成社会力量的结合，多向发力，形成合力。要正确认识“党委领导”与“法院参与”的关系。在党委、党委政法委领导下布局诉源治理，将“万人起诉率”、“无讼村（社区）”创建率、达标率等指标纳入平安建设考核，切实调动职能部门、乡镇街道、基层自治组织的积极性和主动性。需要细化目标责任，量化分解矛盾纠纷化解任务，探索建立过程性排名通报与年度结果排名赋分相结合的

考评方法，提高诉源治理工作的绩效目标考核权重，赋予各级法院对各成员单位诉源治理考核评分的权力及一票否决权，加强日常提醒和督察考核。加大诉源治理督促检查力度，对制造“衍生案”“无纠纷之诉”等情形“重拳打击”，坚决纠正偏差甚至错误的工作观念。

（二）消除萌芽纠纷，构筑源头治理科学防线

加强源头防范，要把社会治理的着眼点放到前置防线、前瞻治理、前端控制、前期处置上来。紫云自治县人民法院下一步拟将参与政府主导的健全完善“组团联村、两委联格、党员联户”工作机制的事务，充分发挥联村社服务团、组团联村干部以及联户党员作用，推动力量下沉，夯实基层基础；充分调动驻村、“两委”干部工作积极性和群众主人翁精神，建立以基层党员干部为主体、群众积极参与的基层事务管理模式；加快完善社会信用体系建设，加强诚信教育和诚信文化建设，积极培养诚信意识，营造诚信社会环境。

（三）及时化解矛盾，健全完善非诉讼纠纷解决机制

一是充分发挥人民调解基础性作用，加强各类人民调解委员会建设，通过整改加辅导的方式优化人民调解员队伍结构和素质，提升矛盾纠纷化解的能力和水平，提高工作的针对性和有效性。二是加强人民调解协议司法确认工作，进一步完善司法确认程序，推广网上司法确认模式，实现人民调解司法确认快立快办。建立健全各类诉外调解制度，推进行业专业调解，推动建立由人民法院、行业主管部门、行业协会等共同参与的行业、专业调解组织；加强行政调解，推动重点领域行政调解全覆盖，将行政调解工作情况纳入行政机关和法治政府绩效考核体系。推进律师调解、商事组织调解，完善委托调解、特邀调解机制，从源头减少进入诉讼程序的案件。三是强化科技运用。以调解平台为载体，将大数据、云计算等技术引入多元化纠纷解决机制中，不断丰富多元解纷机制的技术应用广度、深度和力度，提升基层社会治理智能化水平。四是实现部门联动，加快推进多元矛盾纠纷化解机制建设。完善社会治理综合服务中心工作机制，丰富调解主体，整合辖区综治信访、法庭、公安派出所、司法所等部门，吸纳调解、评估、鉴定、咨询、心理服务等力量，打破各自为政，推动“多中心”整合为“一中心”，实现部门联动，为人民群众提供包括咨询、调

解、诉讼在内的全方位纠纷解决服务，努力实现群众纠纷化解“最多跑一次”“最多跑一地”。切实加强人民调解、司法调解机制建设，完善警调对接、诉调对接、政调对接、仲调对接机制，根据矛盾纠纷的性质、形式、对抗程度不同，告知、引导人民群众选择不同的纠纷解决方式，最大限度地满足人民群众对解决纠纷的不同需求。

（四）严把案件“入口关”，有效减少诉讼案件增量

完善立案登记制，法院要保障当事人诉权，做到有案必立、有诉必理，做好当事人的解释疏导工作，引导当事人选择其他适当方式化解纠纷。要以建设一站式多元解纷机制、一站式诉讼服务中心为平台载体，拓展全方位诉讼服务功能，为当事人提供全面的诉讼指引类、便民服务类、诉讼辅助类等诉讼服务。严厉打击虚假诉讼，加大对虚假诉讼的甄别力度，重点关注民间借贷、追索劳动报酬等虚假诉讼多发领域案件。深化民间借贷、机动车交通事故等易发案件协同治理，进一步依法深挖和严厉打击与民间借贷相关的刑事犯罪，主动与公安机关对接，深度开展交通违法治理，深化“职业放贷人名录”的建立和应用，推动机动车交通事故和民间借贷等案件增量持续下降。完善示范诉讼机制，对物业纠纷、劳动争议纠纷等案件，通过示范诉讼、示范调解，运用典型案件，开展以案说法，达到解决一案、带动化解一片的效果。

（五）夯实基层治理能力和治理水平现代化建设

动辄对簿公堂，也容易造成基层群众关系撕裂，也极大地增加了司法成本。近年来，司法越来越公正、越来越权威，公信力越来越高，人民群众更愿意选择通过诉讼解决纠纷，这也折射出多元解纷存在的问题和短板，人民调解专业性不强、行业调解积极性不够、行政调解执行力欠缺，需要下大力气解决。调解员队伍建设上，可以挑选经验丰富、擅长做调解工作，在认定事实和法律适用上具备相关能力的法学会会员担任联络员，实质化运行家事调解委员会、道路交通事故调解委员会、金融调解中心等专业化、行业性调解组织，扩大调解的社会参与面，形成全社会人人了解调解、参与调解、信任调解的工作格局。人民法院要进一步有针对性地加大对人民调解组织工作的指导和支持力度，会同有关部门定期指导基层调解组织工作，继续开展好

人民调解协议司法确认工作。注重加强与街道社区、乡镇综治办、派出所、司法所、人民调解委员会等基层组织的联系协作，借助社会力量定分止争，努力从根本上化解矛盾。

（六）因地制宜，强化依法治国和以德治国相结合的治理模式

“国无德不兴，人无德不立”，“修其心治其身，而后可以为政于天下”。国家治理需要法律和道德互补，共同发力。随着改革开放的不断深入，我国法治建设的脚步也不断加快，但伴随着法治建设的长足发展，虚假诉讼、缠诉闹访、滥用诉权、不实举报等时有发生，严重影响了司法的公信力。我国古代基层治理中不乏通过德治达到良好治理效能的典范，科学合理设置诉讼前置程序，如可以调解的纠纷必须经过诉前调解才能诉讼等，完善基层治理，选聘“乡贤五老”，从基层开始移风易俗、净化民风。

（七）坚持科技赋能，创新协作联动机制

不断推进“分调裁审”，在调、裁上分流，在繁、简上分流，在机构上分流。强化诉讼服务中心“门诊”的功能，多数案件在诉讼服务中心快调、快立、快审，复杂案件分流到“住院部”诊疗或者专家会诊。针对送达难问题，建立协查制度，通过通信运营商或者公安系统及时高效查询当事人联系方式。构建基层送达网格，与乡镇街道建立联动机制，利用“一中心一张网十连户”制度合理设置送达联系点和送达协助员，充分利用协助员熟悉当地环境和人员的优势，在协助查找当事人的同时进行调解。

金融借款合同纠纷案件审判报告

——以安顺市为样本

刘熹 陈甜甜*

摘　要： 金融借款作为融资的主要手段之一，与民间借贷共同构成借款合同纠纷的主要内容，金融借款合同纠纷的案件处理关系金融市场稳定和经济发展基础。近年来，受新冠疫情和整体经济形势下行影响，金融机构不良贷款数量增多，安顺地区金融借款合同纠纷快速上升，以安顺市辖区受理的近三年来的金融借款合同纠纷为样本，对案件的主体、合同特点等因素进行分析，归纳出此类案件的形成原因并提出审理和化解纠纷的建议，旨在减少诉讼、推进调解和统一裁判尺度，同时做好金融风险防范和化解，为金融市场稳定有序发展提供司法智慧。

关键词： 金融借款合同　不良贷款　统一裁判尺度　金融风险防范化解　安顺法院

一　安顺地区金融借款合同纠纷案件基本情况

长期以来，金融借款作为融资的主要方式之一，产生的纠纷案件数占借款合同纠纷比重较大。2018~2021 年，安顺法院受理金融借款合同纠纷案件数逐年上升，平均增幅为 22.96%，2019 年增幅最大为 34.67%。2020~2021 年受

* 刘熹，安顺市中级人民法院民事审判第二庭庭长、四级高级法官；陈甜甜，安顺市中级人民法院法官助理。

如无特别说明，本报告资料来源于安顺市中级人民法院。

新冠疫情期间国内经济形势影响，各种实体经济赢利较为困难，餐饮、旅游等很多行业处于亏损状态，个体工商户、小微企业天然抗风险能力较差，该类案件受理数持续增长，2021 年受理该类案件数量达到高峰，案件数为 2397 件。2022 年安顺市法院诉源治理效果显著，受理民事案件数有所下降，相应地金融借款合同纠纷下降了 15.31%（见图 1）。

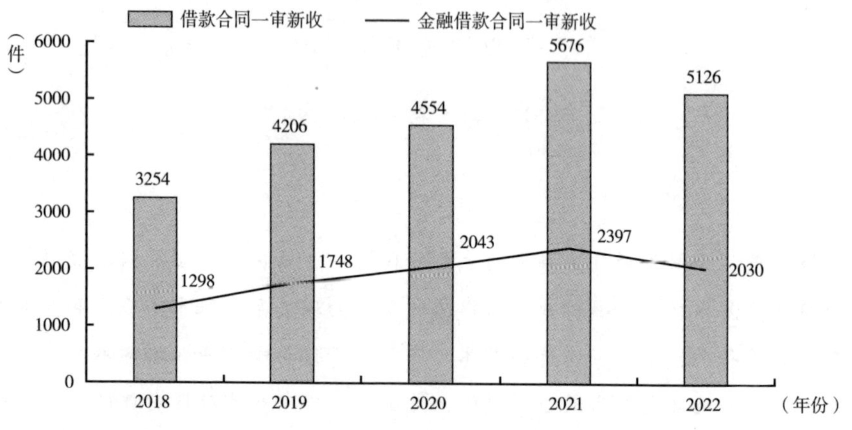

图 1　2018~2022 年安顺市金融借款合同纠纷案件受理情况

二　安顺地区金融借款合同纠纷案件的主要特征及原因分析

（一）主体的特定性和单一性

因金融借款合同纠纷案件多为借款人违约引起的纠纷，所以原告一般都是银行、信用社等金融机构，且多为农村商业银行、农村信用合作社和村镇银行（见表 1）。

从安顺市 2018~2022 年金融借款合同纠纷案件情况来看，原告为传统“四大行”的案件占 28.84%，原告为农村信用合作社和农村商业银行的案件占 42.20%；以自然人为被告的案件占 72.10%，以公司、企业等法人为被告的案件占 11.93%。

表 1　2020~2022 年安顺市金融机构作为原告的案件情况（案件数较多的前五位）

单位：件

2022 年		2021 年		2020 年	
机构	案件数	机构	案件数	机构	案件数
农村商业银行	422	商业银行	807	农村商业银行	825
村镇银行	375	农业银行	437	农业银行	301
农业银行	357	村镇银行	283	村镇银行	212
工商银行	171	工商银行	220	工商银行	294
农村信用合作社	157	农村信用合作社	195	农村信用合作社	225

经案件分析，农村信用合作社、农村商业银行作为原告的金融借款合同纠纷案件数较多的主要原因是在放贷审查环节，相较于传统“四大行”，农村商业银行、农村信用合作社的资质审查、担保审查较为宽松。基于政策原因，农村信用合作社、农村商业银行本身就会有政策性放款，例如农民等特定身份人员可以凭信用贷款，无须额外提供担保，后期违约成本较低，且农民等对于信用重要性认识不足，失信惩戒对较少进行经济活动的农民等影响较小，造成这部分人违约的可能性大大增加，遂至诉讼。

（二）贷款周期短、金额小、展期长

受整体经济环境影响，本地大规模的工业企业较少，需要大额资金的企业较少，融资需求较大的房地产企业又受政策限制较多，发放的大额贷款也较少，自然人、小微企业主体数量多，但对单笔资金需求较少，所以本地金融借款合同纠纷案件的标的额较小，结案标的额在十万元以下的案件数量占48.96%，结案标的额在四十万元以下的案件数量占 82.3%。也正因为贷款金额较小，还款难度较低，借款人为了控制融资成本，约定借款期限也比较短，一般为一年，多则两年。而展期则相反，因为个人信息获得的缺乏，很多个人并不十分熟悉银行的业务和政策，不了解展期还款条件，而企业有相对专业和专门的工作人员，了解银行放贷及还款政策，善于运用放贷和还款政策实现企业利益，会主动与银行洽谈展期等事宜，故发生展期的一般多为企业，而企业借款金额较大，相应约定展期期限也较长。

（三）多附有担保从合同

金融机构在发放贷款时，除信用贷款项目可以通过提供工资证明，经营流水，公积金缴纳明细，社保、税务等缴存情况即可符合放贷条件外，其余贷款需同时签订《借款担保合同》。金融机构优先接受不动产抵押担保，其中又以房产为先，企业可以用土地使用权担保，车辆其次，机器设备再次。在保证人担保的时候，金融机构一般会要求担保人人数为两人以上，均为连带担保，担保期限为贷款到期后两年或三年，以避免不符合法律规定的保证责任期限。

（四）借款合同效力易受格式条款规定影响

由于金融机构长期、专业从事贷款发放业务，各家银行都会制定专门的、符合银监会要求的格式合同文本，详细列明利率、复利、罚息、违约金的含义、计算方式、计算标准等借款、还款、违约关涉内容。但这种格式文本因为力求周延，详细地约定各种合同细节和违约责任等，导致文本字体过小、文字过多、条款设置复杂，需要反复前后文对照查看，也致使金融机构很难有效实现向借款人详细说明合同文意，难以尽到说明和提示义务，借款人常常也不会仔细阅读合同文本中细节条款，多是向放贷人员大致了解和商谈借款金额、利率计算方式、还款期限后就签约，双方也常常就格式合同（条款）是否有效、是否尽到说明义务产生争议，而往往会产生不利于格式合同提供方即金融机构的裁判结果。

（五）诉前调解成功率高，上诉案件较少

与其他合同类案件相比，金融借款合同纠纷一方当事人为金融机构，其对合同内容、借款流程等严格审核，履行过程资金支付均为银行转账，合同内容明晰、证据清楚充分，当事人双方争议较小，案件调撤成功率较高，诉前调解的比例较大，特别是近年来诉源治理工作深入推进，西秀区法院、平坝区法院等就金融纠纷诉前调解建立诉前联调、诉非衔接机制，金融纠纷诉前调解取得显著成效，诉前调解成功的案件占整个金融纠纷类案件的比例较大，例如，2022 年 1～10 月安顺市法院诉前调处金融纠纷调解成功率高达 93.6%，2022

年安顺市金融借款合同纠纷诉前调解案件占诉讼案件的比重达 57.51%，诉中调撤案件数占比达 34.09%。同理，当事人上诉争议点也较少，无须上诉扩大诉讼成本，这类案件上诉率低。以 2021 年安顺市上诉案件为例，同样是案件数量大的建设工程施工合同纠纷类案件，其为上诉案件最多的案件类型，占上诉案件的 11.9%，民间借贷纠纷案件占 8.93%，买卖合同纠纷类案件占 8.71%，商品房销售、预售、预约纠纷案件占 8.08%，而金融借款合同纠纷的案件占比仅为 0.12%。

（六）案件数量与地区经济发达程度成正比

在安顺辖区六县（区）中，西秀区作为中心城区，人口基数最大，经济发达程度也最高，平坝区、普定县距离主城区较近，经济发展水平也相对较高，因此，上述三个县（区）的民商事案件数量大，其金融借款合同纠纷案件数也长期位于安顺市金融借款合同纠纷案件数的前三。镇宁自治县、关岭自治县、紫云自治县，经济发展相对滞后，无论是民商事案件总量还是特定类型案件都较少，但随着近些年经济发展重心向偏远地区、农村倾斜，紫云自治县、关岭自治县房地产行业、特色农产业快速发展，金融融资需求上升，与 2021~2022 年西秀区、平坝区、普定县金融借款合同纠纷案件数呈下降趋势相反，紫云自治县、关岭自治县该类案件数量呈增长趋势（见图 2）。

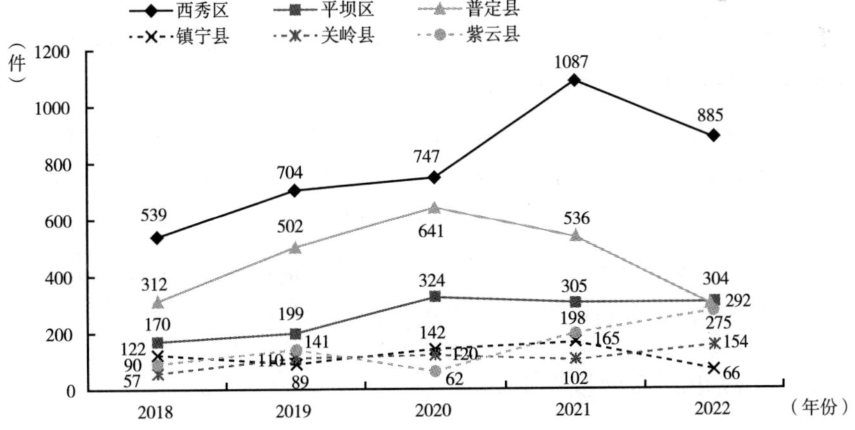

图 2　2018~2022 年安顺市各县区新收金融借款合同纠纷案件情况

三　案件审理过程中发现的问题

（一）以金融机构视角分析

近几年金融借款合同纠纷案件显示，不良贷款案件逐年增加，金融机构在发放贷款和诉讼中存在以下问题。

1. 对借款人的偿债能力、信用资质审查不严

在发放贷款的过程中，金融机构往往为了完成贷款任务，对借款人及担保人的偿债能力审查不严格，个别情况甚至明知借款人或者担保人信用不好、个人经济能力差、家庭资产不足以偿还贷款，放贷后收回贷款风险较大，仍然同意发放贷款。有的金融机构信贷人员违规为不具有特定身份的人员办理信用贷款。有的金融机构信贷人员没有见到过借款人或者担保人本人，仅凭审查书面资料就予以放贷。对于借款人借款的真实用途，金融机构往往也不予核实，只要能够报审获得批准，甚至虚构借款用途。

2. 金融机构对借款人的资产、征信等变化情况不进行追踪管理，不能及时了解情况并及时止损

金融机构发放贷款完成后，特别是对于金额不大的贷款，疏于贷后管理，既不过问借款真实用途，也不及时联系了解借款人、担保人的生产经营生活情况，对于贷款的后续情况全然不知，不能及时采取必要措施控制损失、追回贷款。

3. 金融机构不在规定的担保期限和还款期限内清理贷款，造成贷款合同超过法定的担保期限和还款期限的情况时有发生

由于具体的金融机构贷款业务量大、合同繁多，信贷人员主要精力用于放贷业务，法务部门跟进不及时，往往造成金融机构对于已经发生甚至长期存在的呆坏账清理不及时。尤其是法务部门没有制定定期清理账务、定期催收欠款的制度，导致很多贷款没有得到及时清理和催收，造成案件超过法定诉讼时效或者超过保证期间，金融机构丧失胜诉权。

（二）以审判质效视角分析

1. 案件基数大，在诉前已经大量调解的情况下，仍然有大量案件进入诉讼

首先，受新冠疫情和整体经济下行的双重影响，近年来民事主体之间产生

的矛盾纠纷越来越多，金融借款合同纠纷也在其列，矛盾纠纷基数大，自然进入诉讼的案件数量也大。其次，诉非衔接机制宣传力度不足，诉前调解的有效性、高效性未能深入人心，部分当事人仍然对诉前调解的权威性持怀疑态度，有的则对调解员的专业性持怀疑态度，故直接选择成本较高的诉讼或经过调解后仍想走诉讼“试试”。最后，即使双方合同约定明晰，但是借款人作为被告的情况下，借款人因经济能力不足或利息、罚息、复利、违约金较高等，无力偿还，会选择诉讼的方式请求调减违约金、不支持部分利息又或直接请求确认部分条款无效，从而减少自己的债务金额，这部分纠纷不可避免进入诉讼程序，成为金融借款合同纠纷主要组成部分。

2. 案件法律关系较为简单，但是涉金融机构专业知识较多，对法官的专业性要求高

一方面，金融借款合同作为金融借款合同纠纷的主要案件事实，主动审查合同的法律效力是审理该类案件的前提，除考量合同效力的一般规定外，还需查阅大量的金融行政法律、行政法规。另一方面，金融借款合同内容约定详细，但其中包含诸多金融专业术语和复杂的计算方式，如利息、罚息、复利、等额本金、等额本息、展期、循环贷等，不同术语代表的含义和本息计算方式不同，一个合同中可能约定多种违约情形，需要分段累计计算，故处理该类纠纷的法官须熟知相关概念和计算方式。

3. 调撤率较低，发改率较低

从近三年来安顺市金融合同纠纷案件的裁判方式来看，无论是一审还是二审案件，一旦进入诉讼程序，调解撤诉的案件就比较少，多为判决结案。造成诉讼中调解难的原因可能有以下几个方面：第一，如果案件在诉前未能成功调解化解纠纷，则一般可能是借款人目前处于下落不明的状态，无法到庭参加诉讼，此时因程序原因无法调解；第二，借款人偿债能力过差，已经完全失信于金融机构，金融机构认为调解后执行效果差，已经没有做出让步进行调解的必要性；第三，案件确实在借款金额、利息计算、保证责任等方面存在较大争议和分歧，双方甚至三方完全缺乏调解的基础。关于发改率较低的问题，主要是因为金融借款合同纠纷案件的主体单一，涉及法律关系简单清晰，对比民间借贷纠纷中是否真实出借、是否约定利率等案件事实认定问题，适用何种利率标准、适用哪一年司法解释等法律适用问题，二审可能会查明新的事实或一二审

法官会有不同认知进行发改，而金融借款合同纠纷一二审分歧不大，发改较少。

四 对于今后金融审判工作的思考

（一）金融机构制定符合法律要求、不违反公序良俗的合同

通过对金融机构作为原告的案件分析，金融机构依照合同约定提出诉请未能得到支持或全部支持的，大多因为部分合同条款无效。金融机构应当依照《民法典》、金融行政法律、金融行政法规制定合法合规的金融借款合同，对于利息约定应当符合国务院金融管理部门及国务院有关部门发布的政策规定，部分合同存在单独约定利率标准符合政策、法律法规，但同时约定违约金、罚息、复利等多项内容变相收取超过国家金融监管政策规定利息的，超过部分将被认定为无效。公序良俗作为合同效力的重要审查条件，虽然概念范围广，但金融机构可参考金融规章制定合同，金融规章不作为认定金融合同无效的直接依据，但可以作为判断是否违背公序良俗的重要依据和裁判理由。

（二）针对金融机构做好法律宣传，严把放贷关，控好用款关，做好追踪，防范风险于未然

加强信用体系建设，对公众做好普法宣传。金融机构应当加强对借款人的真实财务状况审查，多维度核实借款人身份、申请材料真实性、抵押物所有权等，对抵押物审慎估值，避免对借款人超额授信，对借款人还款能力和还款意愿准确评估。在放贷后进行动态管理，对借款用途进行核查，定期进行风险评估，及时发出预警，采取提前收贷、追加担保等有效措施防范化解风险。同时，优化绩效考核指标，加强内部监管，避免放贷指标不合理导致放贷审核不严，出现金融机构工作人员和借款人互相串通，骗贷、转贷、续贷等情况。

（三）进一步做好诉前调解、案件繁简分流

首先，要对安顺市金融借款合同纠纷审理加强研判，确保裁判尺度统一，增强格式条款效力认定、利率支持范围的确定性，及时发布相关典型案例，为

金融借款主体提供明确的法律预期。其次，要继续完善金融借款合同纠纷的多元化解机制，将诉前调解工作开展效果好的县区法院优秀经验推广到其他县区法院，在纠纷多发的金融机构设调解室，定期开展调解工作，主动靠前化解矛盾纠纷。要有针对性地开展调解员培训活动，就金融借款合同纠纷常见的争议点的相关法律法规进行培训，提高调解员金融纠纷调处的专业性。最后，加大对金融借款合同纠纷诉前调解高效性、权威性的宣传力度，优先引导当事人通过诉前调解途径解决纠纷，未能调解成功的案件优先立案，减少当事人"耽搁时间"顾虑。

（四）探索和推进要素式审理，提高审理效率

当前，人民群众对司法效率的要求更高，为更合理地分配司法审判资源，提升金融民商事纠纷案件的审判质效，更好服务金融持续健康发展，人民法院可以在金融借款合同纠纷案件审理中探索试行要素式审理，就金融借款合同纠纷类案件的要素进行提炼归纳，围绕争议要素进行庭审和文书制作。以 2022 年安顺市金融借款合同纠纷案件情况来推演分析，除了诉前调解的 960 起纠纷外，进入诉讼程序的有 2030 件，如果剩余案件适用要素式审理方式，则预计可以减轻法官近一半的工作量，大大提高审判效率。

多元解纷背景下在线纠纷解决机制应用报告

——以平坝区人民法院的实践为例

黄雪梅[*]

摘　要： 在线纠纷解决机制是指利用多种网络信息技术解决当事人之间发生的民商事纠纷，其中网络信息技术包含音频、视频以及电子邮件等。本报告以安顺市平坝区人民法院在线纠纷解决机制的应用情况为研究对象，从多元解纷的背景与在线纠纷解决机制的本身特点出发，探索人民法院在线纠纷解决机制的现实性，正视在线纠纷解决机制应用过程中存在的不足，对我国在新时代如何落实在线纠纷解决机制提出建设性意见，以期促进法院深入推进多元解纷，满足群众多元化的司法需求，有效化解各种矛盾纠纷，促进社会稳定和谐。

关键词： 在线咨询　在线评估　在线调解　在线诉讼　安顺法院

引言

社会需要司法公正，人少案多矛盾需要优化司法资源配置，以及人民群众日益增长的高效便捷解纷需求，给纠纷的繁简分流提出了更高的要求。[①] 分流纠纷总量较少与解纷手段的固定是当下多元化纠纷解决机制的弊端，多元化纠

---

* 黄雪梅，安顺市平坝区人民法院法官助理。

如无特别说明，本报告资料来源于安顺市中级人民法院。

① 《最高人民法院关于民事诉讼程序繁简分流改革试点实施办法》，2020 年 1 月 15 日。

纷解决机制是我国现代化治理的关键环节，应根据《最高人民法院关于民事诉讼程序繁简分流改革试点实施办法》的目标要求，实现自身类型的丰富。多元化纠纷解决机制的初衷是实现纠纷的繁简分流，分流纠纷总量的提高和发展新的解纷手段是其应有之义。今后，应当根据当下社会特定纠纷的特点，从满足人民群众的司法需求角度出发，完善多元化纠纷解决机制的建设。

杭州于 2017 年建立的互联网试点法院，体现了随着互联网信息技术及人工智能的发展，人们不断增强对电子诉讼的重视。尤其是在 2020 年新冠疫情发生后，推进在线纠纷解决机制类型的丰富迫在眉睫，在线纠纷解决机制即将成为新时代下多元化纠纷解决机制中的新手段。

目前，在线纠纷解决机制主要存在两种形式，第一种是在全球性电子商务环境中运用在线纠纷解决机制解决高频出现的电子商务争端。第二种则是在传统法院体系及传统诉讼程序的基础上，运用互联网信息技术对其开展电子化、智慧化的改造，也即当下各级法院正如火如荼进行的智慧法院建设，该模式体现了在线纠纷解决机制在司法系统中的运用。上述两种形式在我国都存在，且都有所发展，两者相互影响且互相促进，本报告主要以贵州省安顺市平坝区人民法院为例对第二种形式下的在线纠纷解决机制进行研究。

一　在线纠纷解决机制概论

（一）在线纠纷解决机制的界定

一般而言，在线纠纷解决机制指的是利用多种网络信息技术以在线的方式解决当事人之间的民商事纠纷，其中网络信息技术主要包含网络语音技术、网络传输技术以及网络视频技术等。学界在定义在线纠纷解决机制的概念这一问题上，迄今为止还未形成统一的看法。

学界关于在线纠纷解决机制的概念界定主要分为最狭义说、狭义说、广义说以及最广义说，上述各异的学说是根据在线纠纷解决机制适用范围的大小进行划分的。而笔者认为在线纠纷解决机制最本质的属性是其在线性，在线纠纷解决机制的适用空间和方式还应当包含诉讼领域，即但凡使用了互联网信息技术实现纠纷化解都应当界定为在线纠纷解决机制。除此之外，笔者观点的相应佐证是最高人民法院发布的《关于人民法院进一步全面深化多元化纠纷解决机制改革的若干意见》第15条。该条指出，根据“互联网+”战略要求，在线纠纷解决机制的创新需要积极运用信息网络技术创建包含的在线审判等多种功能的在线纠纷解决机制平台①。故从字面上理解，在线纠纷解决机制不应当仅局限于非诉讼纠纷解决方式和电子商务领域，还应当包含将案件审理与信息技术结合的诉讼领域，在线纠纷解决机制的概念应作最广义理解。

（二）在线纠纷解决机制的特点

在线纠纷解决机制受到越来越多当事人及法院的青睐，究其原因，是其具有与传统纠纷解决机制不同的特点与优势，在线纠纷解决机制具有经济性、灵活性和技术性等特殊属性。

1. 经济性

受当下市场经济大环境的影响，当事人独立且理性，解纷成本的高低往往可能会影响当事人对纠纷解决手段的选择。区别于传统的解纷方式，在线纠纷解决机制可从三个方面为当事人降低解纷成本，首先是案件相关材料可通过电子平台在线提交、查阅以及送达，为当事人节约了打印、邮寄甚至是往返交通的费用。其次是当双方当事人身处异地时，如使用传统解纷方式，那么至少有一方当事人需前往特定的地点参与纠纷的化解，但如果运用在线纠纷解决机制，当事人在此情景下无须亲自前往，只需要借助互联网即可实现解纷目的。显而易见，这可以为当事人大大节省时间、金钱以及精力。最后，与传统纠纷解决机制相较而言，在线纠纷解决机制拥有智能化在线咨询、在线评估、在线案件管理与查询系统等功能，这能够很大程度提高当事人解纷的效率，降低其经济负担。

2. 灵活性

在线纠纷解决机制不受时间和空间上的约束，当事人可以相对自由灵活地选择解纷的地点和时间。一方面，因互联网的开放是全天候的，当事人可根据实际情况自由选择任何时间，甚至对上班族的当事人来说，也可选择非工作日

① 《关于人民法院进一步全面深化多元化纠纷解决机制改革的若干意见》，2016年6月28日。

进行，但如果是按照传统的解纷方式，当事人双方就只能在相应机构的工作时间来申请解纷。另一方面，当事人还可以摆脱地点的羁束，只要会使用手机、能连接网络，当事人就可以根据自身情况在任何地点进行解纷。最后，当事人既可以选择其中一种在线纠纷解决机制的程序，也可以综合考虑多种程序同时使用。

3. 技术性

在线纠纷解决机制是互联网高速发展的产物，它运用了各式各样的电子信息技术，这些技术是在线纠纷解决机制各项程序得以顺利运行的关键保障。例如，汇总和保管各种案件材料的电子数据管理系统，用于在当事人之间沟通的语音通讯、视频通话以及电子邮件等实时通信技术也被应用其中，在确认和甄别当事人身份信息时运用了电子签名系统，网上立案、网上保全、网上鉴定的在线提交也是顺应信息技术发展的潮流。随着信息技术的更新发展，纠纷的解决方式也不断变换，在线纠纷解决方式因其自身的优越性，将会是大势所趋。

（三）大力发展在线纠纷解决机制的必要性

随着我国社会经济不断发展变化，人们的生活水平得以提高，市场经济日益活跃，加之人民群众的法律意识逐渐增强，纠纷的种类层出不穷，传统的解纷手段日渐捉襟见肘，在线纠纷解决机制就在此种背景下应运而生。有效衔接在线纠纷解决机制和矛盾纠纷多元化解机制之间的关系，促进矛盾纠纷多元化解机制的转型和升级，直接关系到我国矛盾纠纷多元化解机制的丰富和发展。

1. 有效化解日益增长的纠纷

自 2015 年立案登记制实施以来，安顺市平坝区人民法院的收案数呈现大幅上升的趋势，立案登记制虽有效解决“有诉不理、拖延立案”等问题，但随着立案数量猛增，安顺市平坝区人民法院案多人少的矛盾变得尤为突出。2014~2022 年安顺市平坝区人民法院年度收案数总体上呈增长状态（该统计不含执恢、执保案件），尤其是自 2018 年以来，增长速度猛然加快，在 2021 年收案量达到最高，而当时安顺市平坝区人民法院员额法官仅 22 名，人均办案量居高不下。因此，人民法院需要加强各种纠纷解决途径的联合对接和双向互动，促进专业人才由经验型向职业型转化，充分发挥编外力量，建立完善统一的诉调对接平台。① 司法资源的有限和案件量大幅度上升，为在线纠纷解决机制的推广和应用提供了充足的内在需要（见图 1）。

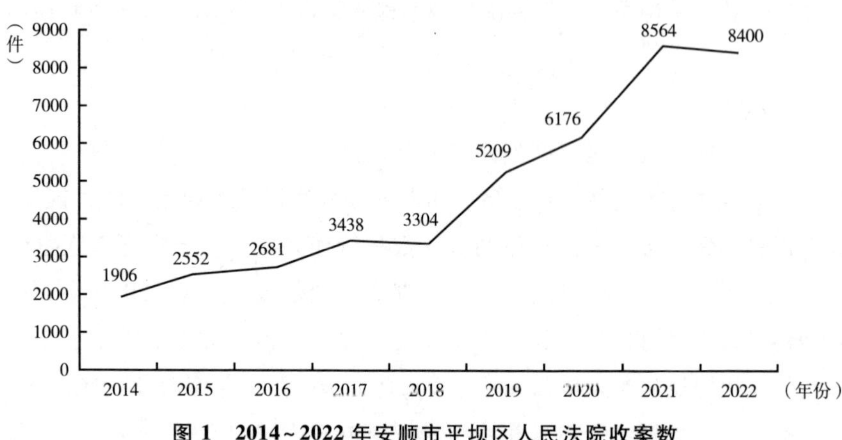

图 1　2014~2022 年安顺市平坝区人民法院收案数

2. 弥补传统解纷机制的不足

在线纠纷解决机制是通过在线的形式灵活高效地处理各种矛盾纠纷，其中在线诉讼虽然也是在法律框架下通过严格复杂的程序进行纠纷的化解，但在线纠纷解决机制与替代性纠纷解决机制一样，初衷并不是完全替代传统的解纷手段，而是弥补传统解纷机制的不足。正如前文所述，在线纠纷解决机制具有经济性、灵活性以及技术性的优势，同时从另一个方面反映了传统的纠纷解决机制不具备上述特点。于当事人而言，运用在线纠纷解决机制可以低成本、灵活地化解他们的纠纷，使得当事人足不出户，即可屏对屏达到解纷目的。于传统的纠纷解决机制而言，在线纠纷解决机制的技术性使得其信息记录比起传统的书记员记录更加全面客观。

3. 丰富矛盾纠纷多元化解机制的类型

要着力完善制度、健全机制、搭建平台、强化保障，推动各种矛盾纠纷化解方式的衔接配合，建立健全有机衔接、协调联动、高效便捷的矛盾纠纷多元

① 《关于人民法院进一步全面深化多元化纠纷解决机制改革的若干意见》，2016 年 6 月 28 日。

化解机制①。显而易见，这要求矛盾纠纷多元化解机制要及时建立健全、丰富和发展。我国的矛盾纠纷多元化解虽包含调解、仲裁、行政裁决、行政复议以及诉讼等多种方式，但是从实践中发现，各方式之间存在因相互脱节而造成迟延低效等弊端，从而造成了很多矛盾纠纷虽寻求了法律途径的救济，却难以得到有效解决的尴尬境地。

因此，开展在线纠纷解决机制的研究，一方面可以对我国当下矛盾多元化纠纷解决机制内涵加以丰富，打通线上和线下纠纷解决机制的阻碍，推动传统矛盾纠纷解决机制的改造和升级，摆脱以往完全仰仗线下方式解纷的局面，形成线下线上纠纷解决机制相互贯通、协调联动、相互配合的全新矛盾纠纷多元化解模式。

二　安顺市平坝区人民法院在线纠纷解决应用情况

最高人民法院在2016年印发的《关于人民法院进一步深化多元化纠纷解决机制改革的若干意见》和《人民法院信息化建设五年发展规划（2016－2020）》明确提出创新在线纠纷解决方式、鼓励构建在线纠纷解决平台，安顺市平坝区人民法院主要运用“人民法院在线服务”平台作为在线纠纷解决机制的实践平台，在“人民法院在线服务”贵州区中，本报告主要选取了在线咨询、在线评估、在线调解、在线诉讼等功能进行论述。

（一）在线咨询

“在线咨询”包含“人工咨询”与“智能咨询”两种。当事人只需点击“智能问答”（见图2），根据提示输入自己的问题，就可以了解智能问答机器人通过大数据筛选出的与之匹配的相关法律、案例及解纷的具体流程。同时，当事人也可选择人工咨询进行操作，与在线咨询师进行对话，从而加强对法律知识及诉讼流程的认知和了解，有助于节约当事人时间，提高其解纷效率，满足解纷需求。案件一旦进入审判程序后，当事人还可通过搜索相应案件，跳转至“掌上法庭”直接与承办法官、助理和书记员对话，可直接询问开庭时间等案件信息。

---

① 《关于完善矛盾纠纷多元化解机制的意见》，2015年10月13日。

图 2　在线纠纷解决应用平台

（二）在线评估

“在线早期中立评估”简称“在线评估”。当事人通过选择相应案由和诉讼请求，填写相应的案件事实问卷后（见图 3），“人民法院在线服务”会在

图 3　在线评估平台

24 小时内向当事人提供一份详细的书面报告，报告内容含诉讼费用、法律风险、法律建议等。这是因为该平台运用了大数据分析技术，可自动识别当事人提供的纠纷信息中涵盖的法律要素，从而智能地分析出相对应的裁判规则，自动生成与之相符的裁判规则分析报告，为当事人提示可能存在的法律风险、解纷成本和对策建议，给当事人提供更大程度的便利。

（三）在线调解

在线调解是在线纠纷解决类型中应用最广泛的。在线调解指的是人民调解员运用信息网络技术，促成双方当事人协商一致，最终达成双方当事人合意的一种非讼纠纷解决方式。在众多的纠纷解决方式中，在线调解的使用频率最高，指在人民调解员的组织下，通过语音、邮件交谈，视频会议或其他网络渠道进行信息交流，调解员扮演着中立沟通者的角色，设法促成当事人和解从而促成纠纷解决，达成的调解协议是双方在自愿的情形下协商一致的结果。

安顺市平坝区人民法院主要通过“人民法院在线服务”进行线上调解，当事人通过点击“多元调解”进入人民法院在线调解平台，选择纠纷的种类后，选择相应的人民调解员，由安顺市平坝区人民法院特邀调解员通过人民法院调解平台组织线上民商事纠纷的调解，通过释法明理、深入浅出的方式促成双方合意，最终签署人民调解协议。鉴于网络具有虚拟性，当事人双方为确保调解协议的可执行性，可根据已达成的调解协议申请司法确认（见图 4）。

自 2018 以来，平坝区人民法院的人民法院调解平台应用率达到 100%，平台入驻特邀调解员 2 名，诉前调解案件累计达 5312 件，调解成功 4565 件，进入诉讼程序的案件大量减少，大大减轻了法院的诉讼压力。

（四）在线诉讼

在线诉讼是一种通过现代化信息技术，实现在线开展主要诉讼程序的新型案件审理模式，法院的信息化改革以及智慧法院的建设加速了我国在线诉讼的发展。在线诉讼需要对成熟的同步视频传输技术、远程交流技术、电子签名技术的综合运用。因此，与在线咨询、在线评估、在线调解相比，在线诉讼的实现有着更高的技术要求。

目前，当事人可通过“人民法院在线服务”小程序，电子诉讼服务平台

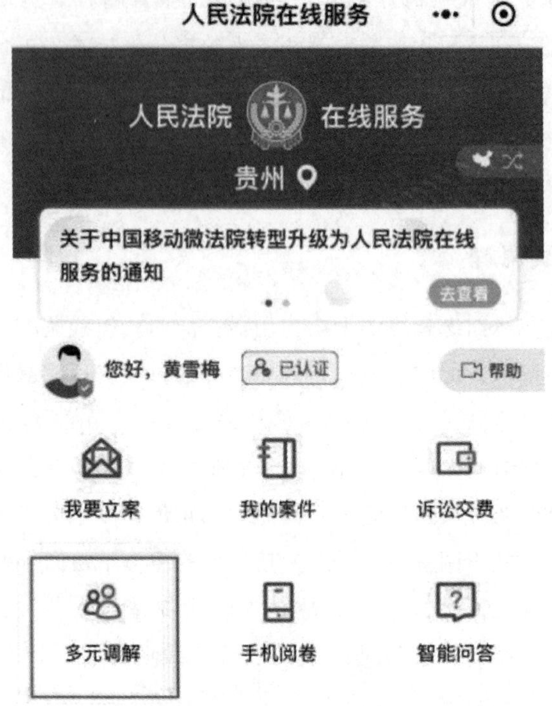

图 4　在线多元调解平台

实现网上立案、缴费、阅卷、保全等。2022 年 1~12 月，安顺市平坝区人民法院在线服务小程序收案数为 3053 件，审核通过 2532 件，及时审核率为 97.48%，其中网上开庭案件 496 件，网上缴费率高达 100%，电子送达率为 95.82%。

三　在线纠纷解决机制面临的挑战

（一）缺乏面对面交流

在以往传统纠纷解决机制下，当事人双方能够实现面当面沟通，能够清晰明了地表达自己的想法和态度，各方观点会在第一时间被传达和了解。但在线纠纷解决机制主要利用网络进行互动和交流，当事人无法观察到对方诸如面部表情、肢体语言等非语言信息，只能根据鲜少的可视信息进行猜测。就算表达者已经清晰明了地表达了想法，但由于信息交流存在模糊性，接收者对该信息造成误解的情况时常出现。特别是在跨区域的纠纷当中，比如跨境纠纷，双方来自不同的地区，文化背景差异较大，语言沟通不畅，该问题显得格外突出。尤其是针对调解而言，人民调解员往往会巧用各种策略和技巧，促成双方当事人达成合意，这种技巧主要通过洞察当事人双方非语言的表达得以实现。而通过在线同步的形式，这种技巧的作用难以完全发挥。

（二）网络对在线纠纷解决机制的影响

随着网络和信息技术的进步，在线纠纷解决机制就应运而生。但网络带来的影响同时又是双向的，虽促成在线纠纷解决机制的出现和发展，但也为其带来了一定的风险。

在线纠纷解决机制带来便捷性的同时，也为作假提供了可乘之机。在线纠纷解决机制通过网络平台给解纷当事人带来了极大的便利，可以实现足不出户，就能够解纷的目的，但是该平台也为作假提供了生存空间。比如，使用在线纠纷解决机制无法核实当事人双方的身份，证人提供证言不属实，甚至恶意作假，在这种情况下，其作假难以得到揭露。例如，在信息网络技术如此发达的当下，对文字、语音、语言、视频加工，可谓轻而易举就可以扭曲客观存在的事实，从而令人真假难分。

在线纠纷解决机制同时存在安全性和复杂性问题，因其各种网络信息容易遭到窃取和篡改，造成其机密性和安全性较低，从而存在无法顺利解决纠纷和泄露隐私的风险。而如果需要增强安全防范能力，那就会增加在线纠纷解决机制的复杂性，加大当事人使用难度。

（三）接近性障碍

接近性指的是操作相关程序的便利度，此处提及的接近性即评判在线纠纷解决机制的操作是否方便快捷。接近性对当事人是否选择在线纠纷解决机制产生积极影响，也就是说，接近性程度越高，那么在线纠纷解决机制被当事人选择的概率也会越高。但是，正如前文提到的，在线纠纷解决机制是在互联网的背景下应运而生，这就需要互联网软硬条件都同时齐备的情况下，在线纠纷解决机制才具有可接近性。即便从整体上来看，我国互联网基础设施逐渐完善，网络逐渐普及，网民数量也大幅增长，但不容忽视的是，安顺市平坝区相较于其他地区来说，整体文化水平相对落后，互联网普及率也相对低得多。

在线纠纷解决机制对当事人的计算机知识及能力提出了较高的要求，当事人需要具备诸如注册平台账号、编辑电子文档、上传相关资料的必要技能。这些技能的操作无时无刻不在考验着当事人的计算机能力，安顺市平坝区人民法院辖区内的很多群众都鲜少接触计算机，更别提能够有所掌握，在线纠纷解决机制很难成为他们解决纠纷的首选。从年龄上看，不同年龄段对计算机的掌握能力又有所不同，中青年群体拥有较强的接受和学习能力，因此相关的互联网操作于他们而言可谓如鱼得水；但年老的人群，则受到年龄和新事物接受度较弱的限制，对于他们而言，熟练操作相关程序的难度系数相应会大得多。

四　关于完善我国在线纠纷解决机制的构想

在线纠纷解决机制要想在我国得以持续健康发展，对其进行系统的建设显得尤为重要。基于此，笔者主要围绕在线纠纷解决机制的适用范围、相关配套措施、宣传推广三个部分来展开，对完善在线纠纷解决机制提出建议和构想。

（一）在线纠纷解决机制的适用范围

1. 适用的纠纷类型

民商事纠纷的类型纷繁复杂，穷尽式列举实属不现实。加之随着经济的日渐活跃，新类型的纠纷也层出不穷，故采用穷尽式列举法列举在线纠纷解决机制的适用类型明显不可能。而是要从实际出发，根据纠纷自身特点，结合在线纠纷解决机制的性质，将在线纠纷解决机制适用的纠纷类型归纳如下。

(1) 仅涉及金钱争议的纠纷。民商事纠纷包含人身纠纷和财产性纠纷，这是根据纠纷性质的不同进行划分的，而财产性纠纷则包含仅涉及金钱争议的纠纷。通常而言，财产性纠纷的法律关系和性质都比较单一，履行方式也比较简单，一般就是涉及金钱的给付，例如支付违约金、偿还欠款等，所以此类纠纷可通过线上纠纷解决机制来解决。此类纠纷中较为典型的有保险纠纷、较轻微的人身损害赔偿、交通事故责任纠纷等。

（2）当事人不愿会面的纠纷。在这类纠纷中，涉及隐私、婚姻家庭、邻里之间的纠纷尤为典型，其相似之处是当事人不愿公开他们的纠纷。同时，身处家事和邻里纠纷的当事人情绪一般都比较激动，有的甚至可能存在较大的误解和隔阂。面对面的方式来化解纠纷不仅于事无补，很有可能会进一步激化双方的矛盾。而如果使用在线纠纷解决机制，一方面可以让双方通过在线的形式，在中立第三方的引导下化解纠纷，另一方面，还可以为当事人提供私密空间，满足其纠纷不外露的保密需求。

（3）更适合采用在线纠纷解决机制的纠纷。该种类型又涵盖两方面，其一是当事人双方身处异地的纠纷，在该类型中，采用传统解纷方式的话，至少有一方当事人要前往特定地点解纷，那就难以避免地要花费时间和金钱成本。但如若采用在线纠纷解决机制，则可以免去这一烦恼。其二是在互联网背景下产生的纠纷，例如网络知识产权纠纷、电子商务纠纷、网上借贷纠纷等。在线纠纷解决机制一开始就是为解决线上争议而创设的，因此在此类型上使用在线纠纷解决机制与其创设的初衷不谋而合，采用此方式更加经济高效。

除所列举的以上三种纠纷外，如果当事人双方能够协商一致，自愿选择线上方式解决纠纷，那么也可以采用在线纠纷解决机制帮助其解纷。

2. 适用的主体范围

正如前文提到，由于在线纠纷解决机制复杂的操作程序，需要当事人掌握较高的计算机能力。我国网民的年龄分布呈现年轻化趋势，10~39 岁的网民占了绝大多数，结合这一趋势，我国在线纠纷解决机制的潜在用户应当是中青年群体。一方面，中青年是最多的互联网用户群体，其具备使用在线纠纷解决机制的人数条件，同时，他们也熟练掌握互联网知识及技能，操作在线纠纷解决机制平台更容易上手。另一方面，电子商务纠纷及其他新型纠纷的当事人很有可能就是中青年群体，因此，其具备该机制的使用可能性。

（二）在线纠纷解决机制相关配套措施

加强信息保密技术的研发。在线纠纷解决机制是否能够得到当事人信任的关键在于其是否具有保密性。毋庸置疑，在线纠纷解决机制的平台会做好对当事人信息材料的保密工作，但互联网同时增加了当事人信息泄露的可能性，这就需要加强在互联网条件下在线纠纷解决机制保密技术的研发。目前使用较多的就是密钥加密技术，但仅有该技术不足以应对网络上泛滥的各种不安全因素，需要研发更多的信息保密技术，才能确保信息传输万无一失。

（三）在线纠纷解决机制的宣传推广

提高在线纠纷解决机制使用率，需要各方力量加大对其的宣传和推广，就像安顺市平坝区人民法院使用的实践平台——“人民法院在线服务”平台。很多前来立案的当事人根本就不知晓这一平台，从省外长途跋涉前往人民法院申请立案，很大程度上提高了当事人的解纷成本。在线纠纷解决机制可以依靠媒体宣传、内部培训、社区宣传等多种方式进行普及。在内部培训方面，尤其要加大对老年人群体对于在线纠纷解决机制平台的相关操作的培训。在纠纷解决人员的内部推广方面，就拿人民调解平台来说，可以由特邀的人民调解员对平台的使用操作进行讲解。

针对基层的宣传方面，可以有针对性地给当地村居民发放宣传手册，在村民委员会、居民委员会用喇叭巡回播放，同时也可以走村入户，手把手指导村居民如何下载和使用在线纠纷解决机制的相应平台。通过以上方式，加大人民群众对于在线纠纷解决机制的了解，并努力实现对该机制的熟练运用，增加在线纠纷解决机制的可接近性，使得纠纷发生时，在线纠纷解决机制可成为群众的解纷首选。

人民法庭服务基层社会治理的“顶云新经验”

“人民法庭服务基层社会治理的‘顶云新经验’”课题组*

摘　要：1976年，贵州省安顺市关岭县顶云乡陶家寨30多户农民大胆实行“包产到组、包产到户、超产奖励”，率先开创农村家庭联产承包责任制的先河。在以司法体系和司法能力现代化服务保障乡村振兴的时代背景下，关岭县人民法院将“敢闯敢试、敢为人先、扎根基层、勇于创新”的“顶云经验”深刻注入司法服务和司法工作中，充分发挥顶云人民法庭前沿阵地作用，探索人民法庭服务基层社会治理的“顶云新经验”。

关键词：人民法庭　基层社会治理　“顶云新经验”　乡村振兴　安顺法院

1976年，贵州省安顺市关岭县顶云乡陶家寨30多户农民大胆实行“包产到组、包产到户、超产奖励”，率先开创农村家庭联产承包责任制的先河。①顶云这个在中国版图上微不足道的乡村，与安徽凤阳县小岗村齐名被称为“南顶云、北小岗”，奏响了中国农村改革的序曲。新时代，“顶云经验”被赋

---

* 课题组成员：贾梦嫣，贵州省社会科学院法律研究所副研究员，安顺市中级人民法院副院长（挂职）；王文玉，关岭县人民法院副院长、一级法官；张旋，关岭县人民法院顶云人民法庭庭长、一级法官；罗承艳，贵州省社会科学院法律研究所馆员；陈青青，关岭县人民法院顶云人民法庭法官助理。

如无特别说明，本报告资料来源于关岭县人民法院。

① 段艳、吴大华：《改革开放以来贵州创新性发展实践及经验》，《贵州商学院学报》2020年第3期，第13~22页。

予新的时代内涵，继续为贵州改革发展凝聚创新动力。在以司法体系和司法能力现代化服务保障乡村振兴的时代背景下，关岭县人民法院将“敢闯敢试、敢为人先、扎根基层、勇于创新”的“顶云经验”深刻注入司法服务和司法工作中，充分发挥顶云人民法庭前沿阵地作用，探索人民法庭服务基层社会治理的“顶云新经验”。

一 顶云人民法庭及其辖区主要情况

顶云人民法庭成立于2020年8月，现选址于关岭县百合街道同康社区，法庭按照“1+1+2”标准设置，设员额法官一名、法官助理一名、书记员两名；以“家门口的‘小法庭’”为定位，顶云人民法庭探索开展了“立一审一执”一体工作，目前承担所辖区域案件的立案、审判、执行工作和乡村振兴等其他工作。

顶云人民法庭管辖顶云街道、百合街道和上关镇三个区域，所辖面积195.8平方公里，截至2022年底所辖户籍人口73467人，所辖村寨多为汉族、布依族、苗族、黎族等多民族聚居村寨（见表1）。顶云人民法庭所辖区域内建有七个易地扶贫搬迁安置点，其中顶云街道建有安馨社区、八角岩安置点等三个易地扶贫搬迁点，共安置搬迁群众801户3701人；百合街道同心社区、同康社区搬迁群众2721户12819人，搬迁群众分别来自全县12个不同乡镇，是关岭县规模最大的集中安置点；上关镇有落哨、场坝二个易地扶贫搬迁点。

表1 顶云人民法庭管辖区域基本情况

	辖区面积（k㎡）	户籍人口	民族组成	主要产业
顶云街道	80.2	7512户 32570人	汉族、布依族、苗族、黎族等多民族杂居	中药材种植、“关岭牛”养殖等
百合街道	19	4069户 18177人	有布依族、苗族、黎族等16种常住少数民族	食品加工、花椒种植、牧场种植、水果种植、“关岭牛”养殖等
上关镇	96.6	4895户 22720人	以布依族、苗族为主，多民族杂居	中药材种植、精品水果种植等

二　家门口的“小法庭”：顶云人民法庭服务乡村振兴和基层社会治理的主要做法

关岭县人民法院将“敢闯敢试、敢为人先、扎根基层、勇于创新”的“顶云经验”深刻注入司法服务和司法工作，立足当地经济社会发展现状和基层社会治理的工作实际，以“家门口的‘小法庭’”为定位，充分发挥顶云人民法庭前沿阵地作用，主动延伸职能，积极服务乡村振兴，探索人民法庭服务基层社会治理的“顶云新经验”。

（一）聚焦审判执行质效，强化价值引领

在所辖区域内，顶云街道属新城建设区域，涉建设工程施工合同、买卖合同等矛盾纠纷较多；百合街道内有关岭县最大的两个易地扶贫搬迁安置社区，居民来源复杂多样，涉婚姻家庭、民间借贷等矛盾纠纷较多；上关镇则因其辖区内有关兴公路通过，涉机动车交通事故矛盾纠纷较多。自2020年8月成立后至2022年底，顶云人民法庭共计新收案件714件，其中，2020年受理20件、2021年376件、2022年318件，[①] 截至2022年12月31日结案698件。从案由看，除传统的离婚案件外，还有大量的买卖合同纠纷、民间借贷纠纷、机动车交通事故责任纠纷、建设工程施工合同纠纷等其他类型的案件（见图1）。

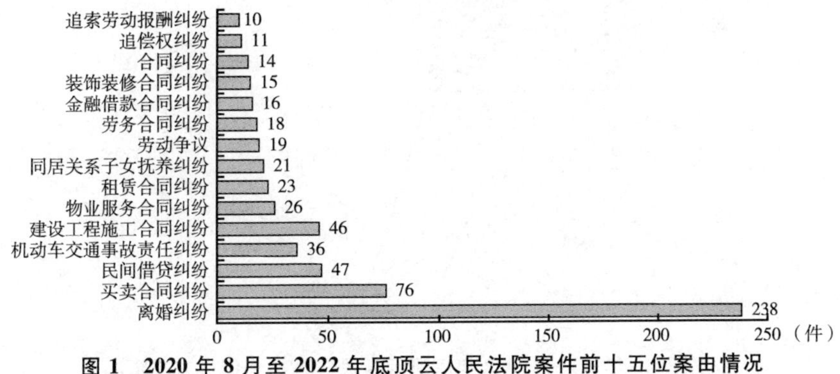

图1　2020年8月至2022年底顶云人民法院案件前十五位案由情况

注：合同纠纷主要指无名合同或者无特殊类型案由的合同。

① 该数据不包括未计入司法统计的案件。

1. 扎实开展调解工作，着力修复受损社会关系

从结案方式看，在已结案的 698 件案件中，以调解方式结案 310 件，准予撤诉或按撤诉处理案件 170 件，调撤率 68.77%（见图 2），高于贵州省法院审结的民商事一审案件调解率及撤诉率。特别是离婚案件，在已受理的 238 件离婚案件中，2020 年受理 7 件、2021 年受理 70 件、2022 年受理 101 件，在不考虑 2020 年收案周期较短的情况下，2021 年、2022 年离婚案件数量呈上升趋势；受理的离婚案件中，调解 125 件、准予撤诉 44 件、判决 39 件、按撤诉处理 30 件，调撤率达 83.61%①。婚姻家事纠纷案件具有特殊复杂性、私密性，顶云法庭与妇联、律师事务所在法庭内联合设立婚姻家庭纠纷调解工作室，每周四由一名女性律师到工作室接待群众来访和咨询，切实维护妇女儿童的合法权益。调解室成立以来，接待来访群众法律咨询、调解 300 余人次，解决家事纠纷背后的复杂纠纷 10 余件，将动态的隐患清零的同时，让调解室充满“法理情”。

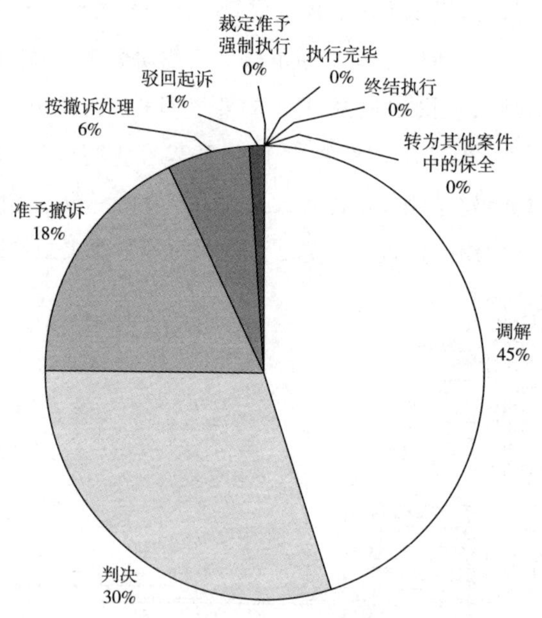

图 2　2020 年 8 月至 2022 年底顶云人民法院案件结案方式情况

① 包括调解结案、准予撤诉及按撤诉处理案件。

2. 创新工作方式，在审判执行工作中深刻融入社会主义核心价值观

通过司法手段，倡导崇尚科学、诚信守法、抵制迷信、移风易俗的社会主义道德规范，促进农村形成男女平等、尊老爱幼、家庭和睦、邻里和谐、勤劳致富、扶贫济困的社会风尚。立足审判职能参与地方治理。灵活运用巡回审理、以案释法、判后答疑等多种形式，积极开展法治宣传，引导人民群众自觉履行法定义务、社会责任、家庭责任。在坚守“不超越审判职能参与地方行政、经济事务以及其他与审判职责无关的会议、接访、宣传等事务”的底线的情况下，及时向地方党委、人大报送涉诉矛盾纠纷专项报告，向政府及其他相关部门提出司法建议，积极参与地方社会治理。

（二）聚焦延伸司法职能，强化诉源治理

由于辖区内存在百合街道同康社区、同心社区，顶云街道下良寨、安馨社区四个较大的易地扶贫搬迁安置社区，搬迁人员数量多、人员结构复杂，矛盾纠纷化解压力大。2021 年及 2022 年，在安顺市 29 个人民法庭中，顶云人民法庭受案量居于前列；顶云人民法庭受理诉前调解 200 余件，在关岭县人民法院四个派出法庭中诉前调解案件最多。按照“党委领导、政府主导、多方参与、司法推动、法治保障”的诉源治理工作新格局要求，顶云人民法庭积极与当地党委政府联动，推动诉源治理工作不断走深走实。

1. 积极构建诉源治理新格局

积极与综治中心、司法所建立工作联动机制，在顶云街道办事处和上关镇挂牌法官工作站、工作室，整合资源对辖区内的诉讼案件进行立案前调解。2022 年，顶云人民法庭委托诉前调解委员会进行诉前调解案件 44 件，调解成功 21 件；委托综治调解案件 155 件，调解成功 24 件。在政法信访系统“入村寨进社区走企业访群众”大走访活动中，法庭干警深入到辖区上关镇、顶云街道角寨村、关岭县百合街道倾听民意，宣传习近平法治思想、政策法规，突出宣传《民法典》，弘扬社会主义法治精神。引导群众自觉遵法守法用法，进一步提升社会治理现代化水平，助推关岭县经济高质量发展。法庭干警将大走访工作和法治宣传工作相结合，到一户群众家里都和他们拉家常、听心声，对提出的每一个法律问题都耐心解答，排除矛盾纠纷，最大限度地把各种矛盾纠纷依法化解在基层，提高群众知法、用法、守法的主动性和自觉性，强化群众

的法治意识，切实维护社会和谐稳定。

2. 扎实开展“无讼村（居）”创建

2022 年，百合街道摆布村“无讼村”成功创建。在“无诉村”创建过程中，始终坚持党委领导，立足人民法院自身职能定位，突出人民法院司法元素与文化特色，指导村集体组织努力实现法治、德治、自治的目标。

一是指导制定村规民约。结合当地民风民俗、生产生活习惯、常见纠纷的成因以及新时代乡村治理的要求，指导村支两委经村民民主评议，出台村规民约，引导村民移风易俗，抵制滥办酒席、高价彩礼、互相攀比等不良风气，树立良好的村风家风，村容村貌焕然一新，夯实村民自治的根基。

二是进村入户开展普法宣传。截至 2022 年 7 月，摆布村所在地的顶云人民法庭，进村入户开展法治宣传 3 次，发放宣传材料 200 余份，接受群众咨询 20 余人。同时，在进村入口处制作大型“民法典与生活同行”宣传画，以老百姓看得懂、记得清的方式宣传民法典重要编章内容。

三是案件调解走进村民家中。坚持“以身边事教育身边人”，针对村民之间易发多发的矛盾纠纷，选取具有代表性的案件开展现场化解工作，以案释法，引导村民遇到相似纠纷及时协商解决。如 2022 年 1 月，顶云法庭立案受理杜某发、冯某芬、杜某林诉邓某全、杨某谷、邓某献的婚约财产纠纷一案，该案当事人意见分歧较大，一直无法达成一致协议。庭审后，承办法官邀请村干部到杜家组织双方进行调解。承办法官和村干部对双方情绪进行安抚和劝说，经过不懈努力最终引导双方和解。在诉源治理中，多元化矛盾纠纷的调解是很重要的一部分，以调解的方式为当事人解决矛盾，可以避免矛盾激化引发其他问题，同时入户开展多元化矛盾纠纷的调解，可以有效地引导当地群众在遇到相似的矛盾纠纷时采取协商调解的方式解决，加强诉源治理。

四是完善村级调解组织建设。在村委会建立法官工作站，选聘 3 名在村内德高望重的村民作为法院的特邀调解员，协助人民法院做好矛盾纠纷源头预防调处工作。同时，加强与其他政法单位的协调对接，整合村级网格员、助理员、治安员、村干部、优秀党员等解纷资源，共同助力诉源治理工作。

（三）聚焦司法为民便民，强化科技赋能“快立快审快结”

人民法庭与农村、农民接触最广泛、接触最直接、了解最深，处于化解矛盾纠纷的最前沿。法庭工作应强化职能，服务群众，充分发挥人民法庭在基层治理中的作用。积极践行群众路线，以高效便民为原则，创新调解工作方式，化解矛盾纠纷。

在一起事件中，当事人外出务工，承办法官了解到被告不便请假，且路途遥远，路费昂贵，不便回来开庭等实际情况，通过微信视频方式与被告进行实时对话，成功调解案件。法官通过利用现代网络设备，不仅提高办案效率，也极大地便利了当事人。当日立案当日调解，切实体现便民利民。顶云人民法庭将“快立快审快结”作为践行三型法庭建设的重大举措，在严格落实立案登记制相关规定的前提下，创新工作方式，切实将司法便民为民落到实处。

三　顶云人民法庭服务乡村振兴和基层社会治理的启示

在新发展格局下，“顶云经验”应有新的时代意蕴。关岭县人民法院顶云人民法庭将“敢闯敢试、敢为人先、扎根基层、勇于创新”的“顶云经验”深刻注入司法服务和司法工作，其实践和探索带来了一些启示。在新征程上，“敢想敢干、敢为人先”，必须突破思维定式，摆脱路径依赖，在观念创新上先人一步、体制创新上高人一筹、机制创新上快人一拍，切实做到观念新、方法新、作风新，通过大胆改革创新、敢闯敢干来闯出新路子；“扎根基层、勇于创新”，必须应当地当时的发展需求，在依法裁判、定分止争的同时，主动扩展人民法庭司法职能，主动融入乡村振兴和基层社会治理。

1. 坚持和发扬“敢想敢干、敢为人先”的“顶云经验”，其根本基础和保障在于坚持党的绝对领导

通过党建引领，加强党的领导，延伸党的阵地，优化组织设置，推进制度创新，创新干部管理，密切干群关系，推动构建自治、法治、德治“三治合一”的乡村治理体系。一方面，突出基层党组织职能作用，将各家各户有限的要素和资源合理有效地组织起来，共同分担引入现代生产要素，有组织地开拓产品销售渠道。探索技术辅导员制度，加强技术培训，强化利益联结，落实奖惩机制，链接村集体收益，探索实施股权具体化的路径。另一方面，坚持党建带队建促审判，最大限度调动和发挥人民法庭审判工作效能，实现审判工作

效能。在法庭审判中，要求全体党员既做到敢于亮明党员身份，又做到积极彰显法治正能量，紧紧围绕法院审判这一中心工作，积极开展巡回审判、法治宣判、法律建言等活动，确保党建审判双融合、共推进。积极开展党支部联合活动，大力推进送法进校园、送法进社区、送法进机关等活动。

2. 坚持和发扬“扎根基层”的“顶云经验”，其核心要义是要坚持站稳人民立场，以司法服务保障乡村振兴、保障中国式现代化不断前行

在工作中深入实际、深入基层，和人民群众打成一片，了解人民群众的急难愁盼，为人民群众解决实际问题；尊重群众，相信群众，依靠群众，有困难问计于民，从人民群众中汲取智慧和营养。妥善审理家事纠纷案件，注重保护妇女、儿童、老年人及社会弱势群体的合法权益，始终坚持做到民商事审判工作的法律效果和社会效果的高度统一。唯此，才能提高自己的政治思想素质和实际工作能力，在新时代带领人民群众写好乡村振兴文章。

3. 坚持和发扬“勇于创新”的“顶云经验”，其重要路径是要坚持守正创新结合，用好确权登记颁证成果，扎实推进承包地“三权分置”，持续深化农村集体产权制度改革，发展壮大新型农村集体经济

推动城乡融合发展体制机制和政策体系落地见效。完善农业支持保护制度，着力破解要素制约。坚持扎实稳妥推进乡村建设。坚持规划先行、依规建设，合理确定村庄布局分类，在村庄现有格局肌理风貌基础上，通过微改造、精提升，逐步改善人居环境，强化内在功能，提高生活品质，打造数字乡村，守住中华农耕文化的根脉。重点推进通自然村道路等既方便群众生活又促进农民生产的基础设施建设，让广大农民在乡村建设中有实实在在的获得感、幸福感、安全感。

小额诉讼程序运用：关键问题及路径优化

——以普定县人民法院为例

潘泽文[*]

摘　要：在法治社会，只要存在纠纷且满足法定诉讼条件，无论纠纷涉及的标的金额如何，当事人均有权向法院寻求司法救济。随着社会经济的高速发展，社会矛盾的类型和社会矛盾的总量呈现复杂化和快速增长的态势。诉讼是我国多元化化解矛盾纠纷机制的重要组成部分。如何在这种社会背景下，在保障实质性解决纠纷的前提下，提升司法化解矛盾纠纷的效率，降低司法化解矛盾纠纷的成本，是司法改革的重要方向之一。相较于普通程序或简易程序，无论是从法院角度出发，还是从当事人角度出发，适用小额诉讼程序解决纠纷的成本都更低、社会效益更高。但就目前小额诉讼程序在普定县人民法院的适用情况来看，小额诉讼程序在司法实践中仍存在较多问题，有进一步完善的空间和必要。

关键词：小额诉讼程序　诉讼成本　社会效益　程序运用　普定县

一　小额诉讼程序在司法实践中的适用情况

2020年，普定县人民法院受理民事案件共计3499件，适用小额诉讼程序审理27件，小额诉讼程序适用比例仅达0.77%。2021年，普定县人民法院受理民事案件4261件，适用小额诉讼程序审理372件，小额诉讼程序适用率约

* 潘泽文，普定县人民法院法官助理。

8.73%。相比 2020 年，2021 年的小额诉讼程序适用比例上升约 7.96 个百分点[①]。2022 年，普定县人民法院受理民事案件 4039 件，适用小额诉讼程序审理 914 件，小额诉讼程序适用率约 22.63%。相比 2021 年，2022 年的小额诉讼程序适用比例上升约 13.90 个百分点。可以看出，普定县人民法院从 2020 年以来，重视小额诉讼程序的适用工作，小额诉讼程序的适用率连续三年稳步提升。

二　小额诉讼程序适用中存在的问题

（一）主观方面：小额诉讼程序本身的“弊端”，导致法院及当事人对适用小额诉讼程序存在顾虑

1. 一审终审易引发信访和投诉

一审终审，可以将中级人民法院从案件标的较小、案件事实清晰的上诉案件的沼泽中解救出来。这是通过小额诉讼程序降低化解矛盾成本目的的核心规则，不仅能够降低整体司法系统处理矛盾的人、财、物等成本，也能够降低当事人的诉讼成本。但是，一审终审同时意味着当事人对裁判结果不服，再无诉讼程序可给予其二次救济，引发的负面效果就是当事人对裁判结果不服，通过信访、投诉等非诉程序予以宣泄，一定程度上加大了法官适用小额诉讼程序处理案件的成本。现当事人投诉、信访等进行二次非诉救济的渠道甚为广泛，包括“12345 市长热线”“网络送达平台留言”“诉讼服务热线”等，根据现有信访投诉处理制度，在实际工作中只要当事人进行了信访、投诉，无论其理由实质上是否有道理，案件承办法官都需要撰写书面的情况说明进行回应，额外加重了承办法官处理案件的人力、时间成本。导致承办法官在适用小额诉讼程序时，顾忌可能引发的后果而不愿适用。

2. 现行小额诉讼程序适用考核指标较为单一

年终考核分数关系到法官年终绩效的总得分，也关系到各法官年底考核时的评先选优。但以现行适用的绩效考核制度来说，没有专门针对小额诉讼程序

① 数据来自普定县人民法院办案系统，下同。

的各项考核指标，仅仅是单纯的考核小额诉讼程序的适用率，而未根据小额诉讼程序的其他特点，进一步细化考核指标，考核结果并不能完整反映出小额诉讼程序的适用情况，也不能对法官积极妥善适用小额诉讼程序起到应有的导向作用。

3. 小额诉讼程序的适用标准较为模糊

《中华人民共和国民事诉讼法》（以下简称《民事诉讼法》）修改之前，小额诉讼程序适用的标的额是“各省、自治区、直辖市上年度就业人员年平均工资百分之三十”①。修改之后，小额诉讼程序的适用标的额是“各省、自治区、直辖市上年度就业人员年平均工资百分之五十以下”②。可以看出，《民事诉讼法》修改之后，进一步拓宽了小额诉讼的适用范围，这是出于提高小额诉讼程序适用率、降低司法处理矛盾成本的目的。从《民事诉讼法》对适用小额诉讼的规定看，是否适用小额诉讼程序，主要从两个方面判断：第一，案件类型，即只有满足“明确权利义务关系和事实清楚”的条件，才称为简单民事案件；第二，涉及的标的金额，即满足各省的要求。只有同时满足前述两个方面的要求，才可适用小额诉讼程序。司法实践中，对满足小额诉讼程序关于涉及案件标的金额的要求较为简单，问题在于如何判断该案件是否满足“权利义务明确、事实简单清楚”的标准。所谓的“权利义务明确”是指什么？金钱给付案件中诉求往往是支付一定金额的钱款，权利义务明确是指权利方的权利不存在任何问题、责任的承担方已经非常明确，还是指对当事人诉求是否成立已经有了明确答案，只是支持比例的问题？事实上，是否满足该标准的判断，往往取决于法官的自由裁量权，难有准确的“度”来衡量。凡是涉及法官自由裁量的，则裁量结果是否能够遵循立法本意、不同个案裁量结果是否能建立统一的规则，往往只能依赖于法官自身的职业素养。

4. 适用小额诉讼程序的直观成本较简易程序未体现出明显差异性

我国的小额诉讼程序属于简易程序的分支，我国立法并没有完全构建独立的小额诉讼程序制度，适用小额诉讼须缴纳的诉讼费也是减半收取，和适用简

---

① 《中华人民共和国民事诉讼法》（2017 年修正）

② 《中华人民共和国民事诉讼法》（2022 年 1 月 1 日施行）

易程序须缴纳的诉讼费一致。笔者现于普定县人民法院马官人民法庭立案窗口工作，在接待当事人的过程中发现，就原告而言，相较程序的简便，其更关注的是案子能否得到公正审理。简易程序相较小额诉讼程序的烦琐之处，有时反而会让当事人觉得案子更加受到重视从而更有“安全感”。

（二）客观方面：适用小额诉讼程序审理案件仍存在诸多问题

1. 送达困难降低了小额诉讼的高效便捷价值

送达难，向来是司法实践中的难题，尤其对于小额诉讼程序来说，极大降低了小额诉讼程序的审判效率。往往适用小额诉讼程序进行审理的案件，案件事实都比较简单，如果送达没有障碍，就可以高效审结，实现小额诉讼程序的设计价值。但是，一旦在送达环节出现问题，往往只能转为普通程序进行公告送达。贵州省内法院目前已经建立了统一送达平台，以电子、邮寄送达为主，如果通过电子送达和邮寄送达方式仍不能送达，将会显示送达失败。以基层人民法庭为例，因现在贵州农村地区的年轻人基本都在外省务工，家里的老人一般也没有使用手机等电子产品的习惯，又因基层法庭一般设在农村地区，这就导致了基层法庭邮寄送达和电子送达难的问题表现得更加突出。为了保障当事人的程序权利，此时仍然需要法院工作人员进行实地送达。然而，正是农村的很多纠纷都存在事实清楚、涉案标的小的特点，符合小额诉讼立案条件，却因为送达问题无法适用小额诉讼程序。如将立案时的小额诉讼程序转为普通程序，相较于一开始就适用普通程序而言，往往需要花费更大的精力，这将不可避免地影响小额诉讼的整体应用效果。

2. “人少案多”的突出矛盾和审限的限制难以保证小额诉讼的适用效果

2020 年，普定县人民法院受理民事案件 3499 件；2021 年，受理民事案件 4261 件，可以看出普定县人民法院每年受理的民事案件数量在逐渐增加。然而，相比于案件数量，普定县人民法院的员额法官人数为 24 人，法官助理人数为 31 人，未有增长，“案多人少”的矛盾日益突出。以普定县人民法院马官人民法庭为例，2021 年受理民事案件量约 600 件，但仅有员额法官 1 名、书记员 3 名，平均每日开庭 4 次，基本上马官人民法庭的庭审安排日期需要预定在立案之后的 1 个月以后，即使前述开庭次数也已经不能满足目前的案件需求。适用小额诉讼程序，往往案件刚刚立案，还未开庭，审限却不足 1 个月。

满足小额诉讼程序审限要求的难度之大显而易见，难以切实发挥小额诉讼程序的作用。

三　完善小额诉讼程序的建议

（一）探索建立小额诉讼程序的二次诉内救济途径

正如前文所述，小额诉讼程序的一审终审，使当事人再无诉讼内救济途径，只能通过信访等途径进行二次救济，加重了承办法官办案成本。实际上，相当一部分通过信访等途径进行二次救济的当事人，本身并非完全坚信判决错误，更多时候是由于信访等途径二次救济的便利性，抱着“试一试”“再努力尝试一次”的态度投诉信访。如何构建起一种门槛略高以防止当事人滥用救济途径，同时启动成本较低秉承小额诉讼程序的设计初衷，且又不加重承办法官办案负担的二次诉内救济途径，是应当考虑的问题。

依据我国现行法律体系，小额诉讼类案件救济途径可分为两类，一类是判决前救济，这是《民事诉讼法》司法解释中新规定的内容；另一种是判决后救济，根据《民事诉讼法》现行规定，生效判决适用再审制度，当事人有证据证明法院判决错误或者存在程序违法的，可以申请再审或者向检察机关申请抗诉。对比国内，国外的小额诉讼程序的救济机制主要分为三种类型，一是在原有的审判层面上，采用了独任制的小额诉讼程序和审判组织模式进行重审；二是在原有审判级别之上，由上级法院通过相关救济机制，从审判权制约和审判监督的角度对案件进行审理；三是上级法院对案件判决进行复议的救济机制，采用普通程序和合议庭审判组织。也即，根据小额诉讼的特点，各国建立的符合小额诉讼程序的特殊救济渠道大致可分为两类，一类是在原审判级别内，另一类是在原审判级别以上。然而，我国现行法律体系仅规定了生效判决的再审和抗诉机制，在原审层面内的救济渠道仍然空白。

此外，为了防止当事人滥用对是否适用小额诉讼提出异议的程序权利，可以建立一种评估机制，将其与信用联系起来。并在案件符合小额诉讼程序的前提下，如有当事人对是否符合小额诉讼程序提出异议，在满足一定条件下，则行使异议权的一方需要承担另一方因未能适用小额诉讼程序而额外收取的诉讼费用，避免当事人滥用程序异议权和浪费司法资源。

可探索设置原审法院异议二次救济制度，即对小额诉讼裁判结果不服的当事人，可向原审法院申请复议，复议须缴纳复议费用，未申请复议而投诉信访的可以不予受理，原审法院审查其复议的人员与原审承办法官相分离。由此可以避免当事人无端滥用投诉救济制度，当事人二次救济仍须付出一定成本，迫使其考虑二次救济的必要性。也可以避免原审承办法官被拖入信访投诉的泥潭，通过复议审查人员和承办法官的分离，达到降低承办法官适用小额诉讼成本的目的。

（二）推进诉访分离，缓解法院信访压力

推进诉访分离是逐步解决法院和法官信访压力的关键。考虑设立投诉信访的终止程序，也即如果案件已经通过法律途径解决，但是当事人仍然“缠诉缠访”的，人民法院根据其是否符合终止程序的启动条件，来判断是否启动投诉信访的终止程序。投诉信访的终止程序启动后，各级人民法院不再受理、回复涉该案的信访事项。已经启动终止程序或者按照规定给予救济的，承办部门和法官不再重复受理、报告和接待。另外，还可依靠基层群众组织做好释明工作。

（三）明确细化适用小额诉讼程序的标准

如前所述，小额诉讼程序适用标准之适用标的金额标准较容易直观判断，但是对于权利义务明确的适用标准较为模糊。该问题实质上属于立法层面的问题，或者说是最高法应通过颁布司法解释或者相应指导案例予以解决的问题。在上位法尚且没有对该问题作出明确的解决方法之前，或可由中级人民法院牵头对辖区内的基层人民法院进行调研、研讨后颁布内部小额诉讼程序适用细则或者适用典型案例，为其范围内的基层人民法院解决该问题。

小额诉讼程序的案件类型较为固定，在适用小额诉讼程序审理案件的基础上，抽象出该类案件在“权利义务明确”上的类似之处，制定内部工作细则，强化程序适用的指导规则。同时，对能够辅助说明内部工作细则的裁判案例，通过典型化方式予以公布学习，统一适用标准。

（四）建立专门的小额诉讼法庭优化人员配置并引入公证送达途径

小额诉讼程序实际上是速裁程序的一种，系更高效、更快捷的处理民事纠纷的程序，区别于各种正式审判程序。为此，可以建立专门的小额诉讼庭，由立案庭统一把关，繁简分流，将小额诉讼案件分配至小额诉讼庭进行审理。只有在需要转入一般简易程序或普通程序时，这些案件才会转入相应的其他审判法庭，进而优化审判辅助人员的配置，提高审判效率，优化审判绩效。小额诉讼案件可以适用专人专办，由专门的员额法官办理小额案件，创建小额案件引导、告知、释明公式化诉讼服务模式，减轻法官负担。

此外，为解决“送达难”对小额诉讼程序适用的阻碍，还可以在送达环节引入公证送达途径。例如，云南省昆明市的各区基层法院已与当地公证处合作，在电子送达无法完成时，转由公证处实地进行送达，并出具公证书，公证处专门负责案件的送达，保障送达的法律效力，以便更快捷高效地完成送达程序，更有力的解决“送达难”问题给小额诉讼程序适用带来的阻力。

（五）降低小额诉讼程序的诉讼费用

如前所述，简易程序和小额诉讼程序须缴纳的诉讼费并无差别，当事人有时候会出于此种考虑拒绝适用小额诉讼程序。此外，在法律经济学的框架内，当事人在民事案件中所投入的个人成本与所消耗的司法资源（社会成本）及在诉讼中可能获得的利益应成正比关系。从前述三个维度进行比较，简易程序都要优于小额诉讼程序，但当事人选择两种程序付出的金钱成本却一样，这显然会影响当事人选择小额诉讼程序的意愿。

早在 2012 年，上海市高级人民法院发布的《开展小额诉讼审判工作实施细则（试行）》就规定了适用小额诉讼程序审理的案件，按每件 10 元收取诉讼费用，调解撤诉案件免收诉讼费用。此外，温州市中级人民法院在试点期间规定，适用小额诉讼程序审理的案件免收一切诉讼费用。为鼓励普通民众选择小额诉讼程序，安顺市也可根据各地实际情况降低小额诉讼程序的诉讼费用，例如，适用小额诉讼程序审理的案件按照简易程序减半收取案件受理费用，其中以调解、撤诉结案的案件可以免收诉讼费用。

（六）建立小额诉讼程序的针对性绩效考核机制

根据小额诉讼程序的特点建立专门、独立的绩效考核机制，把小额诉讼程序案件与其他案件区分开，不将投诉和信访案件的比例作为小额诉讼程序案件的考核指标，减少法官对小额诉讼程序可能引发信访的担忧。可建立回访制度，将“一审服判率”作为考核指标。此外，为了能够建立更科学的考核体系，正确引导各法院及各员额法官对小额诉讼程序的适用，应当结合各法院实际情况，具体分析和制定考核标准，如考虑设置办案总体量、审判人员配置等指标。

（七）加强诉讼引导和法治宣传，加深大众对小额诉讼程序的了解

在我国司法实践当中，小额诉讼程序的适用率近年来才有较为显著的提升，整体来看仍有较大提升空间。究其缘由，其中一个重要原因就是大多数普通民众对小额诉讼程序不够了解，相应不愿意选择一个陌生的程序来审理自己的案件。无论是从法治宣传的角度，还是加强诉讼引导的角度，都应加强对当事人的诉讼引导和法治宣传，让群众了解小额诉讼程序、愿意选择小额诉讼程序解决矛盾纠纷。

具体而言，从加强诉讼引导角度出发，对于适用小额诉讼程序审理的案件，法院可在送达诉讼材料时一并送达对小额诉讼程序的书面介绍，这种书面介绍在制作时应尽量通俗易懂且简洁明了，达到无论当事人文化水平如何，都能够了解小额诉讼程序的设计初衷、小额诉讼程序的适用条件、相较于简易程序和普通程序的区别、这种区别能给当事人带来何种效益、小额诉讼程序适用后果的效果。从客观介绍小额诉讼程序的角度，帮助当事人分析利弊，达到诉讼引导的目的。

从法治宣传的角度出发，法院可制作普法小视频，通过法院公众号进行发布，以视频形式生动介绍小额诉讼程序的特点；同时也可在法院诉讼服务中心等位置，通过制作形象生动的宣传海报，宣传小额诉讼程序。对其具体内容，可挑选办理的经典案例，以实际案例为视角，突出小额诉讼程序的便捷性、高效性。

结　语

在当下以繁简分流作为重要改革方向的司法改革背景下，小额诉讼程序是实现前述改革方向的重要制度工具。但在司法实践的具体适用过程中，仍然存在较多问题，这些问题直接影响了小额诉讼程序的适用率和适用效果。为了贯彻和实现该程序的价值，必须以司法改革为契机，结合我国司法实践的现状，建立和完善符合小额诉讼案件特点的相关制度，有效化解小额诉讼存在的问题，发挥小额诉讼程序的价值。

新时期人民法庭直接执行工作的探索与创新

“新时期人民法庭直接执行工作的探索与创新”课题组*

摘　要： 人民法庭制度是一种极富中国特色的司法制度。在数十年的发展历程中，人民法庭的价值理念、职能定位不断调整，在各个时期为有效解决我国基层社会纠纷、维护基层社会稳定发挥了独特作用。在新时期全面推进乡村振兴和基层社会治理体系、治理能力现代化语境下，探索人民法庭直接执行工作机制再次进入改革视野。但是，在近年来“审执分立”理念等因素的影响下，很多人民法庭的执行职能已实际消失，现有人员、设施配备难以满足直接执行的需求。深入探索人民法庭直接执行工作，还有待于进一步革新工作理念，坚持统一性与地方性相结合原则，从司法力量的“融入”与司法智慧的“嵌入”两个方面着力，聚焦直接执行工作集约化与智能化、类型化与规范化建设。

关键词： 人民法庭　直接执行　审执分立　安顺法院

一　历史之变：对人民法庭职能演变历程的考察

“历史从哪里开始，思想进程也应当从哪里开始。”① 人民法庭直接执行工作其来有自。对人民法庭执行工作演进历程的考察，对于深入揭示人民法庭职能定位及其内在特质，具有重要的理论和实践意义。

---

* 主要执笔人：贾梦嫣，贵州省社会科学院法律研究所副研究员，贵州省安顺市中级人民法院副院长（挂职）；刘涛，贵州省安顺市中级人民法院民一庭庭长、一级法官。
如无特别说明，本报告数据来源于安顺市中级人民法院。

① 《马克思恩格斯选集》第 2 卷，人民出版社，1972，第 122 页。

（一）人民法庭和执行工作机制初步建立时期

“任何一场剧烈的社会革命运动，要实现其预定的社会革命的目标，不仅要从根本上改变旧的国家制度与法律制度的本质和结构，而且要建立一种新的国家制度与法律制度赖以存在和发展的社会与法律秩序。”① 新中国成立以后，我国开始了构建具有中国特色的社会主义国家制度体系的伟大探索。

一方面，民事案件和刑事案件中涉财产部分的执行工作机制逐步建立。1953 年 8 月 1 日，最高人民法院华北分院印发《关于各级人民法院执行判决的指示》，要求“各级人民法院，特别是初审法院，应该指定专人负责执行工作，或由审判案件的人员负责执行，并应及时进行检查”。1954 年《人民法院组织法》规定，地方各级人民法院设执行员办理民事案件判决裁定和刑事案件判决裁定中关于财产部分的执行事项。另一方面，作为革命时期“马锡五审判方式”的生动延续和人民司法的生动载体，人民法庭制度得以保留并不断完善。1954 年《人民法院组织法》规定，基层人民法院根据地区、人口和案件情况可以设立若干人民法庭。1963 年 7 月 10 日最高人民法院《人民法庭工作试行办法（草稿）》明确了人民法庭的任务职责，并规定人民法庭应按照“一审一书”或“两审”标准配置人员。② 在这一时期，虽然《人民法庭工作试行办法（草稿）》未对人民法庭参与执行工作作出明确规定，但在“审执合一”的语境下，执行工作实际长期由审判业务庭办理，人民法庭作为基层人民法院的组成部分，也依法履行执行职责。

（二）改革开放和社会主义现代化建设时期

改革开放以后，我国政治、经济形态发生巨变，基层司法的社会基础、价值理念和样态愈益展现出新的特点。

一方面，乡土社会结构的固滞性不断解体，人民法庭面对的不再是完全的

---

① 公丕祥：《中国式法制现代化新道路的演进历程》，《学术界》2022 年第 4 期。

② 《人民法庭工作试行办法（草稿）》规定了人民法庭的任务，①审理一般的民事案件和轻微的刑事案件；②指导人民调解委员会的工作，对人民调解委员会调解达成的协议，如果违背政策、法律、法令的，应当纠正或撤销；③进行政策、法律、法令宣传；④处理人民来信，接待人民来访；⑤办理基层人民法院交办的事项。

"没有陌生人的"超稳定社会，乡镇、村落间的交通状况条件得到一定程度的改善，一些人民法庭被撤并，有的地方将原有的数个法庭合并为下辖数个乡镇的中心人民法庭，有的地方在交通便利的乡镇设置新法庭。[①] 据统计，截至2004年底，人民法庭数量已从1998年的17411个减少到2004年底的10345个。[②] 在此时期，人民法庭的职能和定位引发大量争议。例如，有人认为乡村司法实践对于平息纠纷的过分追求，致使其"在实践中以其实际行动背离了法治和治理的双重制度定位"，"人民群众在诉讼外的纠纷解决途径并不缺乏"。[③] 应该说这一时期人民法庭的不断撤并，正体现了人民法庭制度在职能定位上遭遇的种种不清与尴尬。另一方面，执行工作专业化、规范化要求不断提高，"审执分立"理念日益强化，随着社会主义司法制度的进一步完善，执行工作的独立价值受到广泛认可。1982年《民事诉讼法》将执行程序独立成编，规定执行工作由执行员、书记员进行。1991年《民事诉讼法》进一步规定，基层人民法院、中级人民法院根据需要可以设立执行机构。1999年《人民法院五年改革纲要（1999—2003）》要求，全国各级法院在1999年底以前全面实行立审分立、审执分立、审监分立的工作制度。于此，"审执分立"的理念和工作机制得到确立并日益强化。

具体到人民法庭的执行工作，1996年6月10日《关于人民法庭若干问题的规定》规定，人民法庭的任务包括办理本庭审理案件的执行事项。此后陆续出台的文件都将执行工作列入人民法庭工作职能。例如1998年7月8日《关于人民法院执行若干问题的规定（试行）》规定，人民法庭审理的案件，由人民法庭负责执行，其中复杂疑难或者被执行人不在法院辖区的案件，由执行机构负责执行。1999年7月15日《关于人民法庭若干问题的规定》规定，人民法庭的任务包括办理本庭审理案件的执行事项。2005年9月19日《关于全面加强人民法庭工作的决定》规定，人民法庭审结的案件，由人民法庭负责执行，但涉及执行审查事项或者基层人民法院认为不宜由人民法庭执行的，由基层人民法院执行机构负责执行，业务管理由基层人民法院执行机构统一负

---

① 胡夏冰、陈春梅：《人民法庭制度改革：回顾与展望》，《法律适用》2011年第8期。

② 《全国人民法庭工作会议》，载《中国法律年鉴2006》，中国法律年鉴社，2006。

③ 张青：《乡村司法悖离官方表达的功利行为及其诱因——以S县锦镇人民法庭为例》，《湖南农业大学学报》（社会科学版）2014年第5期。

责。虽然从规范性文件的表述来看，执行工作始终是人民法庭的职能任务之一，但对于一些疑难复杂或不适宜人民法庭直接执行的案件，允许基层人民法院根据实际情况决定交由执行机构执行。这种灵活性的处理方式赋予了人民法院更大的自主权，符合我国幅员辽阔、省情市情差别很大的实际。从地方层面看，北京、广东、江苏、四川、安徽等地的一些法院探索人民法庭执行案件。但总体而言，"落实审执分立的改革措施后，各地人民法院的执行权大多数上收到基层人民法院的执行机构，少数仍然保留在人民法庭"，① 人民法庭"日益成为基层法院机关外的又一个审判庭"。②

（三）新时期人民法庭直接执行工作的新探索

党的十八大以来，特别是随着司法体制改革和司法体制综合配套改革的深入推进，人民法庭的职能定位和机制理念得到持续发展。人民法庭作为人民法院最基层的单位，处在"化解矛盾纠纷、服务人民群众的第一线，推进社会治理、促进乡村振兴的最前沿"，是"巩固基层政权、维护社会稳定的重要主体"，③ 愈益成为"乡村的人民法院"，所承担的职能更加完整、多样。2014年，最高人民法院发布《关于进一步加强新形势下人民法庭工作的若干意见》，要求"人民法庭应当积极总结不同类型案件的特点，在法律规定框架内，恰当借助乡规民约，尊重善良风俗和社情民意，创新调解工作方法，力求从根源上彻底化解矛盾"。2019年6月，最高人民法院《关于深化执行改革健全解决执行难长效机制的意见——人民法院执行工作纲要（2019—2023）》明确要求，"建立基层人民法院派出法庭审理的案件由该派出法庭执行的机制"。2020年12月，最高人民法院《关于人民法院执行工作若干问题的规定（试行）》规定，"人民法庭审结的案件，由人民法庭负责执行"。2021年最

---

① 最高人民法院人民法庭领导工作小组办公室编《新时期人民法庭工作手册》，第46页。

② 参见毛煜焕、罗小平《人民法庭审执关系：从分立到协调——以基层社会治理优化切入》，《法治研究》2014年第12期。此外，从2004年最高人民法院《关于进一步加强人民法院基层建设的决定》关于"按照规范化的要求，结合辖区面积、人口分布、诉讼需要等因素积极稳妥地做好人民法庭的调整、巩固工作，力争通过2~3年时间，使人民法庭的设置基本符合审判工作需要"的规定来看，该时期人民法庭规范性建设的目标，更侧重于使人民法庭审判职能和工作。

③ 参见最高人民法院周强院长2020年11月8日在第四次全国人民法庭工作会议上的讲话。

高人民法院《关于推动新时代人民法庭工作高质量发展的意见》规定，“探索部分案件由人民法庭直接执行的工作机制，由人民法庭执行更加方便当事人的案件，可以由人民法庭负责执行”。地方层面，四川省古蔺县、四川省泸州市、浙江省开化县、湖南省郴州市也开始了人民法庭直接执行的探索。从各层级的规范性文件来看，深入探索人民法庭直接执行工作，已势在必行。

二 实践之证：新时期人民法庭直接执行工作价值及意蕴

要全面理解新时期探索人民法庭直接执行工作的深层价值与深刻意蕴，需要从几个方面进行全面考量。

（一）新时期人民法庭司法面临的新场域

改革开放特别是中国特色社会主义进入新时期以来，中国经济和社会发展发生深刻变革，虽然乡村社会或者基层社会秩序尚未完全发生现代转型，但以人民法庭为典型代表的基层司法所面临的场域已经发生重大变化。以安顺市法院为例，安顺市辖区内有基层人民法院 6 家、人民法庭 29 个（包括环境保护法庭 2 个）。从规模类别看，一类、二类、三类法庭分别占人民法庭总数的 6.90%、82.76%和 6.90%。2020~2022 年，各人民法庭受理案件案由均在 150 类左右。即便在乡村法庭，随着城镇化进程的深入，所受理的案件也不再局限于传统的婚姻家事案件或相邻纠纷案件，买卖合同纠纷、民间借贷纠纷或者金融借款合同纠纷、建设工程施工合同纠纷等成为一些法庭受理案件的重要类型（见图 1、图 2、图 3）。就其纠纷类型看，既有婚姻、相邻、机动车交通事故等生活性纠纷，也有土地承包经营权等乡村振兴进程中产生的结构型纠纷，还有建设工程施工合同等经营活动产生的经营性纠纷，矛盾纠纷类型呈现多样化多元化发展趋势。

随着传统乡土性消解，乡村社会的高流动性、地域边界的开放性、社会攻坚的公共性以及关系模式的陌生化等特征凸显，[①] 乡土社会结构的固滞性进一

① 田鹏：《后乡土社会视角下农民集中居住区秩序重建及反思——基于苏北的实证调查》，《长白学刊》2022 年第 2 期。

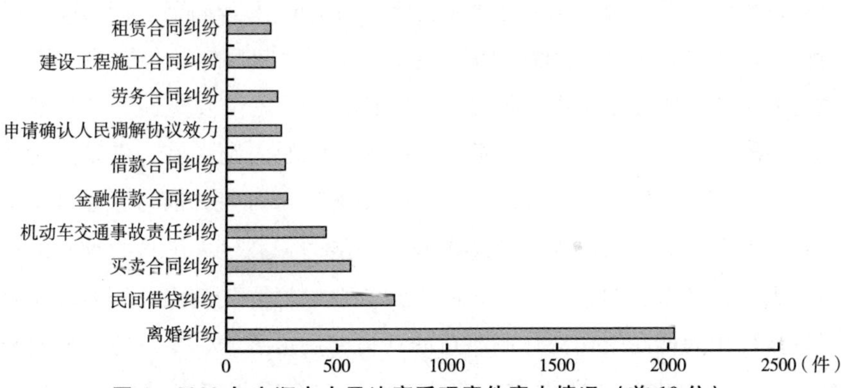

图 1　2020 年安顺市人民法庭受理案件案由情况（前 10 位）

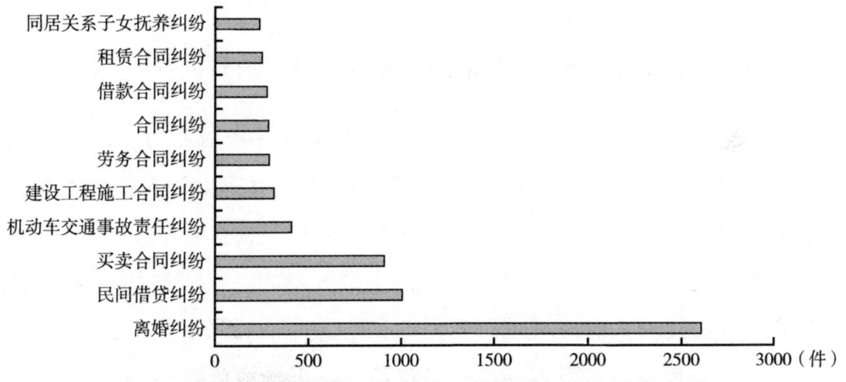

图 2　2021 年安顺市人民法庭受理案件案由情况（前 10 位）

注：合同纠纷是指与无名合同相关的纠纷。

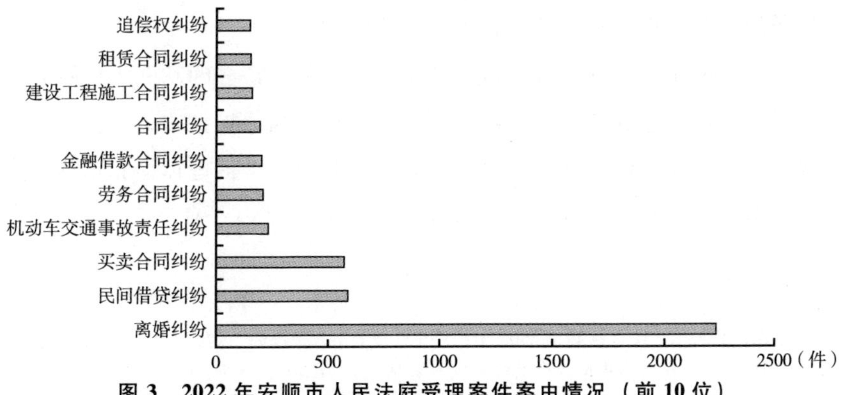

图 3　2022 年安顺市人民法庭受理案件案由情况（前 10 位）

注：合同纠纷是指与无名合同相关的纠纷。

步解体，传统治理资源影响力逐渐减弱而新的基层治理格局还在形成。基层、乡村失序，成员行为失范问题频仍。这意味着，“基层性”与“乡土性”共同成为人民法庭职能定位中更加鲜明的特色，无论是“乡土性”还是“基层性”，根据“两个面向”“三个便于”需求设立的人民法庭，仍是人民法院“基层的基层”和落实司法为民“关键的关键”。① 并且，面对日益复杂、多样的纠纷类型，人民法庭需要持续提升司法能力，满足人民日益增长的解纷需求。因之，在新时期，人民法庭应当具有自己鲜明的特点：一方面不得不面对以现代化为取向的司法体制改革的话语和制度要求，另一方面应有异于应然层面的现代化司法所要求的形态②和不完全同于正式法律层面所要求的状态。

（二）新时期人民法庭功能定位的新发展

“努力让人民群众在每一个司法案件中感受到公平正义”是对新时期司法工作人民性的深刻诠释。人民法庭根植于人民群众中间，与人民群众接触最广、联系最紧，需要更直接地理解和回应人民关于公平正义的感受。人民对于公平正义的感受是完整的、实质性的，而不是分割的、程序性的，这意味着，人民群众将纠纷提交人民法院进行裁判的目的，并不局限于一纸公正的判决，而是更关心自身权益是否有效实现、问题是否真正得到解决。③ 特别是在坚持和发展新时期“枫桥经验”和“一个纠纷就是一个案件”的时代要求下，需要进一步统合人民法庭的审判和执行职能，真正推动案结事了、案结事好，真正实现矛盾纠纷就地化解、基层化解、实质化解。

对人民法庭制度发展历程维度的考察表明，人民法庭的功能定位随着经济社会发展和司法理念、实践的变化，不断呈现出收缩或扩张的趋势。党的十八大以来，司法职能不断延伸，人民法庭在服务基层社会治理体系和治理能力现代化、服务乡村振兴方面的功能越来越强化，坚持“三个便于”“三个服务”

---

① 参见最高人民法院肖扬院长2005年4月9日在全国人民法庭工作会议上的讲话。

② 高其才：《乡土社会中的人民法庭》，《法律适用》2015年第6期。

③ 公丕祥：《挑战与回应：有效满足人民群众司法新需求的时代思考》，《法律适用》2009年第1期。

“三个优化”成为新时期人民法庭工作的重要原则。① 在积极服务全面推进乡村振兴、积极服务基层社会治理、积极服务人民群众高品质生活需要的时代背景下，人民法院愈益建设成为“乡村的法院”或“家门口的法院”，其职能职责进一步扩张丰富。随着四级法院职能定位改革的持续推进，司法力量下沉、资源下倾成为充实基层办案力量、强化法院与地方各级政府联动支持、提升司法围绕中心服务大局能力的必要之举。

（三）新时期对“审执分立”司法理念和执行工作的新诠释

民事诉讼包含判决程序和执行程序两种类型的司法程序，现代社会禁止私力救济，不允许私人运用强制力来迫使他人履行义务，而是由国家垄断性地行使强制力，强制债务人履行义务，以实现债权人的权利，② 因此审判与执行历来被视为车之两轮、鸟之双翼，须臾不可分离。③ 在执行工作愈益专业化、职业化的背景下，人民法庭直接执行是否违背“审执分立”的司法理念？这是新时期推进人民法院直接执行工作应当首先解决的问题。

一方面，就审执关系而言，我国民事程序法律历经了从“审执合一”到“审执分立”到“审执协同”的发展历程，执行权被进一步细分为执行实施权、执行裁量权等。虽然曾有过将民事执行程序交由司法机关以外的行政部门行使的探讨，但随着《民事强制执行法》草案的出台，民事执行已基本定型为在法院内部深化内分、强化协同的制度模式。因而“审执分立”不应简单地理解为“执行工作只能交由执行局承担”。④ 从人民法院内部来说，需要着力强化审执协同，通过工作机制和工作流程再造，降低审判执行等不同环节之间衔接运行的成本。

另一方面，越来越深切地认识到：执行问题既是法律问题，更是社会问

① 参见《最高人民法院关于推动新时代人民法庭工作高质量发展的意见》。

② 肖建国：《民事审判权与执行权的分离研究》，《法制与社会发展》2016 年第 2 期。

③ 肖建国：《审执关系的基本原理研究》，《现代法学》2004 年第 5 期。

④ 陈茂：《厘清人民法庭职能定位 发挥司法影响力》，人民法院网，2019 年 11 月 29 日，https://www.chinacourt.org/article/detail/2019/11/id/4697013.shtml#:~:text=%E4%BA%BA%E6%B0%91%E6%B3%95%E5%BA%AD%E6%98%AF%E5%9F%BA%E5%B1%82%E4%BA%BA,%E4%BF%A1%E5%8A%9B%E7%9A%84%E9%87%8D%E8%A6%81%E7%AA%97%E5%8F%A3%E3%80%82，最后访问时间：2023 年 2 月 26 日。

题；执行治理既是法律治理，更是社会治理。[①] 切实解决执行难，不仅需要强化法院内部不同业务部门之间的协同，更需要在当地党委的统一领导下，强化综合治理，增加执行资源、拓展执行手段。与人民法院的执行部门相比，处在"前端"的人民法庭，在争取当地党委政府、村民自治组织支持、统合执行资源和凝聚工作合力等方面有天然优势。因此，赋予人民法庭相应执行职能，是基层司法和基层社会治理现代化的题中应有之义。

三　探索之困：基于安顺市29个人民法庭的实证观察

（一）新时期人民法庭直接执行工作的探索

根据《最高人民法院关于推动新时代人民法庭工作高质量发展的意见》要求，人民法庭在人员配置方面要"坚持以案定员、以任务定员，每个人民法庭至少配备1名审判员、1名法官助理、1名书记员、1名司法警察或者安保人员，逐步实现有条件有需求的人民法庭配备3名以上审判员"。不言而喻地，不同地区人民法院建设和人员资源配置情况存在很大差异。

以安顺市人民法庭为例，下辖的29个人民法庭配备员额法官27人，实际运行的法庭基本能够按照"1审1助1书"进行人员配置，仅有个别法庭配置"1审1助2书"或"1审2助1书"。人民法庭配备的员额法官中，男性18人、占66.67%，女性9人、占33.33%，除2个人民法庭配置的法官年龄超过50岁外，大部分法官年龄在33~48岁。2020~2022年，人民法庭新收案件数量分别为7200件、8875件和6152件，员额法官人均新收案件数量分别为266.67件、328.70件和227.85件，其中2022年人民法庭新收案件数量占全市两级法院新收案件总数的14.07%。

2022年，在贵州省广泛开展诉源治理工作的情况下，大量纠纷以特邀调解、人民调解的方式化解在诉外，人民法庭新收案件数量首次实现下降。在改革试点工作开始前，安顺市部分人民法庭具有受理诉讼案件的职能，但执行案件基本由院机关立案窗口统一受理，由院执行局负责办理。自2021年开始，

① 邵长茂：《论制定一部现代化的民事强制执行法》，《法律适用》2019年第11期。

安顺市六家基层人民法院在中级人民法院的统筹部署下，提出以创建“枫桥式人民法庭”为契机，着力推进运行“立审执”一体化工作机制，为当事人提供高效、便捷的“一站式诉讼服务”，将审判、执行力量下沉，夯实工作基础，深入推进把非诉讼纠纷解决机制挺在前面、常态化开展诉源治理工作。各基层人民法院结合自身实际情况，分别选取相应的人民法庭，开展各具特色的直接执行试点改革工作。

1. 市级层面统建统筹："三统一”执行管理体制改革

自 2021 年下半年开始，安顺市中级人民法院以“监督管理不足”和“案多人少”两大制约执行工作质效的症结为着力点，围绕“人”“案”两条主线，开展执行管理体制改革工作。从“人”的角度看，安顺市两级法院队伍规模相对较小、执行力量相对欠缺，但同时，安顺市所辖面积相对较小、各县区间交通条件好、通勤时间短，跨县区人员调配相对便利。从“案”的角度看，安顺市六家基层法院案件体量差异大，2022 年市政府驻地的西秀区人民法院收案量占到全市新收案件总量的 38%。因此，为了切实提升执行工作质效，需要在“系统集成、协同协作”上着力，强化中院主导下的“统一管理、统一协调、统一指挥”，打通各县区之间的地理隔阂，打造市域范围内的三统一“大执行”平台。

为解决改革中的体制机制问题，安顺市中级人民法院紧紧依靠当地党委领导，2021 年全面依法治市委员会和平安建设领导小组办公室分别印发《关于加强综合治理确保‘切实解决执行难’目标如期实现的意见》《关于支持安顺市法院进行执行管理体制改革的意见》《关于将协助人民法院执行工作纳入网格事项清单的方案》等文件，从人员管理制度改革、案件管理制度改革、事项管理制度改革、执行工作标准常态化管理、执行管理体制改革、工作保障机制建设、执行管理改革工作领导支持机制建设七个方面统筹执行管理体制改革工作。在此基础上，争取市委政法委、市大数据发展管理局、市科学技术局等部门的支持，建设适用于执行资源统一调配管理的数据系统，为进一步打通执行体制障碍赋能增效。立基于此，安顺市中级人民法院在进一步强化执行指挥中心实体化运行的同时，设立“执行事务中心”和“财产处置中心”（见图 4）。

执行事务中心由从各县区抽调的员额法官、法官助理、书记员 14 人组建，

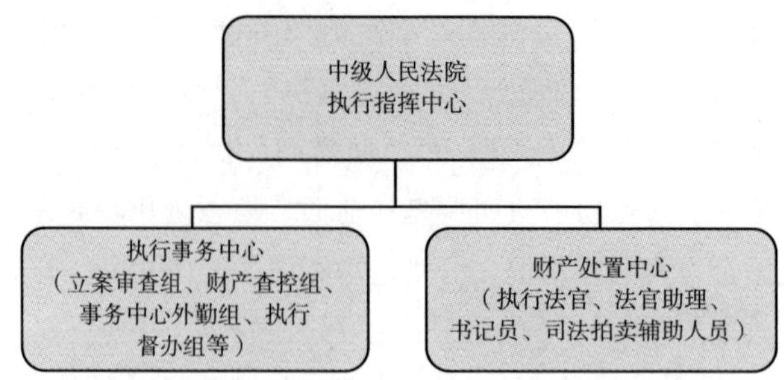

图 4　安顺市中级人民法院执行事务中心及财产处置中心运行情况

下设立案审查、财产查控、事务中心外勤、执行督办等专门组，负责对首次执行案件立案后的事务性工作①进行集约办理，并承担案件繁简分流管理、流程节点监管等职责（见图 5）。财产处置中心由从县区抽调的 6 名工作人员组成，按照“法官助理+书记员+辅助机构”的办案模式，负责涉财产处置的程序性事项及处置环节相关工作。在打通各县区执行工作地理隔阂的基础上，进一步打通数据壁垒，在改革事项范围内实现信息共享。先后制定关于案件调配规则、执行案件监督、执行干警单独考核等方面的配套措施 20 余项，在市一级推动形成高度信息化集成化的案管中心、两级法院人力物力统筹调配的执行新模式。自改革起至 2022 年 12 月 31 日，安顺市两级法院“3+1”核心指标中，有财产可供执行案件法定审限内执结率 98.94%，无财产可供执行案件终本合格率 100%，实际执行到位率 59.41%，执行完毕率 26.65%，均高于全国均值。

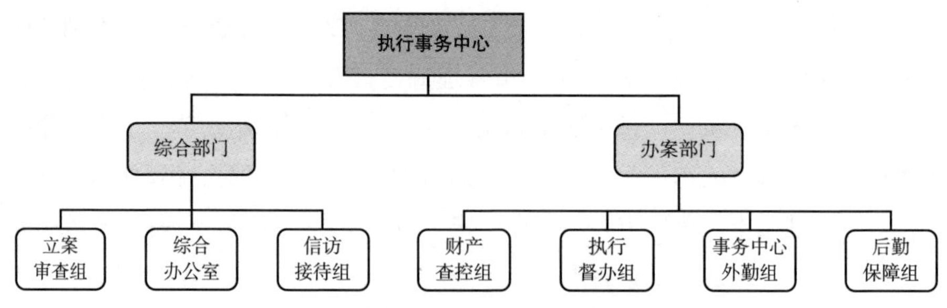

图 5　安顺市中级人民法院执行事务中心运行情况

① 事务性工作是指执行案件立案后的制发格式文书、财产查控、送达等前端工作。

2. 县区层面试点探索

2022年以来，在安顺市中级人民法院统建统筹的格局下，各基层人民法院以创建“枫桥式人民法庭”和新时代人民法庭观测点工作为契机，根据本地经济社会发展、矛盾纠纷数量类型和司法力量配置等实际情况，选取有条件的人民法庭，制定工作方案，开展直接执行试点。在执行力量配置方面，部分基层人民法院重新组建执行单元，向人民法庭派驻“员额法官+法官助理+执行辅助人员”或“法官助理+执行辅助人员”的执行队伍，负责人民法庭案件的执行，定期驻庭开展工作；部分地区则直接将执行工作交由法庭工作人员开展。在推动立审执衔接方面，试点人民法庭普遍增设执行申请窗口，受理执行申请，降低当事人的交通和沟通成本；聚焦审执协调，着力探索执行前置催告程序，敦促当事人自动履行。聚焦法庭与派驻执行工作组的分工协作，执行工作组着重强制执行程序、网络查人找物和流程节点把控，法庭着重在当地查人找物及与当地党委政府、村支“两委”协同配合。

以安顺市政府驻地的西秀区人民法院为例，该区选择两个人民法庭作为“自审自执”试点法庭。所选取的人民法庭将直接试点工作与贵州省广泛开展的“诉源治理”“执源治理”[①] 工作相结合。主动融入已相对成熟的“党委领导、政府主导、司法保障、社会参与”的诉源治理工作格局，借助在乡镇普遍设立的综治中心、矛盾调处中心，推动执行力量进网格、进村寨、进社区；充分发挥“无讼村（居）”法官工作室、工作站职能，通过深入开展巡回审判和村庭共建，将法官工作室、工作站打造为人民法庭进一步延伸司法服务的触角；依托市级统筹统建的集约平台，快速完成前期网络查控、资产调查和后期的节点流程控制，相关工作集约化处理后，分配到人民法庭的执行案件即为“简案”，人民法庭可充分发挥驻地优势找人查物，提高执行到位率。对确无

① 2016~2021年，贵州省法院新收案件年平均增长21.02%，2021年增幅高出全国平均值10.51个百分点。在2021年中央全面深化改革委员会第十八次会议通过的《关于加强诉源治理推动矛盾纠纷源头化解的意见》框架下，贵州省委全面深化改革委员会第十五次会议审议通过《贵州省关于加强诉源治理推动矛盾纠纷源头化解的实施意见》，提出“着力形成党委领导、政府主导、多方参与、司法推动、法治保障”的诉源治理工作格局。在各方努力下，2022年贵州省各级人民法院受理案件数量首次实现下降，诉源治理工作取得显著成效。针对审判阶段案件数量下降、执行案件数量居高不下的问题，2022年，贵州省提出将诉源治理工作和成果进一步向执行领域扩展，开展“执源治理”工作。

法执行的案件，也可在审判和执行受理阶段充分释法明理、提示风险，达到政治效果、社会效果和法律效果的统一。

（二）当前人民法庭探索直接执行工作的困境

从调研情况看，持续深入推动人民法庭直接执行工作，还面临一些深层次的困境。

1. “人案矛盾”或“人事矛盾”仍然是制约人民法庭直接执行工作的首要因素

从安顺市的情况看，2022 年安顺市全市人民法庭主要依托人民法院特邀调解机制，诉前化解矛盾纠纷 5000 余件。一些地方综治中心、矛调中心、行业协会以及各类人民调解委员会实质化运行程度及其在矛盾纠纷多元化解中的作用尚显不足。虽然进入诉讼程序的案件量有大幅下降，但“人案矛盾”或者“人事矛盾”在一些人民法庭还较为突出。在调研中，受访的人民法庭无一不对开展直接执行工作以后的人员配置和队伍力量问题表示担忧。

2. “一人包案到底”的风险无法完全避免

执行程序和审判程序二者在价值取向、判断标准、基本原理、特性和时间、场所、环境都有一定差异。① 特别是因人民法庭功能场所的特殊性，院机关对于人民法庭的监管必然相对弱化，“一人包案到底”的道德风险无法完全避免。从近年来的执行实践看，执行工作廉洁风险点多、违纪违法情况时有发生，需要着力提升监管力度和规范性，避免廉政风险。

四　破局之维：新时期进一步推进人民法庭直接执行工作的对策

“我国的法律都不是事先写好，而是先做起来，然后在总结经验的基础上制成了法律。”② 新时期进一步推进人民法庭直接执行工作，需要坚持守正创新，在探索中总结经验、实现破局。从调研的情况看，在司法为民、司法便

① 肖建国、黄忠顺：《论司法职权配置中的分离与协作原则——以审判权和执行权相分离为中心》，《吉林大学社会科学学报》2015 年第 6 期。

② 《董必武法学文集》，法律出版社，1982，第 311 页。

民的现实语境和乡村振兴、社会基层治理现代化的时代背景下，最为缺乏的并非是对人民法庭直接执行工作重要性的认知，而是如何通过优化司法资源分配有效解决人民法庭直接执行工作探索中的机制性障碍。

（一）一个原则：统一性与地方性相结合

新时期，人民法庭的职能定位不能仅限于司法审判，还应当涵摄政策指导、示范、调节，纠纷调处和法治宣传教育等多项功能，构成统一体系；人民法庭在司法之外应主动延伸司法公信力，与其他基层社会治理主体共同构建基层社会治理一体化机制，充分发挥其贴近群众的优势，积极融入当地矛盾纠纷化解工作框架，服务乡村振兴战略实施，推动基层社会治理系统化、精细化。[①] 新时期人民法庭直接执行工作探索建立在人民法庭职能的持续演变深化的基础上，这既是司法理念和政策变化的结果，也我国基层社会治理体系和治理能力现代化和乡村治理“三治融合”不断向纵深发展在司法领域的体现。

习近平总书记指出，“社会治理的核心是人，重在城乡地区，关键是体制创新”。[②] 单一的体制机制设计无法适应现实的复杂需求。面对基层矛盾纠纷类型日益多元化的趋势和千差万别的经济社会发展现实，要坚持统一性和地方性相结合的原则。既需要坚持人民法庭发展的基本立场、原则，坚守职业底线红线，又需要充分尊重本地本土的探索经验和首创精神，在法律框架内最大限度地赋予人民法院和人民法庭自主选择探索的自由，为化解本土性纠纷类型给予正向反馈，鼓励人民法庭根据执行队伍情况、所在地域纠纷特点及当地当时人情社情，设置符合纠纷内在逻辑的矛盾化解方案。

（二）两个维度：司法力量的“融入”与司法智慧的“嵌入”

基层社会治理和乡村治理是一种“复合治理”。司法力量的“融入”与司法智慧的“嵌入”，是根据“复合治理”格局特点，实现基层司法与基层社会治理良性互动的一体两面。

---

① 夏璇：《创新新时代人民法庭职能定位 深度融入基层社会治理》，《人民法院报》2023 年 1 月 10 日，第 2 版。

② 《习近平关于全面深化改革论述摘编》，中央文献出版社，2014，第 68 页。

1. 推动司法力量“融入”基层社会治理格局，是推动执行工作综合治理、源头治理的必要之举

探索人民法庭直接执行工作，进一步扩展人民群众获得司法服务的渠道途径，让当事人在人民法庭即可实现“一个纠纷一起案件”“一起案件一个流程”的“一站式”办理，是纵深推进“执源治理”工作的有效路径。提升执行工作有效性的首要经验是，司法力量要“融入”党委领导下的基层社会治理和乡村治理格局。新形势下，人民法院应当主动作为，紧紧依靠党委的领导，推动人民法庭执行工作进网格、进社区、进乡村。主动将执行工作融入已相对成熟的“党委领导、政府主导、司法推动、多方参与”的“诉源治理”“执源治理”工作格局，依托基层综治中心、矛盾调处中心等矛盾纠纷多元化解格局，强化法官工作室、法官工作站职能，有效发挥综治中心、网格员、人民法庭在查人找物、督促执行、化解涉执行信访和矛盾纠纷前端、源头化解方面的优势。

2. 推动司法智慧“嵌入”基层社会治理，是推动法治社会法治、中国建设的必要之举

在“复合治理”格局下，既有内生性治理主体，如村支“两委”或社区街道、村民小组、寨老乡贤和社会组织，又有嵌入性治理主体，如乡镇政府、市场主体等。治理现代化需要在各类治理主体之间实现良性的共生与互嵌，以及在各类治理规则、治理资源、治理要素之间实现有效“复合”。在这一格局中，司法及其所代表的国家法律规则、法治原则不可或缺。赋予人民法庭执行功能，使人民法庭的职责职能更加完整，更好地成为司法智慧有效“嵌入”基层社会治理和乡村治理的重要阵地。

（三）四个面向：集约化与智能化、类型化与规范化

1. 聚焦集约化与智能化建设

司法体制改革和智慧法院建设，是推进司法体系和司法能力现代化的车之两轮、鸟之双翼。需要实现人民法庭办公室设施设备的现代化，深入推进无纸化办公，在人民法庭科技审判法庭全配备基本实现的基础上，进一步强化科技赋能执行工作，将宝贵的司法资源从冗余的日常事务中解放出来。

从安顺市的实践来看，在人民法庭司法资源难以大量投入和调整的情况

下，至少在西部省区，将自审案件的执行工作完全交由人民法庭承担，不具有现实可能性。为此，中级人民法院或者基层人民法院，应当持续加强统筹协调指导力度，强化执行事务集约、财产处置集约、人员管理集约，对执行线索和信息进行快速分类、快速处理，集中发挥人民法庭、法官工作站与当地党委政府、村支“两委”联系紧密在执行工作中的比较优势，提升执行工作整体质效。在人民法庭层面，以直接执行工作为契机，深入推进“执源治理”，探索建立履行督促、执行和解、执行信访处理机制的协调融合。

2. 聚焦类型化与规范化建设

考虑到人民法庭的人员设置、设施设备等情况，一些案件更适合由法院机关执行，例如对抗性强、社会风险高、财产处置难度高的案件；而涉及婚姻家庭、相邻关系等对抗性相对较小、需要争取当地党委政府、村支“两委”、社区支持配合的案件则更适宜由人民法庭执行。此外，调解书系在互谅基础上达成，对抗性相对较小，更适宜由人民法庭执行；而判决案件对抗性强、败诉方对抗情绪激烈，由法院机关执行更为恰当。总之，需要按照案件类型对执行主体、执行方式区别对待，进行相对类型化精细化的制度设计。实践中，执行权离不开判断权，即便是简单案件的执行实施工作，也需要随时对当事人的权利义务进行决断。例如在执行时涉及的重大查封冻结扣押、强制措施等，需要合议庭依法进行合议并进行妥善监督管理，为避免“一人包案到底”的工作方式带来的廉政风险和职业风险，需要特别强化人民法庭执行工作的规范性，明确权力边界、工作流程、监管职能等。

安顺两级法院推动审判质效高质量发展调研报告

“安顺两级法院高质量提升审判质效工作调研”课题组*

摘　要： 公正与效率是司法审判工作永恒的主题。近年来，安顺市两级法院始终坚持以习近平新时代中国特色社会主义思想为指导，深学笃用习近平法治思想，以强化审判管理为抓手，将推动审判质效高质量发展向纵深推进。主要做法是：以诉源治理为基础，减缓案件增长态势；以绩效指标为牵引，全面提升案件质效；以案件评查为抓手，全面检视案件质效；以审判监督为推力，全面管控案件质效。目前，持续推动审判质效高质量发展还存在一些机制体制问题，需要进一步提高政治站位，推动理念革新；进一步强化审判管理，规范权力运行；进一步强化案件评查，拓展成果运用；进一步强化业务指导，确保类案类判；进一步深化培练一体，提升能力水平。

关键词： 审判质效　高质量发展　公正与效率　审判管理　安顺法院

公正与效率是司法审判工作永恒的主题。近年来，安顺市两级法院始终坚持以习近平新时代中国特色社会主义思想为指导，深学笃用习近平法治思想，以强化审判管理为抓手，将推动审判质效高质量发展向纵深推进。2022年，全市两级法院受理各类案件49907件（新收43733件），审结

---

* 课题组成员：申剑，安顺市中级人民法院党组成员、审判管理办公室主任；贾梦嫣，贵州省社会科学院法律研究所副研究员，安顺市中级人民法院副院长（挂职）；程基洪，安顺市中级人民法院研究室副主任；庄金玲，安顺市中级人民法院研究室副主任；邹宗明，安顺市中级人民法院法官助理。

如无特别说明，本报告数据来源于安顺市中级人民法院。

44953 件，结收比 102.80%，结案均衡度 0.76%，审判执行绩效指标居贵州省前列。

一　推动审判质效高质量发展的主要做法和成效

（一）以诉源治理为基础，减缓案件增长态势

深入开展诉源治理工作，推动形成多层次化解、多主体参与的社会矛盾纠纷“过滤网”，是社会治理领域的一场深刻变革，也是进一步优化司法生态环境、解决“人案矛盾”、提升司法质效的根本之举。

1. 主动融入社会治理格局

推动构建“党委领导、政府主导、多方参与、司法推动、法治保障”的诉源治理新格局。在安顺市中级人民法院的推动下，安顺市委出台诉源治理相关实施方案，画出多元解纷“同心圆”。2022 年，全市两级法院诉前化解矛盾纠纷 5468 件（同比增长 35.19%），新收案件同比下降 17.38%，实现近年来新收案件数量首次下降。

2. 坚持和发展新时代“枫桥经验”

推动健全“基层组织+综治中心+法官工作室”的矛盾纠纷化解体系，在“无讼村（居）”创建中深入“四联”工作模式，强化法官工作室、法官工作站职能，推动矛盾纠纷源头化解。在金融纠纷领域探索“一站式受理、一揽子调处、全链条解决”诉前解纷模式，2022 年诉前调处金融纠纷 1107 起，标的金额 9048.59 万元，调解成功率 93.6%，一审新收金融纠纷案件同比下降 70%，金融纠纷调解总数在贵州省金融行业中排名前列。

3. 用心化解信访积案

坚持“三到位一处理”原则，依法妥善办理涉法涉诉信访案件，做好回访化解、重信重访化解工作。在再审案件中探索“示范调解+诉外和解”工作新模式，有利诉源、执源、访源“三源同治”。

（二）以绩效指标为牵引，全面提升案件质效

科学的司法绩效指标体系，是有效提升审判质效的“指挥棒”“指路灯”，

近年来，安顺市两级法院以绩效指标考核为牵引，定期分析研判审判运行态势，实时监测、重点关注弱项指标，精准施策、定期评估，统筹推进案件质效提升。一方面，坚持制度先行，制定《全市法院目标绩效管理考核办法》《业务部门业绩考评办法》等规范性文件，将绩效指标作为对本级各部门和基层法院目标绩效考核的重要内容。另一方面，通过定期研判、通报、督导、问效，精准施策提升弱项指标，全年发布审判执行质效、绩效等通报、督办等30余次，推动质效动态管理常态化。在2022年贵州省高级人民法院开展的审判执行工作业务15项指标评价中，安顺市两级法院9项指标满分或者位次靠前，例如一审判决案件改判发回重审率1.74%，指标值列全省第二；生效案件再审改判发回重审率0.741‰，指标值列全省第一；裁判自动履行率65.02%，指标值列全省第一。

（三）以案件评查为抓手，全面检视案件质效

安顺市中级人民法院组建全市法院案件评查领导小组和案件评查专家库，让“行家里手”为案件“把脉会诊”，提升案件评查专业化水平和评查结果运用力度。在瑕疵案件专项评查中，全市法院分自查筛查、重点督查、总结提升三个阶段，共评查案件272件；在涉诉涉法信访案件专项评查中，评查重大涉诉涉法信访案件12件；在服务保障民营经济高质量发展执法司法专项整治行动中，全面梳理排查全市涉民营企业执法司法重点案件，自查评查对民营企业超范围、超标的、超期限采取查封、扣押、冻结等措施案件和长期未执结案件。同时，着力强化评查结果运用，针对评查中出现的瑕疵案件和错误案件开展约谈、追责。

（四）以审判监督为推力，全面管控案件质效

全面落实司法责任制，强化审判监督管理，实现“充分放权”与“有效控权”有机统一。一方面，将“十个月以上未结案件及长期未结案件清结”工作作为各人民法院的“一把手”工程，由主要领导亲自抓，分管领导、业务部门负起责，审管部门积极催办督办。另一方面，充分发挥审判委员会和专业法官会议职能作用，2022年全年安顺市中级人民法院召开审委会33次，讨论案件75件，召开各类专业法官会议65次，讨论各类案件570件。

二　推动审判质效高质量发展存在的主要问题

（一）司法执法质量有待进一步提升

1. 立案工作标准化建设方面

一是立案审查分流机制和诉前特邀调解、小额速裁、“四类案件”识别等案件识别分流机制还需要进一步健全，“繁简分流”机制运行实效性还应进一步提升。二是立案评价和监督管理机制还需进一步健全，如在立案登记制和“繁简分流”背景下，在小额速裁一裁终局案件中，如何在确保分流科学性、高效性的同时，依法保护当事人诉权等问题，还值得深思。三是网上立案审查标准、流程在实践中还需要进一步完善；网上立案信息关联点还需进一步建立，如立案过程中，如何通过当事人身份关联推动本地区职业放贷人名录管理等，还可进一步优化。

2. 审判执行业务条线标准化建设方面

一是标准化体系运用有待进一步加强，从目前来看，各业务条线均已经基本建立相关业务标准或工作流程，但部分标准或流程的精细化、可操作性还应进一步提升，标准或流程的运用还需要进一步加强。二是业务条线对发改指案件的沟通指导不足，特别是针对发回重审案件和指令再审案件的裁判规则提炼不足，导致程序空转，严重影响当事人的“司法体验”和司法公信力。三是审判委员会、专业法官会议在总结类案裁判经验、提炼类案裁判思路、成果拓展运用等方面的作用还有待进一步加强。

（二）司法管理质量有待进一步提升

1. 审判监督管理机制建设方面

一是审限管理机制有待进一步完善。现有的审限管理以临近审限提示事前预防、超审限案件事后通报为主要形式，审限管理以“软约束”为主，有效管用的“硬措施”较少。二是院庭长对“四类案件”的监督管理机制有待进一步完善。“四类案件”指定院庭长办理机制运行实效性还需加强，部分院庭长对如何实现“充分放权”与“有效控权”平衡方面认识还有不足，主动监督意识还应进一步提升，还存在“不敢管”“不会管”问题。三是案件评查机制有待进一步完善。目前，案件评查主要以法院系统内部交叉评查、自查评查为主，委托第三方评查机制实效性还需进一步提升，评查结果运用力度有待进一步提升。

2. 案件质效全流程管理机制建设方面

一是案件质量事中监督机制有待完善。部分案件存在事中监管“真空”，全面准确落实司法责任制的一些机制体制问题还存在，事中质量监管虚化弱化甚至缺位。二是裁判文书出口管理机制有待进一步完善。案件评查主要是针对已决案件进行评查，主要聚焦“有错就改”，但是，对于未决案件的出口把关评查机制也需加强，推动“问题文书”的“前端治理”“源头治理”。三是案件质效信息化智能化流程管理机制有待进一步完善。目前，案件质效信息化流程管理体系基本建立，但智能化监管提升手段不足，如系统识别主动提请院庭长监管、自动生成简单案件要素式裁判文书、智能化类案检索提示等措施的智能化和实效性还有待加强。

3. 绩效考核评价体系建设方面

一是绩效考核评价指标分层分级分类设置考核指标不够全面，如缺乏对再审案件质量、诉源治理等工作的评价指标设置。二是绩效考核离精细化、精准化还有差距。目前已对绩效考核指标粗略分为刑事、民事、行政、执行分类考核，但具体指标设置还不够精细准确，且对于大类中微观类型案件如重大涉黑恶案件、民事疑难新型案件、行政涉众型案件还未进行更细化的考核。三是绩效考核注重量化考核，司法效果考核举措不多、测度不精准。如仅针对案件质效本身进行考核，而对司法效果如当事人、律师司法感受的考评机制未有效建立，绩效考核封闭性较强、开放性包容性相对不足。

（三）司法能力有待进一步提升

1. 司法理念方面

一是机械办案、就案办案情况时有发生，部分审判人员运用政治理论、理念解决审判实践问题的意识不够强、举措不够多，党建与业务深度融合提升的机制有待进一步深化拓展。二是业务能力和综合素质协同发展方面还有欠缺。部分法官判后答疑、释法明理、群众工作不到位不充分，对照“三个效果统一”要求，运用系统观念一体解决立审执监访矛盾纠纷的综合能力有待提升。

2. 覆盖司法人员职业生涯“全生命周期”的常态化、立体化培训机制不足

一是培训体系还需进一步健全。审判人员提升法律政策运用能力、庭审驾驭能力、文书写作能力、风险防控能力、群众工作能力、科技应用能力、舆论引导能力的立体化培训体系未有效建立，职业生涯“全生命周期”的学习培训体系尚不健全，法院系统内部培训较多，而开放性、包容性较强的外部培训相对较少。二是司法人员职级晋升事前专业化培训机制不健全。员额法官、法官助理职级晋升事前培训达标体系还需进一步健全，职级晋升与专业培训未充分挂钩。三是参加培训刚性约束体系还需进一步健全。如未建立因办理案件质效不高要求应当参加培训并经考试考核达标方能重返审判岗位或者职级晋升前需参加规定培训学时或考试考核方能晋级的前置机制，以参加岗前培训、晋级前培训的刚性约束提升司法能力“软实力”的机制建设有待完善。

（四）信息化质量方面有待进一步提升

1. 办案平台整合方面

一是办公办案平台整合度不够。如审判办案系统与执行办案系统未进行整合关联，法院办案系统与公安、检察院办案系统数据壁垒仍然存在。二是系统应用问题整改渠道不够及时畅通。由于全省法院办案等系统为集中统建，不能实现实时优化，一定程度上影响了系统功能的优化效率和干警的使用体验。三是司法绩效考评系统功能有待进一步完善。集成案件质效评估指标、权重系数体系、类案办案要件指南等配套系统未有效建立，运用现有的考评体系和绩效系统还不能够科学评价办案人员业绩，尚未从案件业务类型、结案方式、适用程序等参数方面建立全面客观有效的办案工作量考评系统。如对“四类案件”、破产案件、重大涉黑案件的考核标准尚待进一步健全。

2. 信息化、智能化运用还存在短板

一是信息化应用习惯还须进一步养成。2022 年，安顺市两级法院信息化应用与上年同期相比有较大提升，但电子卷宗完备率、无纸化立案和无纸化归档等指标仍有较大提升空间，反映出信息化应用中各流程环节衔接上还是存在问题，应用还不够充分，信息化运用习惯养成方面还需进一步发力。二是办案

智能化水平还有待提升。“四类案件”自动识别监测、简要案件裁判文书自动生成、关联案件自动检索等智能化辅助尚有不足。三是审判监督可视化、实时化还有差距。如对发改案件智能化分析监管、长期未结案的模块化监测尚需进一步健全等。

三　纵深推动审判质效高质量发展的对策建议

习近平总书记指出，“加快构建新发展格局，是推动高质量发展的战略基点”。新时期新征程，纵深推动审判质效高质量发展，应当立足新发展阶段，全面系统准确理解新发展理念，着力构建新发展格局。

（一）进一步提高政治站位，推动理念革新

1. 始终做到讲政治与讲法律有机统一

习近平总书记强调，“推进强国建设，必须坚持中国共产党和党中央集体统一领导”。党的领导是强国建设、民族复兴的根本保证，人民法院是党领导下的国家审判机关，既是政治性很强的业务机关，更是业务性很强的政治机关。政法姓党，首先要讲政治，在大是大非面前、在政治原则问题上始终保持头脑清醒。善于“从政治上看”，用政治的眼光分析司法问题背后的政治逻辑；善于“从法治上办”，以法治思维和法治手段巩固党的执政地位、维护党和国家长治久安，厚植中国共产党的执政根基。

2. 加快理念革新，深刻认识提升案件质量的重大意义

要真正实现公平正义，需要坚持站稳人民立场，运用好习近平法治思想中的立场、观点、方法，确保司法裁判充分始终回应人民群众朴素的正义感受，让司法裁判始终“与民意同频、与社情共振”，实现政治效果、社会效果和法律效果的有机统一。提升审判质量，是人民法院依法履行审判职能的本质要求，是法院工作高质量发展的必然要求，是推动审判管理和审判能力现代化的内在要求，必须要以高站位、高标准、高水平提升案件质量。深刻认识到“公正是司法的生命线，案件质量是司法公正的核心内容”，推进案件质量提升。

（二）进一步强化审判管理，规范权力运行

1. 持续做精做细审判运行态势分析

通过分析审判执行走向、经济社会发展状况等，找深找准数据背后蕴藏的工作规律与深层原因，为决策部署提供科学参考。

2. 严格审限管理

将审限问题纳入案件质量评查范围，持续落实一年以上未结案件定期通报机制，强化限期整改和督察问责力度，不断缩短流程冗余时间，坚决杜绝超18个月未结案。

3. 加强均衡结案管理

充分发挥审管职能作用，按照定期研判、分级管理、逐层细化的思路，强力推进长期未结案件清理工作，进一步加强均衡结案管理。避免办案“前松后紧”“时松时紧”以及结案数“大起大落”“年底突击结案”等现象。

（三）进一步强化案件评查，拓展成果运用

1. 持续开展案件评查

健全完善案件评查工作实施办法，综合运用线上、线下两种评查方式，重点评查基层法院对市法院发改指有异议的案件、省法院发改案件等。

2. 持续深化案件评查结果应用

建立“评查工作示范案例库”，形成“典型差案”“示范优案”，将评查结果纳入法官绩效考核体系。巩固瑕疵案件整治成果。深入总结容易出现的类型化、普遍化瑕疵问题，制作易错工作提示，完善监督管理机制，让案件质量得到更好保障。

（四）进一步强化业务指导，确保类案类判

1. 建立健全典型案例常态化转化机制

定期遴选发布具有参考性价值的参考性案例、示范性案例，建立健全应用反馈机制，充分发挥典型案例对于统一裁判尺度的积极作用。

2. 健全落实法律适用分歧解决机制

推动类案及关联案件强制检索机制落到实处。探索建立专业法官会议运行

实效评价机制，充分发挥专业法官会议前端咨询和过滤功能。健全提高审判委员会运行效率机制，打通审判委员会讨论疑难复杂案件、总结裁判经验中的堵点问题，以公正与效率的统一答好司法工作人民满意的时代问卷。

（五）进一步深化培练一体，提升能力水平

1. 着力提升干警的政治素质

人民法院的政治机关属性，决定了法院队伍政治素质建设必须坚持高标准、严要求。要广泛深入开展习近平新时代中国特色社会主义思想、习近平法治思想等教育，推动法院干警通过深入的学习、思考、实践深刻领悟，用政治理论凝心铸魂、武装头脑，将政治建设和司法审判融为一体，学会运用政治智慧、法治智慧、审判智慧推动实现讲政治和讲法治的统一。

2. 着力提升干警的业务素质

把强化干警司法能力作为一项长期性、系统性工程，面向知识产权保护、涉众案件办理等领域，培养紧缺司法专业人才，加强实践锻炼、专业训练，大兴调查研究，让干警在办理重大疑难复杂案件、重要紧急事务中经受考验。

3. 着力提升干警的职业道德素质

坚持严管厚爱，坚持不敢腐、不能腐、不想腐一体推进，在政治和业务相融合的过程中，更好地融入和体现职业道德要求。

审判研究

新型网络犯罪综合治理研究

——以安顺市审判实践为样本

贵州省新型网络犯罪综合治理研究课题组*

摘　要： 涉“两卡”（即手机卡、信用卡）犯罪中帮助信息网络犯罪活动罪与掩饰、隐瞒犯罪所得、犯罪所得收益罪两罪界分最主要的特征是帮信罪中行为人仅出租、出售“两卡”，未直接参与转移违法所得，而掩隐罪中的行为人通过转账、取现等行为直接参与转移违法所得。人民法院在量刑过程中应充分考虑行为人帮助支付结算数额的社会危害性，以量刑导向推动行为人积极采取挂失、注销信用卡等手段收回涉案信用卡的使用权，尽量降低社会危害性。涉“两卡”犯罪案件办理过程中，对已冻结的涉案银行账户中无法查清被害人、无法查清款项来源的资金可以适用《中国银监会、公安部关于印发电信网络新型违法犯罪案件冻结资金返还若干规定的通知》的规定，由公安机关在全国范围内进行公告，公告期满一年之后，公安机关将剩余资金上缴国库，上缴国库后如有人认领，可填写相关文件向公安机关申请，由公安机关审核后，向国库申请退库予以返还。

关键词： 帮助信息网络犯罪活动罪　掩饰、隐瞒犯罪所得、犯罪所得收益罪　罪名界分　涉案无主款处理　安顺法院

---

* 课题组组长：杨帆，贵州省安顺市中级人民法院党组成员、副院长。课题组成员：史润，贵州省安顺市中级人民法院法官助理；娄雅淅，贵州省安顺市中级人民法院法官助理。

本报告获“2022 年贵州省法院重点调研课题三等奖”。如无特别说明，本报告资料来源于安顺市中级人民法院。

2022年8月，最高人民法院发布的《涉信息网络犯罪特点和趋势司法大数据专题报告》指出，2017~2021年，全国各级法院一审审结涉信息网络犯罪案件28.2万余件，案件量呈逐年上升趋势，其中帮助信息网络犯罪活动罪（以下简称帮信罪）案件量占比为23.76%。新收帮信罪案件共计7.2万件，2017~2019年帮信罪案件数量呈逐步上升趋势，2020年起呈现激增趋势。[①] 2017年以来，安顺两级法院电信网络诈骗关联犯罪帮信罪和掩饰、隐瞒犯所得、犯罪所收益罪（以下简称掩隐罪）案件数量亦呈逐步上升趋势，犯罪分子的作案手段不断翻新，犯罪形式呈现团伙化、产业化趋势，给司法机关在法律适用等司法实务方面带来新的难题。课题组以2021年安顺两级法院审结的94件帮信罪案件及2017年1月~2022年7月审结的15件掩隐罪案件为样本进行分析，通过检索法律法规、司法解释、指导意见探寻帮信罪与掩隐罪的立法本意，研究犯罪构成要件，对帮信罪与掩隐罪罪名界分、量刑幅度、涉案无主款物的处理等法律适用进行探析。

一　案件审理情况分析

（一）案件审理情况

涉“两卡”犯罪是指电信网络诈骗犯罪中行为人提供手机卡、信用卡为上游犯罪帮助支付结算、协助转移违法所得等犯罪行为。

1. 帮信罪的审理情况

2017年1月~2022年7月，安顺两级法院共受理电信网络诈骗关联犯罪帮信罪案件192件，其中2017~2019年为0件，2020年为5件，2021年为94件，2022年1~7月为93件。由此可见，在案件数量上，帮信罪呈逐年上升趋势。

2. 掩隐罪的审理情况

2017年1月~2022年7月，安顺两级法院共受理电信网络诈骗关联犯罪

① 《涉信息网络犯罪特点和趋势（2017.1—2021.12）司法大数据专题报告》，中国法院网，http://www.chinacourt.org/article/detail/2022/08/id/6826831.shtml，最后访问时间：2023年1月29日。

掩隐罪案件 20 件，其中 2017～2018 年为 0 件，2019 年为 1 件，2020 年为 3 件，2021 年为 11 件，2022 年 1～7 月为 5 件，由此可见，在案件数量上，掩隐罪呈逐年上升趋势。

（二）案件特征

1. 帮信罪

课题组以 2021 年已审结的 94 件电信网络诈骗关联犯罪帮信罪案件为样本进行分析，发现案件具有如下特征。

（1）犯罪主体呈低龄化，平均作案年龄为 28.54 岁。经梳理发现，94 件 216 人中，作案年龄 30 岁以下的有 136 人，占比达 62.96%；作案年龄 30～39 岁有 63 人，占比为 29.17%，两者合计占比高达 92.13%。同时，216 名被告人平均作案年龄为 28.54 岁，犯罪主体呈低龄化（见图 1）。

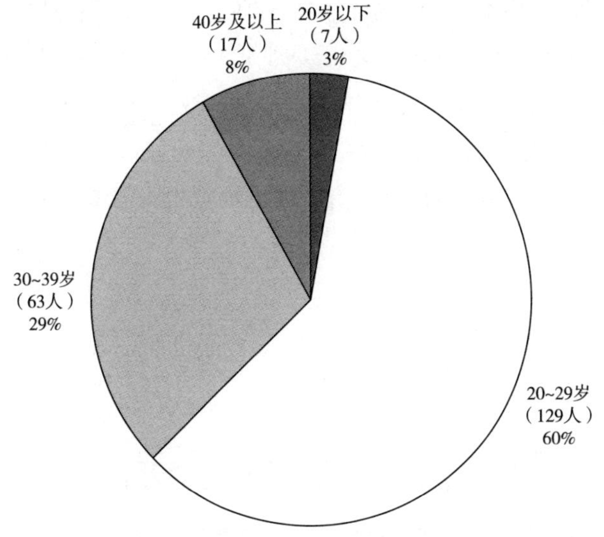

图 1　帮信罪案件犯罪主体年龄分布

（2）犯罪数额较大但非法获利较小。经梳理发现，有具体犯罪数额的 169 名被告人帮助结算数额平均值为 1287 万元，而 216 名被告人非法获利平均值为 4764 元，与帮助结算数额平均值 1287 万元相比，差距较大。由此可见，被告人帮助支付结算数额较大，但实际获利较小（见表 1）。

表 1　帮信罪涉案金额情况

帮助支付结算数额			非法获利数额		
帮助支付结算数额	人数（人）	帮助支付结算数额平均值(万元)	获利数额	人数（人）	非法获利数额平均值(元)
100 万元以下	52	60	未获利(0 元)	95	0
100 万元(含)至 1000 万元	77	258	获利 1 万元以下	84	3427
1000 万元(含)以上	40	4938	获利 1 万元及以上	37	20035
上述 169 名被告人帮助支付结算数额平均值为 1287 万			上述 216 名被告人非法获利平均值为 4764 元		

（3）量刑幅度相趋近，被告人量刑主要在有期徒刑一年六个月（含）以下。经梳理发现，216 名被告人中，被判处拘役的有 4 人；被判处一年（含）以下有期徒刑的有 119 人，其中适用缓刑 3 人；被判处一年以上一年六个月（含）以下的有 87 人，其中适用缓刑 2 人；被判处一年六个月以上两年（含）以下的有 4 人；另外两名被告人因犯掩隐罪被判处三年和三年三个月。由此可见，被判处一年六个月（含）以下有期徒刑的被告人有 210 人，占比 97.22%（见图 2）。

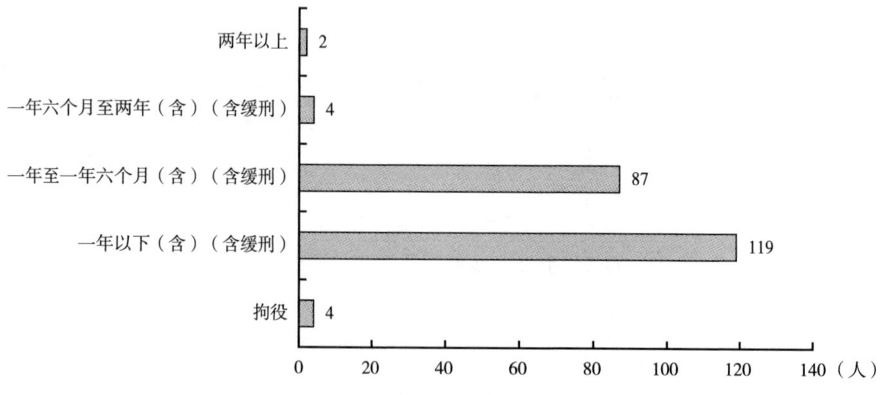

图 2　电信网络诈骗关联犯罪帮信罪案件量刑分布

2. 掩隐罪

课题组以 2017 年 1 月~2022 年 7 月审结的 15 件掩隐罪案件为样本，发现案件具有如下特征。

（1）共同犯罪占比较高，涉案金额较大。审结的 15 件掩隐罪案件中，有 4 件案件系犯罪集团作案，有 7 件案件系团伙作案，共同犯罪占比达 73.33%。其中犯罪集团组织性强，分工明确，有联系上家、记账、管理团队、招揽人员、操作转账等分工，犯罪数额巨大，特别是谢某某掩隐罪犯罪集团，犯罪金额高达六亿四千万余元。团伙作案系被告人相互邀约共同犯罪，金额与犯罪集团相比较小，人均犯罪金额为 160 万元。

（2）掩隐犯罪呈现“产业化”趋势。审结的 4 件 29 人犯罪集团案件，其中犯罪集团的组织者负责联系“洗钱”上家，接收资金，提供作案窝点、作案工具等；骨干成员负责寻找信用卡、统计账目、计算提成、雇佣员工实施转账及管理等；29 名被告人中 20 人明知是犯罪所得仍然受雇参与转移，领取工资及提成。2020 年审结的犯罪集团案件 1 件，2021 年审结的犯罪集团案件 3 件，该类犯罪已呈现产业化趋势。

二　帮信罪与掩隐罪定性易混淆

（一）问题的提出

2022 年 5 月，安顺两级法院组织对电信网络诈骗犯罪司法疑难问题进行调研发现，部分审判人员提出在办案过程中对帮信罪与掩隐罪的定性易混淆。课题组经对安顺两级法院 2021 年审结的 94 件帮信罪案件梳理后，对其中 7 件定性为帮信罪的案件存在不同的观点，认为可能构成掩隐罪。本报告列举如下三个案例。

案例一[①]

案情：2021 年 12 月 5 日，被告人张某某在朋友徐某某（另案处理）的邀

① 详见贵州省关岭自治县人民法院（2022）黔 0424 刑初 26 号刑事判决。

约下，明知他人实施信息网络犯罪活动，仍将自己的银行卡提供给他人进行转账，并在需要输入支付密码、人脸识别时配合对方进行操作。经查，张某某提供的中国农业银行卡（尾号3870），在“新昌县杨某某被诈骗案”中接收被害人杨某某转账30000元；在“济南市高新区陈某某被诈骗案”中接收被害人陈某某转账3421元；在“沈阳市皇姑区田某某被诈骗案”中接收被害人田某某转账34500元。经统计，该银行卡账号帮助他人转移非法所得资金流水累计超30万元。

关于该案的定性，一种观点认为，行为人出售银行卡后，其所提供人脸识别、输入密码等行为，是方便购卡人操作使用该银行卡，该行为是附属于帮助支付结算的行为。另一种观点认为，行为人已现场参与转账，应定性为掩隐罪。

案例二①

案情：2020年11~12月，被告人徐某某先后邀约被告人许某某、周某某、宋某某等人，提供多个银行卡接收不明来源资金，将上述资金在网络上兑换成虚拟货币转至其他账户，并按比例进行提成。上述被告人被抓获归案后，经查徐某某的银行卡支付结算金额共计人民币（以下币种相同）78万余元，其中尾号为9128的银行卡接收被害人郝某诈骗赃款5万元，该卡支付结算金额共计64万余元；周某某尾号为3185及8261的银行卡接收郑某等被害人诈骗赃款共计22.46万元，上述银行卡支付结算金额共计300余万元；许某某的银行卡支付结算金额共计124万余元；宋某某的银行卡支付结算金额共计100余万元，其中尾号为5281的银行卡接收赵某等被害人诈骗赃款共计11.5万元。

关于该案的定性，一种观点认为，参照最高人民检察院《关于办理涉互联网金融犯罪案件有关问题座谈会纪要》“支付结算是商业银行或者支付机构在收付款人之间提供的货币资金转移服务”，帮助支付结算本质上也属于货币资金转移的行为，所以《刑法》第二百八十七条之二帮信罪中的“支付结算”也含有转账的行为，故被告人的行为属于使用虚拟货币进行支付结算，属于提

① 详见贵州省安顺市西秀区人民法院（2021）黔0402刑初222号刑事判决。

供技术、方法帮助上游犯罪实施信息网络犯罪，应构成帮信罪。另一种观点认为，虚拟货币只是外在形式，该行为内在实质是帮助转移违法所得，应构成掩隐罪。

案例三[①]

案情：2020 年 7 月中旬，被告人潘某某在网上搜索“刷单”信息后加入一个 QQ 群，在该 QQ 群内认识一网名叫“老四”的男子，双方约定“老四”每月根据潘某某提供支付宝的“刷单”金额的千分之一给付报酬。潘某某找到常某某等人购买 10 个支付宝账户，并根据“老四”在 QQ 群里面发布的“刷单”任务进行支付结算，由“老四”将“刷单”需要支付的钱（为“刷单”诈骗受害人被诈骗的部分资金）转到潘某某发在群里面的账户内，潘某在收到钱后按照“老四”要求将钱通过扫描二维码或转账的方式转到指定账户内，直到常某某等人的支付宝账户陆续被冻结后，潘某某才停止“刷单”。截至 2020 年 8 月 20 日潘某某使用其控制的常某某等人支付宝账户进行转账支付结算流水达 6100 余万元。

关于该案的定性，一种观点认为，掩隐罪是对违法所得的转移，要上游犯罪事实成立，下游犯罪掩隐罪才能成立，本案中能够查明的仅有被告人转账支付流水 6100 余万元，其中被害人被诈骗的具体数额未知，在此情况下，根据有利于被告人原则，应以帮信罪定罪处罚。另一种观点认为，被告人将上游犯罪分子转入其账户的赃款通过扫描二维码或转账的方式转到指定账户内，其行为本质是转移违法所得，应构成掩隐罪。

（二）原因分析

经调研发现，帮信罪与掩隐罪定性易混淆的主要原因有以下两点。第一，对新犯罪手段的认识及判断易产生分歧。司法实践中，涉“两卡”犯罪案件中犯罪分子为规避处罚，作案手段不断翻新，作案方式更加隐蔽，如案例一，犯罪分子从以前购卡后在一段时间内利用该卡进行大量资金转移，演变成向持

① 详见贵州省镇宁自治县人民法院（2021）黔 0423 刑初 54 号刑事判决。

卡人购卡后，要求持卡人当场提供手机、人脸识别、输入密码等，立即利用该卡转账，一张卡只使用一天甚至几个小时，在短时间内大量转移资金后就不再使用该卡；案例二，犯罪分子接收资金后，通过兑换虚拟货币转移至其他账户的方式，以更加隐蔽的手段犯罪。对上述两种新犯罪手段该如何定性，易产生分歧。第二，两罪存在一定重合，不易区分。帮信罪与掩隐罪都要求对上游犯罪存在明知，同时都要求以上游犯罪成立为前提；帮信罪与掩隐罪都存在行为人对上游犯罪的违法所得进行结算的行为，故两罪在主观明知、行为方式、构罪前提等方面存在一定重合，定性容易发生混淆。

（三）对策建议

针对上述问题，通过梳理相关法律法规、司法解释、指导意见探寻帮信罪与掩隐罪的立法本意，研究犯罪构成要件，区分此罪彼罪，以期准确适用法律。

1. 关于犯罪构成要件

关于帮信罪的构成要件，2015 年《刑法修正案（九）》第二十九条规定，在刑法第二百八十七条后增加两条，其中第二条为第二百八十七条之二，“明知他人利用信息网络实施犯罪，为其犯罪提供互联网接入、服务器托管、网络存储、通讯传输等技术支持，或者提供广告推广、支付结算等帮助，情节严重的，处三年以下有期徒刑或者拘役，并处或者单处罚金”。由此可见，帮信罪的构成要件包含“明知”“帮助行为”“情节严重”三个要件。

关于掩隐罪的构成要件，2006 年《刑法修正案（六）》第十九条将刑法第三百一十二条修改为，“明知是犯罪所得及其产生的收益而予以窝藏、转移、收购、代为销售或者以其他方法掩饰、隐瞒的，处三年以下有期徒刑、拘役或者管制，并处或单处罚金；情节严重的，处三年以上七年以下有期徒刑，并处罚金”。由此可见，掩隐罪的构成要件包含了“明知”“犯罪行为”两个要件。

2. 关于帮信罪罪名性质

学术界主要有两种观点，一种观点是“独立罪名说”①，认为帮信罪是帮

① 于志刚：《共犯行为正犯化的立法探索与理论梳理——以“帮助信息网络犯罪活动罪”立法定性为角度分析》，《西北政法学院学报》2017 年第 3 期。

助行为正犯化。另一种观点是"量刑规则说"[①]，即指帮助犯（帮信罪）没有被提升为正犯，帮助犯依然是帮助犯，只是因为分则条文对其规定了独立的法定刑，而不再适用刑法总则关于帮助犯（从犯）的处罚规定的情形。我们倾向于认同第二种观点，因为构成帮信罪，行为人除了要"明知他人利用信息网络实施犯罪"，还需要为他人的信息网络犯罪提供帮助，如果没有上游犯罪，那么行为人的帮助行为也不构成该罪，故其本质还是帮助犯，仅是因为《刑法》为了打击该犯罪，为其规定了独立的法定刑。

3. 关于犯罪介入节点

帮信罪一般发生在上游犯罪实施犯罪活动过程中，可以是事前、事中或事后，属于上游信息网络犯罪的辅助手段和帮助方法；掩隐罪则发生在上游犯罪事实成立之后，行为人对上游犯罪违法所得进行窝藏、转移等行为，故掩隐罪成立要以上游犯罪事实成立为前提。

4. 侵犯的法益和行为对象

掩隐罪侵犯的法益主要是司法秩序，掩隐罪的特点是行为人实施了窝藏、转移等行为使他人无法发现或司法机关无法查获，其行为的对象是"犯罪所得及其产生的收益"。但是帮信罪，侵犯的法益是国家对信息网络的管理，属于一种辅助手段。行为人提供信用卡帮助上游犯罪支付结算，行为对象是支付结算的金额。

5. 关于"明知"认定

帮信罪行为人的主观明知系"完全概括故意"，完全概括故意是指行为人对于行为侵害法益有所认识，但对于行为对象、行为性质、行为结果均没有明确认识[②]（这种"明知"只是概括性、比较模糊地知道被帮助人可能在实施信息网络犯罪，但不知道具体什么犯罪，如有事先通谋，以共同犯罪论处）。同时，有司法观点认为，是否"明知"他人利用信息网络实施犯罪，应结合行为人的认知能力，既往经历，交易对象，与信息网络犯罪行为的关系，提供技术支持或帮助的时间和方式，获利情况，出租、出售"两卡"的次数、张数、

---

① 张明楷：《论帮助信息网络犯罪活动罪》，《政治与法律》2016 年第 2 期。

② 张艳：《支付结算型帮助信息网络犯罪活动罪认定中的争议问题》，《中国检察官》2022 年第 8 期。

个数综合认定。比如跨省或多人结伙批量办理、收购、贩卖“两卡”，出租、出售“两卡”后收到金融机构等通知仍然继续出租、出借等行为。

掩隐罪行为人的主观上明知不要求“明确”知道，包括推定为应当知道的情况[①]。“明知”应当结合被告人的认知能力，接触他人犯罪所得及其收益的情况，犯罪所得及其收益的种类、数额，犯罪所得及其收益的转换、转移方式以及被告人的供述等主、客观因素进行认定[②]。故帮信罪和掩隐罪虽然两者的主观方面都是“故意”，但在意识上的认知内容以及实施行为的目的是明显不同的，帮信罪的“明知”要求概括性的知道被帮助人可能在实施信息网络犯罪，而掩隐罪的“明知”包含推定行为人知道其协助转移的是违法所得及收益。

6.关于行为方式

有司法观点将帮信罪的犯罪行为列举如下：①跨省或者多人结伙批量办理、收购、贩卖“两卡”的；②出租、出售“两卡”后，收到公安机关、银行业金融机构等相关单位部门的口头或书面通知，仍然继续出租、出售的；③出租、出售的“两卡”因涉嫌诈骗、洗钱等违法犯罪被冻结，又帮助或者注销旧卡、办理新卡，继续出租、出售的；④出租、出售的具有支付结算功能的网络账号因涉嫌诈骗、洗钱等违法犯罪被查封，又帮助解封，继续提供给他人使用的；⑤频繁使用隐蔽上网、加密通信、销毁数据等措施或者使用虚假身份，逃避监管或者规避调查的；⑥事先串通设计应对调查的话术口径的；⑦曾因非法交易“两卡”受过处罚或者信用惩戒、训诫谈话，又收购、出售、出租“两卡”的等。由此可见，帮信罪的行为方式主要为出租、出售“两卡”帮助支付结算，该卡一经出租或出售，就脱离了行为人的控制，完全由他人操作，行为人未实际参与转移违法所得。

《关于办理电信网络诈骗等刑事案件适用法律若干问题的意见》将掩隐罪的犯罪行为列举如下：①通过使用销售点终端机具（POS机）刷卡套现等非法途径，协助转换或者转移财物的；②帮助他人在不同银行账户之间频繁划转的；③多次使用或者使用多个非本人身份证开设的信用卡、资金支付结算账户

① 王爱立：《〈中华人民共和国刑法〉释义与适用（下）》，中国民主法制出版社，2021。

② 参见《最高人民法院关于审理洗钱等刑事案件具体应用法律若干问题的解释》第一条。

或者多次采用遮蔽摄像头、伪装等异议手段，帮助他人转账、套现、取现的；④为他人提供非本人身份证开设的信用卡、资金支付结算账户后，又帮助他人转账、套现、取现的；⑤以明显异于市场的价格，通过手机充值、交易游戏点卡等方式套现的①。由此可见，掩隐罪的行为方式主要为，帮助上游犯罪分子对赃款进行转账、套现、取现等，行为人在违法所得转移过程中是重要的一环，不可或缺，行为人直接参与了违法所得的转移。

7. 关于两罪的区分

根据行为人的主观明知内容和实施的具体犯罪行为确定其行为性质，对两罪进行区分，以信用卡为例：①行为人向他人出租、出售信用卡后，在明知是犯罪所得及其收益的情况下，又代为转账、套现、取现等，或者为配合他人转账、套现、取现而提供刷脸（人脸识别）等验证服务的，可以掩隐罪论处；②明知他人利用信息网络实施犯罪，仅向他人出租、出售信用卡，未实施其他行为，达到情节严重标准的，可以帮信罪论处。

8. 对争议案例进行评析

通过对法律法规、司法解释、指导意见的梳理，从犯罪构成要件、罪名性质、介入时间节点、侵犯的法益、明知认定、行为方式等对两罪进行了区分，现按照上述结论对本报告中的争议案例进行评析。

关于案例一，课题组认为，电信网络诈骗犯罪集团向持卡人购卡后，要求持卡人当场提供手机、人脸识别、输入密码等，立即利用该卡进行转账，可分如下两种情形进行认定。第一，倘若行为人在上游犯罪分子转账前提供手机、人脸识别、输入密码等帮助购卡人进入“转账”渠道，后行为人离去，未知晓、参与后续转账行为，课题组认为可定性为帮信罪。因为，行为人所提供的人脸识别、输入密码等的行为，属于帮助支付结算（卖卡）的附属服务，其未实质参与转移违法所得。第二，倘若行为人在上游犯罪分子转移违法所得过程中，现场（如有多次则更加明确）提供手机、人脸识别、输入密码等的行为，可定性为掩隐罪。因为，行为人虽未直接操作转账，但其当场提供手机、人脸识别、输入密码等的行为属于违法所得转移过程中的重要一环，行为人在主观上已明知是违法所得，客观上已直接参与对违法所得进行转移，所以行为

---

① “两高一部”《关于办理电信网络诈骗等刑事案件适用法律若干问题的意见》。

人在上游犯罪分子转移违法所得过程中现场提供手机、人脸识别、输入密码等的行为，课题组认为可定性为掩隐罪。同时，相关司法观点提到“行为人向他人出租、出售信用卡后，在明知是犯罪所得及其收益的情况下，又代为转账、套现、取现等，或者为配合他人转账、套现、取现而提供刷脸等验证服务的，可以掩隐罪论处”，故被告人的行为构成掩隐罪。

关于案例二，一种观点认为，参照最高人民检察院《关于办理涉互联网金融犯罪案件有关问题座谈会纪要》“支付结算是商业银行或者支付机构在收付款人之间提供的货币资金转移服务”，故《刑法》第二百八十七条之二帮信罪中的“支付结算”也含有转账的行为，所以被告人属于使用虚拟货币进行支付结算，属于提供技术、方法帮助上游犯罪实施信息网络犯罪，应构成帮信罪。但课题组认为，即便帮信罪中“支付结算”含有转账的行为，但转账行为分为两种，一种是自己亲自转账，另一种是交由上游犯罪分子操作转账，该两种转账分别对应掩隐行为与帮信行为。本案被告人所实施的犯罪行为分为两个步骤，第一个步骤是提供银行账户接收违法所得，第二个步骤是行为人亲自将违法所得通过兑换虚拟货币的方式转移到其他账户，两个行为综合起来，其实质仍是将违法所得进行转移，故符合掩隐罪的构成要件。而被告人通过兑换虚拟货币的行为亦从侧面证实其主观明知是违法所得，属通过隐蔽、伪装等手段掩盖其犯罪，不属于提供技术、方法帮助上游犯罪实施信息网络犯罪。

关于案例三，一种观点认为，掩隐罪是对违法所得及其收益进行转移，只有上游犯罪事实成立，下游犯罪掩隐罪才能成立，本案中能够查明的仅有被告人进行转账支付流水 6100 万余元，但其中被害人被诈骗的具体数额未查清，在此情况下，根据有利于被告人原则，应以帮信罪定罪处罚。但课题组认为，《最高人民法院关于审理掩饰、隐瞒犯罪所得、犯罪所得收益刑事案件适用法律若干问题的解释》第一条的相关规定已明确，掩隐罪的犯罪数额不是构罪的必要条件，同时，该条第三项规定“掩饰、隐瞒行为致使上游犯罪无法及时查处，并造成公私财物损失无法挽回的”及第四项规定“实施其他掩饰、隐瞒犯罪所得及其产生的收益行为，妨害司法机关对上游犯罪进行追究的”，故掩隐罪侵犯的法益是“司法机关对上游犯罪的查处、追究”。本案被告人收购 10 个支付宝账户，用以接收上游犯罪分子转入的巨额资金，然后通过扫描二维码或转账的方式转移到上游犯罪分子指定的账户内，其转账流水达 6100

万余元，其行为已严重妨害司法机关对上游犯罪的查处、追究，且符合“两高一部”《关于办理电信网络诈骗等刑事案件适用法律若干问题的意见》第三章关于全面处罚关联犯罪第五项掩隐罪犯罪行为中关于“为他人提供非本人身份证明开设的信用卡、资金支付结算账户后，又帮助他人转账、套现、取现”的规定，故课题组认为应当以掩隐罪定罪处罚。

三　帮信罪量刑幅度的法律适用探析

（一）问题的提出

课题组对安顺两级法院2021年帮信罪中提供信用卡帮助支付结算（有具体犯罪金额）的169名被告人被判处的刑罚进行梳理，以帮助支付结算数额为维度对比被告人的量刑幅度，形成表2、图3。

表2　帮助支付结算数额为维度对比被告人的量刑幅度

	被判处缓刑的人数及占比	被判处拘役的人数及占比	被判处六个月以上一年（不含）以下的人数及占比	被判处一年以上一年六个月（不含）以下的人数及占比	被判处一年六个月以上两年（不含）以下的人数及占比	被判处二年以上的人数及占比	总数
帮助支付结算数额100万元以下	6人（11.54%）	1人（1.92%）	35人（67.31%）	9人（17.31%）	1人（1.92%）	0	52人
帮助支付结算数额100万元（含）以上1000万元以下	2人（2.60%）	0	47人（61.04%）	24人（31.17%）	3人（3.90%）	1人（1.29%）	77人
帮助支付结算数额1000万元（含）以上	1人（2.50%）	0	9人（22.50%）	17人（42.50%）	11人（27.50%）	2人（5.00%）	40人

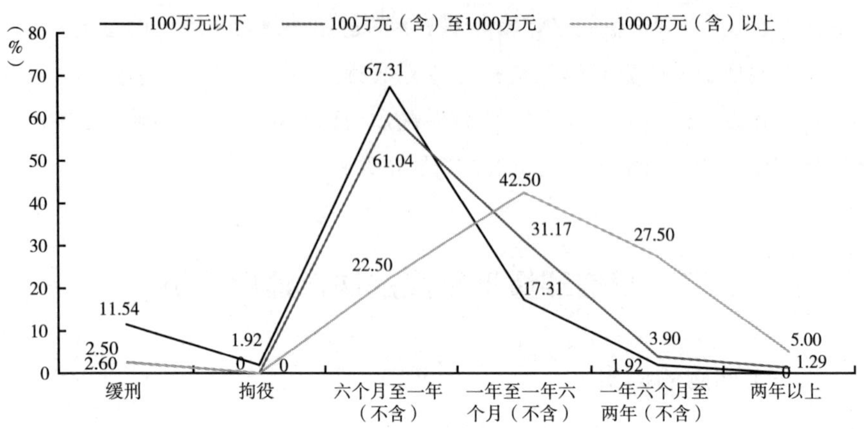

图 3　支付结算数额量刑情况

根据上述图表可以看出，帮助支付结算数额 100 万元以下的量刑线与支付结算数额 100 万元（含）至 1000 万元的量刑线基本相趋一致。在被告人犯罪数额相差巨大的情形下，被告人的量刑幅度却相差不大，未能形成明显的差异性，量刑存在失衡情形。

（二）原因分析

经调查研究发现，帮信罪量刑幅度未能形成明显的差异性，量刑存在失衡情形的主要原因有以下两点。第一，帮信罪法定刑为有期徒刑三年以下，被告人大多具有从轻处罚的量刑情节，所以在量刑幅度上不易拉开明显差距。同时，经梳理发现，216 位被告人中有 178 人认罪认罚甚至自首，占比 82.41%，被告人大多具有从轻的量刑情节，216 名被告人被判处一年六个月以下有期徒刑（含）的有 210 人，占比 97.22%，故在量刑幅度上不易拉开差距。第二，部分审判人员主观上未认识到支付结算数额与社会危害程度的关联性。认为帮信罪案件中，被告人将信用卡出租、出售给上游犯罪分子之后，就失去了对该信用卡的控制，上游犯罪分子使用该卡进行支付结算 100 万元、1000 万元甚至 1 亿元，都与被告人没有直接关系，故帮助支付结算数额与量刑幅度并不需要成正比。

（三）对策建议

针对上述原因，课题组提出如下对策建议。

1. 引导审判人员充分认识到行为人帮助结算数额与社会危害程度的关联性

《中华人民共和国刑法》第六十一条规定，“对于犯罪分子决定刑罚的时候，应当根据犯罪的事实、犯罪的性质、情节和对于社会的危害程度，依照本法的有关规定判处”。由此可见，社会危害性属于量刑幅度的重要考量因素之一，帮信罪作为电信网络诈骗的关联犯罪，已呈高发态势，给社会带来巨大危害。因此，行为人帮助支付结算数额越高，其行为对社会的危害程度越大，行为人应当受到与其社会危害程度相一致的刑事处罚，故量刑幅度应与行为人帮助支付结算数额成正比，才能更好地打击犯罪，罚当其罪。

2. 可以量刑为导向引导行为人主动采取挽救措施

行为人虽然将信用卡出租、出售给上游犯罪分子，但是行为人仍是该卡的合法持有人，如果按照行为人的帮助支付结算数额大小作出相应的刑事处罚，那么可以量刑为导向，推动行为人高度重视其帮助支付结算数额，引导行为人积极通过向银行申请挂失、补办等行为取回该卡的使用权，结束上游犯罪分子的支付结算行为。否则，如果行为人放任上游犯罪分子使用其提供的信用卡进行支付结算，大量转移违法所得，会给社会造成相当程度的危害，也不利于司法机关打击犯罪。

3. 上级法院可制定帮信罪量刑指导意见，实现精准量刑

以支付结算数额确定量刑起点，根据其他影响犯罪构成的犯罪事实增加刑罚量，确定基准刑。通过实现精准量刑，将支付结算数额与社会危害程序紧密联系，即支付结算数额越大量刑越高。通过量刑幅度的差异性，充分发挥刑罚震慑力，体现罪责刑相适应。

四　涉“两卡”犯罪中无主款处理的法律适用

（一）问题提出

安顺两级法院 2019 年至 2022 年 6 月共审理电信网络诈骗涉“两卡”犯罪

案件227件，其中冻结涉案账户内资金的有17件，金额共计人民币278.962407万元（以下币种均为人民币）；冻结资金已处理的有16件170.072241万元，其中发还被害人1件79.1378万元，没收13件82.931961万元，由公安机关依法处理的有2件8.0024万元，已冻结尚未处理的有1件108.890166万元。在安顺两级法院追赃挽损推进过程中，审判人员对无主款的认识理解不一致、处理标准不统一，导致类案不类判的情况发生。

（二）原因分析

1. 无主款产生的原因分析

从2019年1月至2022年5月安顺两级法院审理的电信网络诈骗涉“两卡”犯罪案件中冻结涉案账户内资金的有17件，其中上游犯罪被查实案件数为3件，占比为17.65%。无主款产生的主要原因有以下几方面：一是未能查清被害人，无法将全部款项退还给被害人，这是无主款产生的主要原因；二是涉案人不能说明款项来源，根据相关法律规定可认定为违法所得，导致无主款产生；三是被害人明确放弃被骗款项，该款因而成为无主款项。

2. 无主款处理方式不统一的原因分析

从2019年1月至2022年5月安顺两级法院审理的电信网络诈骗涉“两卡”犯罪案件来看，已冻结涉案银行账户资金无法查询到被害人、无法发还被害人的金额为1998254.3元，占比71.63%。当前安顺两级法院对于无主款主要有两种处理方式，一是判决予以追缴，没收上缴国库。17件案件中有15件判决予以追缴，没收上缴国库，占比为88.24%。二是由公安机关依法处理。17件案件中有2件由公安机关依法处理，占比为11.76%。无主款处理方式不统一的主要原因是未找到明确的法律依据，故各法院参照不同的法律规定进行处理。

（三）对策建议

1. 无主款的性质探析

一是无主款的第一性质是被害人的合法财产。根据《最高人民法院、最高人民检察院、公安部关于办理电信网络诈骗等刑事案件适用法律若干问题的意见（二）》第十七条的规定“查扣的涉案账户内资金，应当优先返还被害人，如不足以全额返还的，应当按照比例返还”，故无主款的第一性质是被害人的合法财产。但是，因电信网络诈骗是跨地域、采用电信网络手段进行诈骗的犯罪，导致被害人往往分散于全国各地，部分被害人因被骗取的金额较少，为避免麻烦，未能前往公安机关报案，致使公安机关限于客观条件难以查清被害人具体身份信息。二是无主款的第二性质是被告人的违法所得。《最高人民法院、最高人民检察院、公安部关于办理电信网络诈骗等刑事案件适用法律若干问题的意见》对涉案财物处理规定“确因客观原因无法查实全部被害人，但有证据证明该账户用于电信网络诈骗犯罪，且被告人无法说明款项合法来源的，根据刑法第六十四条之规定，应认定为违法所得，予以追缴”。故在无法查清被害人的情形下，无主款的性质就从被害人的合法财产转变为被告人的违法所得。

2. 无主款处置的法律适用探析

经检索相关法律规定发现，《中国银监会、公安部关于印发电信网络新型违法犯罪案件冻结资金返还若干规定的通知》已对电信网络诈骗犯罪涉案账户冻结的资金返还作出相关规定。一是明确返还主体为公安机关，即第三条“公安机关应当依照法律、行政法规和本规定的职责、范围、条件和程序，坚持客观、公正、便民的原则，实施涉案冻结资金返还工作”和第四条“公安机关负责查清被害人资金流向，及时通知被害人，并作出资金返还决定，实施返还”。二是明确审核主体为公安机关，即第六条第三款“冻结公安机关应当对被害人的申请进行审核，经查明冻结资金确属被害人的合法财产，权属明确无争议的，制作《电信网络新型违法犯罪涉案资金流向表》和《呈请返还资金报告书》（附件 2），由设区的市一级以上公安机关批准并出具《电信网络新型违法犯罪冻结资金返还决定书》”。三是明确剩余资金保管主体为公安机关，即第八条第三款“冻结账户返还后剩余资金在原冻结期内继续冻结；公安机关根据办案需要可以在冻结期满前依法办理续冻手续。如查清新的被害人，公安机关可以按照本规定启动新的返还程序”。四是明确了公安机关主导下的返还流程，即第六条第二款和第三款，“被害人向冻结公安机关或者受理案件地公安机关提出冻结涉案资金返还请求的，应当填写《电信网络新型违法犯罪涉案资金返还申请表》，冻结公安机关应当对被害人的申请进行审核，经查明冻结资金确属被害人的合法财产，权属明确无争议的，制作《电信网络新型违法犯罪涉案资金流向表》和《呈请返还资金报告书》(附件2),由设区的市一级以上公安机关批准并出具《电信网络新型违法犯罪冻结资金返还决定书》(附件3)"。但是,上述规定对无法查清被害人、无法返还被害人的涉案冻结资金该如何处理,未作明确规定。

为此,可以参照《最高人民法院关于适用〈中华人民共和国刑事诉讼法〉的解释》第四百四十五条规定"查封、扣押、冻结的财物及其孳息,经审查,确属违法所得或者依法应当追缴的其他涉案财物的,应当判决返还被害人,或者没收上缴国库,但法律另有规定的除外。对判决时尚未追缴到案或者尚未足额退赔的违法所得,应当判决继续追缴或者责令退赔。判决返还被害人的涉案财物,应当通知被害人认领;无人认领的,应当公告通知;公告满一年无人认领的,应当上缴国库;上缴国库后有人认领,经查证属实的,应当申请退库予以返还;原物已经拍卖、变卖的,应当返还价款",结合《中国银监会、公安部关于印发电信网络新型违法犯罪案件冻结资金返还若干规定的通知》的规定,对无主款的处理提出建设性的意见。

3. 无主款处理方式探析

为了解决无主款的处理方式不统一、类案不同判情形,解决法律适用难题,统一裁判规则,课题组提出建议,公安机关、检察机关、审判机关可对无主款处理进行会商,依据《中国银监会、公安部关于印发电信网络新型违法犯罪案件冻结资金返还若干规定的通知》及《最高人民法院关于适用〈中华人民共和国刑事诉讼法〉的解释》第四百四十五条的规定,达成如下处理意见:

由公安机关通知被害人,对冻结涉案银行账户资金进行返还,对无人认领的剩余资金,由公安机关在全国范围内进行公告,公告期满一年之后,由公安机关将剩余资金(无主款的性质已转变为被告人违法所得)按照规定上缴国库,上缴国库后如有人认领,由被害人填写相关文件向公安机关提出申请,公安机关经审核后,向国库申请退库予以返还。人民法院作出判决时,如有剩余资金需要在判决中一并处理的,可在判决主文写明"某某公安机关冻结的涉案银行账户资金××元,由公安机关在全国范围内进行公告发还被害人,一年公告期满后剩余资金由公安机关上缴国库;上缴国库后有人认领,经公安机关查证属实,由公安机关申请退库予以返还"等字样。

司法会计鉴定制度在贪污案件中的构建与规范

谭建军*

摘　要： 党的十八大以来，党和国家以“零容忍”态度全面纵深推进反腐败斗争。贪污犯罪作案方法越来越复杂化、隐蔽化，特别是使用复杂的财务会计技术方法来实施犯罪，涉及的资金链、银行流水变得极其复杂，致使贪污犯罪查处难、认定难、追赃挽损难，因此司法会计鉴定介入贪污案件办理十分有必要。面对当前司法实践中司法会计鉴定介入贪污犯罪过程中相关标准不统一的困境，本报告从司法会计鉴定介入贪污犯罪必要性、司法会计鉴定准确介入贪污犯罪理念的形成、统一司法会计鉴定机构主体、形成贪污等职务犯罪司法会计鉴定的证据规则等方面，探讨如何完善司法会计鉴定介入贪污犯罪案件的机制制度，进而实现司法会计鉴定在贪污案件中的准确适用。

关键词： 贪污犯罪　司法会计鉴定　完善机制　安顺法院

一　司法会计鉴定介入贪污犯罪必要性的问题探讨

安顺地区近年审理的贪污犯罪案件及检索中国裁判文书网显示，当前贪污犯罪手段仍以“侵吞、窃取、骗取”为主，但犯罪分子所使用的犯罪方式发

---

* 谭建军，安顺市中级人民法院执行一庭法官助理。

本报告获全国法院第三十四届学术讨论会论文优秀奖。如无特别说明，本报告资料来源于安顺市中级人民法院。

生了很大转变，其中最突出的作案方式是使用极其复杂的财务会计技术，增加贪污犯罪的复杂性、隐蔽性，由于专业知识的限制，仅仅依靠监察机关、司法机关人员核对账户资料、查阅银行账簿，很难高效、准确获取涉案财务会计信息，因此司法实践中很大一部分贪污案件引入司法会计鉴定，以此弥补监察机关、司法机关工作人员财务会计专业知识、经验不足的问题，实现了很大一部分贪污案件高质量办理。现以贪污犯罪现状、司法会计鉴定在贪污犯罪中的作用来探析司法会计鉴定介入贪污犯罪的必要性。

（一）司法会计鉴定的内涵与贪污犯罪现状

1. 司法会计鉴定内涵与贪污犯罪查办困境

（1）司法会计鉴定定义及特征。司法会计一词于20世纪50年代从苏联进入我国学术实务界，司法会计鉴定属于司法会计活动中的一种，关于司法会计鉴定定义我国目前尚未完全形成统一的概念，主要有两种定义。一种定义为司法会计鉴定是指司法机关为了查明案件事实，指派或聘请具有司法会计专门知识的人员，对案件中需要解决的财务会计专门性问题，进行鉴别判断的一项诉讼活动。[①] 另一种定义为司法会计鉴定是指为了查明案情，指派或聘请具有专门知识的人员，对诉讼中需要解决的财务会计问题进行鉴别判定的一项司法鉴定活动。[②] 从以上两种定义来看，司法会计鉴定定义虽未完全统一，但核心内容是相同的，主要包含以下几方面内容：首先，司法会计鉴定的目的是查明案情，即司法鉴定的全过程、各环节必须紧紧围绕查明案件事实的目的来开展，除了重点解决案件中涉及的财务会计专门性问题，也可以核查作案时间、手段、人员等非财务会计性问题；其次，司法会计鉴定是一项诉讼活动，既可以用在刑事案件中，也可以用在民事、行政案件中，刑事案件可以存在于调查、侦查、审查起诉、审判的各个环节；最后，鉴定是由司法机关主导，由具备财务、会计、审计等专业知识的机构协助完成的，即司法会计鉴定的主办仍然是司法机关人员，具有财务会计专门知识的人员主要负责协助完成鉴定。

（2）司法会计鉴定科学原理。贪污犯罪案件中的司法会计鉴定作为《刑

① 邹明理：《司法鉴定》，法律出版社，2000，第355页。

② 于朝：《司法会计概论》，中国检察出版社，2014，第293页。

事诉讼法》八大种类证据之一，必然要求具备证据的客观性、合法性、关联性，其客观性主要体现在其科学原理上，而贪污等职务犯罪中的司法会计鉴定的科学性在于其财务会计特性，即资金运动的规律性和财务关系的相对稳定性。[①] 资产运动的规律性是指资产运动过程中符合一定的资金静态与动态的平衡关系，如资产=现有资产-负债。财务关系的稳定是指会计核算在一定时期内保持不变。以上两方面构成了司法会计鉴定的科学原理，厘清司法会计鉴定科学原理既能保证司法鉴定机构有效完成相关鉴定工作，同时也有利于监察机关、司法机关工作人员审查司法会计鉴定意见的正确性。

2. 贪污犯罪的查办现状

《刑法》第三百八十二条规定，贪污犯罪是指国家工作人员以及受国家机关、国有公司、企业、事业单位、人民团体委托管理、经营国有财产的人员利用职务上的便利，侵吞、窃取、骗取或者以其他手段非法占有公共财物的犯罪行为。通过中国裁判文书网检索显示 2011~2021 年我国贪污犯罪案件达 35262 件，并通过抽样方式发现，近年贪污犯罪使用财务会计技术转移侵占国家财产的案件占比呈上升态势。具体到监察机关、司法机关查办实践中来看，贪污罪查办当前主要面临以下三大方面困境。

一是贪污犯罪线索发现极难。经检索中国裁判文书网发现，2011~2021 年共检索到各类受贿罪 41911 件，比贪污罪多 6649 件，其中很大一部分原因系受贿罪相较贪污罪查处较容易，受贿罪往往是“一对一”或“一对多”形式，并且存在利用职务便利为他人谋取利益的行为，线索来源渠道往往包括利益被损害者、行贿人等，相较容易获取线索来源。而贪污罪往往直接损害单位、国家的利益，并且经手人往往为单位领导、财务会计人员，社会公众无从知晓也就不可能进行检举揭发，特别是利用财务会计技术进行作案的贪污犯罪，监察机关等部门更难主动发现线索，导致贪污犯罪隐蔽性较强，不易被揭发。

二是调查取证难。随着反腐败斗争不断深入推进，直接侵吞、窃取国家财产犯罪的行为越来越少，更多是利用极其复杂的财务会计技术进行犯罪，即使通过他人获取行为人贪污犯罪的线索，但因有些财务会计账册被销毁或遗失，以及部分行为人对账册数据进行复杂化处理，甚至进行洗钱化处理，导致调查

① 于朝：《司法会计学》，中国检察出版社，2004，第 88 页。

取证工作量巨大、专业性极强，案件查办难度特别大。

三是贪污犯罪认定难。从安顺法院以及全国法院检索到的贪污犯罪案件来看，司法实践中部分案件虽介入了司法会计鉴定，但因法律、法规及司法解释未对司法会计鉴定这一类证据作出详细规定，导致各监察机关、检察机关、审判机关对司法会计鉴定适用、审查标准不一，影响贪污犯罪的最终认定。

（二）司法会计鉴定介入职务犯罪的独特作用探析

司法会计鉴定作为一种重要证据形式，因其带有强有力的财务会计专业知识特点，从安顺地区近年审理的贪污犯罪案件来看，其在介入贪污犯罪案件办理的过程中发挥了极其重要的作用。主要包括以下几方面。

1. 发现线索，为监察机关主动监督、深入反腐提供新的思路

党的十八大以来，党中央全面深入推进纪检监察体制改革，不断推进反腐败法治化运行，实现了纪委监委一体化办公。纪检监察机关监督方式也实现了由以往更多依靠群众举报、自动投案等方式转变为主动深入排查、核实相关情况来发现线索，极大提高贪污腐败犯罪打击力度。而面对贪污犯罪中极其复杂的财务会计资料，司法会计鉴定介入能及时发现财务会计资料中存在的问题和异常现象，为监察机关及时主动发现贪污犯罪线索提供有力帮助，为监察机关主动监督及深入反腐败提供了一种新的思路。

2. 固定证据，全面查清犯罪事实

如上所述，贪污犯罪极具隐蔽性，行为人往往拒不认罪，而贪污罪又不同于受贿罪，有行贿人证言、利用职务便利为他人谋取利益的书证等，要查实犯罪的作案时间、方式、数额需其他证据来印证，而司法会计鉴定往往能通过分析账目是否异常、异常时间、异常原因来锁定案件关键事实，并且司法会计鉴定的客观性、专业性对于贪污犯罪办理形成强有力的证据链起着至关重要的作用，能使行为人认罪服法，全面交代犯罪事实。

3. 全面提高案件办理效率，推动贪污犯罪案件办理质量

以往监察机关、司法机关工作人员在办理贪污犯罪案件过程中往往兼具审计工作人员职责，既要分析案件法律事实，又要分析财务会计事实，不仅严重影响工作效率，更容易导致财务会计事实错误发生，这经常导致监察机关、检察机关、审判机关财务会计信息核查结果不一，导致案件最终难以认定。而司

法会计鉴定介入后，不仅能完全解决监察机关、司法机关面对贪污犯罪过程中存在的财务会计专业知识不足、人员力量薄弱等问题，还能极大提高财务会计资料信息核查准确度，推动监察机关、检察机关、审判机关形成统一的认定标准。

综上，可以看出，司法会计鉴定于贪污犯罪案件办理，类似法医、指纹、DNA 等鉴定对故意杀人、故意伤害等犯罪一样重要。司法会计鉴定发展也逐渐由不成熟到成熟，司法会计于 20 世纪 50 年代进入我国司法学术实务界，苏联针对司法会计鉴定作了一些论述，公开出版、发表了一些有影响力的著作，其中 A·库兹涅佐夫的《司法会计鉴定是同经济犯罪作斗争的有效方法》最具代表性。[①] 但一直到 20 世纪 80 年代我国部分院校才开设了"司法会计鉴定学"课程，1985 年最高人民检察院为适应反腐败斗争的需要制定出台的《关于检察机关刑事技术工作建设的意见》指出省、市检察机关应设置司法会计岗位，后续产生了司法会计事务所等机构，可以说司法会计鉴定的发展在一定程度上是基于办理贪污等经济犯罪产生的，同时也对贪污等经济犯罪的办理发挥了巨大作用。无论是从贪污犯罪打击过程中面临的困境，还是从司法会计鉴定对于贪污犯罪发挥的现实作用来看，司法会计鉴定介入贪污犯罪是十分必要的。

二　介入现状和学术实务界介评

诚然，我们看到司法会计鉴定在查办贪污犯罪过程中发挥了巨大作用，但同样我们也应认识到司法会计鉴定远没有法医鉴定等成熟，当前司法会计鉴定介入贪污犯罪中仍存在一些问题，学术实务界对一些问题争论仍然较大。

（一）介入现状概述和存在的问题

笔者通过中国裁判文书网高级检索功能，检索近 10 年贪污罪案件司法会计适用情况发现，2011~2021 年贪污案件总计 35262 件，其中涉及司会鉴定案

---

① 武汉大学、武汉市人民检察院课题组：《司法会计鉴定有关问题探析》，《湖北社会科学》2003 年第 10 期，第 84~86 页。

件 602 件。安顺地区近年审理的贪污案件及通过中国裁判文书网检索的案例主要呈现以下特点，一是司法会计鉴定总体适用率偏低。从 2011～2021 年贪污案件看，由于反腐斗争取得较好治理成效，贪污案件呈上升后下降，而司法会计鉴定介入贪污案件占比为 0.51%～2.78%，平均占比 1.7%，总体介入率较低。二是司法会计鉴定总体采纳率较高，通过对 602 件贪污案件中涉及司法会计鉴定案件进行比对发现司法鉴定采纳率达 97%，极少案件未采纳司法会计鉴定。三是司法会计鉴定机构主要为国家机关与社会组织，其中国家机关主要为检察机关成立的鉴定机构，社会组织主要为会计事务所。

同时通过对安顺法院近十年审理的涉司法会计鉴定贪污案件逐案分析，发现司法会计鉴定各类问题频发，主要表现：一是司法会计鉴定适用随意化，该委托鉴定的未鉴定，不该委托的却委托进行鉴定；二是委托鉴定对象不当，如将案件定性作为司法会计内容，导致鉴定结果不符合要求；三是检材运用不当，如经常出现将言词证据等作为司法会计检材，导致鉴定结果或然性较高；四是鉴定依据适用不当，如鉴定依据的专业规范性文件、法律法规不当；五是论证不符合逻辑，如鉴定逻辑前提系随意假定等诸多问题。司法会计鉴定直接关系犯罪主要事实认定，影响定罪量刑，若司法会计鉴定适用不当，将严重影响案件办理质量，甚至可能导致冤假错案的发生。因此亟待进一步加强对司法会计在贪贿渎职案件中应用相关问题的探讨，完善相关机制，推动司法会计鉴定介入贪污等职务犯罪案件的机制制度的完善。

（二）学术实务界主要争议点

通过检索发现，司法会计鉴定在贪污案件应用方面的相关问题实务与学术研究成果较少，但对司法会计鉴定相关研究较为丰富，学术实务界对司法会计鉴定启动主体及范围、鉴定对象争议、审查判断标准等方面进行了深入的研究和探讨。随着司法会计鉴定在贪污罪案件中广泛介入，司法会计鉴定在刑事司法实践中也出现一些具体问题。安顺法院近年审理的涉司法会计鉴定贪污案件及检索中国裁判文书网涉司法会计鉴定贪污案例显示，当前学术实务界对于司法会计鉴定主要存在以下争议点。

1. 司法会计鉴定机构主体

随着我国经济的高速发展，无论是刑事还是民事、行政案件，涉及财务会计资料的经济案件日益增多，监察机关、侦查机关、检察机关、审判机关在案件办理过程中需要解决的财务会计方面的问题亦见频繁，而当前司法会计既有国家机关自身成立的会计事务所参与司法会计鉴定，也有社会机构参与司法会计鉴定，导致了管理混乱和司法会计鉴定标准的不统一，如检察机关成立的司法会计鉴定机构由检察机关负责，而社会机构成立司法会计鉴定机构主要由司法行政部门管理。贪污犯罪案件的司法会计鉴定机构主体在司法实践中亦不统一，既有委托社会机构的，也有委托检察机关成立的鉴定机构负责。对于贪污等职务犯罪司法会计鉴定应由何机构负责存在较大争议，有的观点认为贪污等职务犯罪可以由办理机关自由选择鉴定机构，既可以由国家机关成立的鉴定机构负责，也可以由社会机构负责；有的观点认为贪污等职务犯罪保密性不同于其他案件，只能由国家机关成立的鉴定机构负责。

2. 司法会计鉴定如何准确介入贪污犯罪

如上所述，2011~2021 年 35262 件贪污案件中涉及司法会计鉴定的案件仅有 602 件，其主要原因还是司法会计鉴定在贪污案件中介入范围不明确，司法会计鉴定介入理念未形成。实务中对于司法会计鉴定介入一般有两种做法，一种做法是基于现有线索反映贪污犯罪是否涉及财务会计资料，若不涉及财务会计问题则一律不介入司法会计鉴定，若涉及财务会计问题，基于财务会计的专业性，一律介入司法会计鉴定。另一种做法是根据现有线索若涉及较为复杂财务会计资料，便以司法会计鉴定介入贪污案件办理中，以便提高案件查办效率，否则不介入。司法会计鉴定的准确介入一方面可以有效提高线索核查力度、案件事实的准确认定，另一方面也可以防止司法会计鉴定适用随意化，降低司法诉讼成本，将更多精力投入案件其他工作中。故准确有效在贪污案件中介入司法会计鉴定，并形成相应办案理念对于查办贪污案件十分重要。

3. 司法会计鉴定标准的探讨

司法会计鉴定作为我国《刑事诉讼法》规定的一种证据，必须经查证属实才能作为定罪量刑依据，对司法会计鉴定审查判断也必须对其客观性、合法性、关联性进行审查，但基于司法会计鉴定的专业性，学术实务界对司法会计鉴定审查进行了一系列探讨。鉴定参照一般鉴定意见的审查，司法会计的审查亦须从科学原理的可靠性审查、分析推论的准确性审查、鉴定人的适格性审查、鉴定人的中立性审查等几方面做好司法会计鉴定意见的审查判断标准。[①]于贪污案件而言，司法会计鉴定的审查判断标准的规范既有利于帮助提升监察机关司法会计鉴定检材提取、送检的水平，也有利于规范司法会计鉴定机构统一鉴定标准，防止出现不同鉴定机构得出不同鉴定结果的情况。

三　建立完善司法会计鉴定介入贪污犯罪机制制度

司法会计鉴定是经济犯罪案件诉讼活动中一种重要的获取证据的手段，贪污犯罪案件的账务特点决定了司法会计鉴定有助于为侦查工作提供线索，对侦查取证具有重大意义，[②] 同时又能为司法机关审查认定贪污犯罪事实提供有力证据支撑，提高司法效率，推动案件高质效办理。一直以来将财务会计专业知识与法律知识有效整合，发挥财务会计知识在贪污等职务犯罪办理中最大作用，是监察机关、司法机关探寻和努力的方向，面对当前司法实践中司法会计鉴定介入贪污犯罪的困境，进一步建立健全司法会计鉴定介入贪污犯罪机制制度十分迫切。本报告现以三个视角来探讨如何规范和完善司法会计鉴定介入贪污犯罪机制制度。

（一）进一步明确司法会计鉴定机构主体

针对当前司法会计鉴定机构主体混乱的问题，笔者建议进一步明确并统一鉴定机构，对于贪污罪的司法会计鉴定机构建议明确以检察机关成立的司法会计鉴定机构为主。主要理由有以下三方面。

1. 明确鉴定机构有利于统一司法会计鉴定标准

当前办案机关委托司法会计鉴定机构较为随意，导致不同鉴定机构作出的鉴定意见不一致，如监察机关委托的甲社会机构鉴定的金额是 A 金额，在审判阶段行为人要求重新进行司法会计鉴定，审判机关委托检察机关成立的乙机构作出的结果为 B 金额，并且两次采用的方法和依据存在一定差异，作为不具有专业财务会计知识的法官是该认定 A 金额还是 B 金额？而如果明确鉴定

---

① 尚华：《论鉴定意见的审查判断》，《人民司法》（应用）2011 年第 17 期，第 3 页。

② 文哲：《司法会计鉴定在贪污案件中的应用研究》，《法律与医学杂志》2019 年第 2 期，第 164 页。

机构为检察机关成立的鉴定机构，因当前最高人民检察院对于司法会计鉴定有相关规定，全国各省鉴定人员资质、依据等标准较为统一，即使案件到审判阶段当事人申请重新鉴定，鉴定标准也不会相差太大，也便于法官审查后进行取舍，将极大减少鉴定结果的误差。而社会鉴定往往受不同地域、行业领域等影响，不同地域、行业领域对于鉴定人员资质、依据等标准不统一，导致鉴定结果不一。

2. 检察机关足以胜任司法会计鉴定工作

纵观司法会计鉴定技术进入我国后的发展历程，无疑检察机关发挥着重要作用。1985 年最高检为适应反腐败斗争便制定出台了司法会计鉴定相关规定，成立了相关鉴定机构，可以说通过近四十年的运行，检察机关对于司法会计鉴定已经形成了一条较为成熟的工作体系。同时，检察机关鉴定人员往往不仅掌握财务会计知识，而且还具有一定法律知识，能够全方位审查贪污案件中的财务会计资料并进行鉴定，足以胜任贪污罪中复杂的财务会计资料鉴定工作，而社会鉴定机构水平往往参差不齐，在不具备法律知识的情况下往往容易导致鉴定结果出现偏差。

3. 检察机关成立的鉴定机构有利于案件事实保密

贪污犯罪作为党和国家反腐败中最重要的一类犯罪，也是遭受干扰阻力最大的一类犯罪。贪污犯罪主体为国家公职人员，往往具有较多社会资源，所以在查办职务犯罪过程中防止相关案件信息泄露是重中之重的工作，无疑财务会计资料又是贪污犯罪中的重要书证，若将财务会计资料交由社会司法会计鉴定机构，因社会鉴定管理机构管理往往相对宽松，保密意识不足，容易导致相关信息泄露，并且行为人一旦动用权力将相关财务会计资料篡改、销毁，将造成不可弥补的损失，而检察机关工作人员保密意识相对较强，且财务会计资料流转程序较为规范，一般都有留痕，所以基于贪污犯罪保密性要求，将司法会计鉴定委托检察机关成立的司法会计鉴定机构进行鉴定较为妥当。

（二）推动司法会计鉴定准确介入贪污犯罪的司法理念形成

如何准确将司法会计鉴定介入贪污案件中一直是刑事司法实践一大难题，准确把握司法会计鉴定介入范围、介入途径，既能有效明确办案方向，又能减少不必要司法资源浪费。笔者认为，要把握好司法会计鉴定介入贪污犯罪的范围、途径，可以重点从司法会计鉴定介入任务、贪污犯罪作案手段入手，进而形成介入理念。

1. 准确把握司法会计鉴定介入三阶段主要任务

第一阶段，为司法会计鉴定介入前准备阶段。主要任务是核查、发现线索，准备阶段既包括立案前对行为人的立案判断，也包括立案后对相关事实进一步确认以及扩大反贪成果，这是司法会计鉴定的基础。主要有两个任务，一个任务是核查线索，一般情况下贪污罪的初查、立案都是基于出现一定犯罪线索启动，而贪污罪往往具有账目特点，这个时候就需要运用司法会计专业知识对线索所指向事实的财务会计资料及相关财务事实进行检查，进而核查线索是否属实。另一个任务是主动发现线索，进而扩大反贪成果，通过进一步拓宽行为人及关联人员涉及的财务会计资料范围，全面核查财务会计资料是否存在问题，进而核查发现行为人涉嫌的其他贪污犯罪事实。无论是基于核查线索、还是扩大反贪成果，司法会计鉴定介入的准备阶段都需要紧紧围绕涉及犯罪的主体、客体、主观、客观四个方面情况开展，并以收集所有相关涉案财务会计资料为任务。

第二阶段，为司法会计鉴定阶段。主要任务是查明犯罪事实，这个阶段一般在立案后至审判，是司法会计鉴定的关键。法律诉讼中所进行的任何调查活动都是为了查明案情，司法会计鉴定所能查明的案情主要是涉及财务会计事实方面的案情。[①] 如上所述，通过反贪查账可以核查、发现行为人涉及的财务会计材料中存在的一些问题，但是司法实践中贪污罪涉及的财务会计资料极其复杂，往往涉及数千甚至上万张会计财务资料及银行转账流水，每张凭证及转账金额、人员均不一致，监察机关、司法机关人员基于专业知识的限制，最多只可能发现财务会计事实的异常，而不可能核查清楚资金具体流向、账目收支是否平衡、异常具体金额等问题，这个时候就需要司法会计鉴定介入贪污案件，围绕涉及的财务会计事实开展相关鉴定核查工作。

第三阶段，为司法会计鉴定的审查运用阶段。主要目的是确认查明的财务会计事实的正确性，并运用到案件的定罪量刑中，这个阶段主要是审查起诉至审判阶段，是司法会计鉴定的核心。司法会计鉴定作为一种诉讼证据用于查明

---

① 于朝：《司法会计概论》，中国检察出版社，2014，第 293 页。

案情，其必然需要达到刑事诉讼证据的要求，根据我国《刑事诉讼法》规定，一切证据都必须查证属实，才能作为定案证据，司法会计鉴定是否符合证据三性往往关系到刑事案件的罪与非罪、罪轻与罪重，这个时候就必须要求司法人员运用《刑事诉讼法》证据标准审查、判断司法会计鉴定的三性，并准确运用到案件事实认定，帮助案件高质效办理。

2. 从作案手段来探讨司法会计鉴定介入途径

从 2011~2021 年安顺法院及我国查处贪污犯罪的情况来看，贪污案件的作案方法虽然越来越复杂化、隐蔽化、多样化，但从占有资金来源分析，一般可以归纳为三种类型：一是收入不入账或少入账；二是直接侵吞占有；三是虚列支出用途将公款占为已有。[①] 三种资金来源都可能涉及财务会计事实，现结合贪污犯罪侵吞、窃取、占有方式探析司法会计鉴定介入的可能性。侵吞型贪污罪司法会计鉴定介入的途径，从司法实践来看侵吞型主要通过收入款不入账、少入账、错报入账等不按规定入账的手段来进行侵吞款项，针对该类方式司法会计鉴定可重点核查收入财务事实、支出财务事实，从而获取收支会计事实，核查财务会计事实是否异常，从而发现犯罪线索。窃取型贪污犯罪司法会计鉴定介入的途径，司法实践中窃取型贪污犯罪主要作案手段是利用职务便利，秘密窃取库存现金或支取银行存款。这类犯罪行为人往往是财务会计人员，作案人往往通过弊端账项，最终导致现金账户小于或等于窃取后的实际现金数额，进而掩盖窃取公款导致的账实不符的犯罪后果。[②] 行为人将窃取款与弊端账、坏账、呆账混合在一起，导致难以区分。基于这种情况，司法会计鉴定可重点介入弊端账、坏账、呆账，核查各款项财务会计事实，进而剔除窃取账目。骗取型司法会计鉴定介入的途径，骗取型贪污犯罪司法实践中通常是虚列支出用途将款物占为已有。一般情况下，行为人主要通过虚构支出、虚增费用、虚列用途等方式骗取款项，该类款项在被查处以前一般被计入应支出款项，不易被察觉。司法会计鉴定介入该类型犯罪重点还是要充分运用好司法会计鉴定准备阶段工作成果，重点核查行为人经手所有的财务事实行为，进而发现虚列事实部分，再以司法鉴定介入财务会计数据核查比对。

---

① 温跃坤：《浅议“虚列支出”等贪污（侵占）案件的司法会计鉴定》，《中国司法鉴定》2004 年第 4 期，第 53 页。

② 于朝：《反贪查账实务与技巧》，中国检察出版社，2015，第 253 页。

从以上司法会计鉴定主要任务和贪污犯罪作案手段的方式分析得出，在司法会计鉴定介入贪污犯罪案件中应重点把握好以下两方面。一是介入范围要重点结合涉案犯罪财务会计特点决定是否介入，司法会计鉴定介入贪污案件中的主要任务是解决监察机关、司法机关人员财会知识不足的问题，涉案线索必须涉财务会计，且财务会计数据较为复杂，有的犯罪完全不可能利用财务会计技术进行贪污，这个时候司法会计鉴定介入毫无意义。二是介入途径要重点结合作案手段和方法，通过已掌握线索核查行为人的贪污罪的作案手段是否具有利用财务会计进行作案的可能性，如上所述，侵吞、窃取、骗取三种贪污犯罪手段均可能涉及利用财会技术进行贪污的，每种涉财务会计贪污犯罪手段都具有其特点，结合犯罪手段准确介入，既能有效节约司法成本，又能防止案件查办方向盲目，提高查办贪污的精准度。

（三）进一步完善贪污等职务犯罪司法会计鉴定证据规则

司法会计鉴定是《刑事诉讼法》规定的八大证据种类之一，但当前法律、司法解释对司法会计鉴定的证据规范仍然较少。从上述所提司法会计鉴定意见出现的各类问题，以及司法实践中司法会计鉴定介入贪污等职务犯罪较少的原因来看，出现这一现象的原因是现行法律法规缺乏司法会计鉴定的证据规则，导致监察机关、司法机关不会、不擅长让司法会计鉴定介入贪污等职务犯罪。因此，要想充分发挥司法会计鉴定在贪污等职务犯罪中的作用，就必须完善相关立法，确定司法会计鉴定证据规定。建议制定司法会计鉴定证据规则应重点明确以下几方面内容。

1. 应规定委托司法会计鉴定内容

当前司法实践中常出现鉴定内容不当情况。如监察机关委托鉴定贪污犯罪金额，而鉴定机构也作出贪污金额的意见，这显然不恰当，贪污等定性问题的判断权只能归属司法机关，而鉴定机构只能依据委托事项作出财务会计的事实，如委托单位上半年应结余额多少、实结余额多少、差额多少，而差额是否属于贪污所得，需要监察机关、司法机关结合其他证据才能进行判断，否则不仅将导致鉴定机构越权，而且会导致监察机关、司法机关错用误用鉴定意见的情况。具体来讲就是要明确贪污等职务犯罪中哪些问题可以进行委托鉴定，哪些不可以委托鉴定。

2. 应规定司法会计鉴定适用的依据

司法会计鉴定意见主要是根据财务会计资料等检材并依据相应的规定得出的，要确保鉴定意见的准确性，首先要确保检材的正确性，在司法实践中错用检材的情况时有发生。如监察机关在委托鉴定贪污犯罪金额时不仅将相关财务会计资料移送给了鉴定机构，还将行为人供述、证人证言移送鉴定机构作为检材，在现有财务会计资料不能完全核实委托鉴定金额情况下，鉴定机构往往直接以行为人言词证据为依据作出相关金额的鉴定，而行为人言词证据主观性较强，极易导致贪污犯罪金额认定错误，所以应明确规定哪些证据可以作为司法会计鉴定检材，哪些不能。此外，在依据适用上应明确适用的方法，如在相关金额认定上是适用国家标准、行业标准还是地方标准，以及相关规定出现冲突时如何适用等问题。

3. 应规定权利的保护

司法会计鉴定意见作为贪污罪中最为重要的证据，直接关系到行为人罪与非罪、罪重与罪轻问题，所以规定特别需要注重对行为权利的保护。规定应重点做好以下两方面的权利保护。一是应规定行为人具有启动司法会计鉴定的权利，司法实践中司法会计鉴定启动与否一般由监察机关、司法机关决定，鲜有行为人申请启动的，如某贪污案件中监察机关、司法机关均未启动司法会计鉴定，而是由监察机关、司法机关直接计算得出犯罪金额，审判阶段行为人认为计算金额有误，要求申请司法会计鉴定是否应允许？笔者认为，这种申请是合理并应允许的，司法会计鉴定也属于证据的一种，行为人有申请调取相应证据的权利。二是应规定行为人的知情权，并有权提出异议，行为人作为犯罪行为的亲历者，对相关情况往往最为熟悉，行为人可以对委托鉴定内容、鉴定检材、鉴定依据、鉴定意见提出异议，并有权提出补充或者重新鉴定的要求，以确保鉴定的准确性。

司法责任制改革背景下强化统一法律适用机制供给研究

张化冰　邹宗明*

摘　要： 司法责任制改革是中国司法场域的一次深刻的自我革命，“让审理者裁判、由裁判者负责”是司法责任制改革的逻辑所在。针对司法责任制改革背景下法律适用不尽统一问题，加强统一法律适用机制供给成为实现“再平衡”的重要举措。优化案件指引机制和辅助咨询机制、构建专业化法官养成机制、创新审判监管机制、建立程序保障机制为最大限度地促进统一法律适用提供制度保障。

关键词： 法律适用　机制供给　类案类判　安顺法院

引言

党的十八届三中全会通过的《中共中央关于全面深化改革若干重大问题的决定》提出“让审理者裁判、由裁判者负责”。这是关于司法责任制改革的顶层设计。党的十九大、二十大均明确提出：要深化司法体制综合配套改革，全面准确落实司法责任制，努力让人民群众在每一个司法案件中感受到公平正义。

在制度改革和规则选择时，应细致分析每种制度的利弊得失，具体比较不

---

* 张化冰，安顺市中级人民法院审判监督庭庭长，四级高级法官；邹宗明，安顺市中级人民法院法官助理。

如无特别说明，本报告资料来源于安顺市中级人民法院。

同选择的可能后果，从而找到总体而言收益最大、代价最小的那种实践方案。[①] 司法责任制改革亦是如此，特别是在改革向法官放权后，裁判标准不统一，“类案异判”现象有所抬头，同一审判机关各个审判庭之间甚至同一审判庭出现“类案异判”现象更为突出。为推进法律的正确实施，促进法律适用统一，最高人民法院先后出台《关于建立法律适用分歧解决机制的实施办法》《关于完善统一法律适用标准工作机制的意见》等一批指导性意见，不断推出发布指导性案例、创设专业法官会议、类案和新类案案件强制检索、裁判文书网上公开等多项举措，在统一法律适用上发挥重大作用。但是在司法责任制改革背景下，由于审判权主体不一、法律认知不一、司法技能不一，“类案异判”现象仍然突出，须创新举措加快解决。

一　语词分析：“类案”与“类判”

统一法律适用指的是一国的司法机关（既包括不同地区、不同层级的司法机关，也包括不同时期的同一司法机关）在司法过程中，对于同类案件的处理在事实认定和法律适用方面应当具有一致性。[②] “类案类判”是司法适用的应然状态，实践中“类案异判”现象却较为突出，统一法律适用问题应予以高度关注。

学术界长期有“同案同判”“同案不同判”的语词表达，但正如世界上没有完全相同的树叶，司法实践中也不存在完全相同的案件。“同案不同判”是对类似案件没有得到类似处理的一种俗称，严谨表达应为“类案异判”。对“类案”“类判”进行语词分析，“类案”应着重从以下几个方面考虑，一是影响当事人权利义务关系变动的主要客观事实是否类似；二是影响当事人权利义务关系的主要法律事实是否类似；三是案件法律事实涉及的法律关系是否基本一致；四是案件争议焦点是否基本一致；五是案件法律适用主要方面是否基本一致；六是同一客观事实不同法律关系认定的案件法律事实是否基本一致。

① 凌斌：《法治的代价》，法律出版社，2012，第2页。

② 郝艳兵：《法律统一适用的中国语境：以案例指导制度为切入点的考察》，《山东警察学院学报》2015年第5期。

“类判”即类似的法律认定及相应的肯定或否定的法律后果。如果两个诉讼标的或者法律构成要件事实基本相同的案件，裁判结果主要方面不一致，即属于“类案异判”。

二　实践之惑：屡见的“类案异判”现象

2011 年 10 月 2 日，A 市 X 区某村委会（甲方，以下简称村委会）与某物流综合市场有限责任公司（乙方，以下简称综合公司）签订租赁合同，双方约定由综合公司承租村委会的集体农用地 560 亩，并约定其他事项。综合公司将其在村委会承租的土地分为三期承包给相关人员建设商铺，一期为其与熊某某于 2013 年 7 月 1 日签订的租赁协议所涉及的土地，二期为其与某综合投资有限责任公司（以下简称投资公司）于 2013 年 7 月 1 日签订的租赁协议所涉及的土地，三期为其与陈某某于 2013 年 7 月 1 日签订的租赁协议所涉及的土地。综合公司将从村委会处租赁的土地转租给上述人员时已征得村委会的同意。综合公司建设该项目经 A 市 X 区工业和经济贸易局及发展和改革局备案。该集体农用地用于建设用地未取得政府相关转用审批手续。

熊某某、投资公司、陈某某分别向 A 市 X 区人民法院请求确认租赁协议无效。A 市 X 区人民法院审理后认为，熊某某与综合公司签订的租赁协议违反《中华人民共和国土地管理法》第六十三条“农民集体所有的土地的使用权不得出让、转让或者出租用于非农业建设”的强制性、效力性规定，故双方签订的租赁协议无效，未对租赁物占有使用费予以处理。投资公司与综合公司签订的租赁协议违反《中华人民共和国土地管理法》关于农民集体所有的土地依法用于非农业建设的，应取得建设用地使用权的规定，另根据《最高人民法院关于审理城镇房屋租赁合同纠纷案件具体应用法律若干问题的解释》第二条“出租人就未取得建设工程规划许可证或者未按照建设工程规划许可证的规定建设的房屋，与承租人订立的租赁合同无效”的规定，故双方签订的租赁协议无效并对租赁物占有使用费作出判决。陈某某与综合公司签订的租赁协议违反《中华人民共和国土地管理法》第四十四条“建设占用土地，涉及农用地转为建设用地的，应当办理农用地转用审批手续”的管理性强制性规定，而非效力性强制性规定，并不必然导致合同无效，故确认双方签订的租赁协议有效。

从一审法院的判决结果来看，上述三个案件的案情基本一致，均涉及同一幅集体农用地，认定的法律事实基本一致，均涉及集体农用地转化为非农建设用地未经审批的问题，案件法律事实涉及的法律关系基本一致，均为土地租赁合同关系，案件争议焦点基本一致，均为租赁协议是否有效的问题，案件法律适用方面基本一致，均涉及《中华人民共和国土地管理法》第四十四条的规定。上述三个案件的一审受理法院为同一法院，投资公司与综合公司案、陈某某与综合公司案的承办法官系同一审判庭不同法官，熊某某与综合公司案的承办法官系另一审判庭法官，姑且不论最终裁判结果是否正确，但同一法院乃至同一审判庭针对基于同一法律事实基础上的类案出现相悖的裁判结论不得不引发我们的思考，"类案异判"现象对于法律权威形成挑战。

三　原因追问：法律适用缘何不统一

司法责任制改革背景下，司法去行政化趋势明朗、院庭长审判监督管理权弱化、审判权下沉、员额法官个人素质参差不齐、员额法官自由裁量权空间扩充，裁判标准不统一、裁判结果因人而异现象凸显。成文法本身滞后性、司法解释局限性、指导性案例非强制性、自由裁量权规范性不足、法官个人业务水平参差不齐、配套衔接机制不健全、案外因素影响等均是统一法律适用面临的实践困境。

（一）制度因素

1. 制定法局限性

法律强调稳定性，对社会情事变化难以作出及时调整；法律文本概括抽象，涵盖力强，但易引起文义争议或产生法律漏洞，需实践中进行解释或运用其他法律方法填补漏洞才能适用于案件；法律讲求一致性，但法律制度体系之间冲突还需协调；法律讲求公开性和程序性，制定周期长，程序严格，难以及时为新出现的社会关系确立规则；法律的制定需经大量调查研究，对争议较大的问题，立法机关往往静观其变，待条件成熟时再制定，一段时间内出现法律空白，固化的法律文本天然地存在滞后性，法律制度体系始终需要根据社会情事进行动态调整，才能有效发挥其在国家治理体系中的作用。故人民法院在审理没有法律规定或者规定较为抽象的案件时，得依据法理或原则作出裁判，“法官不得因无法律规定而拒绝裁判”是制定法固有局限性语境下的一种司法回应。江苏无锡“冷冻胚胎案”即是因没有明确法律规定，导致一审、二审法院作出截然相反的判决结果。

2. 司法解释局限性

《中华人民共和国立法法》第一百零四条规定：最高人民法院、最高人民检察院作出的属于审判、检察工作中具体应用法律的解释，应当主要针对具体的法律条文，并符合立法的目的、原则和原意。司法实践表明，最高人民法院司法解释以它的及时性、针对性、具体性、可操作性等多种优势，成为统一全国法院统一适用法律的一种基本手段。[①] 在保障法律的正确适用、统一法律适用尺度、推进公正司法上发挥了巨大作用。但仍存在以下不足：一是由于司法解释具有法律上的拘束力，司法解释制定程序严格，出台周期长，难以快速回应司法需求；二是由于研究深度不足，无法达成共识，最高人民法院对一些亟待解决的法律适用难题还暂时不能作出司法解释；三是一些司法解释规定不尽合理，没有统筹考虑我国地区差异问题，导致在部分地区司法实践中难以执行；四是一些司法解释规定或与法律冲突，或同样过于原则、粗放，难以操作，导致新的问题产生。司法解释在推动全国法院统一法律适用的应然价值未完全体现。

3. 配套机制不健全

传统的院庭长审批裁判文书这一“他助”机制由主审法官、合议庭“自主”办案责任制取代，院庭长仅审批“四类案件”，对大量的非“四类案件”不再审批，但相应的衔接机制未有效建立，例如专业法官会议制度或审判长联席会议制度的咨询建议功能未有效运行并发挥效用。传统的院庭长审判监督管理权弱化，司法改革后相关审判监督管理权定位不清，“过问案件”与“行使审判监督管理权”界限模糊，导致院庭长正常的审判监督管理权自动或被动限缩。司法责任制改革背景下如何保障裁判尺度统一及法律适用统一相关的转化衔接机制有待进一步完善。

---

① 蒋惠岭：《法律统一适用机制再认识》，《法律适用》2007 年第 3 期。

（二）裁判主体因素

1. 法官个人局限性

“让审理者裁判、由裁判者负责”，法官办案主体地位突出的同时也使得部分习惯于过去院庭长把关、审批案件的法官不适应自主裁判的办案模式，加之法官受案量大，法官长期超负荷工作，“人案矛盾”突出较大程度地影响了法官对法律的分析论证深度及整体办案质效，法官业务水平参差不齐等因素导致裁判标准不统一，裁判结果“因人而异”。我国在法官职业同质化上还有很大不足。具体表现：一是法官的入职渠道多样化，法院内较为年长的法官大多通过招考、调动、复员等方式进入法院，20 世纪后期一些经过专业培训的法科学生毕业后经过招录程序进入法院，较大程度上改善了法院人员的专业结构；二是由于我国经济发展不均衡导致的地域差异，优秀法律人才倾向于到东南沿海城市、大中城市、省会城市工作，往往集中在高级、中级法院，基层法院优秀法律人才较少，在我国东中西部之间，法官职业同质化上差异很大；三是法官在知识背景、个人能力上参差不齐，在对法官职业的认识、思维模式和职业行为上差异大，没有统一的法律方法技术运用模式，甚至许多法官是“半路出家”，导致案件质量大相径庭；四是我国法官职业培训制度还有待完善，一些地方法院对初任法官不进行职业培训即让其从事审判工作，或受制于多种因素只能有选择地培训，法官再培训机制缺失，受案件压力影响，法官难以较长时间脱岗培训，一定程度上影响统一法律适用。

2. 自由裁量权行使不规范

2012 年 2 月 28 日，最高人民法院印发《关于在审判执行工作中切实规范自由裁量权行使保障法律统一适用的指导意见》（法发〔2012〕7 号），为规范自由裁量权、统一法律适用提供制度依据。我国现行立法并没有明确规定法官自由裁量权，但司法实践中法官不同程度地行使自由裁量权，司法实践中，存在法官自由裁量权消极行使、不当行使及滥用等问题，法官的情绪、直觉的预感、偏见、脾气以及其他非理性因素影响法官的司法判决，法外因素对司法裁判的影响不可忽视，该种不确定性导致统一法律适用亦面临困境。

（三）案情因素

1. 客观事实相同，而确定的法律事实不同

司法实践中，存在客观事实与法律事实冲突的问题。法律事实是具有法律意义的事实，法律事实有其构成要件，需要运用归入法逐一将客观事实与法律事实构成要件进行比较、证明、确认，才能最终确立案件的法律事实，并在确立法律事实基础上，确定当事人之间的法律关系与性质、权利义务内容及其要素及变动情况，从而全面把握案件的性质和当事人的权利义务关系，在此基础上进一步适用法律予以涵摄得出裁判结论。如A市X区人民法院受理的原告李某与被告王某、某建筑公司机动车交通事故责任纠纷一案中，认定王某深夜驾驶某建筑公司的车辆导致发生交通事故，系职务行为，应当由某建筑公司承担赔偿责任。而G市N区人民法院受理的原告某建筑公司与被告王某（与前述王某系同一人）财产损害赔偿纠纷一案中，认定王某深夜私自驾驶某建筑公司的车辆导致车辆受损，因王某的个人行为导致某建筑公司遭受损失，王某应赔偿某建筑公司财产损失。现某建筑公司依据G市N区人民法院作出的生效判决以A市X区人民法院作出的判决认定事实错误、适用法律错误为由申请再审，A市中级人民法院裁定该案再审。A市X区人民法院再审经初步审查后认为，该院一审认定事实清楚、法律适用正确，G市N区人民法院作出该判决系因王某未提供其驾驶车辆系公司职务行为的相关证据而作出。该二案的基本事实相同，均系同一起机动车交通事故而产生的纠纷，该二案的受理法院认定王某驾驶车辆是否系职务行为存在相悖结论，属类案中“认定案件法律事实不一致”的情形，且因二案举证情况不一致，故出现“类案异判”现象。

2. 证据客观固定，而举证责任分配不同

很多案件事实认定不明，主要原因是在于举证责任分配不当。一般按照“谁主张谁举证”等原则进行，但是实践中往往会面临举证责任转移等问题。例如，原告李某与被告罗某买卖合同纠纷一案中，被告罗某在李某所开的商店内购买电风扇一把并当场提走，因双方之前较为熟悉，李某以为罗某稍后会付款未提出异议，但事隔多天后，李某询问罗某何时向其支付电风扇款项时，罗某认为其已支付该款，该案客观事实无其他证据予以证明。根据“谁主张谁

举证”原则，李某应就被告罗某应向其支付购买电风扇款项举证即针对罗某未向其支付购买电风扇这一消极事实承担举证责任。一种观点认为，李某证明罗某未向其支付购买电风扇这一消极事实客观举证不能，李某的诉讼请求应予驳回。另一种观点认为，根据举证规则，李某仅需证明已向罗某转移电风扇即可，且该事实罗某认可，罗某应就其已支付货款这一积极事实承担举证责任，故李某的诉讼请求应予支持。如上所述，不同法官在办理类似案件时对举证责任问题认识不一，或者证据责任分配理论本身就存在争议时，必然会出现同案不同判现象。

3. 类似案件事实，当事人诉请不同

审判实践中，存在案件事实类似，但当事人诉请不同导致裁判结果不同的现象。此种情形理论上称为请求权竞合。《民法典》第一百八十六条规定："因当事人一方的违约行为，损害对方人身权益、财产权益的，受损害方有权选择请求其承担违约责任或侵权责任。"请求权竞合情形下，请求权只能择一行使。在医疗事故引起的诉讼中较为常见，伤者或死者家属既可以就医疗服务合同提起违约之诉，也可起诉医疗机构承担侵权责任，但仅能择一行使。法院裁判受当事人诉请的约束，不能超诉请裁判。当事人的诉请确定了人民法院的审理范围，当事人诉请不同，会导致裁判结果不一。当事人在诉讼中有变更诉请的诉讼权利，但不能违反请求权竞合择一行使规定。实践中有当事人初以合同违约起诉，诉讼中又变更为侵权责任，此种情形一般会重新给对方当事人答辩举证时间，或动员当事人另诉。

（四）外部因素

存在政策、民意等外部因素对案件施加影响的情况。全面依法治国背景下，公民法治意识觉醒，人民群众对司法公正的需求更加强烈，人民群众日益增长的对司法新需求、新期待与人民法院工作发展不平衡、保障群众权益不充分之间的矛盾要求人民法院对人民群众的司法新需求、新期待予以回应，司法公开“四大平台”建设日趋完善，司法公开的广度和深度前所未有，社会重点关注的案件审理直接或间接受到社情民意的影响，例如被最高人民法院作为指导性案例的于欢故意伤害案。

四　强化供给：统一法律适用的机制构建

统一法律适用标准是建设和完善中国特色社会主义法治体系的内在要求，是人民法院依法独立公正行使审判权的基本职责，是维护国家法制统一尊严权威的重要保证，是提升司法质量、效率和公信力的必然要求，事关审判权依法正确行使，事关当事人合法权益保障，事关社会公平正义的实现。

针对当前司法统一法律适用中存在的问题，应深入学习领会践行习近平法治思想，通过深入改革，从制度机制上研究采取措施。

（一）优化指引机制

1. 构建类案识别机制

类案评价标准、“类案类判”的基本前提是“类案”，识别类案是实现“类案类判”的基础。类似案件应当包括行为情节类似、案件性质类似、争议焦点类似、法律事实类似、法律适用基本一致，建立类似案件的系统性识别规则。运用司法大数据及信息化手段，充分利用裁判文书网海量裁判文书，建立类案识别标准，同时建立类案定期研判机制，对典型案例进行类型化研究，找到案例共通处，区分案例异质点，以确保类案法律适用的统一。

2. 强化司法解释针对性

“在我国，司法解释主要是指最高人民法院和最高人民检察院依据法律的规定所享有的、对于在审判和检察工作中就具体适用法律问题所作的一般性、规范性的解释，这种解释属于一般性规范，具有普遍性的法律效力。”① 法律必有漏洞。我国的司法解释即是具有中国特色的弥补法律漏洞的方法。《中华人民共和国立法法》第一百零四条规定：最高人民法院、最高人民检察院作出的属于审判、检察工作中具体应用法律的解释，应当主要针对具体的法律条文，并符合立法的目的、原则和原意。本报告开头的司法案例即是一审法院法官对原《中华人民共和国合同法》第五十二条第五项关于“违反法律、行政法规的强制性规定”中何为“强制性规定”理解不同而导致的“类案异判”，

① 胡岩：《司法解释的前世今生》，《政法论坛》2015 年第 3 期。

司法解释应当主要针对该类具体的法律条文予以进一步明确，发挥司法解释统一法律适用的具体应用指导价值。

3. 优化类案裁判规则指引

最高人民法院或各高级人民法院可尝试分步骤地以各类常见案由为基础，编制各类常见案件的裁判规则指引，以统一法律适用。例如《股权转让纠纷办案指引》《机动车交通事故责任纠纷办案指引》《民间借贷纠纷办案指引》等，以统一辖区内法律适用。同时，建立类案评查机制，以民事案由为基础，由法院内部及委托独立第三方组成类案评查工作小组，对一段时间内案件性质相同或相似的某类案件进行集中评查，并通报类案评查情况，及时进行工作总结，注重类案评查成果转化机制，并将统一类案法律适用标准提交审判委员会讨论决定形成辖区法院统一类案法律适用标准。

（二）完善辅助机制

1. 深化司法大数据应用

借助于司法大数据和法律人工智能，提升类案指导在统一裁判标准当中的司法实践价值，以实现个案审判当中的严格司法。① 2017 年 4 月，最高人民法院印发《最高人民法院关于加快建设智慧法院的意见》，建立判前类案强制检索机制，运用司法大数据和法律人工智能，从海量裁判文书数据库中提取类案算法，统一类案标准，计算类案裁判偏离度供法官参考。目前，最高人民法院与中国电科共同打造的类案智能推送系统已经上线并试运行。但类案同判规则数据库和优秀案例分析数据库建设还需持续加强。各地方法院也与不同的技术服务商合作，分别开发了一些类案推送系统或在智能辅助办案系统中嵌入了类案推送应用模块，如贵州高院的“类案裁判标准数据库”、北京高院的“睿法官系统”、苏州中院的“案件裁判智能研判系统”等。② 同时，在类案裁判规则数据库建设中，应注重核心语词的提炼，将案件核心事实、案件争议焦点、法律适用关联法条等提炼出关键词，通过关键词检索提升效率。

---

① 王国龙：《保障法律统一适用的方法及其途径》，《上海政法学院学报》2018 年第 4 期。

② 朱彬彬、祝兴栋：《类案推送的精细化：问题、成因与改进——以刑事类案推送为例》，《法律适用》（司法案例）2018 年第 20 期。

2. 审判咨询委员会辅助

在中级以上人民法院可以设立审判咨询委员会，由法学理论功底深厚、审判实践经验丰富的员额法官、学者、律师组成。建立定期研讨制度，以统一辖区法院法律适用相关问题，审判咨询委员会关于统一法律适用的讨论意见可以提交本级人民法院审判委员会讨论上升为辖区内统一法律适用的参考性意见。明确提交审判咨询委员会讨论案件的案件范围，辖区内员额法官均可就其承办或参与的案件提请审判咨询委员会讨论，审判咨询委员会委员有权决定案件是否启动讨论程序，审判咨询委员会会议的召开方式，可以通过远程视频会议等形式召开，审判咨询委员会委员可就提交决定讨论的案件进行远程会诊，审判咨询委员会提供的法律咨询意见对承办法官仅具有参考作用，以确保承办法官可自行选择是否采纳审判咨询委员会的咨询意见。审判咨询委员会的多数意见及少数意见均应完整地反馈给承办法官，以便承办法官综合考量。审判咨询委员会是在不侵蚀法官自主裁判权基础上的一种帮助机制，能更好地将“让审理者裁判、由裁判者负责”贯彻执行。

（三）构建专业化法官养成机制

1. 打造专业化法官队伍

法官员额制改革是促进法官队伍正规化专业化职业化建设必经之路。加强法官队伍正规化专业化职业化建设，应当设立较其他公务员更为严格的准入机制、强化法律方法技术应用的培训体系、建立符合法官特点的绩效考核体系、明确具体的淘汰机制。定期召开高层级人民法院法律统一适用的研讨会，开展有针对性的法官培训活动，提升法官政治素养和业务素质，实现法官的法律知识供给与新型复杂案件的正向匹配，从而构建高素质的新时代知识型、专家型法官队伍。

2. 构建专业化新型审判团队

同一法院“类案异判”的原因有院庭长审判监督管理不到位、审理法官认识差异、相关裁判规范不明确等各方面的原因，但主要原因还在于类案非同一审判组织或法官审理，类似案件由同一法官或审判组织审理能有效确保“统一法律适用”，打造专业化新型审判团队有利于确保“正确地统一法律适用”。例如根据案件类型建立家事案件审判组、建筑工程案件审判组、机动车交通事故案件审判组、民间借贷案件审判组等，实现案件的精准审理，以确保裁判统一，实现实质正义价值。

（四）创新审判监督管理机制

1. 完善审判监督管理机制

改良审判委员会制度，厘清审判委员会审判权、审判管理权、审判监督权三权之间的关系及边界，充分发挥审判委员会总结审判经验、统一裁判标准的作用。推动院庭长审判监督管理方式转型，从传统的个案审批向审判事务的宏观管理、“四类案件”精准管理转变。完善主审法官会议、专业法官会议机制，通过规范会议启动程序、明确会议讨论的案件范围、合理确定参会人员范围及人数要求、改进会议运作模式、确保会议全程留痕机制、会议质效列入绩效考核范围等方式建立完备的制度体系，规范和完善会议机制，确保发挥效益，实现“充分放权”与“有效控权”的有机统一。

2. 完善司法责任追究机制

司法责任是指司法人员在办理案件过程中，对其行使权力、履行职责的行为和办理案件的质量所承担的责任。区分合理范围内的“类案异判”和因司法腐败等因素而出现的“类案异判”，因对具体法律条文的认识不一而导致的“类案异判”应属不受司法责任追究的范围，针对因司法腐败等因素而出现的“类案异判”现象应当借力法官惩戒委员会的制度构建，净化司法环境。建立符合司法规律的法官业绩评价体系及案件质量评估体系和评价机制，将法官统一法律适用情况纳入考核体系，作为法官履职评价及奖惩依据。

（五）建立程序保障机制

1. “类案类判”嵌入庭审辩论环节

当事人或者诉讼代理人可以在庭审辩论环节将要求“类案类判”作为辩论理由，法官应当在辩论环节释明双方当事人可就要求“类案类判”发表辩论意见，但该辩论意见参照的“类案”只能是本级法院或上级法院已经发生法律效力的判决，且须提供相应的依据。当事人及其诉讼代理人也可通过类案检索寻找对其有利的“先例”，从而主观上为“胜诉”或实现诉讼策略提供判断依据，客观上为法官提供案例参考，法官运用相关案例区别技术在裁判文书中予以回应。

2. 当事人以“类案异判”作为上诉或申请再审理由

当事人可以要求“类案类判”作为上诉理由或申请再审理由，但应提供相应的依据，上级人民法院可以“类案异判”即法律适用错误为由发回重审或指定再审。

3. 检察监督

保障法律适用统一也是检察机关行使法律监督的重要内容。人民检察院对于同级人民法院存在“类案异判”的案件，可以采用个案监督或共同类案监督、实验型类案监督等方法来解决“类案异判”的共性问题。

结　语

司法责任制改革背景下，“让审理者裁判、由裁判者负责”是审判权运行改革的主线。面对司法责任制改革后统一法律适用机制供给不足、衔接不畅的问题，一方面要深入将最高人民法院法律适用分歧解决机制、统一法律适用标准工作机制落到实处，另一方面也应积极探索更具针对性与实操性的实践解决方案，同时最高人民法院、各省高级人民法院也应发挥更大的统一法律适用的职能作用。相信随着司法体制综合配套改革的进一步深化，司法实践中保障法律适用统一的机制会不断完善，司法责任制改革的整体效能必然会进一步发挥。

民商事纠纷调解力研究

——基于安顺法院 2012~2022 年的实践

黄光美*

摘　要： 党的二十大报告指出，“必须坚持问题导向”，维护社会和谐稳定，为推动法治中国建设贡献司法智慧，与时俱进地弘扬“马锡五审判方式”精神。围绕这一重要课题，安顺法院在审判实践中探索提升民商事法官的调解工作能力，提出的“1个内核方案、3大思维、7个调解步骤、15个调解术”工作法，是在新形势下，正确处理人民内部矛盾、加强和改进司法调解工作、协调各方当事人利益、促进纠纷实质性化解的有益探索。

关键词： 民商事调解能力　调解思维　调解步骤　调解技术　安顺法院

一　通过问题意识提升民商事调解能力的思考

党的二十大报告指出，“必须坚持问题导向。问题是时代的声音，回答并指导解决问题是理论的根本任务”“要增强问题意识，聚焦实践遇到的新问题、改革发展稳定存在的深层次问题、人民群众急难愁盼问题……不断提出真正解决问题的新理念新思路新方法”。司法调解作为人民内部矛盾纠纷调处的重要机制，在依法自愿基础上，在最大限度地化解矛盾纠纷、平衡当事人各方利益、实现案结事了方面发挥着重要作用。但是司法调解在新形势下也面临着

* 黄光美，安顺市中级人民法院民一庭副庭长，四级高级法官。

本报告系安顺市中级人民法院“安法护航·学法论坛”活动成果。如无特别说明，本报告资料来源于安顺市中级人民法院。

调解率不够高、调解不能一揽子彻底解决纠纷等问题。

以安顺市法院为例。2012 年 11 月~2022 年 11 月十年间，通过办案系统检索到安顺市法院一、二审（已结）调解案件共计 46179 件①，调解结案占案件总数的 1/3。46179 件调解案件总计由 278 位民商事审判法官承办，每位法官平均调解案件 166 件（见图 1）。从审级看，在已调解的案件中，一审案件调解 45029 件，占总数的 97.51%，二审案件调解 1149 件，占总数的 2.49%。从案由看，共涉及案由 258 类，其中离婚纠纷、民间借贷纠纷、买卖合同纠纷、机动车交通事故责任纠纷、金融借款合同纠纷属于调解数量较多的纠纷类型（见图 2）。

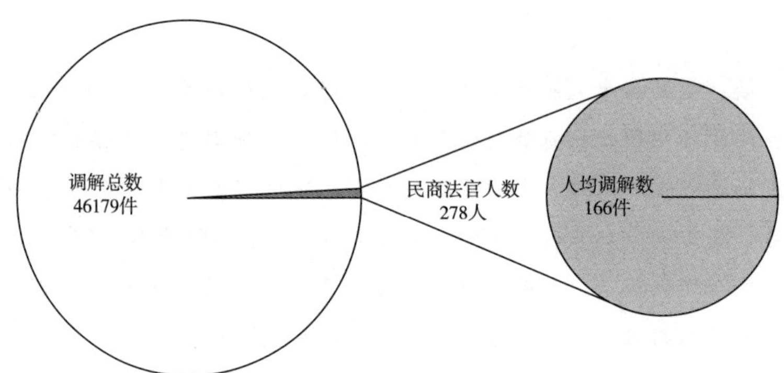

图 1　安顺市法院 2012 年 11 月~2022 年 11 月民商事案件调解情况

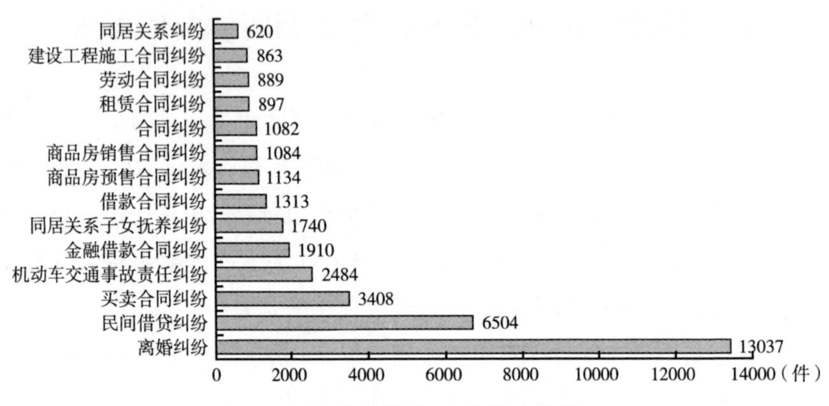

图 2　调解数量居前 14 位的案由情况

① 该数据不包含一、二审撤诉案件，均是进入诉讼程序由法官主持达成调解的案件。

为着力提升民商事法官的调解能力、促进当事人纠纷实质性化解，本报告分析了影响民商事调解能力的四个因素，并从司法实践出发，提出了提升民商事调解能力的思维与方法，即“1 个内核方案、3 大思维、7 个调解步骤、15 个调解术”，以期总结出系统性的提升民商事调解能力的方法，供大家参考。

当然，任何一种调解方法和调解技术都应当是一个不断修正的体系，每一位法官都可以结合自己的思考和具体的案件去验证、去优化，从而不断提升民商事调解能力。

二　影响民商事调解能力的关键因素

在一线从事民商事审判的法官，每年都调解了一定数量的案件。能够成功调解，是法官综合能力的体现，而非单一思维和法律条文的机械运用。这种综合能力与法官的认知方式、思维模式、专业背景和自我反省能力紧密相关。是以法官人格提升为基础，集经验、思考、知识、行为、人格魅力为一体的能力。

基于实践调研和对以往数据的观察，本报告认为影响民商事调解能力的关键性因素，主要有以下四个方面。

（一）学习能力

“凡欲成为法学家者，应不断追求学问，并向一切人学习。”① 虽然我们并不立志成为法学家，但是作为从事审判实务的法官，为了胜任审判业务，也应该广泛涉猎一切学问，以保证裁判结果趋于正确、处理纠纷达到最优效果。

（二）思维模式

大量的民商事案件要想彻底化解当事人的纠纷，仅靠法律思维还不够，还需要充分理解商业逻辑、行业规则和交易习惯和风俗，在审判中找准当事人的真实利益诉求和利益点。

---

① 郑玉波：《法谚（二）》，法律出版社，2007，第 20 页。

（三）专业度和信任度

专业是法官立足的基石。当事人之所以会信赖法院，也源自法院的专业性。而专业是一个不断精进的过程。建立在专业基础上最重要的是提升信任度，没有信任就无从谈起解决问题。

（四）总结修正

擅长总结是提升调解能力的加速器。民商事调解能力的提升，可以通过不断地刻意练习获得。在一定的调解规则的指导下不断地验证和修正之前的规则。

总之，民商事调解能力的提升是一个循环往复、不断提高的过程（见图 3）。

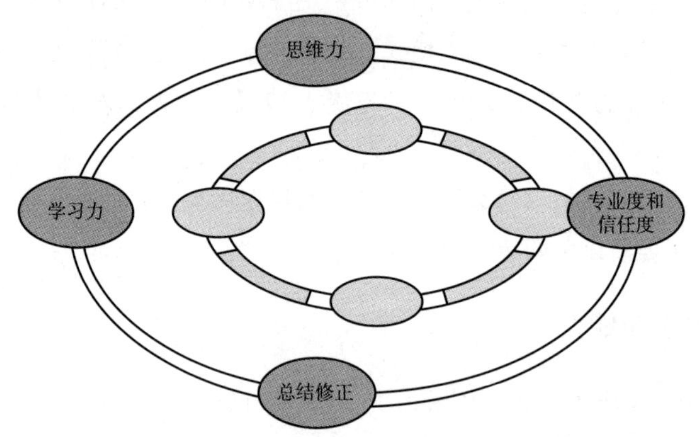

图 3　影响民商事纠纷调解力的几个关键因素

三　提升民商事调解能力的内核方案

当事人的纠纷，背后的本质是当事人事业、生活、人生现阶段面临的问题和困境。这些问题包括经济的、社会关系的和心理层面的。当事人无法通过司法程序外的其他方式解决而不得不诉诸法院。

提升民商事调解能力的核心是为当事人的纠纷提供最佳解决方案，而提出纠纷解决的“最佳方案”，其前提是找到当事人纠纷产生的症结所在。

纠纷往往有外在和内在两个方面。外在的法律诉求或许只是矛盾纠纷的表象，是按照既定程序呈现出来的、表面化的诉求；问题的症结即纠纷产生的根本原因，才是当事人的真正需求。找到问题症结的过程是逐步从外在到内在、从表象到本质的过程，从发现法律争点到发现需求的过程。简言之，当事人的需求在哪里纠纷解决的突破口就在哪里。

根据当事人的需求，结合案件事实和法律规定，在当事人各方达成共识的基础上，提供可选择的方案。这个选择性方案可以是 A 方案、B 方案或者 C 方案，首选其中一个方案，也可以在不断协调中共同寻找出其他同质性的替代性方案，直到其中一个方案最能满足各方当事人需求为止。这个解决问题的方案，最好是一个一揽子解决问题的方案，如果现有的方案不能一次性解决纠纷，就应重新优化现有的方案，争取做到真正解决当事人的纠纷。

以甲乙公司买卖合同纠纷为例。出卖人甲公司在其他地方的法院起诉买受人乙公司支付尾款获得支持，一审判决支持甲公司诉请支付尾款及同期贷款利息的请求。二审维持一审判决。后来乙公司认为甲并没有履行完交付生产干线配件的义务，向安顺辖区法院起诉，一方不服，提起上诉。二审经主持调解，甲公司和乙公司基本达成由甲公司交付生产干线配件并承担相应费用、调试设备、顺延质保期一年的方案，同时一揽子解决了另案的执行协商问题。

当面对棘手、复杂的案件，找到彻底化解矛盾纠纷的最优方案，需要在法律与事实之间搭建起妥善处理的范式。

其方法包括：重新回到现场，即回到双方当事人争议标的现场。租赁合同纠纷、建设工程施工合同纠纷、装饰装修合同纠纷、商品房买卖合同纠纷、离婚纠纷、道路交通事故纠纷、相邻纠纷等，到现场调查了解并重新听取当事人的诉求并到相关部门听取专业意见，为案件的处理寻找突破口。对涉及历史遗留问题的案件，重新回到卷宗材料，梳理争议标的，梳理出时间轴和历史脉络，再结合通过现场走访、到相关部门调查了解情况，综合获取的信息，重新提出解决方案。

即便最后当事人出于利益的考虑，不接受法官提出的方案，当事人对案件的处理结果自会有预判；同时，通过调解过程，当事人对法官的专业能力和敬业精神也进行了观察，也会在无形之中为案件的平稳处理带来裨益。

四　提升民商事调解能力的三大思维

（一）故事思维

民商事案件的调解行为本身也是一种说服行为，而纠纷的产生往往是当事人对事件理解的主观偏差而引发的争议，法官的调解是基于法律、公平、事理、情理而进行的说服活动，少不了心理疏导。“近三十年来，国际临床心理学界有一种心照不宣的转向。那就是：对宏大理论的热情，逐渐让位于对临床实践的关切，让位于对个体独特性的尊重。”[①] 心理学上的叙事疗法理念，运用到调停各方冲突上即是叙事调解。叙事调解帮助人们跳脱出当前的困境关系，重新构建一个各方更为容易接受的新关系。

叙述调解注重构建新的人与人之间的关系，这对重新思考解决纠纷、发现问题提供了新的方法，对调解工作具有启发意义。因此，民商事调解中应具备的第一个思维是故事思维。每一个案件背后，都有一段家庭故事、投资故事、创业故事。所以有人说，法官办的不是案件而是别人的人生。在人生的故事里，包括婚姻家庭、商业合作、不幸事件等。当法官充分理解了这样一个个充满矛盾冲突、利益对立并充斥各种诉求的背景情况时，才有可能通过调解，促使各方当事人达成共识、推动案件进程、取得相互谅解并最终达成调解协议。

调解工作中最应该关心的是：当事人在意的是什么？真实的意图是什么？这要求法官带着好奇心、同理心去听发生在当事人身上的故事，同时在听故事的过程中发现问题。甲方当事人的问题：问题 1、问题 2、问题 3 等；乙方当事人面临的问题：问题 1、问题 2、问题 3 等。在听故事和寻找问题之间理解当事人思维偏差、思考纠纷解决方案。当法官在主持当事人进行调解的时候，把各方关注的问题进行汇总，并从当事人的陈述中辨别隐藏的信息，与他们一起探讨他们共同的目标和期望，如果还有分歧，尽量去缩小这种差距，直至达成共识，为当事人之间的纷争建构出另一种新的和谐关系。

---

① ［美］杰拉尔德·蒙克、约翰·温思莱德：《叙事调解：用故事化解冲突》，李明、元雪晴、曹杏娥译，重庆大学出版社，2020，总序。

（二）谈判思维

谈判思维不只是限定在某一个特殊领域，具备谈判思维对提升工作能力至关重要。尤其是在复杂的商事案件、破产案件处理的过程中。这些案件的处理不仅涉及法律问题，还涉及社会问题；不仅需要法院去解决，还需要政府部门、其他公司或者企业去共同协调解决。比如破产案件中的金融债权的处理、债务人企业的资产处置、职工权益的维护、税务处理和信用恢复等问题，都需要采取协调的方式进行处理，这都涉及谈判思维。

民商事调解工作与谈判工作有相似之处，二者都建立在掌握充分信息的基础之上，目标是实现“共赢”。在准备做说服工作时，都需要学习和使用一些如何做准备、如何开场、如何促成达成协议、采取何种对话方式、如何选择协调的时机和地点、了解各方当事人的筹码和真正需求、如何在调解不成时果断放弃并及时裁判等方法策略，这些方法和策略与谈判策略和技巧具有高度相似性。

（三）法治及历史思维

本报告研究的对象是司法调解，组织当事人调解、达成共识、构建新的关系、形成调解方案、达成调解协议，落脚点都是基于事实、法律和公平公正的立场。《中华人民共和国民事诉讼法》（2021 年 12 月 24 日修正）第七条和九条对民商事案件的处理框定了基本原则，即必须以事实为依据，以法律为准绳，调解案件应根据自愿和合法原则进行。

事实、法律和公正的立场是法官开展调解工作应具备的一个底层思维。基于这个底层思维，我们可以根据个人的认知、解决问题的方式进行拓展。法律是对社会行为关系的调整，社会变化日新月异，不进行自我迭代、提升认知，无法跟上社会的节奏，也无法处理好案件。在调解的历史经验上，我们有“马锡五审判方式”。“马锡五审判方式”虽然诞生于特殊的抗日战争时期，是时任陕甘宁边区高等法院陇东分庭庭长的马锡五，将群众路线运用于审判的一种方法。时代在变，但是“马锡五审判方式”的核心精神没有改变，其精髓就是依靠群众、调查研究。把握了这八个字，就可以在面对的各种新类型案件中进行运用。

比如近年来在商品房买卖合同纠纷中，房开企业普遍采取与购房业主签订补充协议的方式修正《商品房买卖合同》中重要条款，如逾期交房、逾期办证、更改规划等。由于改规、资金链断裂、房地产价格波动和政策调整等原因，房开企业不能按时交房、不能办证，引发大量的解除合同、支付违约金等诉讼纠纷。

以安顺辖区法院2020年新冠疫情背景下，运用“马锡五审判方式”处理涉购房业主群体性纠纷获得的经验为例。一是牢牢把握“马锡五审判方式”的核心内核，通过全面倾听、实地调查、多方了解，深究案件背后的矛盾点和痛点，层层抽丝剥茧找到问题症结所在；二是充分考虑法律效果、社会效果、政治效果，随时做好信息互通，不遗漏信息点，为调解成功收集更多信息线索；三是帮助各方当事人分析利弊、理清风险点，在利益衡平的基础上，针对案件本身的症结提供可供选择的参考方案；四是化解矛盾方式多样化，通过电话沟通、庭前座谈、现场踏勘、充分讨论和发表意见，助力各方寻求最合理、最能接受的调解方案。法院在分清是非、分析利弊、平衡利益基础上提供调解方案，最终促成十余户购房业主与房开企业达成调解。

五　民商事调解能力的7个调解步骤

上文分析了提升民商事调解能力的思维，现在就如何提出最佳解决方案这一最终结果导向进行分解，共提炼了7个步骤。

一是仔细、反复阅读卷宗材料。卷宗材料是了解纠纷、提出解决方案最初始的灵感来源。仔细、反复的阅读卷宗是基本功，对重要事实、时间节点和法律问题做阅卷笔记，做到对案件事实、法律关系和疑难问题不遗漏、心中有数。

二是通过阅卷归纳事实要点和法律焦点。从阅卷中可以深度挖掘的有三个方面：①在事实方面还有没有需要查明的；②如何依据证据规定引导当事人举证；③在法律关系上归类，准确适用法律。

三是充分掌握信息并学会抓取有效信息。①通过电话与当事人、委托代理人甚至当事人相关的工作人员和亲戚朋友了解当事人真正诉求。②涉及群体性案件到相关部门走访调查、到诉争标的现场勘查了解，形成直观印象。③启动现场座谈、沟通交流机制。④涉及行业专业问题的，要学习相关行业规范。⑤全面细致查阅相关法律规定，检索同类案例，进行理论研判。

四是找到纠纷产生、引发问题的症结所在。通过阅卷、厘清事实争点、法律争点、客观审查证据、全面获取信息之后，找到引发纠纷的症结所在。

五是根据案件类型提供方案。纠纷解决方案根据案件情况进行区分：①民事案件中偏家事、身份的，体现柔性和人文关怀；②商事案件注重树立规则，强调商业风险，平衡各方利益；③对于有违诚信、不属于法院管辖范围的某些案件，在调解过程中表达司法资源的有限性，给当事人分析事理；④对于执行异议之诉案件，因涉及执行，需要查阅执行卷宗和执行裁定，以掌握此前执行情况，以防止出现信息误差；⑤当事人一方进入破产程序的，涉及调解需要与破产庭沟通，确保代表一方获得债权人会议或者债权人委员会的充分授权。

六是与当事人反复做说服工作。说服工作需要法官在事理、情理、法理上来回穿梭，当运动员、当传声筒，反复传达、转化、说服，最终说服当事人接受拟定的调解方案。说服工作包括三层，最内在的一层就是法官要说服自己，第二层就是要说服当事人，第三层说服执行法官和大众。说服如何具有说服力并对听众产生效果，与说话人的品格、引发听话人的情感和逻辑论有关。[①]

七是提供最佳方案，出具调解协议。调解协议是民商事调解工作成果的固化，必须明确、不能有歧义，否则会引发新的不必要的纠纷。

六　民商事调解能力中的15个调解术

本部分通过司法实践中的调解经验，总结了调解中使用的技巧。

调解术1——确认调解的时间、地点和参加人员。通过阅卷掌握充分信息确定案件具有调解可能性后，安排书记员安排接待的时间、地点。重大疑难案件如需要其他政府部门或者案外人参与调解时，可采取更为主动的方式，与相关政府部门或者案外人确认调解的时间、地点和参加人员。

调解术2——表明身份、开门见山、提出最佳解决方案。当各方当事人和委托代理人只有调解意愿，但没有解决方案时，可以表明身份、开门见山、提出最佳解决方案。当事人和委托代理人对法官提出的解决方案有疑虑时，询问令他们疑虑之处并对方案进行修正，直至各方都愿意接受。当然这一切建立在

① 程朝阳：《司法调解语言及其效用研究》，中国政法大学出版社，2015，第307~309页。

对案件的事实、证据和法律适用都已经琢磨透彻的基础上，如果当事人之间对争议的问题差距过大，不能立刻接受，可采取化零为整的方法，将争议的难题化为若干小的议题，一项一项进行协调，最后形成一个完整的调解方案。

调解术 3——当事人情绪容易激动在调解前设定规则。婚姻家庭案件、涉身份关系的案件，当事人容易情绪激动，因为他们把生活的不顺、不幸的责任归咎于对方；医疗纠纷案件受害方与医疗机构情绪对立严重，因为病人和家属对医疗机构寄予了很高的期望，一旦出现诊疗事故，矛盾容易激化。对此类案件在调解前，需要给当事人设定调解规则：理性表达愿望和诉求、不作人身攻击、保障对方陈述的时间等。

调解术 4——用移情法转移不可调和的矛盾焦点。在处理案件的过程中，如案件比较棘手，当事人的诉求又具有一定合理性，处理不好容易激化矛盾，这时需要探究当事人的真实需求，采取移情法转移矛盾，引导当事人把焦点关注在可以解决的问题上并提供解决方案，同时做好心理疏导工作。

调解术 5——占据道德制高点，先发制人。在同居关系纠纷中，有很多相处的类型，有合法婚姻关系尚未解除就处对象、谈恋爱的；有正常处对象但最后并不能结婚，之前赠予的钱财要求以民间借贷主张返还的。对于非正当行为应进行否定性评价，为调解打下道德基础。最后根据案件情况，结合生活经验有针对性地进行说服工作。

调解术 6——金钱提议预估双方可接受的范围区间，付款方式采取多样性。对于涉及金钱提议的，先由一方提出，既要避免一方狮子大开口，又要避免另一方一毛不拔。可由法官就金钱提议应对双方可接受的范围进行预估，取中上偏高的值。如果一方死活不接受，可以通过传递负面信息的方式，让一毛不拔的一方对其判断进行重新评估。这里需要防止以判压调的倾向。法官只是为当事人的决策梳理其优势条件或者劣势条件，最终决定权仍然由当事人把握。对于付款方式，根据当事人的支付能力提供分期减轻负担的方式或者一次性付款但总金额减少的可选择方案，以供当事人权衡个人情况选择。

调解术 7——用语言影响当事人的技巧。人是社会关系中的人，对其在社会关系中因奋斗取得的成就应当表示尊重。尊重需求是人的本能需求，与安全需求并列。所以，对当事人及其委托代理人应尽量以其在社会中所取得的身份进行称呼，这是尊重的一种表现。此外，态度和肢体语言是第二语言，通过态度和肢体语言对当事人的处境和当前的遭遇表示理解并传达给当事人或者委托代理人，无形中也会赢得他们的尊重，以便开展调解工作。注意少使用控制性语言，除非为了制止突发情况。

调解术 8——不可忽略的书记员：和搭档好好配合。在调解工作中不可忽视的一个重要角色就是书记员。书记员承担了向当事人、委托诉讼代理人送达法律文书、通知到庭，接待到指定地点的程序性和事务性工作。书记员还承载了当事人和委托代理人对司法机关认知的第一印象。这个第一印象对案件的处理效果具有不可小觑的作用。在调解过程中，书记员基于自己的经验、阅历向当事人做一定的说服工作，与法官形成互补，往往对调解起到一定助推作用。所以好的书记员就等于一个好搭档，有利于形成团队合力。

调解术 9——发挥委托代理人的最大功效，在征求委托代理人同意后直接给当事人做调解工作。法官在做调解工作的过程中，一定要发挥当事人的委托代理人的最大功效去给当事人进行解释、做调解工作。如果委托代理人为律师，与其沟通的成本有时比当事人低，同时他们也更能对案件的结果有专业的判断。但是，对于不太配合的委托代理人，也可以直接给当事人做调解工作，避开委托代理人直接介入的时机也要注意把握。

调解术 10——事件抽身法，用有限的时间创造更大价值。当事人陷入纠纷时间太长以后，眼里只有官司。法官的调解工作需要花更多的时间让当事人从纠纷中、从这段被破坏的关系中抽身，即脱困；帮助其评估陷入纠纷和从中抽身后可以带来哪些好处。当事人在经济、成本上能够作出评估，但是从情感上很难自拔，这时需要法官花费更多的时间去沟通、交流，才有可能让当事人转变思路从纠纷中走出来。

调解术 11——让当事人认识到自己签订的书面协议是一种信用和人格承诺。要想降低当事人调解的反悔概率，靠的是其中一个无形的约束：即让当事人认识到在法官主持下达成的调解协议不仅仅是白字黑字的一纸协议，而是当事人用自己的信用或者人格作出的庄严承诺，而失信会受到处罚，这样当事人就不太容易反悔。

调解术 12——用证据支撑调解方案的合理性。调解工作不是让当事人作出一点让步，当事人就会让的。因为他在调解时并没有对案件的结果走向有一定的预判。但是，通过接待，尤其是经过举证质证环节，甚至完成了接待或者庭审程序，当事人通过进行的程序对自己的诉求有了一定的预判。针对有些争议比较大的案件或者需要对账梳理的案件，在进行上述程序后，调解工作往往进行得很容易，因为不是一味的要求当事人让步，而是用证据支撑调整方案的合理性，这让当事人也更容易接受。

调解术 13——司法资源有限，给调解设定时限。有的案件当事人明明可以拿定主意，但是却表现得犹豫不决。这时需要给予他们一定的压力，给其作出决定的时间进行一定的限制。但是这种限定最好是当场的，如果过后再给予一定的时限往往也难以达成调解。这时需要表明时间的有限性和司法资源的有限性。

调解术 14——合作关系的构建，关系修复的展望。当事人的关系不是一刀切断的，尤其是商人之间的合作关系、婚姻家庭中父母身份关系。商事纠纷只是意味着当事人之间的关系在某个环节出问题，并不意味着双方是你死我活，如果纠纷关系因为调解得到修复，意味着双方有下一步的合作关系，这是一种长远的共赢。家事案件中，夫妻离婚并不意味着父母身份关系的终结，父母仍然承担父亲或者母亲的责任，认识到这一点可以将对子女的负面影响降到最低。如果调解工作能够将当事人的关系引导至良好的一面，意味着调解工作不止于达成调解，而是为当事人创造了另一种新的关系。

调解术 15——不要让调解费分担问题和用语分歧导致调解工作功亏一篑。有的调解工作进行到最后一步，当事人对调解费用的分担问题发生争议，导致调解破裂。这时需要向当事人强调，调解费用如果自愿分担最好，如果不能，可依法分配，以减少调解工作分歧点，最后促成调解。对调解条款为避免因为分歧引发当事人新的诉讼应另起一行写明：双方纠纷一次性解决，以避免产生衍生案件。

结　语

民商事纠纷调解能力的提升是一个螺旋上升的过程，通过能力的提升能够调解更多的案件，对法官而言是一个重要反馈性价值——成就感和工作价值。调解工作不仅解决了当事人的纠纷，还改善当事人的关系，激发了当事人的修复能力，从而缔造了更加和谐的社会关系。提升民商事调解能力也是法官在新形势下，正确处理人民内部矛盾、加强和改进司法调解工作、协调各方当事人利益、促进纠纷实质性化解的有益探索。

“三权分置”背景下涉“三农”案件裁判规则研究

——以土地承包经营权及土地经营权流转案件为例

王大波　方　远　赵　雷*

摘　要：从土地私有制到“吃大锅饭”，从“两权分离”到“三权分置”，我国土地制度改革经历了几次重大变革，最终形成了“三权分置”模式。农村承包地“三权分置”改革是在保障承包权身份属性的基础上，扩大经营权的主体范围，促进农业生产适度规模经营，提升农业发展效率，通过农业现代化助推乡村振兴。本报告旨在通过分析农村土地制度的演变，土地承包经营权和土地经营权的性质、流转方式及区别，结合司法实践中遇到的一些问题进行分析，总结、提炼出相应的裁判规则，为审判实践提供一定的裁判思路。

关键词：“三权分置”　土地承包经营权　土地经营权　裁判规则　安顺法院

一　问题由来

“三农”问题的核心是农民问题，农民问题的关键在于土地。① 土地是一

---

*　王大波，安顺市西秀区人民法院党组书记、院长、四级高级法官；方远，安顺市西秀区人民法院旧州人民法庭庭长、二级法官；赵雷，安顺市西秀区人民法院审判管理办公室副主任、三级法官。

如无特别说明，本报告资料来源于安顺市西秀区人民法院。

①　何能高：《我国农村土地流转若干问题研究》，《法律适用》2014 年第 6 期。

种资源和生产要素，允许土地承包经营权流转，能够更加有效地配置农村土地资源。依法维护农民合法权益，促进农业发展，保障农村和谐稳定，是党和国家工作的重中之重。[①] 在“集体所有权—土地承包经营权”模式的“两权分离”制度下，土地承包经营权的流转受限，呈相对封闭、低效的运行状态，农业生产的规模经营受到限制。“集体所有权—土地承包经营权—土地经营权”模式的“三权分置”制度，突破了农地产权交易僵化的藩篱，对提高农业生产效率、发展现代化农业具有重要意义。人民法院审理涉农民事案件主要是依法保护好农民的土地承包经营权，但实践中农村土地承包经营权、土地经营权流转过程合法与非法的状态相互交织，理论上对土地经营权是何性质存在较大争议，给案件审理带来困难，导致裁判结果迥异。人民法庭作为基层法院的“窗口”，是审理涉“三农”案件的主要力量。由于具有重要的理论内涵与实践价值，“类案类判”一直都是学界和实务界关注的热门话题。[②] 为统一裁判尺度，切实维护农村居民土地权益，有必要对人民法庭涉农村土地承包经营权、土地经营权流转案件裁判规则进行研究。

二　我国农村土地制度的历史演变

新中国成立以来，我国的土地制度改革经历了几次重大变革。1950 年施行的《中华人民共和国土地改革法》，废除了地主阶级封建剥削的土地所有制，实行农民的土地所有制。1958 年，农村地区全面进入人民公社时期，因以农户为主的农业生产单位难以满足工业化建设的需要，农村土地作为重要生产资料转变为集体经济组织所有，但“吃大锅饭”的平均主义分配方式降低了劳动者的积极性。1982 年，中共中央发布第一个一号文件，决定推行家庭联产承包责任制，确立了农户和集体形成承包关系的“两权分离”制度，即“集体所有权—土地承包经营权”模式，改变了以往分配中的平均主义，调动了农民生产的积极性，逐渐解放了农村生产力。

随着改革开放的深入、市场经济的发展，越来越多的农村青壮年劳动力向

① 杜万华：《当前民事商事审判工作的九个重点问题》，《法律适用》2016 年第 7 期。

② 孙跃：《论类案裁判规则及其提炼方法》，《湖北社会科学》2021 年第 8 期。

城市尤其是沿海地区转移，工业、服务业收入远高于农业收入，农村地区普遍出现空心化现象，导致很多农村土地撂荒，“两权分离”制度开始面临新的挑战。如何进一步激发农业生产力，使“两权分离”向“三权分置”转变，引起了广泛的讨论。

2014年，中共中央、国务院制定了《关于全面深化农村改革加快推进农业现代化的若干意见》，对深化农村土地制度改革提出明确意见，首次提出“土地经营权”的概念，要求“鼓励有条件的农户流转承包土地的经营权，加快健全土地经营权流转市场”。2017年，党的十九大报告提出实施乡村振兴战略，“深化农村土地制度改革，完善承包地‘三权分置’制度”，“发展多种形式适度规模经营，培育新型农业经营主体”。2018年，修订后的《中华人民共和国农村土地承包法》（以下简称《土地承包法》）第二章第五节以12个法律条文专门规定了“土地经营权”制度，土地经营权的概念首次在法律中得到明确。2021年，《中华人民共和国民法典》（以下简称《民法典》）正式施行，在第二编第十一章“土地承包经营权”部分以4个法律条文规定了“土地经营权”制度。经过一系列改革，土地承包经营权人可以自主决定依法采取出租、入股或者其他方式向他人流转，土地经营权的“三权分置”体系最终得以确立，并且从法律上赋予土地经营权人对土地占有、使用、收益的权利。[①]

三　我国土地承包经营权及土地经营权的性质和流转方式

（一）权利性质

1. 土地承包经营权

土地承包经营权是我国农村土地法律制度中特有的概念，指土地承包经营权人为从事种植业、林业、畜牧业，对其承包的集体所有或者国家所有由农民集体使用的土地所享有的占有、使用、收益的权利。土地承包经营权与所有权

① 阎巍：《我国农村土地改革对集体土地征收补偿分配的影响》，《法律适用》2022年第7期。

一样具有物上请求权，较之债权请求权能更有效地保护土地承包经营权人的利益。土地承包经营权人享有自主将土地承包经营权流转的权利基础，一旦其对土地的占有、使用、收益和有限处分权利被妨害，权利人可要求返还原物、停止侵害、排除妨害或者赔偿损失。尽管在《土地承包法》施行前后存在债权性质和物权性质两种争议，但《中华人民共和国物权法》（以下简称《物权法》）施行后，土地承包经营权作为一种用益物权已能形成广泛共识，于此不赘。

2. 土地经营权

土地经营权的权利属性决定了其权利内容和效力，也影响着土地所有权、土地承包经营权、土地经营权“三权”之间的关系。大陆法系民法对物的利用并没有建立统一的制度，而是将其分为两个部分，即物权的用益物权制度和债权的租赁制度。土地经营权性质认定的争议就此产生，大体形成了“债权说”“物权说”“折中说”三种观点。[①] 每种观点都从不同侧面呈现出承包地法治实践的某些真实特征，也直接影响着土地经营权制度的解释适用。[②] 物权说认为，经营权属于典型的经济学概念，大陆法系甚少使用这个概念，立法上与之对应的权利内容为占有、使用、收益，即对应用益权的权利内容，经营权制度与用益权制度均同样涵盖占有、使用、收益三个方面的权利内容。[③] 债权说认为，土地承包经营权经由流转所分离出的土地经营权属于债权范畴，契合《土地承包法》的立法选择，并从正当性及“三权分置”权利结构进行分析，得出土地经营权属于债权的结论。[④] 折中说也叫“二元说”，主张土地经营权包含物权和债权两种属性，其中形成两种判断标准。一是以是否登记为依据，已经登记的属于用益物权，未经登记的属于租赁债权；二是以经营期限为依据，5 年以内为债权，5 年以上为物权。[⑤]

结合土地经营权的权利内容、法律规定及立法体例来看，土地经营权应属于用益物权。

---

① 转引自姜楠《土地经营权的性质认定及其体系效应》，《当代法学》2019 年第 6 期。

② 单平基：《土地经营权债权定性之解释轮》，《法学家》2022 年第 4 期。

③ 章正璋：《土地经营权性质之辨析》，《学术界》2022 年第 2 期。

④ 单平基：《“三权分置”中土地经营权债权定性的证成》，《法学》2018 年第 10 期。

⑤ 参见王利明《我国民法典物权编的修改与完善》，《清华法学》2018 年第 2 期；何丽慧、白牧蓉《论“三权分置”下土地经营权的权利性质》，《湖南人文科技学院学报》2021 年第 3 期。

第一，土地经营权系土地承包经营权剥离掉“承包权”这个成员权（成员资格）而来，土地经营权流转时“承包权”并不受影响。“承包权”更多的是一种成员资格，而非对土地进行经营的权利，土地承包经营权作为用益物权具有的占有、使用、收益的权利内容，属于“经营权”而不是“承包权”，土地经营权具有与用益物权一致的占有、使用、收益的权利内容。

第二，《土地承包法》第47条规定，土地经营权可向金融机构融资担保；第53条及《民法典》第342条规定，土地经营权可采取抵押方式流转。既然土地经营权可以抵押，那么该权利性质上就不应属于债权。我国自1995年《担保法》以及2007年《物权法》施行以来，立法上所规定的可以抵押的财产主要就是所有权和用益物权，立法上从未规定过债权可以抵押。①

第三，《土地承包法》第41条及《民法典》第341条均规定，土地经营权流转期限为五年以上的，当事人可以向登记机构申请土地经营权登记，经登记后始能对抗善意第三人。由此可见，法律上对土地经营权采取登记对抗主义。如把土地经营权认定为债权，依债权的相对性，不管是否进行登记，均不能对抗善意第三人，与法律规定不符。

第四，从《民法典》的编纂体例来看，土地经营权规定在第二编（物权编）第三分编（用益物权）第十一章，并未将土地经营权归入合同编，可见从立法意图上来看，已赋予了土地经营权用益物权属性。如将土地经营权认定为债权，无疑与《民法典》的体例不相符。

综合以上分析，认定土地经营权为用益物权的理由更为充分。当然，土地经营权与土地承包经营权的界限并非泾渭分明、井水不犯河水，当土地承包经营权不以出租、入股等方式流转时，就不会生成新的土地经营权，而是仅呈现“集体所有权—土地承包经营权”模式的“两权分离”结构。从立法目的看，无论是将它定性为物权还是债权，均不影响农地法制改革目标的实现。②

（二）权利流转方式

1. 土地承包经营权的流转

《土地承包法》第二章第四节单节规定了土地承包经营权的保护和互换、

① 章正璋：《土地经营权性质之辨析》，《学术界》2022年第2期。

② 单平基：《土地经营权债权定性之解释论》，《法学家》2022年第4期。

转让，第35条及《民法典》第335条规定了土地承包经营权可以互换、转让，可见“三权分置”制度下土地承包经营权的流转方式为互换和转让。一些人认为，在“两权分离”型农村土地制度之下，土地承包经营权流转的主体仅限定在本集体经济组织内部[①]，这是对“两权分离”制度的误解。1995年施行的《担保法》第37条规定，耕地、宅基地、自留地、自留山等集体所有的土地使用权不得抵押，故土地承包经营权不得通过抵押的方式流转。但2003年施行的《土地承包法》第32条明确规定“通过家庭承包取得的土地承包经营权可以依法采取转包、出租、互换、转让或者其他方式流转”，各地还可按照符合法律、尊重农民意愿的原则，探索适合当地实际情况的其他流转方式。尽管当时土地承包经营权的流转主要是在农户之间进行，采取公司加农户和订单农业的方式，并不提倡工商企业长时间、大面积租赁和经营农户的承包地[②]，但土地承包经营权的流转显然并不仅仅限定在本集体经济组织内部。《土地承包法》起草过程中，一些人提出应当允许土地承包经营权抵押，通过抵押获得银行贷款，解决农民资金困难问题，但考虑到抵押行为可能会导致农户失去土地承包经营权，从而失去生活保障，故未对抵押作出规定。2009年修订后的《土地承包法》沿袭了这一规定。

2018年《土地承包法》再次修订时，把农民土地承包经营权分为承包权和经营权，实现承包权和经营权分置并行。但承包权更多的是一种成员资格，是作为集体经济组织成员承包集体土地的资格，而非经营土地的权利，故《土地承包法》在第二章第四节、第五节分别对土地承包经营权、土地经营权进行规定时，并未采用“承包权”的概念。对土地承包经营权的流转则规定为互换、转让，与土地经营权进行区分。《民法典》的规定亦如是。

2. 土地经营权的流转

土地经营权，是承包方取得土地承包经营权后，在流转土地过程中保留承包权后所形成的权利。对承包方流转其土地经营权的方式而言，通过互换、转让方式流转土地承包经营权的，土地承包经营权人则丧失了土地承包经营

① 李昌凤：《乡村振兴战略下土地经营权的法律规范表达与规制路径》，《学习论坛》2022年第4期。

② 何宝玉主编《〈中华人民共和国农村土地承包法〉释义及实用指南》，法信网，http：//192. 0. 100. 105/lib/twsy/twsycontent. aspx？ gid = A191020&tiao = 33。

权。《土地承包法》第36条①、第46条②、第47条③，《民法典》第339条④均对土地经营权的流转作出了规定，因“出租”与“转包”是何关系在理论上存在较大争议，难以达成一致意见，故《民法典》第339条在吸收《土地承包法》第36条的基础上，不再强调转包，而仅明确出租的流转方式。从以上规定可以看出，土地经营权流转的方式为出租、入股以及其他方式，而“其他方式”作为兜底性规定，应是与出租、入股效果相同的流转方式，结合承包地流转实践，至少包括代耕（代种）、土地托管、农地信托、返租倒包几种形式⑤，互换、转让等土地承包经营权特有的流转方式，当然不能纳入此列。

随着“三权分置”制度的建立与发展，土地承包经营权、土地经营权制度在司法实践中时常面临一些问题。一些实践问题带有普遍性，例如土地经营权如何产生、何时产生；土地经营权流转受让方应该如何保护；土地经营权的主体和客体如何界定、如何登记；土地经营权可否继承等。⑥ 以上问题亟待研究，本报告无法一一涉及，仅对土地承包经营权流转合同效力问题和土地经营权流转过程中征地补偿、权利继承等问题进行分析，提炼相关裁判规则，为审判实践提供一定的裁判思路。此外，土地经营权的取得包括《土地承包法》第二章家庭承包及第三章通过招标、拍卖、公开协商等方式，本报告仅对第二章家庭承包土地以及通过出租、入股或其他方式所形成的土地经营权进行讨论。

---

① 《土地承包法》第36条规定：“承包方可以自主决定依法采取出租（转包）、入股或者其他方式向他人流转土地经营权，并向发包方备案。”

② 《土地承包法》第46条规定：“经承包方书面同意，并向本集体经济组织备案，受让方可以再流转土地经营权。”

③ 《土地承包法》第47条规定：“承包方可以用承包地的土地经营权向金融机构融资担保，并向发包方备案。受让方通过流转取得的土地经营权，经承包方书面同意并向发包方备案，可以向金融机构融资担保。”

④ 《民法典》第339条规定：“土地承包经营权人可以自主决定依法采取出租、入股或者其他方式向他人流转土地经营权。”

⑤ 高圣平、王天燕、吴昭军主编《〈中华人民共和国农村土地承包法〉条文理解与适用》，法信网，http：//192.0.100.105/lib/twsy/twsycontent. aspx？ gid = A272703&tiao = 36。

⑥ 章正璋：《土地经营权性质之辨析》，《学术界》2022年第2期。

四 土地承包经营权及土地经营权流转的裁判规则

（一）土地承包经营权流转的裁判思路

1. 土地承包经营权互换未向发包方备案的效力

土地承包经营权互换，是指承包方之间为方便耕种或者各自需要，将属于同一集体经济组织的土地的土地承包经营权进行交换的行为。[①]《土地承包法》第 33 条对此有明确规定。互换作为一种小规模的土地承包经营权流转方式，起因于第一轮承包时基于绝对公平分配观念之下的承包地细碎化，承包农户所承包的地块过于分散。为方便耕作或其他需要，一些农户自发将其承包的土地与他人进行交换，互换合同生效后，原有的土地承包关系发生了变化，承包方以失去自己的土地承包经营权为代价，取得了对方享有的土地承包经营权。

《土地承包法》第 33 条规定“承包方之间为方便耕种或者各自需要，可以对属于同一集体经济组织的土地的土地承包经营权进行互换，并向发包方备案”。2003 年《土地承包法》及 2009 年修订后的《土地承包法》规定，采取互换方式流转的，“应当报发包方备案”，2018 年再次修订后的《土地承包法》沿袭了此前的规定，同时作出了一定的修改，表述为“并向发包方备案”。那么，互换土地承包经营权未向发包方备案的，协议是否无效？对此，2005 年施行的《最高人民法院关于审理涉及农村土地承包纠纷案件适用法律问题的解释》（以下简称《土地承包司法解释》）第 14 条有过明确规定，“承包方依法采取转包、出租、互换或者其他方式流转土地承包经营权，发包方仅以该土地承包经营权流转合同未报其备案为由，请求确认合同无效的，不予支持”。但 2020 年对《土地承包司法解释》进行修订时，对该条作出了修改，规定为“承包方依法采取出租、入股或者其他方式流转土地经营权，发包方仅以该土地经营权流转合同未报其备案为由，请求确认合同无效的，不予支持”。修订后的《土地承包司法解释》未对土地承包经营权互换未向发包方备

---

① 朱广新：《土地承包权与经营权分离的政策意蕴与法制完善》，《法学》2015 年第 11 期。

案的效力进行明确。

《土地承包法》第33条关于“向发包方备案”的规定，旨在强化对土地承包经营权互换的管理，应为事后监督性质，而非协议生效的必要条件或者导致合同无效的事由。实践中审理土地承包经营权互换案件时，未向发包方备案的，不影响互换行为的效力。第一，向发包方备案的前提是双方签订书面互换合同，但在广大农村地区，受限于文化程度及当地习惯，以口头或证人证明等方式互换土地承包经营权的情况广泛存在，如果将合同备案设定为合同生效的必要条件，不利于农户切身利益的保护和土地承包经营权流转秩序的维护。第二，《土地承包法》及《民法典》规定的流转登记制度，仅仅是产生对抗效力，未经登记不能对抗善意第三人，但不影响合同的效力。备案制度的要求和管理都不如登记制度严格，更不应成为合同生效的必要条件。[①] 贵州省安顺市中级人民法院发布的典型案例“吴某某与鲍某某物权保护纠纷案”[②] 及陕西省咸阳市中级人民法院发布的典型案例“张某诉王某土地承包经营权互换合同纠纷案”[③] 均持此种观点。

2. 土地承包经营权转让未经发包方同意或发包方拖延表态的效力

土地承包经营权转让，是指承包方将部分或全部土地承包经营权让渡给其他从事农业生产经营的农户，由其享有土地承包合同约定的相应权利和履行相应义务的行为。[④] 土地是农民的主要生存依靠，家庭土地承包经营权具有社会保障性质，法律对农村土地承包经营权的转让设置了较为严格的条件，除了受让主体限定为“本集体经济组织的其他农户”外，还要求“经发包方同意”，对此《土地承包法》第34条有明确规定。与2009年修订后的《土地承包法》相比，2018年修订的《土地承包法》删除了“承包方有稳定的非农职业或者

① 最高人民法院民事审判第一庭：《最高人民法院农村土地承包纠纷案件司法解释理解与适用》，法信网，http：//192.0.100.105/lib/twsy/twsycontent.aspx？gid=A107590&tiao=14。

② 参见贵州省安顺市中级人民法院（2017）黔04民终395号终审民事判决书，裁判要旨：承包地互换流转时当事人未采取书面形式签订协议的，不影响合同的效力；同时承包地互换流转时发包方是否备案，不能成为土地承包经营权互换流转协议是否有效的必要条件。

③ 参见陕西省咸阳市中级人民法院（2010）咸民再字00044号民事判决书，裁判要旨：土地经营权的互换是土地流转的重要方式之一，以互换方式流转土地经营权，土地发包方或土地互换方以土地互换未报备案，主张土地流转合同无效，不予支持。

④ 朱广新：《土地承包权与经营权分离的政策意蕴与法制完善》，《法学》2015年第11期。

有稳定的收入来源”的条件。有观点认为，按照此前的规定，只要承包方有稳定的非农职业或者稳定的收入来源，发包人无法定理由不同意或者拖延表态，都不影响土地承包经营权转让合同的效力，2018 年修订后的《土地承包法》已删除“承包方有稳定的非农职业或者有稳定的收入来源”这一要件，发包方不同意转让的理由已不存在，应当取消“经发包方同意”这一程序性要件。① 有观点认为，不能采取一刀切的方式，应对内部转让和外部转让进行区分。若受让方为本集体组织成员，则无须发包方同意，内部转让并不损害集体组织的利益；若受让方为本集体组织外的其他农户，则集体作为发包方享有同意权。②

土地承包经营权的移转具有承包人处分自己权益的意义，很容易使人产生私法上绝对处分权的误解。是否应当取消“经发包方同意”这一条件属于立法层面需要讨论的问题，尽管理论上存在争议，但《土地承包司法解释》已经规定，未经发包方同意转让土地承包经营权的，转让合同无效，但发包方无法定理由不同意或者拖延表态的除外。这与土地承包经营权互换经发包方备案的效力不同，明确了“发包方同意”作为效力性强制性规定的属性，故未经发包方同意转让土地承包经营权的行为无效。需要注意的是，在“三权分置”之下，土地承包经营权的转让产生的效果是原权利人土地承包经营权的丧失，并不解读为使经营主体取得土地经营权、承包方保留承包权。

另需注意的是，发包方拖延表态的，不影响转让合同的效力。考虑到农业生产的季节性，一旦错过农耕时节将给农户造成难以挽回的损失，为避免因发包方拖延表态损害承包方的利益，《土地承包司法解释》将“拖延表态”设定为“经发包方同意”的一个例外条件。对此，贵州省安顺市中级人民法院发布的典型案例“陈某某 1、桂某某、与罗某某、陈某某 2 等人土地承包经营权转让合同纠纷案”中有类似表述，“村委明知诉争土地转让，未提出异议，应当视为发包方东关办事处大门楼村同意”。

---

① 高圣平、王天燕、吴昭军主编《〈中华人民共和国农村土地承包法〉条文理解与适用》，法信网，http：//192. 0. 100. 105/lib/twsy/twsycontent. aspx？ gid = A272703&tiao = 34。

② 张占锋：《农地流转制度的现实困惑与改革路径》，《西北农林科技大学学报》（社会科学版）2017 年第 1 期。

（二）土地经营权流转的裁判思路

1.“三权分置”下土地征收补偿款的分配

根据《民法典》第243条及《中华人民共和国土地管理法实施条例》（以下简称《土地管理法实施条例》）第32条的规定，农村承包土地征收的补偿款主要是土地补偿费、安置补助费、地上附着物和青苗补偿费用、社会保障费用。如前文所述，从法律性质上而言，土地承包经营权、土地经营权均为用益物权，权利人对集体所有的土地，依法享有占有、使用和收益的权利。土地被征收时，土地承包经营权人、土地经营权人丧失了其所享有的用益物权，导致利益受损，应当获得相应补偿以弥补因土地被征收而受损的土地承包经营权益。

（1）土地经营权人获取土地征收补偿款的范围。《土地承包法》第40条对土地经营权流转合同一般应当包含的条款作出了规定，其中包括土地被依法征收、征用、占用时有关补偿费的归属。如双方对此作出约定，则按约定进行分配即可，本报告不再赘述，以下仅讨论双方未作出约定的情形。第一，关于土地补偿费。根据《土地管理法》第47条规定，县级以上地方人民政府应当与拟征收土地的所有权人、使用权人就补偿、安置等签订协议，土地补偿费是对土地所有权人和使用权人的补偿。集体经济组织、土地承包经营权人获得补偿当无异议，但关于“三权分置”下的土地经营权人能否获得补偿，则取决于权利的法律性质。有学者认为，对于具备用益物权属性的经营权，具备物上请求权的功能，可以根据其使用年限在承包经营权年限中的比例，从被征收承包地的土地价值中取得相应比例的土地补偿费。① 我们赞同此观点。第二，关于安置补助费。安置补助费是对安置以集体土地为基本生活保障的集体经济组织成员的生活的补偿②，是为了解决农民失去土地这一主要生产资料和生活来源的生存问题，具有强烈的人身属性。③ 土地经营权人并非集体经济组织成员，不能获得安置补助费。第三，关于地上附着物和青苗补偿费用。《土地管理法实施条例》第32条规定，地上附着物和青苗等的补偿费用，归其所有权人所有。“三权分置”下的土地经营权人，享有对土地的占有、使用、收益的

① 阎巍：《我国农村土地改革对集体土地征收补偿分配的影响》，《法律适用》2022年第7期。
② 王崇敏、熊勇先：《论农地征收补偿费的分配》，《山东社会科学》2014年第3期。
③ 阎巍：《我国农村土地改革对集体土地征收补偿分配的影响》，《法律适用》2022年第7期。

权利，地上附着物和青苗等归其所有，土地经营权人应获得地上附着物和青苗补偿费用。第四，关于社会保障费用。《土地管理法实施条例》第32条规定，社会保障费用主要用于符合条件的被征地农民的养老保险等社会保险缴费补贴，是因集体经济组织成员权或者土地承包经营权丧失后国家支付的安置补助费用，故土地经营权人无权获取。

（2）进城落户的农户能否获得土地补偿费。我国正处于社会转型期，随着城市化进程不断推进，城乡人口流动加剧，农民进城务工、落户的情况十分复杂。保留进城落户农户的土地承包经营权，是推进城市化发展的需要，也是保障农民利益和农村稳定的需要。对此，《土地承包法》第27条有明确规定："承包期内，承包农户进城落户的，引导支持其按照自愿有偿原则依法在本集体经济组织内转让土地承包经营权或者将承包地交回发包方，也可以鼓励其流转土地经营权。"需特别注意的是，2009年修订的《土地承包法》第26条规定："承包期内，承包方全家迁入设区的市，转为非农业户口的，应当将承包的耕地和草地交回发包方。承包方不交回的，发包方可以收回承包的耕地和草地。"与之相比，现行《土地承包法》明确了不得以退出土地承包经营权作为农户进城落户的条件，并删除了强制收回进城农户承包地的规定。结合《土地承包司法解释》第22条关于土地补偿费在本集体经济组织内部分配的规定，进城落户的农户既然享有集体土地承包经营权，其承包土地被征收时就应获得土地补偿费。

2."三权分置"下土地承包经营权、土地经营权的继承

关于土地承包经营权能否继承的问题，理论上存在较大争议，一些学者认为土地承包经营权继承应得到法律认可，一些学者认为农地并非承包人之私有财产，其并无所有权，因此不发生继承问题。[①]《土地承包法》第32条仅规定承包收益可依继承法的规定继承，第32条及《土地承包司法解释》第23条均规定林地承包的承包人死亡后，其继承人可以在承包期内"继续承包"（并非"继承"）[②]，未规定在其他的土地承包中继承人可"继续承包"或"继承"。

① 温世扬：《从〈物权法〉到"物权编"——我国用益物权制度的完善》，《法律科学》（西北政法大学学报）2018年第6期。

② "继续承包"是否等于"继承"，亦存在较大争议。参见高圣平、王天燕、吴昭军主编《〈中华人民共和国农村土地承包法〉条文理解与适用》。

考虑到土地承包经营权的取得和享有以权利人具有本集体经济组织成员身份为前提，如不具备则无从发生土地承包经营权的继承问题。同时，土地承包经营权为承包农户内具有本集体经济组织成员身份的人共有，在共有人之一死亡后，继续由其他家庭成员平等地共同共有土地承包经营权，亦不发生继承问题。故土地承包经营权应当不适用继承。江苏省泰州市中级人民法院发布的典型案例“高某某与丁某某排除妨害纠纷案”亦采用此种观点，农村土地承包经营权不属于个人财产，故不发生继承问题。①

关于土地经营权能否继承的问题，尽管《土地承包法》及其司法解释、《民法典》均未明确规定，但土地经营权是从土地承包经营权剥离掉身份属性的限制而来，就权利主体来说，既可以是集体经济组织成员，又可以是其他的任何个人，土地经营权权利本身并无身份限制，与其他的用益物权功能并无差别。土地经营权作为独立的权利用益物权，应当允许继承，各继承人平等地享有土地经营权的继承权利。②

结　语

土地承包经营权“三权分置”改革是一个循序渐进的过程，不可能一蹴而就。随着土地承包经营权及土地经营权流转的日益频繁，囿于农户法律专业知识的欠缺，在合同订立过程中普遍存在形式不规范、权利义务约定不明确等情形，由此引发的纠纷日渐增多。本报告通过对相关法律规范进行研究，对审判实务进行梳理，提炼涉土地承包经营权、土地经营权流转的相关裁判规则，从而促进农地“三权分置”通过管理功能、保障功能、财产功能发挥作用，提升农业发展效率，助力乡村振兴。然而，审判实践中遇到的问题五花八门，本报告难以一一涉及，仅对土地承包经营权流转合同效力问题及土地经营权流转过程中征地补偿、权利继承等裁判思路进行分析，以作引玉之砖。

---

① 参见江苏省泰州市中级人民法院（2015）泰中民四终字 00535 号民事判决书。

② 陈广华、孟庆贺：《“三权分置”下农户承包权和土地经营权继承问题研究》，《农村经济》2018 年第 2 期。

民间借贷案件中“职业放贷人”的司法认定规则研究

——以安顺两级法院的审判实务为视角

王　爽*

摘　要：随着我国经济供给侧结构性改革的不断发展，金融体制改革的不断深入，资金供求关系的不断演变，金融市场融资方式逐渐多元化。民间借贷补充了民营经济和农村经济在金融资源上的不足，对满足社会融资需求，优化资源配置，激活市场活力具有重大意义，在帮助中小企业走出融资困境，满足群众互助性资金需求方面起到了积极作用。与此同时，由于市场和政策监管的缺位，出现了借贷主体多元化、借贷关系复杂化等新情况和新问题，出现了职业放贷、套路贷，有些甚至涉嫌刑事犯罪。其中，职业放贷行为严重扰乱了金融市场秩序，增加了民间借贷市场风险，职业放贷行为亟待规范。本报告基于对民间借贷案件审理中职业放贷人认定的审查方式、标准及考量因素、刑民交叉等问题的实证研究，就安顺辖区职业放贷人的认定标准和遏制职业放贷现象提出建议与对策。

关键词：民间借贷案件　职业放贷人　司法认定规则　安顺法院

* 王爽，安顺市中级人民法院员额法官。

如无特别说明，本报告资料来源于安顺市中级人民法院。

一　民间借贷的定义及特征

（一）民间借贷的定义

民间借贷是一种由来已久的民间金融互助性活动，是自然人、法人和非法人组织之间，以货币等标的物进行资金交易的行为，是出借人将一定数量的金钱交付给借款人，借款人在约定期限内向出借人偿还借款本金并支付利息的民事法律行为。

（二）民间借贷行为的特征

1. 主体多样化

民间借贷主体呈多元化趋势发展，包括自然人、公司等。一是具有经济能力的富有群体；二是专门从事放贷的群体，如小额贷款公司、职业放贷人等；三是彼此熟识的当事人，包括朋友、亲属或恋人关系。

2. 用途多样化

民间借贷融资用途从消费型向融资型转化，所借款项主要用于企业或个体的生产经营，包括投入房地产、建设工程等，以及买房购车、治疗重大疾病等。

3. 高利普遍化

民间借贷的利率普遍高于银行贷款利率，为规避法律对利息的上限规定，采用砍头息、高息计入借款本金等方式掩盖高息。

4. 交易灵活性

民间借贷与银行贷款相比，具备数额灵活、过程简便、方式自由、进入门槛低、利率不固定等特征。

二　民间借贷案件审理情况分析

安顺市法院 2019 年受理民间借贷纠纷案件 2615 件、审结 2496 件，2020 年受理 2678 件、审结 2523 件，2021 年受理 3455 件、审结 3100 件，2022 年受理 3348 件、审结 3110 件，2020 年、2021 年分别认定职业放贷人 1 件。结合以上数据，安顺市民间借贷纠纷案件主要呈现如下特征。

1. 2019~2021年案件数量逐年上升，2022年呈下降趋势

2020 年安顺市法院受理民间借贷纠纷案件较 2019 年同比增长 2.4%，2021 年较 2020 年同比增长 29%，2022 年较 2021 年同比下降 3.1%（见图 1）。

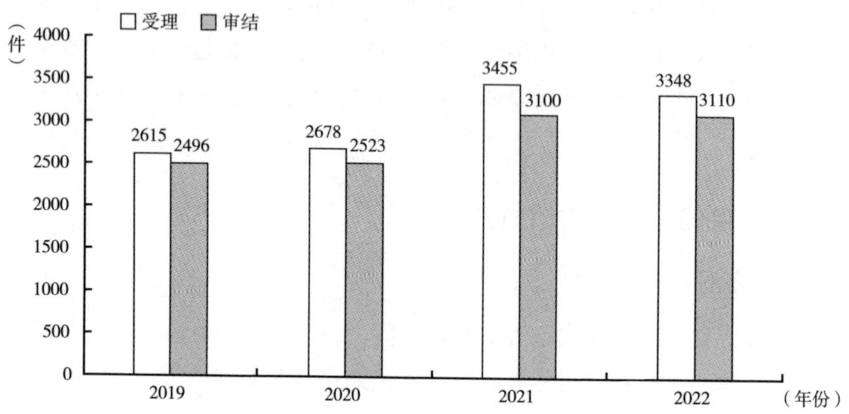

图 1　2019~2022 年安顺市法院受理民间借贷案件数量

2. 2020~2022年涉案标的逐年上涨

2019 年，民间借贷纠纷涉案标的为 85019.19 万元，2020 年 71878.22 万元，2021 年 115464.37 万元，2022 年 132787.1 万元（见图 2）。

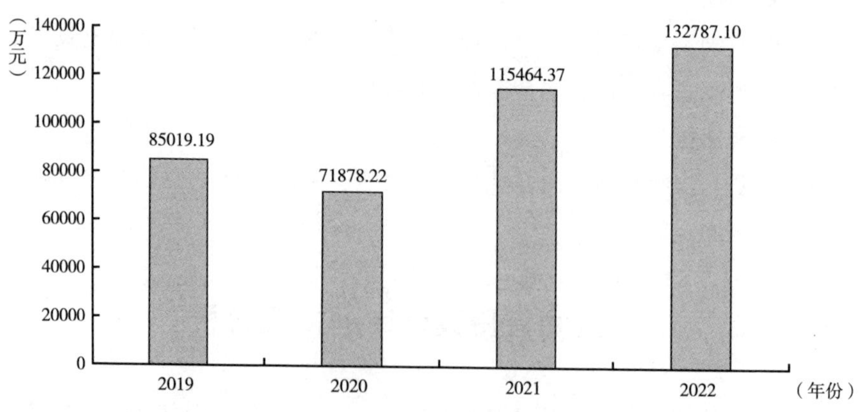

图 2　2019~2022 年安顺市法院受理民间借贷案件涉案标的

3. 民间借贷成为市场主体重要的融资方式

2019 年民间借贷在借款合同纠纷中占比 57.2%，2020 年占比 54.1%，2021 年占比 52.1%，2022 年占比 56.1%（见图 3）。

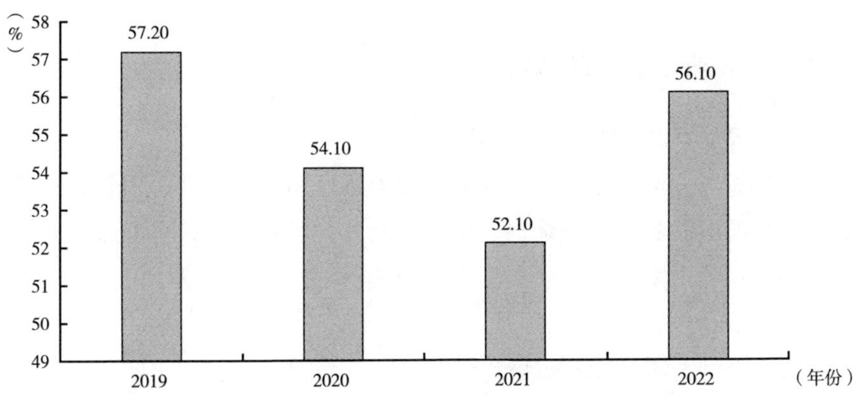

图 3　2019～2022 年安顺市法院受理民间借贷案件占比

4. 职业放贷人认定标准较为严格

2019～2021 年，安顺市法院认定职业放贷人案件仅 2 件。主要以两年内在辖区内作为原告或关联原告涉及民间借贷纠纷案件较多，出借对象具有统一特征且接待数额较大作为认定职业放贷人的标准。

三　职业放贷人的认定

人民法院妥善审理民间借贷纠纷案件，依法认定职业放贷人，严格规范职业放贷，对引导民间借贷遵循自愿互助、诚实信用原则，预防非法放贷行为干扰金融市场秩序，防止非法职业放贷诱发违法犯罪，规范民间融资活动，促进经济稳定发展，助力优化营商环境，维护国家金融秩序和社会和谐稳定具有积极意义。

（一）职业放贷人的定义

随着民间借贷活动的不断活跃，出借人资金不断积累，因为国家正规信贷机构门槛高、时间长，难以满足市场需求等原因，出借人为了追求高利率回报，对外放贷行为日趋职业化，便出现了以营利为目的的职业放贷人。

职业放贷人指在未取得对外放贷资质，未获金融市场监管部门批准的情况下，向不特定的社会对象出借款项并赚取高息，擅自对外提供有偿借贷业务的自然人、法人和非法人组织。同一出借人或关联出借人以放贷为主要收入来源，在一定时间内经常性对外放贷并收取利息，一般可认定为职业放贷人。

（二）职业放贷人的危害

1. 诱发其他案件，影响社会和谐

职业放贷人一旦资金断链，可能诱发大量民间借贷案件，出现群体性事件，甚至可能形成非法集资等刑事案件。此外，职业放贷人可能采取暴力催收、非法拘禁等手段，甚至与涉黑恶势力相互渗透，从而诱发刑事案件，严重影响社会和谐稳定。

2. 冲击金融市场，影响金融秩序

职业放贷行为违反了《银行业监督管理法》等法律，由于利润高、诱惑大，吸引了市场上的众多资金，一方面降低了地方金融机构存款的吸收率，另一方面借款人的负担也因偿还高利而加重，导致通货流通不畅，扰乱了国家金融秩序的稳定和货币政策的有效实施。

（三）职业放贷人的审查方式

1. 主动审查

审判实践中，应结合当事人的诉辩，主动审查借贷合同是否存在《民间借贷司法解释》第十三条规定的无效情形，依法认定借贷合同效力。即使当事人未以出借人系职业放贷人、本案系转贷行为等为由抗辩合同效力问题，法院亦应就民间借贷合同效力问题主动进行审查。

2. 检索范围

借款人主张出借人经常性地向不特定的社会对象提供借款，应认定为职业放贷人的，应当提供证据证明。借款人可通过裁判文书网、企查查等平台进行关联案件查询。此时需要注意，举证范围不应局限于诉讼案件，还可包括仲裁案件、诉前调解案件。同时，也不应局限于民间借贷案件，还可包括其他涉及出借人从事对外放贷行为的案件，如出借人作为担保人、出借人作为实际提供借款的第三人、出借人代他人收取利息等。

目前审判管理系统查询权限仅限于贵州省范围。人民法院应当根据借款人的举证情况，结合审判管理系统进行关联案件查询，综合案件数量、合同格式化程度、出借数额及利息约定等综合认定。

（四）职业放贷人认定的考量因素及标准

《非法放贷意见》第一条第二款规定了“经常性地向社会不特定对象发放贷款”的刑事认定标准。《九民会议纪要》明确，职业放贷人的认定标准和考量因素不能比刑事标准宽松。

1. 未经批准对外放贷

任何单位或个人在未获对外放贷资质，未经金融市场监管部门批准的情况下，一律不得从事金融业务活动。出借主体自然人均不具备从事金融业务活动的资格，因此，司法实践中，需要重点调查作为出借人的企业、公司的营业执照经营范围，是否取得金融许可证等事实，审查其是否具备从事金融业务活动的资质。对于未取得金融许可证或经营范围不包含金融业务而对外放贷的，均属未经批准对外放贷的情形。

2. 一定期间内的涉诉案件数量

（1）案例的提出

案例：A 与 B 签订了借款合同，约定 A 向 B 借款 50 万元，利息月 2%。B 向 A 转账支付 48 万元，现金支付 2 万元。后 A 向 B 委托收取利息的案外人支付了部分利息。因 A 未偿还借款本息，B 向法院诉请偿还。2016~2017 年，B 作为原告涉民间借贷案件 3 件，作为受原告委托出借款项的第三人涉民间借贷案件 5 件，借款人均不相同，亦无特殊关系，均约定并实际收取了利息。

争议焦点：A 主张 B 通过其借贷团队人员进行案涉借贷活动，应为职业放贷人，B 对此不予认可。B 是否属于职业放贷人？

一种观点认为，B 在两年间作为原告涉及民间借贷案件仅 3 件，其不具有职业放贷的行为特征。另一种观点认为，虽然 B 作为原告的案件仅有 3 件，但 B 参与了另外 5 案的资金出借行为，亦应认定为职业放贷人。

笔者赞同第二种观点。虽然 B 作为原告涉及的民间借贷案件仅有 3 件，但本案中，B 出借款项存在未按借款合同足额提供借款，委托案外人收取利息的情形。且其他民间借贷案件中，原告均委托 B 向借款人实际支付借款，因此其他民间借贷行为中，B作为关联原告参与其中，且以上案件中借款人均不一致，亦无特殊关系，且均约定并收取了利息。因此，可以认定B及其关联人在一定期间内向社会不特定对象提供资金，对外借贷行为具备营利性、反复性，B应认定为职业放贷人，案涉借贷合同无效。

（2）认定标准

审查职业放贷人对外放贷次数，可以同一出借人及关联出借人作为原告，在一段时间内向法院起诉民间借贷或相关案件数量作为标准。案由应包括与民间借贷相关的案件，包括民间借贷纠纷、追偿权纠纷等。对于其他案件应否作为案件数认定，应以该案是否涉及出借人从事对外放贷行为为标准，如出借人作为担保人、出借人作为实际提供借款的第三人、出借人代他人收取利息等。这里的案件数量包含诉前调解案件、申请执行的仲裁裁决案件等。此外，职业放贷人对外放贷还应具有多次、反复和长期性的特征。

虽然部分借款并非同一出借人对外出借，但实践中，存在出借人与其他出借人的出借行为、款项来源、催要债务等存在一定的关联性的情形，关联出借人可包括其亲属、借贷团队人员、实际出借借款或收取利息的人员等。

3. 借款金额、利息约定、款项来源

出借借款金额、约定利息及款项来源的情况，可作为认定职业放贷人对外提供资金目的是否具有营利性，对外放贷是否具备职业化、专业化特征的审查标准。职业放贷人对外放贷的目的为赚取高息，一般无互助性质，具有较强的赢利性质。对于出借借款长期存在砍头息，将利息转为本金打入借款合同或借条，实际支付利息明显高于约定利息，或未约定利息但实际支付利息等情形，以及大部分借款均约定了高额利息的，一般可以认定为以经营性、赚取高额利息为目的。

4. 出借对象的情况

（1）案例的提出

案例：A与B（公司）签订《项目投资协议书》，约定A向B投资2000万元用于项目投资，在投资期限内获得收益1500万元。期限届满返还投资款和收益。涉及项目风险由B承担，A不承担任何债务。后A按约支付投资款，因B未按约返还投资款及支付收益，A诉至法院，诉请支付投资款及收益。2010~2020年，A及其妻子涉及民间借贷纠纷案件共7件，其中2010年2件

（借款金额共计 7735. 152 万元）、2015 年 2 件（借款金额共计 2960 万元）、2019 年 1 件（借款金额共计 1000 万元）、2020 年 2 件（借款金额共计 4000 万元）。A 的借款金额共计 20156. 592 万元，每笔借款均约定月息 3%，出借对象均为房开企业，且已实际收取了高额利息。

争议焦点：该案中，上诉人主张被上诉人通过其借贷团队人员进行案涉借贷活动，应为职业放贷人，被上诉人对此不予认可。A 是否属于职业放贷人？

一种观点认为，虽然 A 在 10 年间涉及民间借贷纠纷案件仅 10 件，但是其在 2019~2020 年两年间，涉及民间借贷纠纷案件 3 件，借款金额为 5000 万元，且总计出借金额高达 20156. 592 万元，故其应认定为职业放贷人。另一种观点认为，A 在 10 年间对外出借款项形成案件仅 10 件，不具有多次、反复和经常性的特征，故不应认定为职业放贷人。

笔者赞同第一种观点。A 投资，但不承担任何风险，并按期获得投资收益，故本案名为项目投资，实为民间借贷。A 对外出借款项从次数看虽然不多，但是借款金额巨大，且 2019~2020 年两年间形成民间借贷案件 3 件，每笔借款均约定了高额利息并实际收取了高额利息，借款对象均为房开企业，能够体现 A 对外出借款项的职业化。因此，A 对外出借款项具有营利性、反复性，A 应认定为职业放贷人，案涉借贷合同无效。

（2）认定标准

出借对象的情况，包括出借对象的性质、出借人与借款人的关系情况等，可作为认定职业放贷人放贷对象的审查标准。职业放贷人出借款项的对象应为社会不特定的公众。若出借对象均为部分企业，即具有向社会不特定企业放贷和职业化的特征。若出借人与借款人均为亲属关系，且不同案件的借款人存在重复或交叉的情况，不宜认定为社会不特定的对象。

5. 借款合同的形式

职业放贷人的职业化可以借条或借款合同的形式作为认定标准。职业放贷人对外提供借款通常具有职业化、专业化、格式化的特征。若存在出借人包含职业放贷人其他特征、借条或借款合同基本为统一格式或填充式借款合同、借款人抗辩出借人要求将本息支付给他人、出借人本人无正当理由拒不到庭参加诉讼等情形，一般可认定为职业放贷人。

综上所述，在认定职业放贷人时，应当根据当地经济发展水平，结合案件审理实际情况，结合出借人及关联出借人在一定时间内涉及民间借贷相关案件数量、对外出借借款次数（不限于诉讼）、借条或合同形式、出借金额及利息约定、出借方式及资金来源等因素综合考量。

（五）司法实践中职业放贷人认定标准对比

民间借贷活动较为活跃地区的法院通过出台会议纪要、实施意见等方式对职业放贷人的标准进行了详细的规定。浙江高院认为，三年在同一基层法院涉民间借贷案件 20 件以上，同一年以 10 件以上为标准；或在同一中级法院及辖区基层法院涉 10 件以上，同一年以 15 件以上为标准。① 江苏高院认为，一年内在全省各级法院涉案 5 件以上，应纳入疑似职业放贷人名录。② 天津法院认为，两年在辖区法院涉案 5 件以上，或两年向社会不特定对象出借资金 3 次以上，一般可认定放贷行为具有营业性。③ 虽然各地认定标准不一，但是客观上也符合我国各地经济水平发展不一和民间借贷案件审判情况不同的实际。

（六）职业放贷人认定的溯及效力

当事人进行民间借贷行为的长期性为认定职业放贷人的重要因素和标准之一。根据《民间借贷司法解释》第三十一条第一款的规定，审查认定职业放贷人时，民间借贷案件或民间借贷活动发生的时间可溯及适用该解释的条款。为维护生效判决的既定性和权威性，维护社会经济关系，借款人以出借人从事职业放贷行为对已经生效案件申请再审的，应当慎重审查，不宜将此类案件进入再审。

（七）认定职业放贷行为的法律后果

人民法院应加强对职业放贷人的审查认定，对于可能认定为职业放贷人的案件，还应重点审查借贷关系的真实性与合法性。对于真实且合法存在的债权债务，因认定出借人为职业放贷人而导致借贷合同无效后，根据《民法典》第一百五十七条的规定，借款人除了返还实际借款外，鉴于借款人使用借款期

---

① 《关于依法严厉打击与民间借贷相关的刑事犯罪强化民间借贷协同治理的会议纪要》第二条。

② 《关于建立疑似职业放贷人名录制度的意见（试行）》第二条。

③ 《天津法院民间借贷审理指南（试行）》第二十一条。

间客观会造成出借人资金占用期间的利息损失，故借款人应向出借人支付资金占用期间的利息损失，该利息损失一般以一年期 LPR 进行计算，不应支持双方约定的高额利息。若存在担保合同，根据《民法典》第三百八十八条、第六百八十二条及《担保法司法解释》第十七条的规定，民间借贷合同无效，担保合同亦无效，担保人无过错的，不承担赔偿责任；担保人有过错的，承担不超过借款人不能清偿部分的三分之一的赔偿责任。对于债权债务真实性存疑的，应驳回原告的诉讼请求，若可能涉嫌虚假诉讼、非法吸收公众存款等违法犯罪的，应及时将线索移送公安机关或检察院。

（八）职业放贷人刑民交叉的处理

《民间借贷司法解释》第十三条第三项与《非法放贷意见》共同搭建了“职业放贷”民刑法律责任的规制架构。虽然《民间借贷司法解释》将司法利率保护上限调整为一年期 LPR 的四倍，但在《非法放贷意见》未修订的情况下，仍应以年利率 36% 作为刑事红线的认定。

1. 职业放贷可能构成的罪名及认定标准

当职业放贷行为符合《非法放贷意见》第一条规定的 2 年、10 次标准且情节严重的情况，可能构成非法经营罪。当约定利息超过 36%，实施符合《非法放贷意见》第一条规定的非法放贷行为，同时符合一定数额、人数和后果标准的，属于情节严重或特别严重情形。因此，利息约定超过 36% 的借贷行为并非一律认定为非法放贷，还应结合数额、人数或后果等进行认定。此外，当职业放贷行为还具有其他犯罪事实，如以故意伤害、非法拘禁等非法手段强索债务的，亦可能构成其他犯罪。

2. 刑民程序的衔接

当与民间借贷案件有关联但不是同一事实涉嫌刑事犯罪的，民事应继续审理，并将涉嫌犯罪的线索、材料移送。当借贷行为本身涉嫌刑事犯罪的，根据先刑后民原则，应裁定驳回起诉，将涉嫌犯罪的线索、材料移送公安机关或检察院。若案件审理必须以刑事审判结果为依据，而刑事尚未审结的，应裁定中止诉讼。要特别注意的是，若出借人诉请担保人承担担保责任的，根据《民间借贷司法解释》第八条的规定，即使借款人涉嫌犯罪，担保人的担保责任亦不能当然免除，民事程序应继续进行。

四　制度探索

贵州高院对职业放贷人的认定标准暂无指导意见和具体规定。诉讼中，大部分借款人会以出借人存在职业放贷行为为由主张合同无效，此时就需要法院审查出借人是否符合职业放贷人的认定标准。因此，在辖区内统一认定的原则和量化标准，对统一裁判尺度、引导和规范民间借贷行为具有重大意义。综合以上论述分析，结合安顺经济发展水平和审判实际，笔者就安顺辖区职业放贷人的认定标准提出以下建议。

（一）职业放贷人的认定依据

审理民间借贷案件时，应当根据借款人的举证情况重点审查和甄别职业放贷行为，通过审判管理系统查询关联案件，结合出借人及关联出借人涉及案件数量、合同格式化程度、出借数额及利息约定等因素综合认定。此外，若其他案件涉及借款人从事民间借贷或者具体放贷行为的案件，亦应计算在内。

（二）营利性、经常性的认定

两年内，同一出借人或关联出借人作为原告向全省法院提起民间借贷案件6件以上，或提起民间借贷案件4件以上、累计出借数额达60万元以上的，应认定职业放贷人。

若在两年内起诉案件达4件以上，存在下列情形的，也可认定。一是借条、借款或担保合同相似度高。二是实际约定利息明显高于司法保护标准。三是低利息借入款项后又对外高利息出借，赚取中间差价的。四是存在砍头息或实际支付利息高于约定的。五是以约定服务费、咨询费等方式掩盖高额利息的。六是原告本人无正当理由拒不到庭陈述借款情况或陈述存在虚假的。

（三）关联出借人的认定

一是出借款项资金来源相同；二是存在亲戚、朋友或其他亲密关系；三是与出借人是同一单位的法人、股东等；四是借条、借款或担保合同高度相似；

五是通过冒名出借款项、债权债务转移等方式掩盖真实出借人；六是仅作为利息收取人参加借贷活动的。

五　建议与对策

（一）加大宣传力度，增强法律意识

加大宣传力度，充分运用电视、广播、微信、微博等线上线下媒体，通过公布典型案例等方式，宣传职业放贷行为的危害性，普及国家金融政策法规，增强群众法律意识和风险意识。

（二）增加投资渠道，规范民间借贷

增加公民投资融资渠道，出台相应投资优惠政策，鼓励民间资本流向城市基础设施建设、城镇化建设、农业集约化发展等各类领域，科学设置金融机构投资门槛，引导民间资本合理流动，不断引导规范民间借贷行为。

（三）加强司法联动，落实司法保障

建立公安机关、检察院、法院、人民银行等多部门联动打击惩戒和协同治理机制，形成资源信息共享。严厉打击职业放贷、非法吸收公众存款等犯罪行为。人民法院应结合各地经济发展水平和审判实际，通过指导意见、会议纪要等方式规定职业放贷人审查意见，统一裁判尺度。

1. 建立职业放贷人名录通报机制

结合审判实际，探索建立疑似职业放贷人名录，定期向公安机关等有关部门通报职业放贷人的认定情况以及疑似职业放贷人重点关注对象。

2. 建立风险防范提醒联动机制

审慎排查“非法职业放贷”线索，对可能存在犯罪嫌疑的职业放贷人，应及时与银监、公安等部门沟通，移送相关材料。

3. 建立分级预警案件移送机制

加强与公安机关、检察院的沟通联络，建立分级预警案件移送机制，对可能涉嫌赌博、非法吸收公众存款等与高利贷相关的违法犯罪行为，应及时排查移送。

生态环境损害赔偿诉讼与环境民事公益诉讼对比研究

生态环境损害赔偿诉讼与环境民事公益诉讼
对比研究课题组*

摘　要： 生态环境损害赔偿诉讼与环境民事公益诉讼有共同之处，均为不同主体为保护社会公共利益而提起诉讼的制度，目前学界研究主要集中于环境公益诉讼的制度构建，对二者在制度的重合、司法实践中的冲突与两类案件裁判结果的履行及其监督情况等问题所作的对比研究甚少。本报告旨在运用历史研究的方法、文献分析法、案例分析法、比较研究法和实证分析法等方法，探讨二者在制度价值及保护利益上的重合，是否会导致政府怠于履行提起生态环境损害赔偿诉讼的职责，或重复诉讼浪费司法资源等问题，如何完善相应制度、高效保护生态环境。

关键词： 生态环境损害赔偿　环境民事公益诉讼　制度重合与对比　安顺法院

---

* 课题组成员：陈雯贞，安顺市中级人民法院环境资源审判庭副庭长、一级法官；陈燕燕，遵义市汇川区城市建设投资经营有限公司审计法务部部长；周愿垚，安顺市中级人民法院环境资源审判庭法官助理；刘瑜蕊，安顺市中级人民法院环境资源审判庭法官助理。
本报告系安顺市中级人民法院“安法护航·学法论坛”成果。如无特别说明，本报告资料来源于安顺市中级人民法院。

一　生态环境损害赔偿诉讼与环境民事公益诉讼[①]制度概述

（一）“两诉”的理论来源

1. 生态环境损害赔偿诉讼

近年来我国大力推进生态文明建设，党的十八届三中全会明确提出了对造成生态环境损害的责任者严格实行赔偿制度。2018 年全国试行生态环境损害赔偿制度，《中共中央办公厅、国务院办公厅印发〈生态环境损害赔偿制度改革方案〉》（以下简称《改革方案》）指出生态环境损害是因污染环境、破坏生态造成大气、地表水、地下水、土壤、森林等环境要素的不利改变，以及上述要素构成的生态系统功能退化。但是法律层面并未对生态环境损害赔偿概念作出明确界定。笔者认为，生态环境损害赔偿诉讼是单位或个人违反法律法规造成生态环境损害，权利人提起的追究责任人生态环境损害赔偿的诉讼。旨在通过损害评估确定责任人应承担的责任，让受损的生态环境得到修复。

2. 环境民事公益诉讼

随着我国经济的高速发展，城市化建设的快速增长，人们生产生活过程中产生了大量的废水、气、噪声及固体垃圾，这些污染物对生态环境造成一定程度的破坏。生态环境不仅与人们的身体健康息息相关，同时也会影响地方的经济发展。为解决影响人们生产生活的环境问题，延伸出很多与环境有关的民事诉讼案件。与传统的普通环境侵权救济方式和手段相比，环境民事公益诉讼作为一项救济措施，在维护环境公共利益上获得了较高的认同感。环境民事公益诉讼指特定的国家机关、社会组织和公民，为维护环境公共利益，根据法律的规定，对已经或可能污染和破坏环境的行为，针对实施该行为的主体向法院提起诉讼并要求其承担民事责任，由法院按照民事诉讼程序依法审判的活动。环境民事公益诉讼的发展有助于提升人们生活的幸福感。

---

① 以下简称“两诉”。

（二）"两诉"顺位理论概述

有学者认为，"两诉"应以赔偿权利人提起生态环境损害赔偿诉讼为第一顺位，以社会组织提起环境民事公益诉讼为第二顺位，以检察机关提起环境民事公益诉讼为第三顺位，同时对管辖问题在法律层面进行统一规制。笔者认为，从诉讼权利救济方面来说，先由权利人向赔偿义务人提起生态环境损害赔偿诉讼，在权利人不作为时，社会组织及检察机关再提起公益诉讼。从环境修复方面来说，先由权利人与赔偿义务人对环境损害赔偿进行磋商，磋商达成一致意见后，双方到法院进行司法确认，义务人进行赔偿并修复环境。在义务人不作为时，权利人提起诉讼。权利人为行政机关优先提起生态环境损害赔偿诉讼，检察机关及社会组织作为督促主体再提起公益诉讼。目前由于认识不同，"两诉"在法学理论与司法实务中并未统一。

二 "两诉"司法实践现状及变化情况分析

（一）司法实践现状

1. 实体法上的缺陷

我国的《宪法》《环境保护法》等法律中并未明确规定公民享有环境权。仅有2018年《宪法修正案》在《宪法》序言中将生态文明、美丽中国建设纳入"国家的根本任务"之中，与《宪法》第九条自然资源国家所有和国家保护条款、第二十六条国家保护和改善环境的环保国策条款构成我国的隐形宪法条款。①

2. 程序法上的不足

从2012年《民事诉讼法》第五十五条、2014年《环境保护法》第五十八条，2015年最高人民法院《关于审理环境民事公益诉讼案件适用法律若干问题的解释》，2015年最高人民检察院《检察机关提起公益诉讼改革试点方案》中可知，目前我国有权提起环境民事公益诉讼的主体有：符合条件的社会组织

① 罗熹：《恢复性司法理念下我国未成年人刑事司法保护——以"关系恢复"为探讨维度》，《法制与社会》2021年第4期，第82~99页。

(环保组织)、获得授权的检察机关、特定国家机关。但是对于公民是否有资格直接提起环境公益诉讼，并未进行明确规定。

(二)法律规定变化及分析

1. 环境民事公益诉讼

《民事诉讼法》确立了环境民事公益诉讼制度，其中第五十五条①填补了我国环境民事公益诉讼的立法空白。但该条过于笼统粗放，仅将环境污染的行为列举为提起环境民事公益诉讼的受案范围。而且“法律规定的机关和有关组织”过度概括、指向不明；适格当事人规定范围过于狭窄，并没有赋予公民环境民事公益诉讼的主体资格。

《环境保护法》第五十八条②扩大了环境民事公益诉讼的受案范围，将破坏生态的行为纳入诉讼的受案范围，也对“有关组织”的资格条件进行了明确规定，当然，在事实上也将大量的环保组织置于环境民事公益诉讼原告主体之外。不但如此，该条文对于提起诉讼的“法律规定的机关”未予明确规定，依然否定了公民个人作为环境公益诉讼主体提起诉讼的资格，立法缺陷明显。在制度设计上，缺乏环境民事公益诉讼的具体规则，仍属粗线条技术路线。

2015 年 1 月 7 日起开始施行的《最高人民法院关于审理环境民事公益诉讼案件适用法律若干问题的解释》(以下简称《环境民事公益诉讼解释》)对环境民事公益诉讼程序推进的具体规则进行了详细规范，对环境民事公益诉讼制度的落地和案件的审理起到不小的推动作用。其中对原告的起诉资格做了进一步的放宽，对立案要求、诉讼成本、责任形式、司法监督、私益诉讼等程序性问题做出了比较详尽的规定，促进了环境民事公益诉讼进一步规范化和制度化。但是，《环境民事公益诉讼解释》对判决资金的使用监管问题，包括谁来管理、谁来使用、谁来监督等问题并未明确。

---

① 第五十五条，对污染环境、侵害众多消费者合法权益等损害社会公共利益的行为，法律规定的机关和有关组织可以向人民法院提起诉讼。

② 第五十八条，对污染环境、破坏生态，损害社会公共利益的行为，符合下列条件的社会组织可以向人民法院提起诉讼：(一)依法在设区的市级以上人民政府民政部门登记；(二)专门从事环境保护公益活动连续五年以上且无违法记录。符合前款规定的社会组织向人民法院提起诉讼，人民法院应当依法受理。提起诉讼的社会组织不得通过诉讼牟取经济利益。

总之，我国的环境民事公益诉讼已经向前迈出了一大步，但是为了让这美好的制度不被束之高阁，为了弥补立法缺失，当务之急，应当完善立法，进一步明确和拓展提起环境民事公益诉讼的主体、赋予公民提起诉讼的主体资格，制定和健全包括判决资金的使用监管、环境损害司法鉴定体系等环境民事公益诉讼的一系列具体规则，以更好地维护环境公共利益，促进社会的稳定和经济的可持续发展。下文主要就起诉主体从明确到拓展、具体制度创新及展开制度完善进行论述。

2. 生态环境损害赔偿诉讼

2015 年，中共中央办公厅、国务院办公厅印发《生态环境损害赔偿制度改革试点方案》（中办发〔2015〕57 号）（以下简称《试点方案》），在吉林等 7 个省市部署开展改革试点，取得明显成效。

为进一步在全国范围内加快构建生态环境损害赔偿制度，在总结各地区改革试点实践经验基础上，中共中央办公厅、国务院办公厅于 2017 年 12 月印发了《改革方案》，要求自 2018 年 1 月 1 日起，在全国试行生态环境损害赔偿制度；到 2020 年，力争在全国范围内初步构建责任明确、途径畅通、技术规范、保障有力、赔偿到位、修复有效的生态环境损害赔偿制度。

2019 年 6 月 5 日《最高人民法院关于审理生态环境损害赔偿案件的若干规定（试行）》（以下简称《若干规定》）的正式出台，标志着生态环境损害赔偿制度在司法领域有了统一的操作性文件。不过，总体上看，作为我国生态文明建设新形势下实现国家环境保护义务的新方式、新途径，我国生态环境损害救济（赔偿）法治建设尚处于探索阶段，建立和完善生态环境损害救济制度已经成为深化生态文明体制改革的重要任务之一。

生态环境损害赔偿诉讼的主要变化。一是明确了可以提起生态环境损害赔偿诉讼的原告范围。依据《改革方案》关于赔偿权利人以及起诉主体的规定，《若干规定》明确省级、市地级人民政府及其指定的相关部门、机构或者受国务院委托行使全民所有自然资源资产所有权的部门可以作为原告提起诉讼。同时，明确“市地级人民政府”包括设区的市，自治州、盟、地区，不设区的地级市，直辖市的区、县人民政府。二是明确了可以提起生态环境损害赔偿诉讼的具体情形。依据《改革方案》关于生态环境损害赔偿适用范围的规定，《若干规定》明确了可以提起诉讼的三种具体情形，包括发生较大、重大、特别重大突发环境事件的，在国家和省级主体功能区规划中划定的重点生态功能区、禁止开发区发生环境污染、生态破坏事件的，以及发生其他严重影响生态环境后果的情形。需要说明的是，上述第三种情形包括各地依据《改革方案》授权制定的实施方案中的具体规定。三是明确了开展磋商是提起诉讼的前置程序。《若干规定》明确原告在与损害生态环境的责任者经磋商未达成一致或者无法进行磋商的，可以提起生态环境损害赔偿诉讼，将磋商确定为提起诉讼的前置程序，为充分发挥磋商在生态环境损害索赔工作中的积极作用提供了制度依据。《若干规定》第二条规定了不适用该解释的两类情形，并明确了相应的救济渠道。具体包括两类案件，一是因污染环境、破坏生态造成人身损害、个人和集体财产损失要求赔偿的，适用《侵权责任法》等法律规定；二是因海洋生态环境损害要求赔偿的，适用《海洋环境保护法》等法律及相关规定。

另外，《若干规定》创新了生态环境损害赔偿责任体系。一是创新责任承担方式，突出了修复生态环境的诉讼目的，首次将“修复生态环境”作为承担生态环境损害赔偿责任的方式。二是创新责任承担方式的顺位，突出修复生态环境和赔偿生态环境的服务功能损失在责任体系中的重要意义。三是完善了责任承担范围，根据生态环境是否能够修复对损害赔偿责任范围分类规定，在受损生态环境能够修复的情况下，被告应承担修复责任，人民法院可以同时确定被告不履行修复义务时应承担的生态环境修复费用。原告请求被告赔偿生态环境受到损害至修复完成期间服务功能损失并有足够事实根据的，人民法院依法予以支持。在受损生态环境无法修复或者无法完全修复的情况下，被告应就生态环境功能永久性损害造成的损失承担赔偿责任。在受损生态环境无法完全修复的情况下，即受损生态环境部分可以修复、部分不能修复，赔偿义务人需要同时承担可修复部分的修复义务以及支付可修复部分在修复期间的生态环境服务功能损失，不可修复部分，则需支付永久性损害造成的损失赔偿资金。此外，首次将修复效果后评估费用纳入修复费用范围。四是与《土壤污染防治法》关于建立土壤污染防治基金等规定相衔接，规定赔偿资金应当按照法律法规、规章予以缴纳、管理和使用，明确了赔偿资金的管理使用依据。需要说明的是，如果本地区有生态环境损害赔偿诉讼或者环境公益诉讼专项资金账户，可以将上述资金或者费用交纳至该账户，专项用于案涉生态环境修复工作。

三　典型案例及裁判要旨

（一）安顺市生态环境局与某生态（贵州）有限公司、贵州某集团有限公司生态环境损害赔偿协议司法确认案

1. 基本案情

安顺市西秀区贯城河下游水环境综合治理工程项目建设内容中，新建设的污水管网与原污水管道有交汇，需挖断污水管道进行施工，将原污水管道接入新建污水管网，达到污水治理工程改网的目的。2020 年 4~6 月，施工单位某生态（贵州）有限公司与贵州某集团有限公司在施工过程中出现作业事故，原污水管道挖断后应急处置和修复作业滞后，导致污水管道中的污水泄漏进入贯城河下游水体，造成水质污染，产生水生态环境污染损害。上述挖断的管道分别于 2020 年 7 月 17 日、23 日修复接通，停止泄漏。2020 年 7 月 20 日，贵州省分析测试研究院受安顺市生态环境局委托，对上述水污染生态环境损害进行分析评估，并出具《安顺市西秀区贯城河下游水环境综合治理工程水污染案件环境损害评估报告》，明确本次工程施工挖断污水管道导致污水泄漏是贯城河下游河道地表水环境质量受损的主要原因。应急处置直接经济损失 28.546 万元，泄漏污水虚拟治理成本 126.5 万元，损害鉴定评估费用 15 万元，生态环境损害数额总计人民币 170 万元。2020 年 10 月 20 日，安顺市生态环境局作出行政处罚决定书，分别对某生态（贵州）有限公司与贵州某集团有限公司进行了行政处罚，二公司已履行了缴纳罚款义务。2020 年 12 月 31 日，安顺市生态环境局与某生态（贵州）有限公司、贵州某集团有限公司就生态环境损害赔偿事宜进行了磋商，达成生态环境损害赔偿协议，并于 2021 年 1 月 7 日向人民法院申请司法确认。

2. 裁判要旨

根据中共中央办公厅、国务院办公厅《生态环境损害赔偿制度改革试点方案》，中共贵州省委办公厅、省人民政府办公厅《贵州省生态环境损害赔偿制度改革实施方案》，安顺市生态环境局有权作为赔偿权利人与赔偿义务人就生态环境损害赔偿进行磋商，其作为申请人主体适格。根据《贵州省高级人民法院关于审理生态环境损害赔偿案件的诉讼规程（试行）》第七条“在向

法院提起诉讼之前，赔偿权利人与义务人之间可以根据《生态环境损害赔偿制度改革方案》的规定，先行进行生态环境损害赔偿磋商。双方经磋商就生态环境损害事实和程度、修复标准、修复方案、修复所需资金数额，以及修复的启动时间和期限、赔偿的责任承担方式和期限等具体问题达成赔偿协议的，可向生态环境损害行为发生地、损害结果地或者赔偿义务人住所地的中级法院申请司法确认”规定，申请人达成的磋商协议，符合司法确认调解协议的法定条件。法院依法履行了公告程序，公告期内，无相关权利人或社会公众提出异议。申请人出于实现受损生态环境修复目的自愿达成《生态环境损害赔偿协议》，该协议系双方当事人真实意思表示，内容不违反法律法规强制规定，且不损害国家利益和社会公共利益，应予以确认其合法有效。该案系生态损害赔偿权利人安顺市人民政府授权安顺市生态环境局开展磋商并申请司法确认的案件，安顺市生态环境局依法履职。同时该案也明确体现了污染环境承担的行政处罚与生态损害赔偿之间的不同属性，体现了生态损害赔偿制度的生态修复价值取向，义务人因同一事实被行政处罚不影响其对生态损害赔偿责任的承担。

（二）安顺市生态环境局与安顺市镇宁县丁旗镇某煤矿生态环境损害赔偿协议司法确认案

1. 案情简介

安顺市生态环境局镇宁分局于 2021 年 10 月 13 日现场检查发现，安顺市镇宁县丁旗镇某煤矿建设有矿坑水二级收集沉淀池一座。该收集池面对厂区的左侧未做防渗处理，矸石转运场淋溶水通过地表漫流至转运场左侧土坑内收集，水质发黑浑浊；淋溶水未经处理，通过渗漏溢出等方式流入木冲小河，排口上游水质较为清澈，无发黑浑浊现象；排口下游水质发黑且浑浊。矿井水、矸石堆场淋溶水外排进入木冲小河，排放口上下游水质差异明显，无其他工业废水排放。同日，安顺市生态环境局对大营煤矿立案调查。2021 年 11 月 23 日，专家组对煤矿（兼并重组）工程建设期违反建设项目“三同时”制度导致废水污染案件造成的生态环境损害采用专家咨询简化评估方式进行评估。评估结论为：“因配套设施不足，矿井涌水及矸石堆场淋滤水未经处理直接排入木冲小河，导致木冲小河地表水环境质量受到损害，相应生态环境损害数额 18 万元；源头污染治理由大营煤矿组织实施，相关费用不纳入损害赔偿数额，但治理设施建设进度及运行效果需开展验收，由煤矿自行组织、安顺市生态环境局及镇宁分局监督，相关费用预计 3 万元；木冲小河不需开展治理和修复；专家证人简易评估费用总计 6 万元。本次案件造成生态环境损害总计 27 万元。因采用简易评估程序，未对木冲小河及废水水质进行监测，煤矿矿井水处理成本仅按照同类工程进行类比估算，评估结果存在不确定性。权利人可根据责任方污染消除工作开展情况酌情进行适当调整。”2021 年 12 月 1 日，安顺市生态环境局作出安环罚字处罚决定书，共计实施行政处罚 22 万元。

2. 裁判要旨

本案为生态环境损害赔偿司法确认案件，属于人民法院受案范围并属于本院管辖，申请人主体适格。双方根据《生态环境损害赔偿制度改革方案》和《贵州省生态环境损害赔偿制度改革实施方案》《贵州省高级人民法院关于审理生态环境损害赔偿案件的诉讼规程（试行）》的规定，为实现受损生态环境的修复和赔偿自愿达成《生态环境损害赔偿协议》，没有恶意串通、规避法律的行为，是双方真实意思表示，内容不违反法律法规强制规定，且不损害国家利益、社会公共利益，应予以确认其合法有效。该案除体现义务人因同一事实被行政处罚不影响其对生态损害赔偿责任的承担外，还体现了简化评估方式在实践中的应用。生态环境损害赔偿及环境民事公益诉讼均具有高度的专业性，评估鉴定机构数量少、耗时长、费用高是实践中的普遍困扰，该案为提高评估鉴定效率、降低费用作出了有益探索。

（三）公益诉讼起诉人贵州省安顺市人民检察院与被告王某、母某、万某生态破坏民事公益诉讼案

1. 案情简介

王某、母某、万某犯非法采矿罪，被判处有期徒刑并处罚金，追缴非法所得。因王某、母某、万某未对非法采矿破坏的生态环境进行修复，安顺市西秀区人民检察院立案审查，于 2021 年 4 月 28 日委托一一二地质队对紫云自治县猫营镇牛角井村巴唧组三人违法开采饰面用灰岩点开展地质环境调查，并根据实际情况编制环境恢复治理实施方案，为违法开采饰面用灰岩点开展环境恢复治理工作提供依据。一一二地质队组织实施，经资料收集和野外调查后，得出的主要结论为：①非法开采区存在一个采区边坡，对矿石的开挖导致植被完全被

损毁，破坏面积为1518平方米，开采产生的废石渣、废石堆占压导致土壤完全被隔离，植被完全被损毁，破坏面积为2720平方米；②该采区地质环境问题主要为采区开采对土地资源的占用及损毁、地貌景观的破坏，拟采用“挡墙工程+覆土工程+复绿工程”的综合治理方案，“矿山复绿”预算总投资费为37.07万元，其中工程施工费33.53万元、其他费用为1.78万元、基本预备费用为1.77万元。后安顺市西秀区人民检察院将该生态破坏民事公益诉讼案移送贵州省安顺市人民检察院，贵州省安顺市人民检察院向安顺市中级人民法院提起民事公益诉讼。审理过程中，贵州省安顺市人民检察院委托第三方就王某、母某、万某非法采矿破坏林地一案的异地补植复绿实施方案进行编制。

2. 裁判要旨

行为人在未取得采矿许可证及安全生产许可证等证件情况下，擅自在紫云自治县猫营镇牛角井村巴唧组开采饰面用灰岩矿石，三人共同实施非法采矿的行为，破坏生态环境，损害公共利益，依法应承担相应的责任。三被告因非法采矿的犯罪行为已被追究刑事责任，原址实施挡墙工程、覆土工程、复绿工程以消除矿山边坡不稳定带来的安全隐患，阻止因水土流失产生的地质灾害隐患，已不具有现实可能性及必要性，公益诉讼起诉人变更诉讼请求为判决行为人按照被破坏的林地面积进行异地补植复绿并承担异地补植复绿实施方案编制费用，符合《中华人民共和国民法典》第一千二百三十四条、第一千二百三十五条，《最高人民法院关于审理环境民事公益诉讼案件适用法律若干问题的解释》第二十条、第二十二条规定。该案体现了环境民事公益诉讼中，对受损生态环境修复方式必要性及可行性的审查。

（四）公益诉讼起诉人贵州省安顺市人民检察院与被告安某1、安某2、韦某生态破坏民事公益诉讼案

1. 基本案情

2021年9月26日，安某1、安某2、韦某在贵州省紫云苗族布依族自治县猴场镇茶山村茶山组郊纳河河段使用电鱼器进行捕鱼，被猴场镇派出所民警当场抓住。经紫云自治县畜牧服务中心渔政管理站认定：三人所使用捕鱼工具为打鱼机、充电式电瓶、电压调节器等电捕鱼工具设施；渔获物有鲤鱼、钢鳅鱼、巴岩鱼等，共计5.9022千克。案涉水域紫云自治县猴场镇郊纳河（紫云

自治县猴场镇茶山村河边组河流）属于中国珠江水系干流西江的上游，称红水河。安某1、安某2、韦某使用法律禁止的电鱼等破坏渔业资源的方法进行捕捞，至今未对其非法捕捞所涉水域进行增殖放流。

2. 裁判要旨

安某1、安某2、韦某的行为致使生态环境和渔业资源受到破坏，国家利益和社会公共利益受到损害，违反《中华人民共和国渔业法》第三十条第一款、《贵州省渔业条例》第十八条规定，依法应承担修复责任。根据安顺市紫云自治县农业农村局出具的《关于对安某1、安某2、韦某非法捕捞水产品案的渔业资源损害评估意见》，安某1、安某2、韦某应按其造成的直接和间接经济损失给予生态补偿，即采购规格为10厘米适宜增殖放流的鲢鱼、鳙鱼或草鱼15582尾在紫云自治县猴场镇茶山村茶山组郊纳河河段进行投放，对受损的渔业资源实施生态修复。因被告家庭经济困难，经调解，当事人达成协议以劳务代偿的方式进行生态修复。

四 “两诉”的重合及问题概述

（一）“两诉”重合之处

1. 性质

（1）生态环境损害赔偿诉讼。在现行的法律框架内，生态环境损害赔偿诉讼制度的完善路径取决于诉讼性质的认定。对于生态环境损害赔偿诉讼制度的性质，存在以下四种观点：国益诉讼①、私益诉讼②、公益诉讼③、混

① 该观点的理论基础在于政府是提起该诉的原告，因《宪法》规定自然资源属国家所有，该诉是由行政机关提起的、以维护国家利益为目的的国益诉讼。参见吕忠梅2018年3月24日在“2018年度中国环境资源法治高端论坛会议”上的发言，其发言题目为“生态损害赔偿诉讼中的问题与对策”。

② 最高人民法院环境资源审判庭：《最高人民法院关于环境民事公益诉讼司法解释理解与适用》，人民法院出版社，2015。

③ 因该诉的诉讼目的主要体现公共利益。生态环境损害赔偿主要是针对环境资源生态功能和生态价值损害所进行的救济，无论是自然资源产权还是生态系统功能受损，均涉及公共利益。梅宏、胡勇：《论行政机关提起生态环境损害赔偿诉讼的正当性与可行性》，《重庆大学学报》（社会科学版）2017年第5期，第82~89页。

合诉讼[①]。综合该诉的起诉主体、理论权源及诉讼目的，将其认定为一种特殊的环境民事诉讼类型。[②] 亦有学者以自然资源与生态环境的关系，附着于自然资源之上的生态价值与经济价值，及其必然决定国家自然资源所有权一体两面的性质为依据，推导出生态环境损害赔偿诉讼属混合型诉讼。鉴于相关法律规定和司法解释就环境民事公益诉讼的适用规则作出了十分详细的规定。即生态环境损害赔偿诉讼不属于环境公益诉讼的一种，生态环境损害赔偿诉讼的性质或者为混合诉讼，或者尚不能够被现有诉讼理论学说所概括。

（2）环境民事公益诉讼。理论界和实务界都颇具代表性的观点，认为环境民事公益诉讼本质属“民事”诉讼。我国环保不力的原因之一是民事责任缺失，即使污染者受到惩罚，其所致损害也得不到弥补，因为传统诉讼制度下没有人可以对公共环境的损害提起民事诉讼。[③] 有鉴于此，环境民事公益诉讼定位为一种原告资格扩张的侵权诉讼，在环境受损时由特定主体作为“代表”提起诉讼以追究加害者的民事责任，通过民事责任的填补功能实现对环境公益的救济，简称为“侵权诉讼论”。[④]《关于充分发挥审判职能作用为推进生态文明建设与绿色发展提供司法服务和保障的意见》第 19 项[⑤]规定，推出环境民事公益诉讼的理论基础主要为环境诉权说或环境公共利益说与法定诉

---

① 从该诉的本质系借助自然资源国家所有权理论来实现对生态环境损害的间接救济主张其为混合诉讼。该观点的学者认为“生态环境”与“自然资源”两个概念具有不同的内涵，建议生态环境损害赔偿诉讼与自然资源损害赔偿诉讼采用“二分法”，即生态损害赔偿诉讼与自然资源损害赔偿诉讼为两种不同类型的诉讼。其中，生态环境损害赔偿诉讼是救济社会公共利益的公益诉讼，而自然资源损害赔偿诉讼是救济国家所有的自然资源损害的私益诉讼。参见张宝《生态环境损害政府索赔权与监管权的适用关系辨析》，《法学论坛》2017 年第 3 期，第 14~21 页；竺效、梁晓敏《论检察机关在涉海“公益维护”诉讼中的主体地位》，《浙江工商大学学报》2018 年第 5 期，第 17~26 页。

② 彭中遥：《生态环境损害赔偿诉讼的性质认定与制度完善》，《内蒙古社会科学》（汉文版）2019 年第 1 期，第 105~111 页。

③ 别涛：《环境公益诉讼立法的新起点——〈民诉法〉修改之评析与〈环保法〉修改之建议》，《法学评论》2013 年第 1 期，第 101~106 页。

④ 巩固：《环境民事公益诉讼性质定位省思》，《法学研究》2019 年第 3 期，第 127~147 页。

⑤《最高人民法院关于充分发挥审判职能作用为推进生态文明建设与绿色发展提供司法服务和保障的意见》第 19 项：“……认真研究此类基于国家自然资源所有权提起的生态环境损害赔偿诉讼案件的特点和规律，根据赔偿义务人主观过错、经营状况等因素试行分期赔付，探索多样化责任承担方式。……”

讼担当说。[①] 结合有权提起环境民事公益诉讼的原告主体主要为符合法定条件的环保组织与检察机关，它们不可能代表国家行使自然资源国家所有权，也就不可能作为生态环境损害赔偿诉讼的诉讼主体。有学者认为，未来应扭转其作为民事诉讼的错误定位，以公法诉讼为指向完善相关制度。[②] 笔者认为，在现有法律框架内，环境民事公益诉讼在本质上属于民事诉讼范畴，它是一种特殊的民事诉讼程序，在法学理论、立法、司法等层面上都具有相对独立的形态。

2. 主体

根据《若干规定》第一条，[③] 有权提起生态环境损害赔偿诉讼的主体为：省级、市地级人民政府及其指定的相关部门、机构，或者受国务院委托行使全民所有自然资源资产所有权的部门。

根据《环境保护法》第五十八条第一款[④]、《最高人民法院关于审理环境民事公益诉讼案件适用法律若干问题的解释》（以下简称《环境民事公益诉讼

---

① 参见张宝《生态环境损害政府索赔权与监管权的适用关系辨析》，《法学论坛》2017 年第 3 期，第 14~21 页；竺效、梁晓敏《论检察机关在涉海“公益维护”诉讼中的主体地位》，《浙江工商大学学报》2018 年第 5 期，第 17~26 页。

② 参见张宝《生态环境损害政府索赔权与监管权的适用关系辨析》，《法学论坛》2017 年第 3 期，第 14~21 页；竺效、梁晓敏《论检察机关在涉海“公益维护”诉讼中的主体地位》，《浙江工商大学学报》2018 年第 5 期，第 17~26 页。

③《最高人民法院关于审理生态环境损害赔偿案件的若干规定（试行）》第一条规定，具有下列情形之一，省级、市地级人民政府及其指定的相关部门、机构，或者受国务院委托行使全民所有自然资源资产所有权的部门，因与造成生态环境损害的自然人、法人或者其他组织经磋商未达成一致或者无法进行磋商的，可以作为原告提起生态环境损害赔偿诉讼：（一）发生较大、重大、特别重大突发环境事件的；（二）在国家和省级主体功能区规划中划定的重点生态功能区、禁止开发区发生环境污染、生态破坏事件的；（三）发生其他严重影响生态环境后果的。前款规定的市地级人民政府包括设区的市，自治州、盟、地区，不设区的地级市，直辖市的区、县人民政府。

④《环境保护法》第五十八条第一款，对污染环境、破坏生态，损害社会公共利益的行为，符合下列条件的社会组织可以向人民法院提起诉讼：（一）依法在设区的市级以上人民政府民政部门登记；（二）专门从事环境保护公益活动连续五年以上且无违法记录。符合前款规定的社会组织向人民法院提起诉讼，人民法院应当依法受理。提起诉讼的社会组织不得通过诉讼牟取经济利益。

解释》）第二条①和《民事诉讼法》第五十五条②的规定。环境民事公益诉讼案件起诉主体为：①依法在设区的市级以上人民政府民政部门登记，专门从事环境保护公益活动连续五年以上且无违法记录的社会组织（在设区的市级以上人民政府民政部门登记的社会团体、民办非企业单位以及基金会）；②人民检察院在履行职责中发现破坏生态环境和资源保护的行为，相关社会组织未提起诉讼的前提下，检察院可提起诉讼。

司法实践中，一方面，环保组织存在技术水平不高、法律知识欠缺、发展空间受制等颇多因素；另一方面，环境污染者大多系大型企业或行政机关，具有强大的专业知识团队和经济实力、规避检查的技术水平高，导致很多环境保护组织起诉判决结果履行及执行情况均不尽人意。

为此，相关对策有以下三条。①《环境民事公益诉讼解释》第九条规定，人民法院认为原告提出的诉讼请求不足以保护社会公共利益的，可以向其释明变更或者增加停止侵害、恢复原状等诉讼请求。②《环境民事公益诉讼解释》第 11 条规定，检察机关、负有环境保护监督管理职责的部门及其他机关、社会组织、企业事业单位依据民事诉讼法第十五条的规定，可以通过提供法律咨询、提交书面意见、协助调查取证等方式支持社会组织依法提起环境民事公益诉讼。③在社会组织未提起相关诉讼时，介入一个强有力的国家检察机关维护社会公共利益，并由地方各级人民政府、县级以上人民政府环境保护主管部门和其他负有环境保护监督管理职责的部门监督裁判结果履行情况也就显得十分迫切且必要。另一方面，行政机关作为招商引资、建设开发主导者或参与者，其或者可能成为某些环境侵权事件的共同侵权人，或者环境侵权事件的发生本身就在于行政机关“睁一只眼闭一只眼”及行政命令救济不到位等行为，将

---

① 《最高人民法院关于审理环境民事公益诉讼案件适用法律若干问题的解释》第二条，依照法律、法规的规定，在设区的市级以上人民政府民政部门登记的社会团体、民办非企业单位以及基金会等，可以认定为环境保护法第五十八条规定的社会组织。

② 《民事诉讼法》第五十五条：对污染环境、侵害众多消费者合法权益等损害社会公共利益的行为，法律规定的机关和有关组织可以向人民法院提起诉讼。人民检察院在履行职责中发现破坏生态环境和资源保护、食品药品安全领域侵害众多消费者合法权益等损害社会公共利益的行为，在没有前款规定的机关和组织或者前款规定的机关和组织不提起诉讼的情况下，可以向人民法院提起诉讼。前款规定的机关或者组织提起诉讼的，人民检察院可以支持起诉。

其列为环境民事公益诉讼的主体显然达不到监管或救济的目的。故此，检察机关作为公益诉讼起诉人提起环境民事公益诉讼，其法律地位、角色性质和基本职能都决定了其作为公益诉讼起诉人具有合理性和优越性。《宪法》明确规定，中华人民共和国人民检察院是法律监督机关，人民检察院依照法律规定独立行使检察权，不受行政机关、社会团体和个人的干涉。赋予检察机关维护国家、社会、集体、个人的合法公共利益的权利，使其在司法实践中处于超然的地位，其作为公益诉讼的代言人，代表国家、人民提起诉讼，维护全民共同共有的环境权益，使其脱离危险状态免遭损害，且拥有充足的人力资源、技术支持、法律水平，可以在环境民事公益诉讼中发挥应有的作用，代为行使应有的权利，承担相应的责任。①

3. 适用范围

生态环境损害赔偿诉讼适用于省级、市地级人民政府及其指定的相关部门、机构，或者受国务院委托行使全民所有自然资源资产所有权的部门，对一是发生较大、重大、特别重大突发环境事件的，二是在国家和省级主体功能区规划中划定的重点生态功能区、禁止开发区发生环境污染、生态破坏事件的，三是发生其他严重影响生态环境后果的所提起的生态环境损害赔偿诉讼。而环境民事公益诉讼针对的是法律规定的环保组织和检察机关依法对已经损害社会公共利益或者具有损害社会公共利益重大风险的污染环境、破坏生态的行为提起诉讼。即对尚未造成损害的污染环境、破坏生态的行为只能提起环境民事公益诉讼，因相关法律对“造成严重影响”的标准未予明晰，对已经造成损害的，相关主体既可提出生态环境损害赔偿诉讼，又可提起环境民事公益诉讼。对此，一案诉请得到实现后，另一案诉请亦可部分或全部得以实现。从平等保护原则出发，如何协调二者的关系、避免重复履行相同责任的问题亟待解决。考察两种制度的关系，论证两者的理论基础，对我国民事诉讼理论、我国环境法治的发展都具有重要意义。②

---

① 张子璞：《生态环境损害赔偿诉讼与环境民事公益诉讼比较研究》，西北师范大学硕士学位论文，2020。

② 牛颖秀：《生态环境损害赔偿诉讼与环境民事公益诉讼辨析——以诉讼标的为切入的分析》，《新疆大学学报》（哲学·人文社会科学版）2019 年第 1 期，第 40~47 页。

4. 事实基础和诉讼请求

（1）生态环境损害赔偿诉讼。事实基础根据《改革方案》规定，“本方案所称生态环境损害，是指因污染环境、破坏生态造成大气、地表水、地下水、土壤、森林等环境要素和植物、动物、微生物等生物要素的不利改变，以及上述要素构成的生态系统功能退化。（一）有下列情形之一的，按本方案要求依法追究生态环境损害赔偿责任：1. 发生较大及以上突发环境事件的；2. 在国家和省级主体功能区规划中划定的重点生态功能区、禁止开发区发生环境污染、生态破坏事件的；3. 发生其他严重影响生态环境后果的。各地区应根据实际情况，综合考虑造成的环境污染、生态破坏程度以及社会影响等因素，明确具体情形。”上述三种情形是生态环境损害赔偿案件的事实基础。诉讼请求根据《改革方案》的规定：“生态环境损害赔偿范围包括清除污染费用、生态环境修复费用、生态环境修复期间服务功能的损失、生态环境功能永久性损害造成的损失以及生态环境损害赔偿调查、鉴定评估等合理费用。”该赔偿范围包括损害性赔偿和修复性损失，该规定使用了德国民法原理中损失赔偿作为恢复原状补充责任形式，即在一定时间段内，环境无法得到完全修复的情况之下，修复完成后生态环境所能达到的状态与环境损害事件出现之前生态环境的状态必然存在某个差值，该差值即为损失赔偿的额度。① 但相关案例在认定损失赔偿的金额上，因无明确标准，认定损失额度困难重重。《若干规定》规定因海洋生态环境损害要求赔偿的，适用《海洋环境保护法》等法律及相关规定。

（2）环境民事公益诉讼。事实基础根据《环境民事公益诉讼解释》第一条规定，“法律规定的机关和有关组织依据民事诉讼法第五十五条、环境保护法第五十八条等法律的规定，对已经损害社会公共利益或者具有损害社会公共利益重大风险的污染环境、破坏生态的行为提起诉讼，符合民事诉讼法第一百一十九条第二项、第三项、第四项规定的，人民法院应予受理。”《民事诉讼法》第五十五条、《环境保护法》第五十八条规定的污染环境、破坏生态，损害社会公共利益的行为，系环境民事公益诉讼的事实基础。诉讼请求根据《民法典》第一千二百三十四条、第

① 张子璞：《生态环境损害赔偿诉讼与环境民事公益诉讼比较研究》，西北师范大学硕士学位论文，2020。

一千二百三十五条[1]，《环境民事公益诉讼解释》第十八条[2]的规定，诉请包括“行为禁止型或危害消除型”（停止侵害、排除妨碍、消除危险）、“修复型”（恢复原状）和“损失赔偿型”（赔偿损失、赔礼道歉）诉讼请求，共计三类六种，原告可以任选六种中的若干个，甚至六种一并诉请。《环境民事公益诉讼解释》规定人民法院认为原告提出的诉讼请求不足以保护社会公共利益的，可以向其释明变更或者增加停止侵害、恢复原状等诉讼请求。恢复原状广义上指恢复环境被侵害之前的原有状态，实践中，恢复原状型诉请原告很少提出，或即使提出法院亦很少支持。作为适用环境民事公益诉讼进行救济的环境公共利益，它涵盖的不仅包括受害社会公众的全部财产权益、人身权益，还有原环境中的良好生活、观赏景观等诸多非财产性、非人身性利益。

5. 责任承担

（1）生态环境损害赔偿诉讼。根据《若干规定》及《改革方案》的规定，被告的赔偿范围包括清除污染费用，生态环境修复费用，生态环境修复期间服务功能的损失，生态环境功能永久性损害造成的损失，实施应急方案以及为防止生态环境损害的发生和扩大采取合理预防、处置措施发生的应急处置费用，为生态环境损害赔偿磋商和诉讼支出的调查、检验、鉴定、评估等费用，合理的律师费以及其他为诉讼支出的合理费用。

（2）环境民事公益诉讼。根据《环境民事公益诉讼解释》第十九条、第

---

① 《民法典》第一千二百三十四条，违反国家规定造成生态环境损害，生态环境能够修复的，国家规定的机关或者法律规定的组织有权请求侵权人在合理期限内承担修复责任。侵权人在期限内未修复的，国家规定的机关或者法律规定的组织可以自行或者委托他人进行修复，所需费用由侵权人负担。第一千二百三十五条，违反国家规定造成生态环境损害的，国家规定的机关或者法律规定的组织有权请求侵权人赔偿下列损失和费用：（一）生态环境受到损害至修复完成期间服务功能丧失导致的损失；（二）生态环境功能永久性损害造成的损失；（三）生态环境损害调查、鉴定评估等费用；（四）清除污染、修复生态环境费用；（五）防止损害的发生和扩大所支出的合理费用。

② 《最高人民法院关于审理环境民事公益诉讼案件适用法律若干问题的解释》第十八条，对污染环境、破坏生态，已经损害社会公共利益或者具有损害社会公共利益重大风险的行为，原告可以请求被告承担停止侵害、排除妨碍、消除危险、恢复原状、赔偿损失、赔礼道歉等民事责任。

二十条[①]的规定，对为防止生态环境损害的发生和扩大，原告可诉请停止侵害、排除妨碍、消除危险及原告为停止侵害，排除妨碍，消除危险采取合理预防、处置措施而发生的费用，于法有据的，被告应当承担相应责任。另对已经造成损害的，可诉请恢复原状，无法修复的，可采取替代性修复方式。判决恢复原状的同时，人民法院应当确定被告不履行修复义务时的修复费用，或者直接判决被告承担相应修复费用（包括制定、实施修复方案和监测、监管等费用）。

（二）“两诉”重合所致问题

因对“两诉”的性质无明确清晰的界分，导致以下几个问题。

1. 起诉阶段的问题

（1）适用范围上，对于尚未造成环境侵权损害的行为，只可通过环境民事公益诉讼制度予以救济，但对已发生实际侵权损害的环境侵权行为，现行法律对“其他严重影响”未予明确界定，“两诉”均可救济，这就不可避免导致重复诉讼和重复履行责任。

（2）诉讼请求上，生态环境损害赔偿案件的诉讼请求既存在经济价值索赔也存在生态价值索赔，生态价值索赔与环境民事公益诉讼的诉讼请求产生了重合。

（3）起诉主体上，负有相应监管职责的行政机关变相不作为，具有起诉资格的主体之间相互推诿，致使很多简单的环境污染最终发展成不可逆转的环境侵权案件，甚至生态环境遭受大范围不可修复的严重影响。有学者提出界定该重合之处的方法：在诉求上，环境公益诉讼更多的是保护公众的财产和人身利益，而生态环境损害赔偿的诉讼目的在于要求赔偿义务人对生态环境本身造

---

① 《环境民事公益诉讼解释》第十九条，原告为防止生态环境损害的发生和扩大，请求被告停止侵害、排除妨碍、消除危险的，人民法院可以依法予以支持。原告为停止侵害，排除妨碍，消除危险采取合理预防、处置措施而发生的费用，请求被告承担的，人民法院可以依法予以支持。第二十条，原告请求恢复原状的，人民法院可以依法判决被告将生态环境修复到损害发生之前的状态和功能。无法完全修复的，可以准许采用替代性修复方式。人民法院可以在判决被告修复生态环境的同时，确定被告不履行修复义务时应承担的生态环境修复费用；也可以直接判决被告承担生态环境修复费用。生态环境修复费用包括制定、实施修复方案的费用和监测、监管等费用。

成的损害进行赔偿。① 环境民事公益诉讼的事实基础归结是“损害社会公共利益的行为”，但公共利益的内涵上具有两面性，外延宽泛，实践中很难把握生态环境损害赔偿诉讼与环境民事公益诉讼所要救济的实体权益的核心内容。

2. 资金管理与支配问题

环境公益诉讼胜诉资金由谁支配、如何管理，法律规定不明，实践做法不一。进入地方财政由政府管理、进入法院指定的账户由其支配使用、进入环保专户由环保部门管理使用、设立公益基金由环保组织申请使用，实践中都有尝试，各有利弊。但无论哪种，从侵权诉讼论角度均难以圆满回答的是，为何起诉阶段可充当公益代表的原告在胜诉之后就不能再“代表”了？对此，也只有从两类诉讼的区别出发，才能区分不同情形，作出多元化的安排。②

综上，“两诉”在适用范围和诉讼请求上存在重合，制度的重合天然会造成司法资源的浪费、责任的重复履行。为此，从“两诉”的理论基础出发，有效协调并充分发挥两制度合力，有必要对两制度进行适当整合。而整合“两诉”的关键在于明确起诉顺位、细化诉讼主体、探寻“两诉”衔接途径。

五　从两类诉讼的重合与冲突提出二者衔接的完善建议

（一）《若干规定》对于“两诉”衔接的相关规定

《若干规定》主要针对三个方面对两类诉讼的衔接作出了规定，一是受理阶段的管辖问题，二是审理阶段的审理顺序问题，三是审结后两类诉讼生效裁判的衔接问题。《若干规定》第十六条规定：“在生态环境损害赔偿诉讼案件审理过程中，同一损害生态环境行为又被提起民事公益诉讼，符合起诉条件的，应当由受理生态环境损害赔偿诉讼案件的人民法院受理并由同一审判组织审理。”相较于此前部分学者提出的已就同一行为提起生态环境损害赔偿诉讼又提起环境民事公益诉讼的不予受理，该条规定既保障了民事公益诉讼适格原

---

① 刘莉、胡攀：《生态环境损害赔偿诉讼的公益诉讼解释论》，《西安财经学院学报》2019 年第 3 期，第 84～91 页。

② 别涛：《环境公益诉讼立法的新起点——〈民诉法〉修改之评析与〈环保法〉修改之建设》，《法学评论》2013 年第 1 期，第 101～106 页。

告提起诉讼的权利，同时又通过明确规定由在先受理生态环境损害赔偿诉讼的人民法院同一审判组织审理的方式，避免了司法资源的浪费以及人民法院就同一行为作出矛盾的裁判。第十七条规定："人民法院受理因同一损害生态环境行为提起的生态环境损害赔偿诉讼案件和民事公益诉讼案件，应先中止民事公益诉讼案件的审理，待生态环境损害赔偿诉讼案件审理完毕后，就民事公益诉讼案件未被涵盖的诉讼请求依法作出裁判。"该条明确规定了两类诉讼的审理顺序，生态环境损害赔偿优先于环境民事公益诉讼，两类诉讼并存的情况下，环境民事公益诉讼应中止，待生态环境损害赔偿诉讼案件审理完毕再行裁判。第十八条规定："生态环境损害赔偿诉讼案件的裁判生效后，有权提起民事公益诉讼的机关或者社会组织就同一损害生态环境行为有证据证明存在前案审理时未发现的损害，并提起民事公益诉讼的，人民法院应予受理。民事公益诉讼案件的裁判生效后，有权提起生态环境损害赔偿诉讼的主体就同一损害生态环境行为有证据证明存在前案审理时未发现的损害，并提起生态环境损害赔偿诉讼的，人民法院应予受理。"从该条规定的文义解读，在先裁判影响的是诉权，该条规定包含了若无证据证明存在前案审理时未发现的损害则不予受理之意。从另一角度看，该条亦可视为重复起诉的例外规定，通过两类诉讼的补充，尽可能地实现对生态环境、自然资源的全面保护。

（二）现行规定未解决的问题及完善建议

《若干规定》对于生态损害赔偿诉讼在先的情形下，明确规定受理就同一行为提起的环境民事公益诉讼，充分保障了环境民事公益诉讼的适格原告的起诉权利。对于两类案件同时受理的也作出了明确的审理顺序，审理的先后主要基于二者起诉主体不同的考量，认为生态环境损害赔偿诉讼案件的原告具有较强专业性和组织修复生态环境的能力，先行审理生态损害赔偿诉讼有利于促进受损生态环境的及时有效修复，在先生效裁判对诉权的有条件约束既避免司法资源浪费又保证生态环境、自然资源的全面保护。但两类诉讼除了起诉的主体不同，还有一个重要的区别在于二者的程序不同，生态环境损害赔偿以磋商为前置程序。根据生态环境部发布的数据，全国试行开展生态环境损害赔偿制度改革工作至 2020 年 1 月，以磋商方式结案的占比超过 2/3。

由此可见，生态环境损害赔偿制度的工作重点在于磋商而非诉讼。实践中存在此类情形，人民法院受理环境民事公益诉讼的同时，政府或其指定的行政机关就同一损害生态环境行为正在与赔偿义务人进行磋商，甚至二者均委托了鉴定机构进行鉴定。此时，不仅可能出现重复鉴定的资源浪费问题，还可能出现鉴定结果的不一致问题。而环境民事公益诉讼的原告在开展了大量工作，进行了鉴定的情况下，只要生态损害赔偿诉讼的原告提起了诉讼，环境民事公益诉讼即需要中止，若其诉讼请求为生态环境损害赔偿诉讼所涵盖，前期所作的工作均无意义。如此不仅造成了资源的浪费，还严重打击了提起环境民事公益诉讼适格主体的积极性。因此，笔者认为现行的制度存在对于生态环境损害赔偿诉讼与环境民事公益诉讼混同，未能充分发挥二者对生态环境、自然资源的保护作用的问题。一方面，应通过对二者受案范围进一步明确，对二者进行有效的区分，减少生态环境损害赔偿诉讼与环境民事诉讼的大量重合，探索如何让两类诉讼更经济、高效地发挥作用；另一方面，加强相关信息的整合与发布，尽可能避免不同的主体就同一损害生态环境行为开展重复性工作，充分整合不同的主体力量，以达到对生态环境、自然资源的全面保护。

刑事审判思维与民事审判思维的交锋与互鉴

刘　运*

摘　要： 刑事审判的首要理念是严格遵循罪刑法定原则，法无明文规定不为罪、法无明文规定不处罚。而民事审判则体现了司法对社会经济生活的观察和处理。刑事审判思维与民事审判思维在价值取向、处理方式中都有很大的不同，在部分案件中甚至发生剧烈交锋。但是，无论是刑事审判还是民事审判，其深层机理都是职业化、体系化的法律思维，二者的交锋与互鉴，不仅有助于妥善办理刑民交叉案件，而且对于提升审判人员的司法能力具有重要意义。

关键词： 刑事审判思维　民事审判思维　交锋与互鉴　司法能力　安顺法院

引言　一场刑民思维的“交锋”

以一个简单的案件为例。2007 年 9 月，被告人李某用伪造的北京某公司总经理的身份证开设了银行账户。2007 年底至 2008 年 4 月间，被告人李某利用担任该公司山东区域经理的职务便利，以高于公司出厂价的价格向客户刘某、魏某等 5 人销售化肥产品，并让刘某等人将货款汇入上述账户，后又以刘某或虚拟的一级代理商“王强”之名按出厂价向公司回款，从中侵吞货款共计人民币 82000 余元。

---

* 刘运，安顺市中级人民法院二级法官。

本报告系安顺市中级人民法院“安法护航·学法论坛”成果。如无特别说明，本报告资料来源于安顺市中级人民法院。

对于该件案例，从事民商事工作的法官和从事刑事审判工作的法官产生了不同的认识。被告人李某的行为，属于一般的“低买高卖”，还是“职务侵占”，是否给公司造成“损失”，是否存在社会危害性，是否侵犯相关主体的法益，是否具有非法占有的目的及行为，应当通过民事诉讼程序进行追偿还是作为刑事案件立案追诉等，存在巨大争议。厘清这些问题，不仅对于认识和了解“刑民思维”的差异具有重要作用，而且有助于妥善办理刑民交叉案件，对于提升审判人员的司法能力具有重要意义。

一 “刑民思维”：价值取向和思维倾向的差异

在不同类型案件的审判中，由于法律的规定和所追求的价值不同，法官倾向于并且需要运用不同的思维对案件进行思考并做出裁判。特别是在刑事审判和民事审判这两种不同的审判领域中，法官思维方式有很大的差别。总体来看，由于刑事审判是代表国家公权力行使刑罚权，对犯罪行为进行定性、量刑，直接关系到公民的人身自由和生命，具有极强的规则性和强制性，程序、证明标准都更为严格；而民事审判则更多地从维护市场正常秩序、维护交易安全、促进发展、保障权利、定分止争的角度出发，赋予市场主体和法律主体最大限度的自主权，强调尊重私法自治和意思自治，“法无禁止即可为”。①

（一）“刑民思维”的特点

1. 刑事审判思维特点

刑事审判的首要理念即是严格遵循罪刑法定原则，“法无明文规定不为罪”“法无明文规定不处罚”。法律关于定罪和刑罚的规定，法官无权填补、类推。其次是罪刑相适应的思维，即罚应当罪、罪与罚不能失衡。刑事审判还需要适用最严格的证明标准和证据规则，对案件事实的认定必须达到排除一切合理怀疑的程度。

---

① 必须说明，这并不意味着刑事和民商事案件具有完全不同的理性和底层逻辑，事实上，“刑事思维”和“民事思维”同样立基于法治思维和司法理性这一统一的机理，只是由于司法活动侧重和追求的价值取向上的差异，逐渐形成了具有某种倾向性思维方式差异。

2. 民事审判思维特点

民法是调整平等主体的自然人之间、法人之间、非法人团体之间以及他们相互之间的财产关系和人身关系的法律总和，“法无禁止即可为”。民事审判除了强调意思自治外，更加强调对于弱者的特殊保护，注重诚实信用、实质公平。权利平等和权利自主是民事审判中的重要原则，平等包括主体资格的平等和法律对待上的平等，保证民众自由处理民事权利的意识，是民事审判思维中法官的最重要的标准。

（二）刑民思维的差异

1. 从刑事审判和民事审判不同的功能看

刑事审判和民事审判思维差异首先是由《刑法》和《民法》在社会中保护的法益和不同的功能所决定的。民事审判的作用不仅是对违法行为进行制裁，更重要的是对民事权利进行救济，恢复社会经济秩序。刑事审判关系到个体人身权和生命权的限制，是社会秩序的最后一道保障。当纠纷可以通过民事途径妥善处理时，刑事手段就不应轻易介入，这是刑法的谦抑性决定的。

以叶某某、毛某某等涉嫌骗取贷款案为例。叶某某、毛某某、李某某均系某贸易公司、某机械公司股东。2013 年 1 月，机械公司向 A 银行申请贷款 1000 万元，并提供了机械公司与贸易公司之间的虚假购销合同，同时，叶某某提供其夫妇所有的位于某市的一营业房作抵押（2013 年评估价 1657 万元）。机械公司获取贷款后，将 500 万元直接用于公司经营，剩余 500 万元作为叶某某个人出借给公司的钱款由叶某某收取利息。2014 年 1 月，贷款到期，但未获展期或转贷。为此，叶某某等贸易公司的股东经决议，利用案外人沈某在 B 银行分管个贷的职务便利，由代毛某某持股的许某某出面，以个人经营性贷款方式申请贷款 800 万元。叶某某、毛某某、李某某代表贸易公司向 B 银行提供虚假的公司财务报表和购销合同并最终获得授信最高额 800 万元、授信期限为 5 年的循环贷款，叶某某、李某某等提供个人担保，叶某某名下营业房作抵押。该 800 万元贷款主要用于归还 A 银行的贷款。2016 年 1 月贷款到期并逾期。同年 1 月 26 日，B 银行向某区法院提起诉讼，要求拍卖或变卖抵押物优先受偿。叶某某于 2016 年 4 月 18 日主动前往公安机关投案。

本案是一起因股东对贷款责任承担而产生纠纷的案件，刑事立案不应成为担保人规避担保责任的手段。叶某某作为涉案贷款实质上的用款人之一及担保人，对于贷款用途、公司经营情况等具有准确地认知，其将名下房产用于抵押担保系出于真实、自愿，并非受他人欺骗所致，理应承担其相应的担保责任。在本案可通过民事途径妥善处理的情况下，刑事手段就不应轻易介入。

2. 从当事人权利和证明标准看

由于刑事审判活动和民事审判活动中法律价值取向和指导思想的差异性，其当事人的权利地位以及证明标准也有很大不同。

首先，刑事审判中被告人和民事审判被告享有的权利不同首先体现在对当事人权利的保护上。我国虽未规定刑事诉讼被告人享有沉默权，但也不能强迫被告人自证其罪。在民事审判活动中，被告当然也可以保持沉默，但是对于法官的合理怀疑如果被告不进行解释或者提供证据证明的话，法官可以推定其承担不利的后果。

其次，证明标准有很大差异。根据《刑事诉讼法》的规定，刑事审判的证明标准是“案件事实清楚，证据确实、充分”。刑事诉讼中的证明标准必须是完全再现案件全貌，与客观事实完全相符。对有罪判决的可靠性只有一方的控诉是不够的，还必须排除合理怀疑，令人信服。而根据《民事诉讼法》的规定，民事审判活动中，证据的要求相对较低，采取的是“优势证据规则”，达到高度可能性即可。民事审判中双方是完全平等的主体，但是在案件审理过程中，所享有的权利是完全一致的，谁的证据站得住脚，更有说服力，就会得到法院的采信。一方的证据只要证明己方所提供的证明材料比对方具有更大的可能性，就可以得到法院的支持。

3. 从民事纠纷阻却犯罪成立看

某些情况下，存在民事纠纷，可以阻却财产犯罪。例如张某盗窃案，一审判决认定，被告人张某作为担保人，介绍被害人赵某向袁某和崔某借款人民币22万元。由于被害人赵某一直未还钱给袁某和崔某，被告人张某电话通知袁某来成都开走被害人赵某的汽车用作抵押。张某趁人不备将被害人赵某的汽车钥匙拿走，将赵某停放在此的一辆黑色奔驰越野车开走。被害人赵某发现车辆被开走后随即报警，并电话联系被告人张某，被告人张某认可将车辆开走，但拒绝退还车辆。经鉴定，该车价值人民币78万元。一审判决认为，被告人张某到酒店房间未经同意将涉案车辆钥匙拿走，能够认定张某秘密窃取了钥匙，其后来又在赵某不知情的情况下将钥匙交予袁某将涉案车辆开走，其行为系秘密窃取。张某秘密窃取车辆虽是为了索取债务的合法目的，但是其手段具有非法性，主观上有以非法手段占有他人财物的故意，应视为具有非法占有目的。张某辩称与赵某之间有债权债务关系并无任何证据证实，赵某仅与袁某之间存在债权债务关系，但该债务完全可以通过合法途径实现其债权，且窃取的车辆价值明显高于债务数额，其在窃取车辆后也未及时实施实现债权的跟进行为，并明确表示拒绝退还，其占有涉案车辆的非法性明显。张某的行为已构成盗窃罪。张某盗窃被害人赵某车辆目的在于迫使其及时偿还债务，并且其在盗窃车辆之后将开走车辆的事实及时告知了赵某，并明确表示其清偿债务后即归还车辆，其实现债权目的的正当性及事后的告知行为对之前的不法手段具有补救功能，使其非法占有不同于一般盗窃，所反映的行为的社会危害性大大降低，且涉案车辆已被追回并发还赵某，赵某也书面表示对被告人张某的行为予以谅解。故张某的行为虽构成盗窃罪，但鉴于犯罪情节轻微，不需要判处刑罚。据此，原判依照《刑法》第 264 条、第 37 条之规定，认定：被告人张某犯盗窃罪，免予刑事处罚。一审判决宣判后，原公诉机关、原审被告人张某不服，分别提出抗诉、上诉。

上诉人张某及其辩护人的主要上诉理由及辩护意见如下：

本案系经济纠纷，张某为实现自己和朋友的债权，利用与赵某的熟识关系获取了车辆的钥匙，张某自身没有盗窃及非法占有他人财产的故意，不构成盗窃罪。原审判决认定事实错误和法律适用错误，请求二审法院依法撤销原判决，依法改判上诉人无罪。

二审判决认为：

在本案中，在案借条、证人证言等证据，能够证实袁某与赵某存在民间借贷关系，且当借款到期后，债权人袁某确有向债务人赵某催讨还款的情形，而上诉人张某身为担保人，为帮助袁某实现债权，利用与赵某的熟识之便，实施了帮助袁某获取赵某车辆钥匙并驶离车辆固定停放地点的行为，随后该车辆即交予袁某单独留置并使用，张某本人并未直接占有车辆，该车辆已在袁某移送民间借贷诉前财产保全后返还赵某。张某在协助袁某取得赵某的车辆后，并无逃匿、潜逃的表现，之后张某亦在与赵某的多次联系中，承认其帮助袁某实现债权的行为，其拒绝返还车辆仅证明其有迫使赵某尽快清偿债务的动机，而无证据证明其本身具有非法占有目的。鉴于张某的行为依法应属于民事法律关系调整的范围，且本案尚缺乏其他证据证实张某主观上有非法占有他人财物的目的以及客观上实施了《刑法》第264条规定的盗窃犯罪行为，故张某的行为不符合盗窃罪的构成要件，其行为不构成犯罪。故原判认定张某犯盗窃罪的证据不足，原公诉机关指控张某所犯罪名不能成立，上诉人张某及其辩护人所提张某无罪的上诉理由、辩护意见成立，予以采纳。据此，判决上诉人张某无罪。

张某盗窃案体现如果行为人采取财产犯罪的手段实现其合法的财产利益，则不构成财产犯罪。因此，二审法院判决是司法实践认可某些情况及条件下，民事纠纷阻却财产犯罪的一个典型案例。

二 “刑民思维”的融合与互鉴

（一）法律适用中的融合与互鉴

在刑事诉讼中，对行为性质及违法性的评价，在很多时候需要借助民事法律规范对行为性质及违法性进行评价。如果不能准确理解和认识相关民事法律规范保护和实现的具体目的、不能准确理解和认识相关民事法律规范对行为性质的认定及具体将承担何种法律责任，很容易导致在对行为性质及违法性评价过程中出现错误。这不仅会导致民事法律规范和刑事规范在具体适用过程中直接发生抵触，也会让《刑法》离开了后置法、保障法的位置。

刑事审判法官在具体法律适用过程中，尤其是对规范保护和希望实现的具体目的方面，要有民事思维，可多向民事审判法官学习和借鉴。要从民事规范的具体目的对行为人行为的性质以及应承担的法律责任进行分析判断，然后再考虑是否侵犯了刑法所保护的法益。这样才能避免不同法律规范对行为人行为的性质以及保护的法益在理解和认识上出现偏差，导致民事规范和刑事规范之间发生冲突。

（二）事实认定中的融合与互鉴

由于刑事诉讼涉及的是人根本性权利以及公权力运用，所以在诉讼过程中更为看重的是实质真实。而民事诉讼主要涉及的是平等主体之间的人身和财产关系，更多是以解决纠纷为目的。这不仅带来民事诉讼和刑事诉讼在证明责任分配、证明标准上的不同以及在具体证据规则上出现差异，也导致民事审判法官和刑事审判法官在具体审查判断证据、认定事实过程中在思维方式上有不同。

民事审判法官更多的是使用一种形式逻辑思维，往往是在双方当事人提供证据的基础上进行逻辑推演，而在事理判断上会有不足。刑事审判法官更注重批判性思维，不是简单在证据的基础上进行逻辑推理，会更多地进行情理、事理审查，在合理性以及可接受性上作出判断。但如果民事法官过于从形式判断的角度审查判断证据和认定事实，会带来机械和僵化，既可能导致诉讼中认定或主张的事实严重背离客观事实，导致裁判明显不公，也可能导致以形式合法掩盖非法目的情形的出现，以为只要有形式上的合法性，就能阻却实质上的违法性。故在事实认定上，民事审判法官可多向刑事审判法官学习。

（三）刑民思维的“双向奔赴”

刑事审判法官要学习民事审判法官善于归纳争议焦点，通过双方的起诉、答辩，结合诉讼请求，归纳出案件争议焦点，再运用司法规则、法律规定分析判断，从而得出结论。民事审判法官也要学习刑事审判法官对证据的审查和展开。有些民事法官在判决书中只列了证据目录、名录，但目录、名录代表的内容是什么、证明了什么却没有说明。而刑事审判法官不仅列明证据目录，而且说明证据证明的具体内容，证人证言是什么内容，鉴定意见是什么结论，书证是怎么记载的，证明什么时间、什么地点、因什么原因发生了什么纠纷、产生了什么后果，非常清晰。所以，民事审判法官和刑事审判法官要互相学习。

“公正与效率”主题下企业破产审判衍生诉讼研究

——以债权确认之诉为例

杨　虹*

摘　要：公平保护债权人、债务人及相关利益人合法权利是当今破产制度的根本任务，高效实现债权人利益最大化则是破产制度的价值追求。在现今经济社会发展语境下，回答好“公正与效率”这一司法永恒的主题，与破产框架制度的优劣息息相关。在破产这类概括审判和概括执行程序中，可能发生诸多衍生诉讼，其中尤以债权确认之诉最为典型。在现有法律框架下，进一步优化以债权确认之诉为代表的破产衍生诉讼审判路径，对于持续提高破产审判公正性和时效性意义重大。

关键词：“公正与效率”　破产审判　衍生诉讼　债权确认之诉　安顺法院

破产程序是概括的审判和概括的执行程序，其“概括性”决定了在破产审判中可能发生诸多衍生诉讼。毫无疑问，衍生诉讼易发多发，对于整个破产审判程序效率具有直接影响，但衍生诉讼直接影响债权人、债务人及利害关系人的合法权益。可以说，稳慎处理好衍生诉讼，对于在破产程序中回答好“公正与效率”这一主题意义重大。

* 杨虹，贵州省安顺市中级人民法院清算与破产审判庭庭长、四级高级法官。
本报告系“贵州省高级人民法院破产审判工作调研基地”调研成果。

一 衍生诉讼：类型、实践及其影响

（一）衍生诉讼的类型

《中华人民共和国企业破产法》（以下简称《企业破产法》）对破产程序中的衍生诉讼规定甚多。典型者，如《企业破产法》第18条规定的管理人对破产受理后未履行完毕合同的解除权；第31~40条规定的管理人对偏颇清偿、恶意清偿、侵占等的追回，对担保物的取回，互负债务的抵消；第58条规定的债权确认之诉；此外，还有相关条款规定的管理人履职不当所产生的责任之诉，破产程序中新产生的合同之诉、侵权之诉等。

从其内容看，《企业破产法》所规定的衍生诉讼均与破产财产直接相关联，其中，第18条、第31~40条涉及增加破产财产的管理人主动行为，其余均涉及减损破产财产的管理人被动行为。《企业破产法》未对增加破产财产的管理人主动行为明确规定管理人行使权利的程序，而对债权确认之诉明确规定了申报、登记、核查直至提起诉讼的非常完备的程序，体现了破产法既保护债权人利益，又维护债务人合法权益的衡平保护。

（二）审判实践相关情况

实践中，债权确认之诉在衍生诉讼中最为常见，特别是以由申报债权人提起的债权确认之诉为主；从所涉基础法律关系看，又以民间借贷、商品房买卖合同（民间借贷转换）、按揭贷款合同等为主。而管理人行使取回权、追回权、合同解除权等，债务人提起债权确认之诉、申报债权人对其他申报债权人提起诉讼的案件则相对较少。

以安顺市中级人民法院为例，2018年1月至2022年8月，共受理各类破产案32件（不含破申字号），其中房地产开发企业类破产案件16件，发生债权确认之诉129件。在前述的129件债权确认之诉中，无一例管理人行使追回权、取回权、合同解除权等权利。这一数据反映出以下两种情况。一是管理人清产核资能力有限。安顺市入册管理人主要为律师事务所，在涉及需要金融学、会计学知识的清产核资业务时力量较为薄弱，很多情况下无法准确判断是否存在不当收入、侵占、实缴出资等行为。大部分案件虽经第三方审计，但审计结论准确性、全面性和成果运用力度不足，对债权人提出的债务人资产走向等尖锐问题，管理人无法准确应对、及时处理。二是债务人实际资产与公司财务账面资产出入较大，财产混同情况严重，给管理人依法全面行使职权造成不利影响。从进入破产程序的债务人企业情况看，基本是民营企业、家族企业，规范的财务制度未充分建立，资产混同、“体外循环”情况严重，特别是涉诉涉执行后，为规避诉讼执行或其他监管，关联企业之间、关联企业与关联个人之间相互倒账情况频繁发生。加之相关部门监管失灵，部分房开企业银行按揭贷款均被倒入关联公司、个人账户，监管账户无款项；也有个人资金进入公司账户或个人直接支付工程款等。关联公司之间财产混同、个人与公司之间资产混同严重，客观上通过管理人、第三方审计结论判断是否有不当收入、侵占、支出等较为困难，也是导致管理人无法履职的重要因素。

（三）衍生诉讼对破产程序及营商环境的影响

从近年来的案例看，房地产开发企业破产案件中，债权主要来源于以下基础法律关系：民间借贷、商品房买卖合同（效力确认、违约金）、拆迁安置补偿、金融机构担保债权、工程款债权、税款债权、土地出让金债权等。仍以安顺市中级人民法院 2018 年 1 月至 2022 年 4 月期间受理的房地产开发企业破产案件为例。该期间受理的房地产开发企业破产案件中，经债权确认之诉确认的债权金额共计 1659981674. 00 元，而进入破产程序前经生效判决确认的金额则为 95428673 元。可见，大量的债权是在破产程序中予以发现和确认的。二者差距之大，足以对破产程序的选择、财产的变价处置、债权分配比例、投资人引进等问题产生直接、实质影响，且为非可通过预留债权、赋予临时表决权等程序所能解决的难题。

从程序上看，债权确认直接关系到合法债权人的核心利益。故申报人一般会穷尽法律程序（一审、二审、再审）寻求司法保护，导致诉讼时间大大延长，大量案件处理周期可能超过一年，进而直接导致破产程序成本增大、商机丧失，当然也对法院考核指标产生影响。在安顺市某房地产开发公司破产案件中，债务人是当地最大的房地产开发企业，先后开发项目 20 余个，其核心资产位于城市中心，涉及购房户近 30000 户。因经营不善、房地产市场政策调整、民间借贷等因素进入破产程序后，债权人申报债权约49亿元。审理中发现，其中有约21亿元的民间借贷转为以物抵债申报债权，管理人以基础法律关系对民间借贷进行了初步确认登记，引发51件债权确认之诉，案涉金额约1.5亿元，涉及资产价值约5亿元。案件经过长达两年的一审、二审、发回重审等程序，在此过程中，意向性投资人无法作出投资决策，失去了能够迅速通过挽救程序解决危机的机会。

二 债权确认之诉：一个比较的视角

前已述及，从安顺市中级人民法院近年来的审判实践看，债权确认之诉是破产程序中最典型常见的衍生诉讼。因之，本报告将以债权确认之诉为例进行探讨。

（一）我国法上的债权确认之诉的历史演进

1986年《中华人民共和国企业破产法（试行）》是我国第一部涉及企业破产的专门法律，该部破产法作为《全民所有制工业企业法》的配套法律，仅适用于全民所有制企业，是为了计划经济和经济体制改革需要制定的，具有强烈的社会主义计划经济色彩，但又隐含着向市场经济稳健转型、摸着石头过河的真意。该法仅规定了向人民法院申报债权、由债权人会议审查确认的程序；对债务人在受理破产前六个月的恶意清偿，由人民法院根据清算组申请直接追回。从规定来看，以上权利或程序均非通过诉讼程序解决，而是直接由人民法院确认、追回。显而易见，当时语境下的债权人债务人主要是社会主义计划经济体制下的全民所有制、集体所有制企业，该法充分体现了国家对各行各业经营、资金均严格管理制约的历史背景。2002年最高人民法院《关于审理企业破产案件若干问题的规定》就债务人对外债权作出规定，即由人民法院书面通知债务人还款、如有异议7日内提出、逾期提出或不能证明已偿还即应立即偿还、逾期偿还则由人民法院直接扣划等。这一时期，主要由人民法院直接追回对外债权、直接确认债权债务，效率高、速度快，2007年前所办理的政策性破产案件周期较短，一般用时6~8个月。应该说，这一时期的“债权确认”与2007年《企业破产法》制度体系下作为“衍生诉讼”的债权确认之诉有本质的不同。唯依照2007年《企业破产法》之规定，才正式确立了破产程序中债权确认之诉的相关规则。

（二）其他国家法上的债权确认之诉

现代的破产制度对我国来说是“舶来品”，参考借鉴其他国家和组织的破产制度实有必要。例如，美国破产制度的发展，主要是18世纪铁路过度开发而大规模的适用破产程序中获得的经验，比如开始探索设立重整、重组挽救制度等。现行《美国破产法典》制定于1978年，其中对申报债权确认的流程规定是：申报人对清算机构（管理人）确认或不确认的债权如有异议，可以申请清算机构（管理人）重新审查，并以听证方式进行，清算机构（管理人）根据案件公平性予以确认或不确认，申报人仍有异议，可在一个月内提起诉讼。日本破产法深受法国法、德国法的影响，于1890年开始多次修订，于2000年、2005年分别施行《民事再生法》《公司更生法》。日本《民事再生法》规定，向法院提出债权申报，由法院登记、初审、异议复审、查定确认、异议诉讼。联合国贸易法委员会《破产法立法指南》于1999年开始调研，于2004年颁布，用于指导、指引各国破产立法。其未赋予债权确认之诉的指引，仅赋予了异议人复审的权利，与几乎同时期的日本、中国的该项权利救济渠道不一。

从其他国家和地区的立法例看，各国普遍是从传统的实体法和程序法的角度考量，认为破产法主要是程序、非诉法，涉及实体权利应通过诉讼予以确定后在破产程序中获得表决权、分配权，较为保守。联合国贸易法委员会则是在全球经济共同体的角度，认为高速是经济高质发展的重要组成，更多的考量时间、成本和破产制度价值的真正实现，契合当今世界银行对全球经济体营商环境的考评。

三　进一步完善债权人确认之诉的价值、路径和建议

（一）价值与路径

（1）债权人确认之诉是破产制度的组成部分。前者的完善和优化，需要

以契合破产制度整体价值为前提。从破产制度价值看，“破产”是完整市场经济社会的普遍现象，“以物易物”“一手交钱一手交货”的交易模式并不产生债权债务，而市场经济的特性之一“活跃”所带来的则是无限可能的多种融资模式、交易方式。加之市场经济环境下不可避免地出现的不可抗力、意外事件、宏观经济政策的调整等因素，使得债权债务成为普遍的社会关系、法律关系。一方面，企业在经营过程中，往往获得并掌握土地、资金、劳动力以及其他无形资产等市场资源。另一方面，作为市场经济社会的主体，企业当然最有可能成为破产主体。如果良好的市场资源一直掌握在负债累累、没有市场前景、没有经营能力的市场主体手中，又缺乏释放优质生产要素的渠道，那么，不仅债权人利益无法得到及时充分保护，经济社会的高质量发展也将受到阻碍。因之，破产制度是推进市场经济高质量发展的重要手段之一，也是司法参与经济建设、服务保障市场经济发展的最明显体现。

总而言之，破产法的调整作用，是保障决定市场经济能否正常运转的债务关系在债务人丧失清偿能力时的最终有序、公平实现，维护全体债权人和债务人的正当权益，维护社会利益与正常经济秩序，使阻塞、混乱的商品交换等经济活动重新顺利、有序进行。其要旨在于做到对全体债权人公平和有秩序清偿，为债务人提供免受多重讼累、一体清偿债务的机会，给予那些诚实但不幸经营失败的债务人在符合法定条件下，豁免其在破产程序终结后未能偿还债务的途径。[①] 所以，破产程序耗时过长会因市场因素等导致优质资产贬值、破产成本增大甚至商机丧失等，不能达到各方利益最大化的破产目的。

（2）从营商环境评估角度看，无论世界银行之前的营商环境（DB）还是正在修改的宜商环境（BEE）考评体系，主要考评的是全球各经济体的市场制度性交易成本，制度成本越低营商环境越符合市场规律，“以更美好的制度创造更美好的生活”[②]。“法治是最好的营商环境”既是我国社会主义市场经济高质量发展的制度保障，也是我国及时回应世界银行商业环境指标要求和积极与国际经济接轨的有力行动。DB 或 BEE 指标体系，是对一个企业从设立到终结完整生命周期的各环节制度（良性法律）、执行（良性执法）的良好经济质效

① 王欣新：《绝境再生：破产法市场化法治化实施之路》，法律出版社，2022。

② 罗培新：《世界银行营商环境评估》，译林出版社，2020，第 8 页。

的评估。从世界银行之前对全球各经济体"办理破产"指标考评可得出，全球参评经济体（除美国、新加坡等极少数发达经济体）共同存在的问题是破产程序非常耗时、成本高、效率低，且与国家的发达程度、法律渊源等密切联系，这也是推动世界银行重新设计考评体系的动因之一，而我国更是以包容、积极的态度从国家层面推动节约成本的各项制度改革，如预重整与重组制度、简易程序、破产法的修订等。"企业破产"指标中的"破产司法程序难易程度"用于衡量破产清算和重整程序中的时间和成本，成本效率和时间效率可以在一定程度上鼓励低效率企业退出市场，激发新企业的诞生和更多的创业活动。

（二）进一步完善债权人确认之诉的建议

鉴于债权确认之诉烦琐的程序影响了破产审判的效率，应当以联合国贸易法委员会《破产法立法指南》快速、高效的原则为指引，结合我国破产制度实践经验，对债权确认制度进行必要的改变。

1. 合理调整申报审查时限

现行《企业破产法》规定的申报时间是 1～3 个月，此外，还有补充申报制度。这一冗长的程序不利于有关主体基于债权稳定性而对程序作出及时、准确的选择。实践中，债权申报人完全可以通过合同的履行、诉讼等活动及时知晓债务人的债务危机并准备相应证据材料。当人民法院、管理人通过官网、互联网等各种方式适当履行通知义务时，除因战争、地震等不可抗力外，债权人完全可以在较短时间内完成债权申报。此外，现行《企业破产法》还规定了补充申报程序，虽然依《企业破产法》之规定管理人可以就补充申报行为收取费用，但实践中真正收费情况较少或收费标准较低，对债权人的权利不产生实质性影响。因之，合理缩短申报、审查时限，有利于敦促债权人尽早行使权利，这不仅对破产程序整体推进大有裨益，也符合其他债权人和债务人的根本利益。为此，可以考虑对已知债权人和未知债权人的通知方式及申报时限予以区分处理，对已知债权人以书面、网络、电话信息、微信等方式送达的，告知其债权申报通知为 5 日内，对未知债权人以公告方式送达的，确定申报期间为 15 天日内，非特殊原因逾期申报的不再接受申报。

2. 优化异议债权复审制度

如何在破产程序中兼顾公正价值与效率价值，笔者认为，可以考虑将异议债权的复审、债权确认之诉合并为同一程序，赋予人民法院复审职权，通过组成合议庭以听证方式完成对异议债权的事实认定、法律适用、债权确认等司法行为，由此兼顾了程序的正当性和实体的合法性，便于更高效地处理了破产事务。

3. 强化破产专业化建设

人民法院、管理人是司法破产程序的重要角色，管理人在人民法院的指导、监督下开展各项工作，是债务人企业的临时法定代表人、股东、股东会、董事会、经营者、债权人、法律顾问、诉讼代表人、各类关联方的代表等，角色复杂、责任重大。推进破产审判高质量发展，需要建立起既懂法律又懂政策，既懂市场又懂谈判的专业审判队伍和管理人队伍。实践中，由于“人少案多”等因素影响，破产审判、破产办理的专业化建设不足。管理人欠缺必要的商业知识经验和谈判协商能力。为此，一是要建立体系化思维。破产是对一个企业拟制生命的生存和生存之道的判断，企业是社会经济的主角，不同的社会制度、不同时期的经济制度对企业性质的确定、发展有不同的定位，并且始终跟随时代的需求、社会的需求不断变化发展，破产事务参与者要有密切关注并能精准理解宏观政策、法律法规的能力，“致广大而尽精微”，才能对企业开具“治病良方”。二是要强化执行能力建设。破产法官不仅是破产程序的指挥者，在目前状态下，还需具有既“能开方又能输液”的医师+护士的能力，破产程序往往伴随着市场商机的出现或走失，必须具有较高的执行能力才能把握住挽救的商机。三是要强化综合协调能力建设。破产司法程序的参与者众多，法律事务与社会事务相互交织。法官与管理人之间的指导、监督、沟通、协作关系，与债权人、债务人，与政府部门的沟通协调等，需要具备扎实的审判功底、准确的语言表达、良好的执业形象、果断的决策能力等。四是要强化团队协作能力建设。破产事务的繁杂性决定了无论是审判队伍还是管理人队伍都需要一支合作良好的团队，既能分工协作，又能形成合力，共同完成破产工作。

总而言之，“破产法在实施中成长，但在实践中也显现出亟须改革与完善之处。要根据立法目的与实践需要，进一步转换观念、健全制度，实现破产法的不断创新发展。”[①] 破产法是规范市场行为的法律，以市场化手段判断问题企业的生存与消亡及生存之道，以法律手段保障、规范问题企业市场化经营，因而最大限度地体现了市场发展与法律规制的有机结合。所以，破产法的立法目的应该是保障市场经济的高质量发展，快速出清不符合市场经济发展的企业，释放优质的生产要素；同时，抓住商机挽救诚实而不幸、具有市场前景的企业，提升债权受偿率，促进整个社会的良性发展。在现有法律框架下，进一步优化以债权确认之诉为代表的破产衍生诉讼审判路径，对于持续提高破产审判公正性和时效性意义重大。

① 王欣新：《绝境再生：破产法市场化法治化实施之路》，法律出版社，2022。

附　录

安顺法院司法体制改革大事记
（2017～2022）

2017年

3月6日　中共安顺市委全面深化改革领导小组印发《关于表彰2016年度全面深化改革创新奖的通报》（安改组〔2017〕7号），确定安顺市中级人民法院、安顺市司法局联合申报的《构建行政争议诉前沟通协调机制》获2016年度安顺市委全面深化改革创新奖。

3月23日　经西秀区委政法委牵头，安顺市西秀区公、检、法、司联席会议出台《关于审理认罪认罚从宽刑事案件暨适用刑事案件速裁程序实施办法（试行）》，全面推开西秀区刑事认罪认罚暨速裁程序改革试点工作。

8月1日　经安顺市中级人民法院推动，中共安顺市委办公室、安顺市人民政府办公室印发《安顺市重大行政争议诉前沟通协商办法（试行）》（安市办发〔2017〕12号），将安顺市重大行政争议诉前沟通协商机制推进至2.0版本。

8月23日　最高人民法院政治部、人民法院新闻传媒总社印发《关于对在司法宣传工作中做出突出成绩的人民法院予以表扬的通报》（法政〔2017〕277号），安顺市中级人民法院因在2017年度司法宣传工作中表现突出，获通报表扬。

9月19日　安顺市中级人民法院公开开庭审理原告镇宁自治县江龙镇窑上村坡高组诉被告镇宁自治县人民政府、安顺市人民政府及第三人镇宁自治县江龙镇关新村村民委员会行政争议一案。该案是贵州省首例地级人民政府行政机关负责人和县（区）级人民政府行政首长共同出庭应诉的案件，也是安顺市首例地级以上人民政府行政机关负责人出庭应诉案件，由安顺市中级人民法院时任院长担任审判长，安顺市人民政府时任副市长及镇宁布依族苗族自治县时任县长到庭应诉。

12 月 19 日 安顺市中级人民法院通过远程视频对被告人张某某犯故意伤害罪一案进行宣判。这是安顺市中级人民法院首次通过远程视频公开宣判刑事案件。

12 月 28 日 在安顺市中级人民法院推动下，安顺市印发《关于印发〈安顺市中级人民法院诉讼费收缴管理暂行办法〉的通知》（安市财非税〔2017〕51 号），进一步规范诉讼费用的管理和退缴等事项。

2018年

1 月 17 日 最高人民法院发布《关于表彰全国法院先进集体、全国法院先进个人的决定》（法〔2018〕22 号），决定授予 201 个集体“全国法院先进集体”称号，授予 259 名同志“全国法院先进个人”称号。安顺市中级人民法院民事审判第二庭被授予“全国法院先进集体”称号。

2 月 11 日 安顺市两级法院“不忘初心跟党走 公正司法护发展”学习党的十九大精神和党章演讲比赛暨知识竞赛举办。

3 月 12 日 安顺市全市法院院长会议召开。会议总结过去一段时间全市法院工作，分析面临的新形势新任务，研究部署当前和今后一个时期重点工作任务。时任安顺市委常委、市委政法委书记出席会议，安顺市中级人民法院全体干警，各县（区）法院院长、纪检组长、派出人民法庭庭长以及受表彰的集体和个人代表在主会场参会，各县（区）法院干警在分会场参会。

3 月 23 日 安顺市中级人民法院举办“书香法意 阅读有+”读书活动暨西政贵州校友读书会读书交流活动。来自西南政法大学贵州校友读书会、民盟安顺市委、安顺市文联以及安顺市中级人民法院读书联盟的同志 30 余人齐聚一堂，以书会友。

4 月 3 日 安顺市中级人民法院与贵阳市中级人民法院联合举办破产审判实务交流会，安顺市中级人民法院专委、民事团队全体成员及贵阳市中级人民法院破产审判团队部分成员参加交流，分别介绍两地在办理破产案件方面的宝贵经验。

4月12日　安顺全市法院决胜“用两到三年时间基本解决执行难”推进会召开。会议对全市法院“如期基本解决执行难”工作进行部署。

4月20日　贵州省高级人民法院时任党组书记、院长率队到安顺市中级人民法院、平坝区人民法院和镇宁自治县人民法院调研指导。

4月24日　安顺市两级法院岗位大练兵活动动员部署视频会召开。安顺市两级法院在职在编干警、临聘人员等约600人参加会议。

4月25日　安顺市中级人民法院邀请省、市两级人大代表、市政协委员以及镇宁自治县人大常委会负责人全程观摩一起重大刑事案件庭审。该案由安顺市中级人民法院时任党组书记、院长担任审判长，由安顺市人民检察院时任检察长以国家公诉人身份出庭支持公诉。

5月8日　西秀区人民法院公开开庭审理公益诉讼起诉人镇宁布依族苗族自治县人民检察院诉被告镇宁布依族苗族自治县国土资源局不履行土地出让金监管法定职责一案并当庭宣判。该案是安顺市首例行政公益诉讼案件，镇宁县人民检察院时任副检察长出庭，被告镇宁县国土局负责人出庭应诉，安顺市委政法委时任常务副书记、部分市人大代表、市政协委员以及市县两级检察机关同志旁听。

5月18日　中共贵州省委《贵州改革情况交流》2018年第60期刊载《安顺市积极探索重大行政争议诉前沟通协商机制收“三好”效果》，介绍安顺市中级人民法院行政争议诉前协商沟通机制运行情况。

5月27日　安顺市两级法院执行实施规范化培训举办，两级法院执行干警共251人次参加培训。

6月29日　安顺市中级人民法院召开建党97周年表彰大会，对先进基层党组织、优秀共产党员、优秀党务工作者进行表彰。

7月2日　根据贵州省高级人民法院统一部署，“贵州法院雷霆风暴执行行动”启动，安顺市中级人民法院抽调各部门精干力量，组成五个执行小组，分赴各地开展执行专项行动。

7月18日　安顺市中级人民法院通过网络拍卖方式处置某公司破产清算案破产财产。这是安顺市中级人民法院首次运用破产管理人直接挂拍通道和破产程序拍卖通道处置破产财产。

7月19日 安顺两级法院举行“雷霆风暴—安顺在执行”一号行动启动仪式，安顺市两级法院党组成员、执行干警、司法警察共160余人参加，向“基本解决执行难”发起总攻。

8月7日 贵州省高级人民法院印发《贵州省高级人民法院关于推广重大行政争议诉前协商机制的通知》，要求全省各中级人民法院结合本地实际，借鉴安顺法院做法和成功经验，构建符合本地实际的行政争议诉前协商机制。

8月10日 安顺市中级人民法院出台《关于充分发挥审判职能作用为安顺实施乡村振兴战略提供有力司法服务和司法保障的意见》，从五个方面提出十九项举措为安顺市实施乡村振兴战略保驾护航。

9月14日 贵州省高级人民法院召开新闻发布会，发布全省各级法院启动“雷霆风暴”执行行动以来所取得的成效，并发布5类共25个典型案例，其中依法打击拒不执行判决、裁定罪典型案例5个。普定县人民法院依法办理的肖某某犯拒不执行判决、裁定罪案入选典型案例。

10月17日 西秀区人民法院向调解离婚的当事人彭某某与张某某发出首份《西秀区人民法院离婚证明书》。该证明书正文载明双方当事人姓名、身份证号、案号及案件生效时间，正文后附相关法律条款，正文后面附法官寄语“解怨释结，更莫相憎；一别两宽，各生欢喜”，展现人民法院家事审判柔性司法温情。

11月18日 安顺市中级人民法院印发《关于充分发挥审判职能作用服务和保障全市民营经济发展的意见》，要求全市两级法院深刻认识服务和保障民营经济发展的重要意义，充分发挥审判工作在保护产权、稳定预期、激励创新等方面的职能作用，为全市民营经济发展提供优质高效的司法服务和司法保障。

11月19日 安顺市中级人民法院关于诉前协商机制调研成果荣获中国法学会审判理论研究会“行诉解释与新时代行政审判新作为”主题论坛三等奖。

12月3日 中国人民银行安顺市中心支行、安顺市中级人民法院联合印发《安顺市金融消费纠纷诉调对接工作机制实施方案（试行）》（安银发〔2018〕147号）。

12月4日 安顺市中级人民法院举办“我与宪法”公众开放日暨读书交流活动，邀请安顺市第八小学20余名师生走进法院，“零距离”感受阳光司法、公正司法。

12 月 28 日　安顺市中级人民法院在平坝区塘约村挂牌安顺市首个“无讼村居”示范点。

2019年

1 月 21 日　安顺市中级人民法院举办第一期破产审判实务沙龙。沙龙以“破产管理人法律地位及能力提升”为主题，邀请来自法院、破产案件管理人、不动产登记中心及政府部门在内的近 40 位专业人员参加。

1 月 30 日　贵州省高级人民法院印发《关于对 2018 年全省法院岗位大练兵优秀集体和优秀个人予以表扬的通报》（黔高法〔2019〕16 号），安顺市中级人民法院、西秀区人民法院、紫云自治县人民法院被授予“岗位大练兵优秀集体”称号，相关同志被授予先进个人称号。

2 月 21 日　安顺全市法院院长会议召开。会议贯彻落实中央政法工作会议、全国高级法院院长会议、省委政法工作会议、全省法院院长会议及市委政法工作会议精神，全面总结全市法院 2018 年工作，研究部署 2019 年工作。会议在安顺市中级人民法院设主会场，以视频形式召开至各县（区）法院。

2 月 22 日　安顺全市法院扫黑除恶专项斗争工作推进会召开，研究部署 2019 年全市法院扫黑除恶专项斗争各项重点工作，推动扫黑除恶专项斗争向纵深发展。会议在安顺市中级人民法院设主会场，以视频形式召开至各县（区）法院。

3 月 1 日　全国妇女联合会印发《关于表彰全国城乡妇女岗位建功先进集体、先进个人的决定》（妇字〔2019〕17 号），表彰在创业创新、脱贫攻坚、乡村振兴等经济社会发展中涌现出的城乡妇女岗位建功先进集体和先进个人，关岭自治县人民法院断桥人民法庭被授予“全国巾帼文明岗”荣誉称号。

3 月 7 日　安顺中院印发《贵州省安顺市中级人民法院关于深入推广行政争议诉前沟通协商机制实施方案》（安中法〔2019〕20 号），推进行政争议诉前沟通协商机制持续迭代升级至 3.0 版本。

3 月 12 日　普定县人民法院、中国人民银行普定县支行组织召开普定县金融消费纠纷诉调对接工作会议，普定县各银行业、各金融机构分管行领导及金融消费者保护协会专员参会。会议传达《普定县金融消费纠纷诉调对接工作机制实施方案（试行）》文件精神并为普定县金融纠纷人民调解室挂牌。

3月18日 安顺市中级人民法院印发《关于审理行政协议案件的实施办法（试行）》，制定24条指导细则，对行政协议案件受案范围、主体资格、法律适用、举证责任、行政协议效力、可撤销可变更、行政协议解除、管辖与裁判等内容进行详细规定，统一行政协议纠纷裁判尺度，助推行政协议案件公正高效审理。

3月20日 贵州省高级人民法院召开扫黑除恶专项斗争新闻发布会，介绍全省法院围绕“五个坚持”开展扫黑除恶专项斗争的工作情况并发布8个扫黑除恶典型案例。其中，安顺两级法院依法审理的张某某等11人涉黑案、何某某等12人涉黑案和左某某等10人恶势力犯罪集团案入选典型案例。

4月11日 安顺市法院执行信访案件办理及智慧执行相关软件运用工作培训会召开，安顺两级法院执行局局长、执行局全体干警及技术人员参加会议。

5月20~21日 受安顺市中级人民法院邀请，《人民法院报》、《贵州日报》、《法制生活报》、贵州长安网、《安顺日报》、《黔中早报》等媒体开展“新闻记者基层行”采访活动，围绕安顺法院矛盾纠纷多元化解经验做法，深入基层，深入一线进行走访报道。

5月31日 安顺市中级人民法院第十期“黄果树天平论坛·法学名家论坛”暨破产法专题讲座活动举办。论坛由知名破产法学者、中国人民大学法学院教授、博士生导师主讲，来自贵州省高级人民法院及贵阳、六盘水、遵义、黔东南、黔南等市州中院的有关领导及法官代表，贵阳、安顺两市律协律师代表，安顺工商银行及全市两级法院有关领导及民商事审判法官等100余人参加论坛。

6月25日 安顺中院召开第一次法官大会。大会表决通过《法官大会章程》《法官委员会工作办法》，投票选举产生第一届法官委员会委员、各主审法官会议法官人选及审判委员会委员备推荐人选等。全体员额法官及部分法官助理代表参会，并进行法官宣誓，集体签订《法官守则》。安顺市中级人民法院探索建立的法官大会制度，是推进司法体制综合配套改革进程中，就加强法官自我管理、自我约束与自我监督的主动探索。

6 月 28 日　安顺市中级人民法院为全市 135 名首批特邀调解员进行法律专业培训并颁发聘书。

7 月 1 日　安顺市中级人民法院召开纪念建党 98 周年表彰大会，表彰一年来全市法院在扫黑除恶、脱贫攻坚、解决执行难及其他各项审判业务、行政工作中涌现出的先进基层党组织和优秀共产党员、优秀党务工作者。

7 月 4 日　安顺市中级人民法院与贵州大学法学院共建卓越法律人才教育基地签约授牌仪式暨贵州省法律专业学位研究生司法技能工作站第三批学院结业典礼举行。

7 月 18 日　经安顺市中级人民法院牵头，安顺市中级人民法院、安顺市人民检察院、安顺市司法局及市辖区监狱联合召开 2019 年特赦暨减刑假释工作座谈会。会议传达学习中央及省相关工作要求，围绕当前减刑、假释案件办理中的重点难点问题进行探讨。

8 月 19 日　安顺市两级法院 2019 年度政治轮训培训班开班。

8 月 20 日　最高人民法院政治部、最高人民法院新闻局、人民法院新闻传媒总社联合印发《关于对在司法宣传工作中表现突出的人民法院予以表扬的通报》(法政〔2019〕318 号)，对 2019 年度在司法宣传工作中表现突出的法院予以通报表扬，安顺市中级人民法院获得表扬。

8 月 21 日　安顺市中级人民法院法官委员会举办第一期法官专题学习。

8 月 28 日　安顺市切实解决执行难工作联席会在安顺中院召开。会议安排部署下一步全市法院执行工作向“切实解决执行难”目标迈进。安顺市时任市委常委、市委宣传部部长、市委政法委书记出席会议，安顺市执行工作联席会议成员单位负责人，各县（区）党（工）委政法委主要领导，黄果树旅游区、各县（区）人民法院主要领导及安顺市中级人民法院执行局全体干警参加会议。

8 月 29 日　贵州省高级人民法院时任党组书记、院长在安顺市中级人民法院呈报的《安顺市中级人民法院法官工作室织密矛盾纠纷多元化解网络》上作出肯定性批示，要求向全省介绍安顺市中级人民法院的做法。

9 月 10 日　平坝区人民法院组成“3 名审判员+4 名人民陪审员”7 人合议庭，公开开庭审理由平坝区人民检察院提起的涉嫌犯非法占用农用地罪刑事附带民事公益诉讼案并当庭宣判。这是安顺市首例环资类刑事附带民事公益诉讼案件。

10 月 9 日　贵州省高级人民法院开展全省法院“黔山雷暴”执行专项行动启动仪式，在贵州省高级人民法院的统一部署下，安顺市两级法院“‘黔山雷暴——安顺在执行’执行专项行动”启动。

10 月 29 日　安顺两级法院优秀书记员大练兵活动启动。

10 月 30 日　贵州省高级人民法院召开新闻发布会，通报全省法院扫黑除恶专项斗争取得重大阶段性成果并发布 9 个典型案例。安顺法院依法审理的牟某某等 13 人涉黑案入选典型案例。

11 月 15 日　按照“不忘初心，牢记使命”主题教育部署要求，安顺市中级人民法院召开形势政策专题报告会，党组班子成员、全院干警 100 余人参加报告会。

11 月 14 日　安顺市中级人民法院帮扶的安顺市龙宫镇油菜湖村“无讼村”及“法官工作室”揭牌。

12 月 4 日　安顺市两级法院司法警察技能培训班开班，来自两级法院的 63 名司法警察、辅警参加培训。

12 月 10 日　最高人民法院民四庭党支部到安顺市关岭自治县人民法院派出人民法庭开展党建结对共建活动，最高人民法院民四庭党支部有关同志与关岭法院第三党支部书记、断桥“女子法庭”负责人签订党建共建协议书。

12 月 19 日　“以法为名·守护‘少年的你’”网络直播活动走进安顺市第一中学，同学们在安顺市中级人民法院员额法官们的指导下模拟审理了一起校园故意伤害案。近 600 名师生及人大代表、政协委员参加活动。

12 月 25 日　经安顺市中级人民法院提请，中共安顺市委全面依法治市委员会印发《关于成立安顺市全面纵深推进行政争议诉前协商工作领导小组的通知》（安市法委〔2019〕1 号）和《关于印发〈安顺市全面纵深推进行政争议诉前协商工作实施办法（试行）〉的通知》（安市法委〔2019〕2 号），将行政争议诉前协商机制迭代升级推进至 3.0 版。

2020年

1 月 13 日　最高人民法院印发《关于表彰全国法院先进集体和先进个人

的决定》（法〔2020〕9号），关岭自治县人民法庭法官助理荣获“先进个人”称号。

1月21日 最高人民法院印发《关于对全国法院新闻舆论工作先进集体先进个人予以表扬的通知》（法〔2020〕27号），对在新闻舆论工作中表现突出的法院予以通报表扬，安顺市中级人民法院荣获“全国法院新闻舆论工作先进集体”称号。

2月8日 安顺市中级人民法院出台《关于应对疫情为企业健康发展提供司法保障的意见》，充分发挥司法职能作用，助力企业防控疫情稳定经营。

2月24日 安顺市中级人民法院采取“互联网+司法”模式，运用“云间”网上庭审系统对一起买卖合同纠纷上诉案件进行二审开庭并当庭宣判，通过互联网技术实现“隔空审案”，确保疫情防控和审判工作两不误，最大限度维护当事人合法权益。

3月23日 安顺市中级人民法院二审开庭审理一起交通肇事逃逸刑事案件，安顺市中级人民法院时任党组书记、院长担任审判长，安顺市人民检察院检察长出庭履行职务。通过互联网庭审系统，进行“云开庭”办案，推进法院“互联网+审判”模式常态化。

3月31日 最高人民法院发布第二批全国法院服务保障疫情防控期间复工复产8个典型案例。安顺市中级人民法院依法审理的安顺市顺成市场开发有限公司重整案入选。

4月21日 安顺市中级人民法院组织召开安顺某投资有限责任公司破产和解案第一次债权人会议。这是安顺破产审判实践中首次完全采用网络方式进行破产案件信息披露、投票表决的债权人会议。

4月27日 2019年贵州省员额制法官遴选考试（安顺考点）开考，安顺市两级法院通过资格初审的68名申请入额人员参加考试。

5月8日起，安顺市两级法院行政审判庭、政治部、行政部门、刑事审判庭等业务部门或条线开展“四化”大练兵活动。

5月9日 安顺市中级人民法院“执行大讲堂”第一期开班。

5月23日 安顺市中级人民法院组织开展2020年贵州省司法警察警衔首授、晋升体能达标考核暨执法资格等级考试，25司法警察参加考核。

5月29日 普定县人民法院受理普定县首例高空抛物侵权案件。

6月24日 安顺市中级人民法院召开禁毒工作新闻发布会，通报2017年以来全市法院毒品犯罪案件审理情况及禁毒工作的开展情况。

6月29~30日 贵州省安顺市第四届人民代表大会常务委员会听取安顺市中级人民法院关于全市法院环境资源审判工作情况的报告。

7月1日 安顺市中级人民法院召开纪念建党99周年表彰大会。大会表彰一年来全市法院涌现出的先进基层党组织和优秀共产党员、优秀党务工作者，并对创建“让党中央放心、让人民群众满意的模范机关”工作进行动员部署。

7月14日 安顺市中级人民法院组织召开两级法院在线调解平台、信访平台培训会暨工作推进会。

7月14~17日 安顺市中级人民法院开展全市两级法院2002年政治轮训。

7月17日 安顺市法院民商事案件质效评析会议召开。

8月11日 安顺市中级人民法院开通10102368电话送达专线。

9月3日 安顺市中级人民法院召开全市法院执行局长工作会议。

9月8~30日 安顺市两级法院开展为期三周的“黔山雷暴·安顺在执行”集中统一执行行动。本次行动主题为刑事涉财产案件、涉民生案件、涉金融债权案件的集中执行。

10月21日 紫云自治县人民法院开展行政争议诉前协商特约协调员颁证仪式和新聘特约协调员履职培训，聘请20位同志为紫云自治县人民法院行政争议诉前协商特约协调员。

11月4日 安顺市法院优化营商环境交流指导会召开。

11月4日 全市法院执行工作暨“黑财清底”工作推进会召开。

11月13日 安顺市中级人民法院印发《安顺市中级人民法院关于进一步推进法治化营商环境建设的意见》，要求全市法院深入学习贯彻习近平总书记关于“法治是最好的营商环境”的重要指示精神，牢固树立“每一个司法案件就是一个营商环境”理念，围绕“保护中小投资者”“执行合同”“办理破产”等方面的营商环境司法需求，充分发挥审判职能作用。

12月3日 安顺市中级人民法院召开“入村寨进社区走企业访群众”大走访活动动员部署会。

12月10日 珠江源北盘江流域环境资源保护司法协作会议在珠江源头第

一城云南省曲靖市召开，云南省高院，云南曲靖和贵州六盘水、毕节、安顺、黔西南中院及相关基层法院和有关部门领导齐聚一堂，共商司法协作大计。会上，曲靖与贵州六盘水、黔西南、安顺、毕节五市（州）中级法院领导共同签订建立北盘江流域环境资源审判跨区域司法协作机制框架协议。

12 月 17 日　安顺市中级人民法院召开全市法院审判执行工作督战会。

12 月 25 日　贵州省妇联表彰 80 个巾帼文明岗、80 名巾帼建功标兵、50 个巾帼建功先进集体，安顺市中级人民法院荣获“2020 年度城乡妇女岗位建功先进集体”荣誉称号。

2021年

1 月 4 日　平坝区人民法院民事审判庭当庭宣判了一起物业服务合同纠纷案件，这是平坝区人民法院首例适用《民法典》判决的案件。

1 月 7 日　安顺市举行 2020 年度“十佳政法卫士”表彰大会。安顺市法院系统中，来自镇宁自治县人民法院和平坝区人民法院的同志获得“十佳政法卫士”称号。

1 月 8 日　安顺市中级人民法院落实省法院第三轮司法巡查反馈意见整改工作推进会。

1 月 22 日　安顺市中级人民法院“刑事审判大学堂”第一期开班。

1 月 25 日　2020 年度安顺市基层法院执行局局长述职会议召开。

2 月 3 日　安顺市中级人民法院召开新闻发布会，通报三年来扫黑除恶专项斗争开展情况。自开展扫黑除恶专项斗争以来至 2020 年 12 月 31 日，安顺市两级法院共受理一审涉黑恶犯罪案件 58 件 544 人，审结率 100%，其中审结一审涉黑犯罪案件 31 件 324 人，审结一审涉恶犯罪案件 27 件 220 人；受理二审涉黑恶犯罪案件 44 件 432 人，审结率 100%，其中审结二审涉黑犯罪案件 24 件 272 人，审结二审涉恶犯罪案件 20 件 160 人，取得良好的打击治理效果。

2 月 22 日　安顺全市法院院长会议召开。会议以视频形式开至全市法院，市中院设主会场，各县（区）法院设分会场。

2 月 22 日　贵州省高级人民法院印发《关于对全省法院行政、国家赔偿审判先进集体和先进个人予以表扬的通报》（黔高法〔2021〕107 号），安顺市中级人民法院被授予“全省法院行政、国家赔偿审判先进集体”称号，行政审判庭相关同志获得先进个人称号。

2月26日 安顺市中级人民法院召开全市法院网络安全和信息化工作会议。

3月8日 安顺市中级人民法院召开全市法院党风廉政建设约谈会，对党组成员、专委，各县（区）法院党组书记开展集体约谈。

3月19日 安顺市中级人民法院组织学习习近平法治思想专题讲座，参训人员150余人。

3月20日 安顺中院12368诉讼服务热线“一号通办”分平台正式开通运行。

3月24日 安顺市中级人民法院队伍教育整顿警示教育大会召开。

3月25~26日 安顺市中级人民法院开展2021年度两级法院政治轮训。

4月8日 经安顺市中级人民法院提请，中共安顺市委全面深化改革委员会办公室印发《安顺市企业破产处置府院联动沟通协调联动工作方案》（安改办通〔2021〕3号）。

4月19日 安顺市中级人民法院召开全市法院顽瘴痼疾专项整治工作部署专题会议。

4月22日 中共贵州省委、贵州省人民政府印发《关于表彰贵州省脱贫攻坚先进集体和先进个人的决定》，安顺市中级人民法院司法警察支队被授予“贵州省脱贫攻坚先进集体”称号。

4月23日 安顺市中级人民法院召开全市法院涉黑涉恶案件线索倒查工作部署会。

4月26日 安顺市中级人民法院召开全市法院警示教育暨自查自纠推进会议。

4月29日 安顺市中级人民法院与安顺市人民检察院、安顺市司法局联合印发《关于保障刑事审判环节律师电子阅卷工作的实施办法（试行）》，提出运用信息化技术全力推进律师阅卷集约高效开展，为安顺市法院、检察机关、司法行政机关刑事审判环节开展律师电子阅卷工作明确了要求并提供具体指引。

5月12日 安顺市中级人民法院召开全市法院环境资源审判工作推进会。

附　录

安顺法院司法体制改革大事记（2017~2022）

6月1日　安顺市中级人民法院正式启动“安法护航·少年的你”青少年法制教育系列品牌活动，将传承红色基因和呵护未成年人成长结合起来，通过设立“校园普法宣传站”、成立“法官工作室”、打造“书香法意 开卷有+”读书活动、开展“模拟法庭进校园”“公众开放日”“宪法宣传周”等活动，持续加强与辖区内中小学以及大中专院校的协作，用法治温度构筑未成年人司法保护屏障。

6月1日　贵州省高级人民法院发布4例未成年人权益保护典型民事案例，紫云自治县人民法院依法审理的侵害被监护的未成年人合法权益的可依法撤销监护资格案件入选典型案例。

6月10日　安顺市中级人民法院召开全市法院防止干预司法“三个规定”宣讲会。

6月23日　安顺市中级人民法院与人民银行安顺中心支行联合举办全市金融保险机构诉调对接工作业务培训会。安顺辖区10家银行业金融机构和23家保险公司共计80余人参加培训会。

7月9日　安顺市中级人民法院召开全市法院政法队伍教育整顿总结大会，大会以视频会议形式开至县（区）法院。

7月21日　安顺市中级人民法院、国家税务总局安顺市税务局联合印发《关于企业破产处置税务司法协作的工作机制》（安中法〔2021〕107号）。成立市破产程序涉税事项协调领导小组，建立联席会议、跨区争议协调联系、提前涉税介入、信息共享等工作机制。

7月21日　全国创建“青少年维权岗”活动领导小组发布《关于命名2019—2020年度全国“青少年维权岗”的通知》，命名721家单位为2019~2020年度全国“青少年维权岗”，镇宁布依族苗族自治县人民法院入选。

7月29日　安顺市中级人民法院“安法护航　共赴青绿”绿讲台第一期开讲。

8月18日　安顺市中级人民法院与安顺市生态环境局、安顺学院资源与环境工程学院在西秀区大西桥镇中所村玉带河举行共建生态环境保护“府院协作”实践基地揭牌。

8月30日　安顺市中级人民法院、安顺市住房和城乡建设局、安顺市自然资源局联合印发《关于企业破产案件涉不动产及信息共享相关事项的工作意见》（安中法〔2021〕117 号）。

9 月 15 日 安顺市中级人民法院召开全市法院防范打击电信网络诈骗犯罪工作新闻发布会，通报安顺两级法院防范和打击电信网络诈骗犯罪进行集中宣判的情况，对下一步开展防范打击电信网络诈骗犯罪工作作出安排部署。本次集中宣判共计宣判电信网络诈骗犯罪案件 6 件 15 人，主要涉及罪名为诈骗罪、帮助信息网络犯罪活动罪。

9 月 15 日 西秀区人民法院对涉电信网络诈骗及关联犯罪案件进行集中宣判，按照新冠疫情防控相关要求，邀请人大代表、政协委员、西秀区高级中学学生参与庭审旁听。

9 月 27 日 安顺市中级人民法院、安顺市人民检察院、安顺市生态环境局联合印发《关于建立健全生态环境恢复性司法工作机制的意见（试行）》。

9 月 27 日 安顺市中级人民法院、安顺市市场监管局联合印发《关于推进企业破产和强制清算程序中登记便利化的通知》（安中法〔2021〕125 号）。

10 月 12 日 安顺市法院执行领域突出问题集中整治专项行动暨刑事涉财产执行工作专项行动推进会召开。

10 月 13 日 西秀区人民法院、西秀区司法局组织区直各部门、各乡（镇）、办事处等单位 50 余名领导干部到区法院旁听卢某某等九人诉某镇人民政府及第三人某有限公司确认行政强制行为违法一案庭审。

10 月 15 日 安顺市中级人民法院、中国人民银行安顺市中心支行、中国银行保险监督管理委员会安顺监管分局联合印发《关于共同推进企业破产处置相关工作的意见》（安中法〔2021〕132 号）。

10 月 26 日 贵州省高级人民法院召开新闻发布会，发布 15 个实质性化解行政争议典型案例。安顺法院依法办理的杨某某等九人诉普定县政府、普定县穿洞街道办事处行政赔偿案入选典型案例。

11 月 18 日 安顺市中级人民法院召开执行案款集中发放日活动新闻发布会，向社会通报当天全市两级法院执行案款集中发放情况及 2021 年度执行工作情况。在全市执行案款集中发放当日，全市两级法院根据新冠疫情防控要求及方便当事人的工作原则，采取线上线下相结合的方式发放执行近 30 日内执行到账的案款 2340.49 万元，涉及执行案件 78 件，申请执行人 83 人。

11 月 23 日 安顺市中级人民法院与省农村信用社联合社安顺审计中心联

合签发《诉调对接工作合作机制》，深入推进全市农信系统金融消费纠纷多元化解工作，从源头有效预防和减少诉讼增量，切实维护金融消费者的合法权益。

12 月 10 日　全省法院青少年法治教育现场观摩会在安顺举行。贵州省高级人民法院党组成员、政治部主任及全省各有关单位负责同志出席观摩会。

12 月 24 日　贵州省委宣传部、贵州省委依法治省办、贵州省司法厅、贵州省法宣办发布《关于通报表扬 2016—2020 年贵州省普法工作先进单位、先进个人等的决定》，对 31 个普法工作先进法宣办（普法办）、197 个普法工作先进单位、38 个依法治理创建工作先进单位、96 名普法工作先进个人、34 名普法工作先进工作者予以通报表扬。安顺市中级人民法院获“普法工作先进单位”表彰。

2022年

1 月 14 日　安顺市中级人民法院召开警示教育大会。

1 月 20 日　2021 年度安顺市基层法院执行局局长述职会议召开。

1 月 24 日　安顺市中级人民法院召开党史学习教育总结会议，市委党史学习教育第六巡回指导组组长、副组长到会指导。

1 月 24 日　安顺市中级人民法院依法公开审理一起建设工程施工合同纠纷二审案件。该案是安顺中院在第四次修正的《中华人民共和国民事诉讼法》正式施行后首次以独任方式审理的民事二审案件。

1 月 26 日　安顺市中级人民法院与人民银行安顺中心支行联合举办全市金融纠纷多元化解工作业务培训视频会，全市涉金融系统 11 家单位 620 人参加。

2 月 11 日　西秀区人民法院在办理一起未成年人盗窃案件中，对怠于履行家庭教育职责的家长发出《家庭教育令》，督促被告人的法定代理人积极履行家庭教育和监护职责。

2 月 24 日　安顺市中级人民法院召开全市法院工作会议，会议全面总结过去五年全市法院工作，分析面临形势，部署当前和今后一个时期的工作任务。

2 月 15 日　安顺市中级人民法院与市司法局组成联合调研组，到黄果树管委会调研行政争议诉前协商机制的实施情况，进一步提升行政争议诉前协商机制的工作成效，凝聚府院联动工作合力。

2 月 28 日　安顺市中级人民法院召开全市法院党风廉政建设和反腐败工作会议，总结全市法院 2021 年党风廉政建设和反腐败工作，部署 2022 年工作任务。

3 月 1 日　安顺市中级人民法院“安法护航 · 学法论坛”系列培训活动正式开班。

3 月 7 日　中央电视台《今日说法》播出两会特别节目《公平正义新时代》之《生机》，聚焦贵州安顺顺成市场开发有限公司破产重整案，讲述新冠疫情期间破产重整程序之中，法院发挥协调作用帮助经营不善的公司重整旗鼓，保住百姓菜篮子工程。

3 月 10 日　安顺市中级人民法院与安顺市司法局召开 2022 年第一次行政诉讼协商府院联动联席会。会上，双方从立案环节沟通协商、诉前沟通协商机制、数据通报、案件审理等出现的信息不畅问题，及现阶段行政争议诉源治理以及府院联动工作开展情况、遇到的困难及问题进行交流座谈，并就如何进一步加强府院联动，强化诉源治理，提升行政机关执法水平等进行深入探讨。

3 月 25 日　2022 年全市行政审判推进会召开。

3 月 25 日　安顺全市法院执行工作推进会召开。

3 月 25 日　安顺市中级人民法院印发《关于加强未成年人司法保护工作的意见》(安中法〔2022〕27 号)，立足人民法院司法审判职能，聚焦未成年人司法保护现状，就全面加强未成年人司法保护工作提出新要求新举措。

3 月 28 日　安顺市中级人民法院召开“为群众办实事示范法院”创建活动动员部署会。

3 月 31 日　安顺市中级人民法院召开全市法院一站式建设暨诉源治理工作推进会。

4 月 2 日　安顺市中级人民法院召开“两个确立”主题教育动员部署会，对全市法院开展“两个确立”主题教育进行宣传、动员、部署。

4 月 18 日　由中共安顺市委政法委主办，安顺市中级人民法院承办的“为了公平正义　为了人民幸福——全市政法系统学习贯彻习近平法治思想读书会”在安顺市中级人民法院举行。

4月18日 2022年全市法院审判管理工作会议、2022年全市法院审判执行调度会召开。

4月20日 安顺市中级人民法院举行环境资源审判新闻发布会，通报全市法院近五年来环境资源审判工作情况，公布5起环境资源审判典型案例。2017年以来，全市法院受理涉环境资源刑事案件235件，审结231件，依法判处298人，其中审结滥伐、盗伐林木犯罪106件143人，失火犯罪70件71人，非法狩猎、非法捕捞水产品犯罪22件38人，非法采矿犯罪11件16人，盗掘古人类化石、古脊椎动物化石犯罪7件9人，非法占用耕地、非法猎捕犯罪14件20人，非法收购珍贵、濒危野生动物犯罪1件1人，受理各类环境公益诉讼案件49件，审结37件。

4月27日 安顺市中级人民法院组织开展司法警察执法资格等级考试和体能达标考核工作。

5月9日 西秀区人民法院公开开庭审理安顺市西秀区人民检察院指控被告人董某某等涉嫌犯销售有毒、有害食品罪暨提起附带民事公益诉讼一案。因该案事关人民群众生命健康安全、社会影响重大，为确保本案公正审理，西秀区法院严格落实新冠疫情防控相关要求，由三名员额法官和四名人民陪审员依法组成七人合议庭进行公开开庭审理，庭审全程通过人民法院报视频号直播，并进行当庭宣判。

5月23日 安顺市中级人民法院召开全市法院加强未成年人司法保护工作推进会，全面总结近三年全市法院未成年人司法保护工作总体情况，研究部署扎实开展未成年人司法保护工作。

5月31日 安顺市中级人民法院、安顺市人民检察院、安顺市公安局联合印发《关于在办理未成年人刑事案件中推行合适成年人到场制度的实施办法》。

6月2日 安顺市人大常委会就近三年安顺市行政审判工作情况开展专题调研。

6月8日 普定县人民法院公开开庭合并审理公诉机关普定县人民检察院指控被告人刘某某犯侵犯公民个人信息罪一案及公益诉讼起诉人普定县人民检察院提起附带民事公益诉讼一案。

6月10日 安顺中院、西秀法院联合人民银行安顺中心支行，到中国建设银行安顺中心支行现场开展金融消费纠纷调处工作，当场化解纠纷12件，涉及标的额471.59万元。其中，“诉前调解+司法确认”4件，诉讼调解8件，两级法院高效、便捷的司法服务，推动金融纠纷案件诉源治理工作走深走实。

6月14~15日 安顺市中级人民法院开展2022年度政治轮训。

7月1日 安顺市中级人民法院举办“庆七一·知识跃进”演讲比赛暨“两优一先”表彰大会庆祝建党101周年，激励安顺法院党员干警以更昂扬的精神状态、更饱满的奋斗激情，立足本职岗位作贡献，把爱党爱国爱社会主义热情转化为实际行动，以高质量党建引领和推动法院工作高质量发展，以优异成绩喜迎党的二十大胜利召开。

7月1日 安顺市中级人民法院、安顺市人民检察院联合印发《充分发挥司法职能提升善意文明执行水平助力企业平稳健康发展的意见》。

8月17日 贵州省高级人民法院时任党组书记、院长赴安顺市中级人民法院、西秀区人民法院等地调研座谈。

8月18日 贵州省高级人民法院举行新闻发布会，通报全省法院破产审判推动法治营商环境典型案例。安顺市中级人民法院依法办理的安顺市禹晋房地产开发有限公司重整案、平坝区亿丰商业管理有限公司破产清算案入选典型案例。

8月19日 安顺市中级人民法院举办的“刑事审判大学堂”第十一期培训会开讲，邀请西南政法大学教授作专题辅导讲座，全市法院、检察、公安、纪委监委等单位400余人参加培训。

8月31日 安顺两级法院开展“黔山雷暴·安顺在执行”集中统一执行行动，通过集中执行力量，重点执结一批事关服务大局、事关中小微企业生存发展、事关民生的案件，切实保障胜诉当事人合法权益。

9月9日 安顺市中级人民法院以两级法院在安顺市西秀区启新学校联合打造的西秀区青少年法治教育基地为平台，在基地在内增设“法官工作室”，创新构建“学校+法治教育基地+法官工作室”的青少年法治教育模式。

9月15日 中央电视台《今日说法》栏目播出节目《岩层里的宝藏》，该节目由安顺市中级人民法院协助拍摄，聚焦司法依法惩治非法盗采盗挖行为，以司法力量守护贵州省关岭县化石群宝贵财富。

9月15日　中共安顺市委全面深化改革委员会办公室《安顺改革工作参考》第15期刊载安顺市中级人民法院报送的《我市探索“四联”模式创建“无讼村居”》。

9月18日　平坝区人民法院制作知识产权集中管辖后的首份“申请书证提出命令”民事裁定书。

9月26日　安顺市中级人民法院召开第一次妇女代表大会，经过公开投票选举产生18名第一届妇女联合执行委员会委员。

10月13日　安顺市中级人民法院组织召开“纾解民营企业改革发展困难，推动营造法治化营商环境座谈会”，邀请安顺市工商联副主席，省、市人大代表参加。会议通报安顺两级法院近年来在营造法治化营商环境方面的主要成效、工作举措以及下一步努力方向，并听取与会代表意见建议。

10月27日　安顺市中级人民法院召开“金融纠纷诉前调解工作”新闻发布会，向社会各界通报全市法院金融纠纷诉前调解工作情况。

10月31日　安顺市中级人民法院依法调解由安顺市人民检察院提起的魏某某等向未成年人提供文身服务民事公益诉讼。这是贵州省首例向未成年人提供文身服务的民事公益诉讼案件。

10月25日　安顺市中级人民法院在指导全市法院完成16个“无讼村”创建工作的基础上，印发推进“无讼村居”创建工作“一规划五制度”（包括《安顺市中级人民法院关于“无讼村居”创建工作五年发展规划（2022－2026）》《安顺市中级人民法院“无讼村居”创建标准》《安顺市中级人民法院“无讼村居”诉调对接工作为法》《安顺市中级人民法院“无讼村居”宣传工作办法》《安顺市中级人民法院共建“无讼村居”工作办法》《安顺市中级人民法院“无讼村居”法官工作室工作办法》）。

11月9日　全市法院执源治理暨执行工作调度会召开。会议要求以开展执源治理工作为契机，紧密结合全市法院执行工作情况，持续纵深推进全市法院执行工作。

11月11日　贵州省机关事务局印发《关于通报表扬2021—2022年贵州省公共机构节约能源资源先进单位先进工作者节能标兵的决定》，安顺市中级人民法院获得“2021—2022年贵州省公共机构节约能源资源先进单位”称号。

12月2日　2022年安顺法院司法警察大练兵培训班开班。

图书在版编目（CIP）数据

安顺法院司法体制改革创新研究 / 吴大华，张金辉主编；贾梦嫣执行主编. --北京：社会科学文献出版社，2023.6

ISBN 978-7-5228-1744-6

Ⅰ.①安… Ⅱ.①吴… ②张… ③贾… Ⅲ.①司法制度-体制改革-研究-安顺 Ⅳ.①D927.733.64

中国国家版本馆 CIP 数据核字（2023）第 073146 号

安顺法院司法体制改革创新研究

主　　编 / 吴大华　张金辉
执行主编 / 贾梦嫣

出 版 人 / 王利民
责任编辑 / 侯曦轩　陈　颖
责任印制 / 王京美

出　　版 / 社会科学文献出版社·皮书出版分社（010）59367127
地址：北京市北三环中路甲 29 号院华龙大厦　邮编：100029
网址：www.ssap.com.cn
发　　行 / 社会科学文献出版社（010）59367028
印　　装 / 三河市龙林印务有限公司

规　　格 / 开 本：787mm×1092mm　1/16
印 张：26.25　字 数：436 千字
版　　次 / 2023 年 6 月第 1 版　2023 年 6 月第 1 次印刷
书　　号 / ISBN 978-7-5228-1744-6
定　　价 / 168.00 元

读者服务电话：4008918866